시스템을
잘 만들게 하는
기술

엔지니어가 아닌 당신에게
시스템을 잘 만들게 하는 기술

지은이 시라카와 마사루, 하마모토 요시후미
옮긴이 김모세
펴낸이 박찬규 엮은이 전이주 디자인 북누리 표지디자인 Arowa & Arowana
펴낸곳 위키북스 전화 031-955-3658, 3659 팩스 031-955-3660
주소 경기도 파주시 문발로 115, 311호(파주출판도시, 세종출판벤처타운)

가격 25,000 페이지 440 책규격 152 x 210mm

초판 발행 2023년 03월 15일
ISBN 979-11-5839-377-9 (13000)

등록번호 제406-2006-000036호 등록일자 2006년 05월 19일
홈페이지 wikibook.co.kr 전자우편 wikibook@wikibook.co.kr

SYSTEM WO TSUKURASERU GIJYUTSU ENGINEER DE WA NAI ANATA E
written by Masaru Shirakawa, Yoshifumi Hamamoto
Copyright © 2021 by Masaru Shirakawa, Yoshifumi Hamamoto.
All rights reserved.
Originally published in Japan by Nikkei Business Publications, Inc.
Korean translation rights arranged with Nikkei Business Publications, Inc. through Botong Agency.

이 책의 내용에 대한 추가 지원과 문의는 위키북스 출판사 홈페이지 wikibook.co.kr이나
이메일 wikibook@wikibook.co.kr을 이용해 주세요.

시스템을 잘 만들게 하는 기술

시라카와 마사루, 하마모토 요시후미 지음
김모세 옮김

엔지니어가 아닌 당신에게

위키북스

들어가며

'시스템을 만드는 기술' 아닌 '시스템을 만들게 하는 기술'

이상한 일이다.

세상에는 시스템 개발에 관한 책이 셀 수 없이 많다. 그러나 모두가 '시스템을 만드는 기술'에 관한 책이다. 물론 IT 엔지니어라 불리는 전문직 종사자가 많고 이들은 학습에도 열심이기 때문에 기술서에 관한 요구 또한 그만큼 높다. 시스템을 만드는 기술에 관한 책이 많은 것 자체는 그리 이상한 일은 아니다.

그러나 비즈니스 담당자 10명 중 9명은 시스템을 만드는 사람이 아닌 만들게 하는 사람, 다시 말해 사용하는 쪽이다. 이처럼 시스템을 만들게 하는 사람들이 만들게 하는 방법을 학습하는 데 도움을 받을 수 있는 책이 전혀 없다는 것이 이상하다.

집을 짓는 것과 비교해 보면 그 차이는 확실하다. 건축 분야에서도 토목가나 건축가들을 위한 전문서가 많이 출간되어 있다. 동시에 '원하는 집을 짓는 방법', '건축가와 집을 만드는 방법', '좋은 건축가를 선택하는 방법'처럼 집을 만들어 달라고 요청하는 집주인을 위한 책도 매우 많다.

그런데 시스템이라는 세계에서는 만들게 하는 방법에 관한 책이 거의 없다. 그래서 이 책을 쓰게 됐다. 이 책은 시스템을 만들게 하는 사람이 익혀야 할 기술과 알아둬야 할 것을 학습하기 위한 책이다.

여러분은 '만들게 하는 기술'을 학습해야 한다

시스템을 만들게 하는 기술을 학습해야 하는 이유를 다시 한번 생각해보자. '회사를 바꾸고 싶다, 사회를 바꾸고 싶다, 새로운 사업을 만들어 내고 싶다'라고 생각한다면 시스템을 만드는 기술 혹은 시스템을 만들게 하는 기술 중 하나는 가지고 있어야 한다.

시스템을 만들지 않고는 새로운 비즈니스를 만들 수 없다. 조직이나 업무를 근본적으로 바꿀 때도 기존 시스템을 크게 변경하거나 밑바닥부터 시스템을 새롭게 만들어야 한다. 그렇기 때문에 '시스템을 만드는 기술'이나 '시스템을 만들게 하는 기술' 중 어느 하나라도 가지고 있어야만 변화를 일으킬 수 있다.

필자들이 몸 담고 있는 캠브리지 테크놀로지 파트너스^{Cambridge Technology Partners}(이하 캠브리지)가 비즈니스 수립을 지원했던 그루브 엑스(GROOVE X)라는 벤처 기업의 예를 소개하겠다. 그루브 엑스는 LOVOT(Love + Robot)이라는 로봇을 만든다. 이 로봇은 애완동물 또는 가족과 같은 로봇이며, '사람을 대신해서 일을 하는 로봇'은 아니다. 전시 목적이 아닌 사업화를 목표로 하기 때문에 로봇 개발은 물론 배송, 수리 접수, 과금과 같은 일련의 업무와 시스템을 출시 전까지 만들어내야 했다.

LOVOT은 한 번 팔고 끝나는 비즈니스 모델이 아니다. 오랫동안 사용자에게 사랑받으면서 요금을 받는 과금 모델을 채택했다. 따라서 사용자와의 관계에서도 '현재 주인이 세상을 떠났을 때 새로운 주인에게 양도하려면 어떻게 해야 하는가?'와 같은 다양한 상황을 고려해야 한다.

구체적으로는 '현재 주인이 세상을 떠났을 때 새로운 주인에게 무엇을 요청해야 하는가?', '그루브 엑스는 회사로서 어떻게 대응할 것인가?'와 같은 사람이 해야 할 행동을 설계해야 한다. 그리고 '이전 주인의 데이터를 어떻게 인계하는가?', '월간 이용료 청구 대상을 원활하게 변경하기 위해서는 어떤 시스템 기능이 필요한가?'와 같은 업무 지원 시스템도 동시에 구상해야 한다.

해야 할 업무가 결정되면 시스템에 필요한 기능들이 드러난다. 반대로 만들 수 있는 시스템의 기능을 알게 되면 그에 맞는 업무도 설계할 수 있다. 업무와 시스템은 동전의 양면이므로 나누어 생각할 수 없다.

이것이 '새로운 비즈니스를 설계한다'는 것이다. 이런 상황에서 '나는 시스템에 관한 것은 전혀 모르니 잘 아는 사람에게 모두 맡기겠다'는 태도는 비즈니스를 만드는 데 어떤 기여도 할 수 없다. 새로운 사업을 만들거나 기존 업무를 개선한다면 시스템에서 눈을 돌릴 수 없는 시대다.

물론 여러분이 수퍼 영웅이라면 홀로 비즈니스를 구상하고 프로그래밍 해서 시스템을 만드는 것이 빠를 것이다. 그러나 복잡하고 빠르게 발전하는 IT에 관한 학습을 지속하면서 비즈니스에도 정통한 사람이 되는 것은 대단히 어렵다.

그렇기 때문에 여러분이 '회사를 바꾸고 싶다, 사회를 바꾸고 싶다, 새로운 사업을 일으키고 싶다'라는 생각을 가지고 있다면 시스템을 직접 만들지는 못한다 하더라도 '시스템을 만들게 하는 기술'은 익혀야 한다. 그 기술이란 구체적으로 다음과 같다.

- '이런 시스템을 이용해 이런 비즈니스를 하고 싶다'를 구상한다.

- 'A 기능과 B 기능 중 어느 쪽을 우선해야 하는가'를 판단한다.

- '이것을 만드는 데 얼마까지 투자할 가치가 있는가'를 계산한다.

- 만들어 줄 사람을 찾아 적절히 의뢰한다.

- 구축 단계에서 일어나는 다양한 문제를 해결한다.

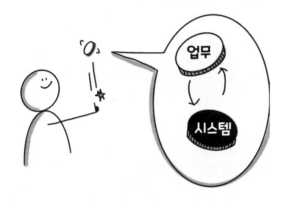

생각보다 해야 할 일이 많다. 그러나 이것들을 하지 못한다면 아무것도 바꿀 수 없고 시작할 수 없는 것이 지금의 세상이다.

이 책은 바로 이 '시스템을 만들게 하는 기술'을 체계적으로 익힐 수 있게 도와주는 책이다.

'만들게 하는 기술'의 결여가 비즈니스를 정체시킨다

안타깝게도 '시스템을 만들게 하는 기술'의 중요성에 관한 인식은 그다지 크지 않다. 그리고 그것이 일본 기업들의 큰 약점이 됐다.

이 책을 쓰고 있는 2020년에는 신형 코로나로 인해 업계에서 원격 근무나 DX(디지털 트랜스포메이션)에 대한 대응이 큰 화제가 됐다. 이를 예로 들어 생각해 보자.

코로나가 확산되기 시작할 무렵, 원격 근무(재택 근무)에 대한 대응은 회사에 따라 그 명암이 극명했다. 원격 회의 시스템이나 인터넷을 이용한 공동 작업 지원 도구 등을 빠르게 준비해 사무실과 같은 수준의 재택 근무를 가능하게 한 회사도 있었다. 그러나 긴급 사태 선언 후 몇 개월이 지났음에도 사무실로 출근을 해야 하는 회사도 많았다. 상사와 상담하거나 도장을 찍는 일 등은 회사에서만 할 수 있었기 때문이다.

이로써 소규모 IT 프로젝트를 신속하게 해내는 조직 역량이 시험대에 오르게 됐다. 독자적인 전용 시스템을 만들지 않아도 되기 때문에 프로그래밍 능력이 필요하지는 않았다. 오히려 자신의 비즈니스에 가장 적합한 제품을 선택하고, 사용 방법이나 규칙 또는 가이드라인을 정하는 등 '적절히 IT를 구분해서 사용하는 능력'이 승패를 갈랐다.

비즈니스를 멈추지 않기 위해 계획되지 않았던 지출을 빠르게 결정하고 사원들이 도구를 능숙하게 다루는 역량 역시 문제가 됐다. 이들은 모두 넓은 의미에서 '시스템을 만들게 하는 기술'의 일부다.

한편 DX^{Digital Transformation}는 '디지털의 힘을 이용해서 비즈니스를 근본적으로 바꾸자!'는 변혁을 가리킨다. 이 일 자체는 매우 중요하지만 실제로는 그저 하나의 유행어처럼 되어버린 것도 사실이다.

DX의 본질을 이해하지 못한 대표가 '우리 회사도 어쨌든 DX를 합니다!'라고 선언한다 하더라도 현장이 따라오지 않을 것이다.

'대표는 좀 더 최신 기술을 이용한 획기적인 것을 원할 것이다.'

'뭐가 됐든 기획서에 DX라고 쓰면 결재가 잘 통과될 것인가…'

같은 생각이 만연한다면 원래 달성하고자 했던 변혁의 길은 요원해지기만 할 것이다.

필자도 고객 기업과 DX로 인해 씨름을 많이 한다. 그러나 그것은 어디까지나 '회사나 고객에 있어 최선의 변혁은 무엇인가에 관해 철저하게 생각한 결과가 DX라 부를 수 있는 변혁으로 나타났다'는 스토리가 된 것이다.

비즈니스를 근본적으로 개선하려면 이제는 시스템을 활용해야만 한다. DX와 같은 유행어에 휘말리지 말고 변혁 프로젝트를 하나씩 성공시켜 나가야 한다.

그러나 문제는 DX를 시작으로, IT 프로젝트가 성공하지 못한다는 점이다.

실패한 프로젝트에 관한 정보는 기업 바깥으로 전해지지 않는다. 그러나 실제로는 많이 발생하고 있다. '닛케이 컴퓨터'의 조사에 따르면, 3년 이상의 대규모 프로젝트 중 성공한 프로젝트는 16%에 지나지 않는다('닛케이 컴퓨터', 2018/3/1).

성공하지 못한 이유는 무엇일까? 필자가 듣고 본 바에 따르면 주요 실패 원인으로 다음과 같은 것을 들 수 있다.

목표가 제각각이다

프로젝트 관계자마다 시스템을 만드는 목적에 대한 의식이 제각각이다. 원하는 목표가 다르니 프로젝트가 미궁에 빠지는 것도 당연하다.

시스템을 IT 엔지니어에게 통째로 맡긴다

이 책에서 반복해서 말하겠지만 경영자나 업무 담당자가 시스템 구축에 관여하지 않으면 프로젝트는 반드시 실패한다. 시스템은 업무, 나아가서는 경영을 위해 만드는 것이기 때문이다.

시스템은 갖고 싶지만, 업무를 바꿀 생각은 없다

새로운 기술을 이용한 시스템을 구입할 때는 일하는 방식도 바꾸어야만 효율이 오른다. 반대로 '업무는 현재 상태 그대로 하지만, 편리한 도구는 갖고 싶다'는 바람으로 시스템을 구축한다면 비용은 비용대로 늘어나고 시스템을 완성했다 하더라도 큰 성과는 얻을 수 없다.

필요한 기능이 누락된다

많은 비용을 투자했지만 정작 필요한 기능은 없다. 대신 아무도 이용하지 않는 기능이 여기저기 만들어져 있다. 바보 같은 이야기지만 이런 일이 대부분 기업에서 일어나고 있다. 이 책에서의 주요한 주제이므로 뒤에서 자세히 설명한다.

현장의 의견을 지나치게 반영하다가 비용이 증가한다

시스템을 구축하면서 경영자와 인터뷰를 하면 으레 '현장의 의견을 듣고 사용하기 쉬운 시스템을 만들어야 한다'라고 말한다. 그러나 현장의 의견을 지나치게 반영하면 투자 비용은 비용대로 들어가고, 비즈니스에는 도움이 되지 않는 시스템이 만들어진다. 이것은 (사내에서의 평가와는 반대로) 실패한 프로젝트라고 불러야 한다.

실패 원인 6 시스템을 만들어 줄 벤더나 솔루션을 잘못 선택한다

좋은 집을 만들기 위해서는 좋은 건축가에게 의뢰해야 하듯이, 좋은 시스템을 만들기 위해서는 적절한 엔지니어링 기법이나 IT 벤더를 선정하는 것이 핵심이다. 그러나 기술에 관해 자세히 알지 못하는 사람이 솜씨 좋은 벤더를 선택하기는 어려우므로 여기에서 좌초되는 프로젝트도 많다.

실패 원인 7 통제할 수 없는 악성 프로젝트가 된다

시스템을 구축하기 시작했지만 좀처럼 진행되지 않는다. 진행은커녕 어느 정도 만들었는지, 언제 완성될지조차 알 수 없다. 안타깝지만 이런 악성 프로젝트는 매우 많다.

시스템 구축에 조금이라도 참여한 적이 있다면 이런 일을 적잖이 보고 들어봤을 것이다. 이런 실패의 당사자가 된 사람도 있을 것이고, 실패할 것 같은 부분을 필사적으로 붙잡은 사람도 있을 것이다.

사실 '시스템을 만드는 사람'의 문제로 이런 실패가 일어나는 경우는 드물다. 대부분은 '시스템을 만들게 하는 사람', 즉, 지금 이 책을 손에 들고 있는 여러분 같은 사람이 그 원인이다.

예를 들어, ' 실패 원인 4 필요한 기능이 누락된다'의 경우, 어떤 업무를 위해서 어떤 시스템 기능이 필요한지 말하는 것은 만드는 사람이 아니라 만들게 하는 사람의 책임이다. 시스템을 만드는 사람은 어디까지나 IT 전문가이지 비즈니스 전문가는 아니다. 따라서 어떤 시스템을 만들어야 업무에 좋은지 알지 못한다.

실패 원인 5 현장의 의견을 지나치게 반영하다가 비용이 증가한다'도 마찬가지다. 어떤 기능을 만들기 위해 1억 원이 든다고 할 때 그것을 만들 가치가 있는지는 비즈니스 가치가 결정한다. 1억 원이라는 숫자를 예측하는 것은 만드는 사람의 책임이지만, 예측한 결과를 바탕으로 필요 여부를 판단하는 것은 만들게 하는 사람의 책임이다.

'시스템을 만들게 하는 기술'은 중요하다. 그렇기 때문에 이 기술이 없으면 비즈니스가 좌초되거나 정체된다.

'만들게 하는 기술'과의 만남

이 책의 기반이 된 미국의 전통적인 방법론과 필자(시로카와)가 만난 것은 20년 전의 일이다. 책으로 쓰자는 생각을 처음 한 이후 어느새 7년이 지났다.

20년 전, 필자는 젊은 시스템 엔지니어로 이직했다. 당시는 '사용자가 원하는 시스템을 멋지게 만드는 것은 어느 정도 할 수 있게 됐다'며 다소 우쭐해진 상태였다.

동시에 '하지만 사용자와 깊이 논의하는 부분부터 프로젝트에 참여하고 싶다. 예를 들어 이 시스템은 무엇을 위해 만들고 있는가? 이 기능은 정말로 필요한가? 이 시스템으로 인해 비즈니스가 어떻게 좋아지는가? 어제 사용자가 지시한 변경 내용은 단순히 그의 기호 아닌가?'라며 몹시 고민하기도 했다. 그것이 이직의 동기였다.

이직 활동을 하는 동안 캠브리지 테크놀로지 파트너스(이하 캠브리지)라는 컨설팅 회사를 발견했고, 왠지 모르게 마음에 들어 입사하기로 결정했다.

혹한의 캠브리지(보스턴의 거리)에서 진행한 신입사원 연수에서 많은 충격을 받았다. 그중에서도 가장 놀랐던 것은 캠브리지 방법론의 근간인 '시스템을 만들게 하는 기술'이었다.

당시까지도 필자는 시스템 엔지니어로서 다음과 같은 이상을 그리며 혼자 노력하고 있었다.

- 시스템에 요구되는 기능을 빠짐없이 알아내고 싶다.
- 목소리가 큰 사용자가 말하는 대로가 아니라, 실제로 도움이 되는 기능을 만들고 싶다.
- 만들고 끝나는 것이 아니라, 비즈니스로 성과를 거두는 데까지 관여하고 싶다.
- 사용자와 엔지니어가 대립 관계가 아니라, 동료로서 프로젝트에 참가하고 싶다.

그러나 캠브리지에서는 이런 것에 관해 이미 합리적인 방법론을 통해 '이렇게 하면 달성할 수 있다'고 제시하고 있었다.

여기서 '합리적'이라는 말은 단순히 생각이 아니라 구체적인 방법을 제시함과 동시에 이론으로 방법을 뒷받침하는 것을 말한다. '이 도구를 이용하면 확실하게 더하거나 부족함 없이 기능을 파악할 수 있다', '이 이론에서 제시하는 진행 방식을 이용하면 설득력이 높은 의사결정이 가능할 것이다'와 같은 형태다.

또 하나의 충격은 모든 것이 비즈니스 관점에 있었다는 점이다. 엔지니어의 미의식, 사용자의 고집, 상사의 변덕도 아니었다. '비즈니스를 좋게 만들기 위해 어떤 시스템을 만들 것인가?'를 당연하게 추구하는 방법론이었다.

필자 스스로 이직을 하는 과정에서 시행착오를 거치며 발견한 업무 방식은 여기에 비하면 마치 대나무 창으로 B29 폭격기를 떨어뜨리려 하는 것과 같았다.

그 충격으로부터 20년이 지났다. 필자는 이 '시스템을 만들게 하는 기술' 방법론을 이용해서 많은 프로젝트를 성공시켜 왔다. 또한 전략 수립, 업무 혁신, 인재 육성 등, 보다 난이도가 높은 프로젝트에도 효과를 낼 수 있게 방법론을 개선해 왔다.

새롭게 만든 방법론들은 강연이나 책을 통해 많은 사람에게 알릴 수 있었지만, '시스템을 만들게 하는 기술'만은 이제까지 책으로 출간할 기회가 없었다. 드디어 책으로 정리할 수 있게 되어 매우 기쁘다.

이 책의 내용을 차근차근 우직하게 실행한다면 앞에서 말한 실패를 피할 수 있을 것이다. 반대로 이를 실행하지 않으면 필자와 같은 전문가도 실패한다. 풍부한 실제 사례와 에피소드도 함께 제기했으므로 차분히 읽고 실전해서 활용하며 몸에 익히기 바란다.

목차

P 장   파트너를 결정한다   243

Q 장   기동까지의 계획을 세운다   261

R 장   프로젝트 투자 결재를 얻는다   279

A장

만들기 전에 알아 둬야 할 것들

이번 장의 레슨

- 원하는 시스템을 얻기에 앞서 반드시 알아 둬야 할 것을 학습한다.
- 프로젝트를 시작하기 위해 무엇이 부족한지 이해하고, 사람을 모으거나 사내 공감대를 형성하는 데 활용한다.

먼저 원하는 시스템을 얻기에 앞서 반드시 알아 둬야 할 것을 세 가지로 나누어서 살펴본다. 작성할 자료의 형식이나 세세한 방법 등은 이를 이해한 뒤에 익혀도 충분하다.

알아 둬야 할 것 1　만들게 하는 사람은 누구인가?

이 책의 주제는 '시스템을 만들게 하는 기술'이다. 그러므로 '시스템을 만드는 일'은 여러분이 아니라 IT 엔지니어(정보 시스템 부문 또는 아웃소싱 IT 벤더)에게 의뢰하는 것이라 가정한다.

그렇다면 '만들게 하는 일'은 누가 담당해야 하는가? 이것도 정보 시스템 부문이 담당하는가? 아니면 업무 담당자인가? 경영자인가? 그것도 아니면…

만들게 하는 사람　　엔지니어

이 '시스템을 만들게 하는 당사자는 누구인가?'라는 것은 의외로 큰 문제이며 이에 관한 견해 차이가 시스템 구축을 실패로 이끄는 경우가 상당히 많다.

시스템보다 먼저 생각해야 할 것은?

시스템 구축 프로젝트를 시작하면서 '어떤 기능이 필요한가?', '어떤 솔루션이나 패키지가 좋은가?'에 관해 먼저 생각하는 사람들이 많다. 예를 들어, 자동차를 구입하면서 '짐이 많이 실리면 좋겠다', '연비가…' 등을 생각하는 것과 같다.

그러나 시스템은 그렇게 구입해서는 안 된다. 시스템을 이용해 무엇을 하고 싶은지 미리 생각해 둬야 한다는 점이 가장 큰 차이다.

왜 이렇게 계획이 변하는가?

원래 시스템 구축 프로젝트에서 계획은 변한다. '공장 설비를 만드는 프로젝트에서는 계획을 세우면 변하지 않는데, 시스템 구축에서는 왜 이렇게 변하는 것입니까?!'라는 분노를 몇 번이나 들어봤다.

그 이유는 변혁 프로젝트를 시작한 시점에는 모든 것이 애매하며 결정된 것이 아무것도 없기 때문이다. 목표, 예산, 기간, 심지어 어떤 시스템을 만들 것인지도 정해져 있지 않다.

프로젝트를 이끄는 리더는 애매한 상황에서도 '가장 먼저 구체화해야 할 것이 무엇인가?', '현재 시점에서 어떤 정도로 구체화해야 하는가?'와 같은 질문에 대답하며 방향을 잡아야 한다. 그렇게 조금씩 프로젝트를 진행시키면서 하나씩 구체화하고 계획을 조금씩 확실하게 만들어 간다.

알아 둬야 할 것에 관해 조금 더 자세히 살펴보자.

만들게 하는 사람은 누구인가?

그림 A-1을 보자. 시스템 구축 프로젝트에 등장하는 네 가지 유형의 관계자를 나타냈다. 시스템을 만들 때 IT 부문이 참여하는 것은 당연하지만, 다른 세 가지 유형의 관계자들 또한 프로젝트에서 빼놓을 수 없다.

그림 A-1 네 가지 유형의 관계자. IT 프로젝트에 관여하는 사람들

경영자

시스템에 관심이 없는 경영자가 많다. '나는 시스템에 관해서는 문외한이니 전문가에게 맡기겠다'며 당당하게 말하는 사람도 있다. 그러나 시스템에 대한 투자는 경영에 큰 영향을 미친다.

- 보안 수준을 한 단계 높이기 위해 10억 원이 든다. 투자를 진행할 것인가?
- 작업 효율을 높이고 시스템 투자 비용을 억제하기 위해 고객 서비스를 희생할 것인가?
- 영업 부문과 회계 부문의 이해가 대립할 때 어떻게 합의점을 찾을 것인가?

이와 같이 현장의 담당자가 판단할 수 없는(판단해서는 안 되는) 수준의 의사결정이 프로젝트 도중에 이루어져야 한다. 오로지 경영자가 결정해야 한다.

그러나 경영자는 바쁘다. 프로젝트에 너무 깊이 관여할 필요는 없다. 시스템을 직접 만들 필요도 없다. 하지만 짧은 기간에 위와 같은 판단을 내려야 한다. 그러려면 판단에 필요한 정보를 프로젝트 멤버에게서 얻고 스스로 이해해야 한다.

기준으로는 프로젝트 오너^{project owner}인 담당 임원이 한 달에 2~8시간 정도 관여하는 정도면 좋다(일반적으로 프로젝트가 시작되는 시점에는 큰 정책을 정하기 위해 많이 관여하고, 이후 실제 시스템을 만드는 단계에서는 그 정도를 점차 줄인다).

※ 경영과 IT의 관계에 대해서는 필자가 쓴 ≪会社のIT はエンジニアに任せるな!(회사의 IT를 엔지니어에게 맡기지 말라)≫(다이아몬드사, 2015)에서 자세히 설명했으므로 참조하기 바란다.

업무 부문

시스템을 이용하는 사람이다. 과거 한 악성 프로젝트를 감사했던 적이 있다. 업무 부문과 인터뷰를 할 때 들었던 말이 인상적이었다. "우리가 어떤 시스템을 만들고 싶은지 확실하게 전달할 기회가 없었습니다. IT 부문의 사람들은 대체 무엇을 만들고 있는 걸까요?"

시스템은 사람 대신 업무를 실행하기 위한 것이다. 업무에 관해 가장 잘 아는 사람들의 바람을 듣지 않고 시스템을 만들 수는 없다. 업무 부문을 잘 포용하지 못한 프로젝트 측의 잘못도 있고, '무엇을 만들고 있는 걸까요?'라며 강 건너 불 보듯 한 업무 부문에도 잘못이 있다.

시스템의 기능을 요구하는 것은 물론 한정된 예산의 분배도 IT 부문이 아니라, 시스템의 사용자인 업무 부문에서 주도해서 추진해야 한다. 집을 지을 때도 사용자인 건물주의 동의(예를 들어, 서재보다는 넓은 욕실을 원한다는 등)를 중시하는 것과 마찬가지다.

프로젝트 리더(Project Leader, PL)

경영자, 업무 부문, IT 부문. 이 세 역할이 모여 비로소 프로젝트는 시작된다. 그러나 이 세 역할의 사람들은 입장, 가치관, 이용하는 용어가 모두 다르다. 경영자는 IT 부문에서 이용하는 다소 어려운 IT 용어를 이해하지 못하고, 업무 부문이나 IT 부문은 경영자가 비즈니스 전체를 조감하는 상태에서 내리는 판단의 의도를 이해하지 못한다. 다시 말해, 커뮤니케이션이 이루어지지 않는다.

그래서 이 세 역할을 중간에서 연결하며 프로젝트를 진행하는 사람인 프로젝트 리더가 없으면 프로젝트가 잘 진행되지 않는다. '먼저 프로젝트의 콘셉트에 관해 논의합시다', '시스템 기능의 우선순위를 결정합시다' 같이 현재 집중해야 할 것을 결정하고 관계자들을 논의에 참여시키는 역할을 한다.

이런 일을 할 수 있는 사람이라면 업무 부문이든 IT 부문이든 어느 쪽에서 프로젝트 리더를 담당해도 관계없다. 양쪽 입장을 모두 경험해 본 하이브리드 인재라면 가장 좋다.

IT 부문

이 네 가지 프로젝트 관계자 중에서 IT 부문은 '시스템을 만드는 측'이다. 최근에는 사내 IT 부문이 축소되고 정보 시스템 자회사나 외부 IT 벤더에 시스템 구축을 위탁하는 경우도 많다. 그러나 이 책에서는 경우를 불문하고 'IT 부문 ≒ IT 엔지니어 ≒ 시스템을 만드는 사람들'로 간주한다.

시스템을 만들게 하는 사람은 누구인가?

경영자, 업무 부문, IT 부문, 그리고 프로젝트 리더. 네 가지 유형의 관계자의 입장과 역할을 대략적을 이해했을 것이다.

그림 A-2 네 역할자, IT를 만드는 사람과 만들게 하는 사람

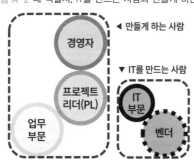

시스템을 만들게 하는 측은 IT 부문을 제외한 세 사람(경영자, 업무 부문, PL)이다. 이 세 역할은 각각의 입장에서 프로젝트에 주체적으로 관여한다.

앞에서 '누가 만들게 하는가를 정해두지 않은 것이 실패의 원인'이라고 말했다. 조금 더 직설적으로 표현하면 경영자와 업무 부문 중 한쪽이라도 남일 보듯 하면 시스템 구축은 실패한다. 그리고 누군가가 뜻을 정하고 중심(PL의 위치)에 서야 한다. 프로젝트의 당사자임을 자각하는 것이 성공의 첫걸음이다.

이 책은 시스템을 만들게 하는 기술을 주제로 하고 있으므로 여기에서는 경영자나 업무 부문이 시스템 구축 프로젝트에 기여하는 방법과 그때 필요한 기술에 관해 설명한다.

Column

IT 부문은 만드는 사람인가, 만들게 하는 사람인가?

IT 부문(정보 시스템 부문 등)은 회사에서 시스템에 관한 책임을 지는 부문으로 직접 시스템을 만들거나 외부 IT 벤더에게 위탁하기도 한다. 같은 회사 안에서도 시스템의 중요성이나 이용하는 기술에 따라 두 가지 방법을 구분해서 이용하는 일이 많다.

직접 만들지 않더라도 시스템 구축 프로젝트에는 관여한다. 이때는 외부 IT 벤더에 대한 구매 창구 역할을 하거나 업무 부문과 IT 벤더를 연결하는 역할(앞에서 말한 PL의 입장)을 담당하는 등 그 패턴이 다양하다.

어떤 패턴이든 IT 부문은 시스템에 관한 지식을 가지고 있으며, 시스템을 이용하는 것보다 만드는 것에 대한 책임을 가지는 입장이다.

이 책에서는 'IT 부문은 만들게 하는 측보다는 만드는 측'이라고 전제한다. 경영자나 업무 담당자보다 IT 구축 경험이나 지식이 많은 전문가의 입장에서 프로젝트에 관여하기 때문이다.

그런 경우에도 IT 부문이(업무 부문과 함께) 외부 벤더에게 시스템을 만들게 한다면 이 책의 내용이 참고가 될 것이다.

시스템보다 먼저 생각해야 할 것은?

골든 서클^{Golden Circle}이라는 용어를 들어 봤는가? 사이먼 시넥^{Simon Sinek}이 제안한 '탁월한 리더는 이렇게 생각하고 전달한다'라는 법칙 같은 것이다.

> ※ 'Simon Sinek TED' 등으로 검색하면 15분 정도 길이의 동영상을 찾을 수 있으니 꼭 보기 바란다.

조직의 리더나 영업 실무자가 다른 사람의 행동을 유도할 때 일반적으로는 'What → How'의 순서로 설명한다. 예를 들면 다음과 같다.

 우리는 PC를 만들고 있습니다.
↓
How   그 PC는 높은 성능과 가벼운 무게를 자랑합니다.

사람이라면 누구나 자신이 무엇을 하고 있는지(What)는 잘 알고 있으므로 그 지점에서 설명을 시작하는 것이 자연스럽게 느껴지기 때문이다. 그러나 그 설명은 사람의 마음을 움직이지 못한다.

역사상 뛰어난 리더나 기업은 이와 다르게 'Why → How → What'의 순서로 사람들을 설득한다. 설득 기법에만 국한된 것이 아니라 본인 스스로도 이런 순서로 사물에 관해 생각하는 경향이 있다. 다시 말해, 골든 서클의 중심에서 바깥 방향으로 생각하는 것이다.

> ※ 여기에서 How는 '어떤 방법으로'보다 '어떻게'라고 해석하는 것이 좋을 것이다. 애플^{Apple}사의 예를 들면 다음과 같다.
>
> Why   우리는 세상을 바꾼다는 신념으로 모든 것을 하고 있습니다.
> ↓
> How   세상을 바꾸는 것은 아름답게 디자인되고 간단하게 이용할 수 있는 제품입니다.
> ↓
> What   이렇게 아름다운 PC가 완성되었습니다.

위와 같은 방식으로 생각하고 CM 등 고객 커뮤니케이션에서도 이 문맥을 전달한다. 사이먼 시넥은 이 밖에도 '나에게는 꿈이 있습니다(I have a dream)'라는 연설로 유명한 마틴 루터 킹Martin Luther King, 유력한 라이벌에게 승리한 라이트Wright 형제의 예를 든다.

IT 시스템을 만들 때도 이와 동일하게 'Why → How → What'의 순서로 생각해야 한다. 그렇게 하지 않으면 무엇을 하고 싶은지가 분명하지 않고 설명하기 어려워 관계자들을 참여시킬 수 없게 된다. 결과적으로 좋은 시스템을 완성하지 못한다.

그림 A-3 골든 서클. Why에서 시작하라!

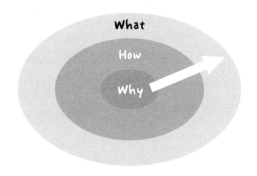

구체적인 예를 보자. 먼저 좋지 않은 예다.

What 이 솔루션(예를 들면 RPA라 불리는 작업 자동화 도구)은 굉장하다. 우리 회사에도 도입하고 싶다.
↓
How 이 벤더에게 만들어 달라고 하고, 사용자에게는 이렇게 사용하게 하자.

이렇게 아무도 사용하지 않는 시스템, 사용하더라도 아무 효과를 내지 못하는 쓰레기 시스템이 매일 만들어지고 있다.

다음은 올바른 예다.

Why 공장별로 제각각인 작업을 표준화하고 통합해 하나의 회사로 운영해야 한다.

↓

 How 통합 후의 작업 프로세스는 이런 식으로 하고 싶다. 거버넌스는 이렇게 돼야 한다.

↓

What 그것을 위해 이런 시스템을 만들자. 이런 기능이 필요하다.

어떤가? 순서만 바꾸었음에도 스토리의 설득력이 완전히 다르다. Why부터 이야기하면 '시스템을 만들어 회사를 어떻게 하고 싶은가?'라는 비전이 명확해지기 때문이다. 논리적으로 정연하고 동시에 이미지를 떠올리기도 쉬워 공감을 얻을 수 있다. 끌어들인 사람도 비전을 향해 스스로 생각하고 행동할 수 있게 된다.

시스템을 만드는 데는 막대한 노력과 비용이 필요하다. 많은 관계자가 있어 감정적인 다툼이나 답답함도 많을 것이다. 큰 프로젝트의 성패에 한 사람의 커리어가 걸리기도 한다. 그럼에도 불구하고 프로젝트 성공율은 낮다.

이런 어려움이 있음에도 불구하고 시스템 구축 프로젝트에 도전하는 이유는 대체 무엇인가?

이 간단한 질문에 명쾌하게 대답하지 못한다면 그 다음은 없다. 어떤 기능이 필요한가, 어떤 패키지가 좋은가 하는 것은 모두 그 다음의 이야기다.

그러나 많은 사람이 스티브 잡스^{Steve Jobs}와 달리 Why에서 생각하지 못하는 것처럼, 프로젝트를 시작하는 사람은 이내 What에서 생각하게 된다. 필자는 프로젝트 수립 단계에서 상담을 받는 경우가 많다. 상담 과정에서 '이런 시스템이 있으면 좋겠다', '이런 솔루션을 도입하고 싶다'와 같이 What에 관한 이야기를 자주 듣는다. 경영자에게 What을 지시받는 경우도 있고, 상담 의뢰자의 콧대가 높은 경우도 있다.

이상하게도 What에 집중하면 아무리 고민해도 Why가 생각나지 않는다. 어색한 Why가 파워포인트 자료에 쓰여 있지만 '정말로 그것이 여러분의 회사를 좋아지게 하는가?'라는 질문에는 제대로 대답해주지 못한다. 모처럼 프로젝트 리더가 여러 가지 아이디어를 생각해내도 주변 사람에게 전달되지 않고 'What을 만드는 프로젝트인가요?'라고만 받아들이는 경우도 있다.

그런 상황에서 '잠시 멈춰서 확실하게 Why를 생각해 봅시다. 프로젝트에 참석한 모두가 확실하게 함께 의논합시다'라는 목소리를 낼 수 있는 것, 그것이 필자들과 같이 외부에서 프로젝트를 냉정하게 바라보는 사람이 해야 할 중요한 역할이기도 하다.

프로젝트에서 이 Why는 프로젝트 목표라는 형태로 표현된다. 이 책에서는 C장에서 Why에 관해 다룬다.

계획이 계속 변하는 이유는 무엇인가?

시스템 구축 프로젝트의 Before(프로젝트 시작 전)와 After(프로젝트 완료 후)를 상상해 보자.

Before 단계에서 Why는 애매하다. 어떤 업무로 하고 싶은가에 대한 How도 애매하다. 예산도 결정되어 있지 않다. 더구나 어떤 기능이 들어가는지, 어떤 패키지가 회사에 적합한지(What)는 전혀 알 수 없다.

어쩌면 여러분의 프로젝트에는 다른 사람이 결정한 기한이나 예산이 '조건'이라는 명목으로 처음부터 부여되어 있을 수도 있다. 그러나 그런 것은 그 어떤 근거도 없는 헛소리다. 다른 사람의 말을 그대로 받아들이지 말고, 프로젝트 현장을 이끄는 전문가로서 '그래서는 안 된다', '그것보다 이렇게 하는 것이 회사를 위한 것이다'라고 말하지 않으면 안 되는 때도 있다.

한편 시스템 구축을 완료한 After 상태에서는,

- 결국 프로젝트 투자액은 8.2배가 들었다.

- 무사히 2020년 8월 1일에 론칭할 수 있었다.

- 구축한 시스템 기능은 325개다. 그러나 228개의 요청된 기능은 보류됐다.

- 이전에는 1건의 수주를 위해 계약서와 청구서 등 5장의 서류를 썼지만, 이제는 1번 시스템에 입력하는 것만으로 업무가 진행됐다.

등이 모두 명확해진다. 다시 말해 해답을 얻은 상태, 애매함이 사라진 상태다. '시스템 구축이란 애매함을 단계적으로 줄여가는 프로세스다'라는 말은 어떤 의미일까? 그리고 그것이 '원하는 시스템을 만들게 한다'는 이 책의 주제와 어떻게 관련이 있을까? 이번 장에서는 두 가지를 설명한다.

점점 줄어드는 불확실성

앞에서 설명한 것처럼 프로젝트는 애매함이 100%인 Before에서 시작해 애매함이 0%인 After에 도달한다. 그러나 Before에서 After로 단숨에 점프할 수는 없다. 프로젝트가 진행되면서 의사결정이 일어나고 불확실성이 줄어들고 구체화되어 간다.

그림 A-4는 '불확실성의 뿔the Cone of Uncertainty'이라 불리는 것으로 시간이 지남에 따라(검토를 진행함에 따라) 투입되는 비용의 변동폭이 점점 작아지는 모습을 나타낸다.

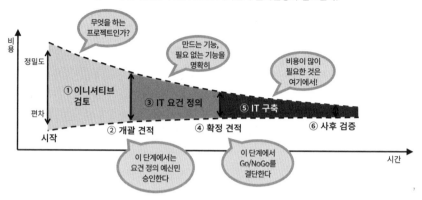

그림 A-4 불확실성의 뿔. 시간이 지나면서 불확실성이 감소한다.

필자가 프로젝트를 할 때도 프로젝트 최초 단계에서는 '음, 이런 규모의 회사라면 아마도 50억에서 100억 정도가 되려나… 잘 맞는 패키지를 찾지 못하면 최악의 경우 150억이 될 수도 있겠군'이라고 하는 정도만 예상할 수 있었다.

이후 검토를 진행하면서 예를 들어,

- 현재는 공장별로 업무와 시스템이 제각각이지만 완전히 표준화해서 하나로 통합할 수 있을 것이다.
- 시스템 기능 중 반드시 구축해야 하는 것은 282개, 가능하다면 구축해야 하는 것은 128개다.
- A사가 제공하는 패키지가 더 적합하다.

와 같이 구체화하면 '아마도 90억을 넘는 정도일까… 줄이고 줄이면 80억까지는 되겠지만, 아마도 95억은 투입해야 프로젝트의 성과를 충분히 거둘 수 있지 않을까…'와 같이 예상할 수 있게 된다.

이렇게 '최초에는 애매한 것밖에 알 수 없다'라는 것은 자동차를 살 때와는 전혀 다르다(자동차를 살 때의 애매함이란 기껏해야 할인율이 5%인가 10%인가 하는 정도다). 그렇기 때문에 시스템을 만들게 하는 사람인 여러분도 시스템 구축 프로젝트가 가진 본질적인 애매함을 견뎌야 한다. 만드는 사람에게 '확실한 정보를 가지고 오십시오!'와 같은 말을 하는 순간 사태는 악화될 뿐이다. 애매함을 함께 줄여 나가기 위해 의사결정을 하나씩 쌓아가야 한다.

언제, 무엇을, 어느 정도까지 검토해야 하는가?

'프로젝트가 진행되고 의사결정을 해 나감으로써 불확실성을 줄인다.' 마치 자연 현상이 일어나는 듯 표현했지만 사실은 정답이 없는 어려운 의사결정을 반복하고, 어떻게 해서든 불확실성을 줄이는 고난의 길이다.

이때 항상 '지금 어느 정도까지 상세히 결정해야 하는가?'가 고민일 것이다. 업무와 시스템은 복잡하게 얽혀 있으며, 업무를 상세하게 정하더라도 시스템으로 구현할 수 없을 수 있다. 반대로 시스템을 아무리 상세히 결정하더라도 업무가 결정되는 시점에서 모두 헛수고가 될 수도 있다.

이후 방법론을 소개하는 과정에서는 '이 단계에서는 간단하게 이미지를 공유할 수 있으면 충분하다' 또는 '샘플 자료 정도 수준으로 적당하다' 등의 구체적인 사례와 함께 설명한다. 어떤 단계에 어느 정도로 상세하게 검토할 것인가가 방법론의 핵심이다. 오랜 기간의 시행착오 끝에 필자들은 각 단계에서 최적의 작성 수준을 도출했다.

시스템 구축을 경험해 본 독자라면 '보다 상세히 결정하지 않으면 뒤에서 문제가 되는 것은 아닌가…'하는 위화감을 느끼는 부분도 있겠지만 우선 책을 읽기 바란다. 뒤에서 대략적인 부분을 보완할 수 있도록 전체 단계를 설계했음을 알게 될 것이다. 프로젝트 전체 관점에서는 이 방법이 더 효율적이다.

그럼 다음 장부터 이 방법론의 전체적인 이미지를 살펴보자.

시스템을 '만들게 하는'이라는 표현이 잘난 체하는 것처럼 들린다면

'나는 시스템을 만들게 하는 측이다'라는 말투는 너무 잘난 체하는 것 같이 들리기 때문에, 일반적으로 프로젝트를 진행할 때는 밖으로 표현하지 않는다. 심지어 '만들게 하는'이라는 용어는 미움을 받게까지 한다.

이번 장에서 설명한 '시스템을 만드는 사람'과 '시스템을 만들게 하는 사람'은 같은 프로젝트에 도전하는 대등한 파트너 관계이지 상하관계가 아니다.

'시스템을 만들게 하는 사람'이라는 표현에는 '나는 만들게 하는 측이니 비용만 지불하면 된다', '나는 주문을 했으니 이제 입을 닫고 기다리기만 하면 된다', '제공된 시스템이 마음에 들지 않으면 나는 불만을 말한다'는 자세가 내비친다.

(그러나) 이 책을 읽을수록 경영자, 업무 부분, IT 부문이 각각 전문가로서 프로젝트에 기여해야 한다는 것, 그리고 '만들게 하는'이라는 자세로는 변변한 시스템을 얻지 못한다는 것을 이해하게 될 것이다.

그럼에도 불구하고 이 책의 제목을 '시스템을 만들게 하는 기술'로 정했다. '시스템을 만들어 주는 기술'이라고 하면 아무래도 어감이 좋지 않기 때문이다. '시스템을 함께 만드는 기술'이라는 제목 또한 대상 독자가 모호해진다.

부디 독자 여러분의 너른 이해를 부탁드린다.

B장 프로젝트 전체 진행 방법

- 시스템을 만들어 도입할 때까지의 흐름을 대략 알 수 있다.
- 각 단계에서 '무엇을 기준으로 완료됐다고 말할 수 있는가'를 이해하고 프로젝트가 어떤 단계에 있는지 파악한다.

그림 B-1 시스템 구축의 전체 이미지

시스템에 관해 Why → How → What 순으로 생각해야 한다는 사실은 이해했을 것이다. 조금 더 실전적인 단계로 다음 흐름으로 프로젝트를 진행한다. 각 단계를 페이즈^{phase}라고도 부른다. 이 책도 이 단계에 맞춰 각 장을 배치했다. 이번 장에서는 자세한 설명에 앞서 전체를 간단하게 설명한다.

Concept Framing(목표 명확화: C장)

3시간 정도의 짧은 시간에 먼저 멤버들의 공감대를 형성하고, 모든 멤버가 납득하는 프로젝트 목표를 결정한다.

이 단계에서 모든 멤버가 생각이 정리된 경우는 거의 없다. 멤버 각자가 다른 생각을 갖고 참가한다. 프로젝트를 진행하다 보면 언젠가 이런 차이가 명확해진다. 프로젝트 도중에 다투다가 좌절할 바에는 처음에 부딪혀서 맞추는 것이 좋다.

이 단계를 거치면 이후 조정 효율도 높아진다. 반대로 프로젝트의 목표, 콘셉트에 관한 가설을 정해 놓지 않으면 조정 범위가 한없이 넓어지며, 모든 작업을 정도의 차이 없이 너무 상세하게 조정하는 함정에 빠지게 된다.

Assessment(현재 상태 조사/분석: D장)

현 시점에서 업무나 시스템의 상태를 실제로 조사하는 단계다. 보유한 자료를 읽거나 담당자와 인터뷰를 하면서 '무엇을 어떻게 하고 있는가?'를 파악한다 (조사).

수집한 정보를 구조화하고 '현재 상태는 이렇다', '성장을 가로 막는 암 덩어리는 여기다' 같이 프로젝트에 관한 통일된 견해를 도출한다(분석). 이를 통해 프로젝트를 진행해서 해결할 과제를 명확하게 하고, 이후 미래의 모습을 그릴 때 활용할 기반 사실을 수집할 수 있다.

기존 시스템에 거의 손을 대지 않는 업무 혁신에서는 개선 포인트를 찾아내는 '분석'을 중시한다. 한편 시스템 재구축을 전제로 하는 프로젝트에서는 '분석'과 함께 이후의 큰 누락이나 재작업을 방지하기 위해 현재 상태를 파악하는 '조사'도 빠뜨려서는 안 된다.

Why → How → What 관점에서 보면 이 단계까지가 Why에 해당한다. 프로젝트 도중에 참가하는 사람도 현재 상태 조사/분석 단계의 결과를 보고 '아하, 그래서 이 프로젝트를 하고 있는 거군', '이건 심한 걸? 어떻게 해서라도 바꿔야겠어' 같이 즉시 Why를 이해할 수 있도록 결과물을 만드는 것이 바람직하다.

Business Model(구상 제안: E장)

현재 상태 분석/조사 단계에서 명확해진 과제를 해결하기 위해 이 단계에서는 다음 세 가지를 수행한다.

- 비전을 명확하게 한다.
- 비전에 도달하기 위한 이니셔티브^{initiative}를 도출한다.
- 이니셔티브들을 모아 하나의 프로젝트 기본 계획을 수립한다.

'업무 역할 분담을 바꾸기 위해 조직 구조를 바꾼다' 같이 직접 시스템에 영향을 주지 않는 이니셔티브도 이 단계에서 논의하며, '업무 규칙을 바꿔서 거버넌스를 정규화한다. 이를 확실하게 수행하기 위해 시스템으로 업무를 관리한다' 같이 시스템 기능과 연결하는 이니셔티브도 있다.

시스템 자체가 암 덩어리인 경우도 많다. 빈약한 시스템을 뒷받침하기 위해 사람이 반복해서 무언가를 입력하기도 한다. 이때는 데이터를 일괄적으로 관리하기 위한 시스템을 만드는 것이 프로젝트의 가장 중요한 이니셔티브가 된다.

이런 이니셔티브들을 각각 구체화한다. '어떤 과제를 해결하기 위한 이니셔티브인가?', '무엇을 바꾸는가, 바꾸면 어떻게 나아지는가?', '바꾸는 과정에서의 어려움은 무엇인가, 어떻게 극복할 수 있는가?' 등이다.

이렇게 검토한 이니셔티브들의 시작 순서나 완료 예정을 결정하고 프로젝트 전체에 대한 하나의 마스터 일정이나 예산에 적용하면 프로젝트 계획서가 만들어진다. 대형 프로젝트의 경우에는 이 단계에서 프로젝트 실시 여부를 경영 회의 등에서 승인받는다.

비전을 그리는 이 단계는 Why → How → What 중 How에 해당한다.

Scope(요구사항 정의: F–M장)

이제 어떤 시스템이 필요한지 생각하는 단계다. '시스템을 만들게 하는 기술'을 다루는 이 책에서 이야기할 내용이 가장 많은 단계다. 이 단계에서는 시스템에 대한 바람을 문서화하는 것을 목표로 한다.

하지만 시스템은 눈에 보이지 않아 상상하기 어렵고, 원하는 것을 문서화해서 '만드는 사람'에게 전달하는 것만도 대단히 어렵다. 그 복잡함 때문에 요구사항도 빈번하게 누락된다. 이를 해소하는 방법으로 이 책에서는 FM이라는 전용 양식을 소개한다.

필요한 기능을 누락 없이 도출했다고 하더라도 난관은 계속된다. 이 단계에서는 '모처럼 만드는 시스템이니 이 기능도 필요하고, 저 기능도 만들면 좋겠다'는 바람들이 프로젝트에 밀려온다. 요구사항 관리에 실패하는 프로젝트는 매우 많다.

그림 B-2 시스템 구축의 전체 이미지

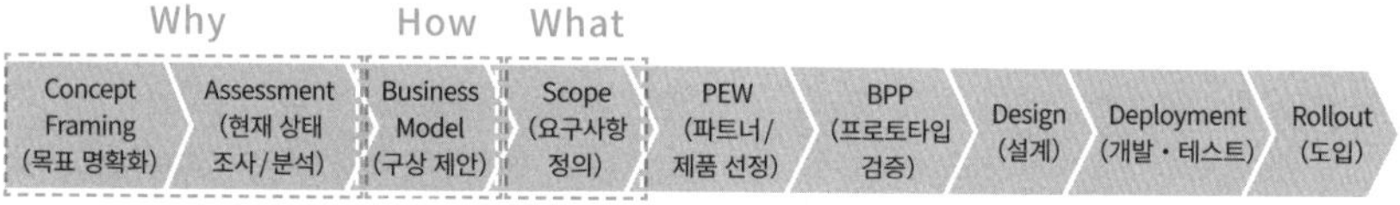

이번 장에서는 밀려 들어오는 요구사항을 정리하고 모든 관계자가 납득할 수 있는 의사결정 프로세스에 관해 설명한다. 사실 이 프로세스가 시스템 구축 프로젝트를 성공으로 이끄는 첫 번째 비결이다.

Why → How → What으로 말하면, 마지막 What에 해당한다. 이 단계를 마치면 '어떤 시스템이 필요한가?'에 관해 누락 없이 문서화한 결과물을 얻을 수 있다.

여기까지의 단계를 거치면 What이 명확해진다. 그리고 이후 단계에서는 묵묵히 시스템을 만들어가게 된다. 단, 식당처럼 주문하고 나서 '나머지는 만드는 사람에게 맡기자'는 식의 태도는 안 된다.

왜냐하면 아무리 What을 명확히 했더라도 완벽할 수는 없기 때문이다. 시스템은 로직의 덩어리이며 'What을 100% 명확히 했을 때'가 '시스템을 완성한 때'이다.

따라서 이후 단계에서 프로젝트의 주체는 '만드는 사람'으로 바뀌지만, 안타깝게도 '만들게 하는 사람' 또한 여유를 부릴 수는 없다. 필자들이 참가한 프로젝트에서도 업무 담당자의 관여도가 줄어드는 일은 드물다. 그렇다면 구체적으로 어떻게 관여를 하는 것일까?

PEW(파트너/제품 선정: N장-R장)

PEW란 Partner Evaluation Workshop의 약어다. 스코프 단계에서 '어떤 시스템이 필요한가?'를 명확히 했으므로, 이를 구현할 패키지/솔루션과 그것을 제공해 줄 IT 벤더(파트너)를 선정한다.

패키지의 적합도(원하는 기능이 있는가?)와 가격이 중요한 선정 기준이 된다. 한편 담당자의 스킬이 높은가, 신뢰할 수 있는 회사인가 또한 중요한 선정 포인트가 된다. 완성 후에도 이용할 것을 고려하면 10-15년 이상 함께 할 파트너를 선정하는 것이기 때문이다.

이 단계는 전문가인 필자들도 항상 고민하는 어려운 부분이다. 5개 장에 걸쳐 자세히 설명한다.

BPP(프로토타입 검증: S장)

BPP는 Business Process Prototyping의 약어다. 구상 제안 단계에서 그린 업무의 비전을 시스템의 프로토타입(패키지를 가상으로 만든 것 또는 화면을 파워 포인트 등으로 그린 것)을 이용해 시뮬레이션 해본다.

'비즈니스 프로세스'라는 이름을 붙인 이유는 검증하는 대상이 시스템으로 한정된 것이 아닌, 업무 프로세스 그 자체이기 때문이다. 바꾸고자 하는 업무의 비전에 관해서는 이제까지 책상 위에서만 논의했을 뿐이다. 바꾸는 것 자체에 대한 현장의 저항감도 있다.

따라서 우선 종이로 만든 것이라도 좋으니 연습처럼 업무를 시뮬레이션 해본다. 그러면 당연하게도 새로운 과제(검토 사항)가 많이 나타난다. 실제로 현장에서 일하는 사람들을 초대해 프로토타입 세션을 가지면 '지금 이런 일도 하고 있는데, 나중에는 어떻게 됩니까?', '이 요소가 보이지 않으면 곤란합니다' 등 2시간 남짓의 회의에서 50개 정도의 아이디어를 얻을 수 있을 것이다.

이제까지 논의했던 비전에 대해 지적 받으면 다소 풀이 죽을 수도 있다. 그러나 잠재적인 과제가 표면에 드러나지 않고 시스템이 완성되어 실제 이용하는 단계에서 '아니, 이 상태로는 이 시스템을 쓸 수 없습니다' 같은 상황이 벌어지면 매우 곤란하다. 그보다는 만들기 시작한 단계에서 지적 받는 편이 만드는 입장에서는 훨씬 도움이 된다(적은 비용으로 마칠 수 있다).

Design(설계) ~ Deployment(개발: T장-W장)

시스템 설계서를 쓰는 단계(Design)와 프로그램을 만들어 패키지 소프트웨어를 이용할 수 있게 설정하는 단계(Deployment)다.

이 부근부터는 만드는 사람이 주체가 되어 작업을 진행한다. 이제까지의 단계에서 만들고자 하는 것을 충분히 전달했다면 전문가인 IT 엔지니어에게 구현 방법을 맡기는 것이 좋다. 단, 단계 중간중간 결과물을 리뷰하거나 의사결정은 계속해야 한다. 예를 들면,

- 구현 방법 A를 선택하면 B라는 문제가 있지만 대신 5,000만 원의 비용을 줄일 수 있다.
- 비전으로 그렸던 업무 프로세스를 조금 바꾸면 기존 패키지를 그대로 이용할 수 있으므로 향후 유지보수가 쉬워진다.

이런 판단은 만드는 측에서는 할 수 없으므로 만들게 하는 사람의 의사를 어떻게 해서든 반영해야 한다. 이를 회피하면 만드는 측에서는 '아무리 비용이 높아지고 유지보수가 어려워지더라도 스코프 단계에서 얻은 What을 그저 만들 수밖에 없다'고 판단하게 된다. 만들게 하는 사람 역시 그런 것을 바라지는 않을 것이다.

시스템 전체를 직접 만들던 20여 년 전 같으면 모르지만, 지금은 기존 제품인 패키지(SaaS 포함)를 잘 활용하는 스타일의 시스템 구축 방법이 주류다. 그렇기 때문에 이처럼 다소 세세한 의사결정에 '만들게 하는 사람'이 확실히 관여하는 것이 프로젝트의 전체 비용을 상당히 낮추는 포인트가 된다.

Rollout(도입: X장)

기존 버전의 시스템이 가동 중인 경우에는 새로운 버전의 시스템으로 전환하는 작업도 매우 큰 고비다. 대개 시스템뿐만 아니라 업무도 변하기 때문에 전환 작업은 시스템을 만들게 하는 사람, 만드는 사람이 함께 넘어야 하는 크고 중요한 이벤트다. 큰 프로젝트에서는 반년 전 ~ 1년 전부터 전환 작업 계획을 세운다.

무사히 시스템을 전환하더라도 프로젝트 멤버는 반년 정도는 대단히 분주하다. 시스템을 전환한 뒤 큰 장애가 발생하는 경우도 빈번하다. 그런 때는 어떻게 복구할 것인지 검토해야 한다.

시스템 버그는 만드는 측에서 고치지만, 예를 들어 고객에게 잘못된 금액의 청구서를 보내는 등의 경우는 업무 담당자가 앞에 나서서 문제를 처리해야 한다. 시스템을 계속해서 이용할 것인지에 관한 판단을 경영자가 해야 할 때도 있다.

이상으로 목표 명확화부터 도입까지 시스템 구축 프로젝트의 각 단계에 관해 간략하게 설명했다. 다음 장부터 각 단계에 관해 보다 자세히 방법론을 소개한다.

이 책의 주요 주제는 '시스템을 만들게 하는 기술'이므로 목표 명확화, 현재 상태 조사/분석, 비즈니스 모델의 각 단계에 관해서는 중요성에 비해 가볍게 설명했다. 보다 자세한 내용을 학습하고 싶다면 목표 명확화에 관해서는 필자가 쓴 ≪リーダーが育つ変革プロジェクトの教科書(리더를 키우는 변혁 프로젝트의 교과서≫(日経BP, 2018), 현재 상태 조사/분석과 구상 제안 단계에 관해서는 ≪業務改革の教科書(업무 개혁의 교과서)≫(日経BP, 2013)를 참조하기 바란다.

시스템 구축에 착수할 때까지 확실하게 시간을 들인다

프로젝트의 전체 이미지를 읽고 시스템 구축에 착수하는 설계 단계 사이에 상당히 많은 단계가 있다는 것에 놀란 분도 있을 것이다.

시스템 구축에서는 상류 단계(현재 상태 조사/ 분석/ 구상 제안/ 스코프/ 파트너/ 제품 선정 단계)에서 전체 시간의 10% 정도가 소요되는 것으로 일반적으로 알려져 있다. 우리 캠브리지가 참여하는 프로젝트에서는 프로젝트 개시부터 파트너/제품 선정 단계 완성까지가 전체 공정의 30% 정도가 되는 경우가 많다. 일반적인 경우보다 그 비율이 높다.

프로젝트 규모나 범위에 따라 다르지만 예를 들어 도쿄 증권 일부 상장 기업의 판매 관리 업무 개혁 + 시스템 구축 프로젝트의 경우에는 총 8개월, 인사나 회계 등에서는 5개월의 기간이 걸렸다. 필자와 같은 업무 개혁에 익숙한 전문가가 지원해서 재작업을 하지 않고 밀도가 높은 논의를 반복해도 이만큼의 시간이 걸린다.

프로젝트를 시작하는 방법에 관한 상담을 하면서 이런 스케줄을 설명하면 깜짝 놀라거나 한숨을 쉬며 '확실히 이렇게 제대로 토론해야 합니다. 회사의 미래를 만드는 것이니까'라며 마음을 다잡는 등 다양한 반응을 경험한다.

그러나 상류 공정에서 확실히 논의를 했으므로 그 이후는 부드럽게 진행된다. '사실은 이런 기능이 필요했다'고 한참 뒤에 새로운 요구사항이 나와 일정이 무너지는 일도 없고, 기능마다 활용하는 상황scene이 명확하기 때문에 기능 상세를 기술할 때도 차근차근 결정할 수 있다.

결과적으로 1년 전후로 시스템 구축을 마치게 되므로 '요구사항 정의까지 반년, 그 후 1년'이 표준적인 프로젝트 스케줄이 된다. 대기업의 업무를 근본적으로 바꾸는 데 1.5년이라면 꽤 괜찮지 않은가?

물론 애자일 방식을 활용해 점진적으로 기능을 릴리스하는 유형의 프로젝트나 3년 정도 걸리는 거대한 프로젝트 등 프로젝트의 패턴은 다양하다. 그러나 일반적으로 말하는 것보다는 시스템 구축 이전의 단계에 시간을 들여야 한다는 것이 필자의 주장이다.

시스템은 그저 구축하는 것이 목적이 아니라, 잘 활용해서 비즈니스에 영향을 주는 수단이기 때문이다.

사례 모든 과정을 수행하지는 않는 특수한 프로젝트

필자는 시스템은 업무를 바꾸는 수단이라고 생각한다. 그렇기 때문에 큰 비용을 들여 시스템을 만드는 것 이상으로 '어떤 방식으로 업무를 바꾸는 것인가?', '그것은 기업 전체에 플러스가 될 것인가?'에 관해 끈질기게 논의한다.

그러나 이런 것에 관해 그다지 논의하지 않는 유형의 프로젝트도 있다. 프로젝트의 최우선 목표가 업무 개혁보다 '아무튼 빠르게 시스템을 만드는 것'인 경우가 그렇다. 필자가 과거 참여했던 한 인사 시스템 구축 프로젝트를 예로 들어 설명하겠다.

필자는 5월부터 프로젝트에 참여했다. 다음 해 4월에는 새로운 인사 제도를 시작해야 했다. 30년 만의 큰 제도의 개정이었다. 당연히 그때까지 이용하던 시스템에서는 대응할 수 없었고, 인사 관리 데이터베이스부터 급여 계산 로직까지 모든 것을 처음부터 만들어야 했다.

목표 명확화, 현재 상태 조사/분석, 비즈니스 모델 단계를 정확히 수행할 시간은 없었다. 그리고 사실 철저하게 할 필요도 없었다. 다음과 같이 안건이 정리되어 있었기 때문이다.

1. '무엇을 위해 프로젝트를 하는가?'가 명확하다. 경영 관점에서 '4월에 새로운 인사 제도를 시작하는 것'의 중요도가 높고, 예산 엄수나 업무 효율화 등 다른 프로젝트 목표 후보의 우선도를 낮출 각오가 되어 있다.
2. 이것을 경영/사업 부문/ IT 부문을 포함한 모든 프로젝트 멤버가 충분히 이해하고 있다.
3. 인사 부문의 업무 프로세스는 회사별로 독자성이 낮고, 패키지에 포함시키기 쉽다. 즉, 처음부터 비전을 검토할 필요가 적다.

즉, Why에 대한 완전한 합의가 이루어진 상태에서 How의 상당 부분을 컨설턴트인 필자들에게 일임하는 형태였다. 그때문에 프로젝트를 시작하고 1개월 정도 만에 스코프 단계를 마쳤다. 다른 프로젝트에 비해 상당히 빠른 속도였다.

상당히 고생했지만 4월에 신규 시스템이 완성했다. 무사히 4월부터 새로운 인사 제도로 전환할 수 있었다. 다른 대기업용 인사 시스템 구축 프로젝트에 비해 1/2 정도의 기간이 걸렸던 것으로 기억한다.

'이런 사례도 있다'는 의미로 소개했지만 사실 이런 사례는 흔치 않다. 다른 프로젝트를 관찰해보면 역시 최초에 논의해야 할 Why나 How가 제대로 되지 않아 프로젝트를 갈팡질팡하게 하는 원인이 된다.

'단계를 생략해도 좋은가?'라는 판단은 전문가인 필자에게도 어렵다. 예를 들어 '미래 업무 프로세스에 대한 검토는 마쳤습니다'라고 고객이 말했다고 하더라도 간단히 패키지 후보와 현장 업무의 기능 비교를 한 것뿐인 경우도 있다.

이렇게 심한 정도는 아니더라도, 다음 질문에 대한 답이 허술한 상태가 많다.

- 사내/외 누구나 알기 쉬운 형태로 자료화되어 있는가?
- 변경 사항과 변경의 장단점이 명확하게 되어 있는가?
- 관계자들이 이해/납득하고 있는가?

프로젝트 도중 상담을 하는 경우, 필자가 '이 프로젝트의 어떤 작업은 완료되고, 어떤 작업은 완료되지 않았는가?'를 판단하기 위해 이용하는 현재 상태 조사/분석 시트가 있다. 이를 일부 발췌해서 게재했으니 참고해서 조금이라도 후회를 줄이기를 바란다.

그림 B-3 현재 상태 조사/분석 시트

구분	실시 사항	진행 방법	주요 결과물		PM의 인사 및 9월 자료에서
1. Concept Framing (목표 및 콘셉트 명확화)					
1-1	요원 할당과 팀 빌딩	단계 실시에 필요한 관계자를 할당하고 팀으로 만든다. (Norming, 킥오프)	(킥오프 자료 등)	△	체계 다이어그램 별도 작성되고 킥오프 실시, 역할 분담은 명시하지 않음. 프로젝트에 관여하는 모든 이해관계자가 모여지는 않음.
1-2	경영(층) 의사 확인	경영(층)에 대해 비전과 현재 문제 의식, 프로젝트에 대한 기대감 등을 확인한다.	[인터뷰 결과] 경영층에 대한 인터뷰 결과를 기재한다.	×	• 경영층이 체제 다이어그램에는 포함되어 있다. • 의지는 정확히 알 수 없다.
1-3	비전 이미지화	구성 레벨에서 비전을 구체화한다.	[비전(이미지)] (※ 이미지나 문자 등 형식은 관계없지만) 현 상태에 대한 미래의 모습을 구체적인 모양으로 나타낸다.	△	• 콘셉트나 이미지는 기재되어 있다. 단 '이익 증심 및 이익 지향' 등 추상적(하향?)인 콘셉트로 되어 있다.
1-4	가설 수립	실현하려는 방향성(비전)을 실현하기 위해 필요한 주요 이니셔티브(가설)를 수립한다.	[주요 이니셔티브(가설) 목록] 비전을 실현하기 위한 주요 이니셔티브(가설)를 목록화한다.	○	• 1~3이 전체에서 기재했다.
1-5	가설 타당성 검증	비전(프로젝트 목표)과 주요 이니셔티브(가설)를 비교하고, 정당성을 검증한다.	[주요 이니셔티브(가설) 목록: 검증 결과 추가] 주요 이니셔티브(가설)에 대한 특성을 기술한다.	×	• 검증까지는 진행되지 않았다(현장이나 관련 부문과의 검토나 합성이 아닌 정도인지). 결과 자료로는 알 수 없다.
1-6	가설 단기/장기 판단	주요 이니셔티브(가설)에 대해 단기적 실행 여부, 장기적 실행 여부를 명확하게 한다.	[주요 이니셔티브(가설) 목록: 단기/장기 추가] 주요 이니셔티브(가설)에 대해 단기/장기 판단을 기재한다.	×	• 해당 없음
1-7	프로젝트 목표/주요 성공 요인 설정	프로젝트로서 달성하고자 하는 목표와 주요 성공 요인(CSF)을 설정한다.	[프로젝트 목표/주요 성공 요인] 프로젝트 목표와 주요 성공 요인을 명시적으로 문서화한다.	△	• 주요 성공 요인은 없다. • 목표는 추상적일 수밖에 없다.
1-8	프로젝트 목표와 주요 성공 요인의 커밋먼트	프로젝트 목표/주요 성공 요인에 관해 사내(경영층)에서 커밋먼트를 이끌어낸다.	—	×	• 아무도 커밋하지 않았다.
2. Assessment (현재 상태 조사/분석)					
2-1	현행 업무 조사(업무 흐름 확인)	현행 업무를 최신 상태로 가시화한다.	[현행 업무 흐름/액티비티 목록] 현행 업무 처리와 흐름을 기재한다.	×	(현행에서는 해당 없음.
2-2	현행 업무 조사(정량화)	작업 시간과 처리 건수 등 미래 업무와 비교하기 위한 기초 자료를 조사한다.	[액티비티 목록: 작업 시간/처리 건수 추가] 업무 처리에 관해 작업 시간이나 처리 건수를 기재한다.	×	(현행에서는 해당 없음.

Concept Framing

Concept Framing (목표 명확화)	Assessment (현재 상태 조사 / 분석)	Business Model (구상 제안)	Scope (요구사항 정의)	PEW (파트너/ 제품 선정)	BPP (프로토타입 검증)	Design (설계)	Deployment (개발·테스트)	Rollout (도입)

프로젝트에서 달성하고 싶은 것이 제각각이다 ……

C장 목표(Why)를 명확하게 하라

이번 장의 레슨

- 시스템 구축 프로젝트에서도 목표가 명확하지 않으면 성공 후 기동까지 도달할 수 없다.
- 사례를 통해 프로젝트에서 유효하게 작동하는 목표가 무엇인지 학습한다.

'시스템을 만드는 것 ≒ 프로젝트의 목표'인가?

시스템 구축 프로젝트의 목표를 살펴보면 'O월 O일까지 시스템 기동', '예산 OO원 이하' 같이 시스템을 만드는 것 자체인 경우가 많다.

또한 '현행 시스템 기능을 유지한다' 같이 지금의 시스템과 전혀 다르지 않은 시스템을 만드는 것(적어도 사용자에게 있어 지금 이용하는 기능이 사라지지 않는 것)이 목표인 경우도 있다.

그러나 이처럼 시스템 구축 자체를 목표로 하는 프로젝트는 실패하기 쉽다. 다음 프로젝트 사례를 함께 살펴보자.

사례 현상 유지가 목표였던 프로젝트의 결말

프로젝트 발족의 계기는 현재 이용하는 시스템의 노후화였다. 유지보수 할 수 있는 업자가 없는 것은 물론 제조사와의 유지보수 계약도 만료됐다. 일부 사원들은 이 위험을 미리 감지했지만, 시스템 구축에는 돈과 인력이 필요했기에 입을 다물고 이용하고 있다.

그러나 사업 유지 자체가 다급해진 상황(시스템이 망가지면 비즈니스를 이어 나갈 수 없게 된다)을 간과하고 있을 수만은 없었기에 결국 가까스로 프로젝트에 착수하게 됐다.

그러나 사용자들은 '지금과 같은 방식으로 사용할 수 있기'를 원했고 그것이 프로젝트 목적이 됐다. 이와 함께 '어차피 새롭게 만들 것이라면 이런 것, 저런 것도 편해지면 좋겠다...'는 정도의 바람이었다.

기본적으로는 시스템의 유지를 책임지는 IT 부문에서 실행하면 되는 프로젝트라고 모두가 생각했다.

그래서 프로젝트의 목표는 '일정에 맞춰 시스템을 쇄신한다'였다. 단순하고 명쾌하다. 그러나 프로젝트를 진행하자 먹구름이 끼기 시작했다.

예를 들어, 요구사항 정의 단계에서는 사용자의 다양한 요구사항으로 인해 제동이 걸리는 상황이 왕왕 일어났다. 시스템과 직접 관계없는 편의 기능이나 장표도 '이번 기회에 만들자'라며 하루가 다르게 요구사항이 늘어났다. 사업 규모나 내용에 비해 과할 만큼 고도의 보안 기능도 포함됐다.

그 결과 IT 벤더로부터 받은 견적은 당초 예정한 예산을 크게 넘어섰다. 원래 이런 회사는 시스템의 중요성을 과소 평가하게 마련이므로 '이만한 돈을 지불할 수는 없다!'라고 하는 상황이 됐다.

하지만 프로젝트 목표에서는 '만들자!'고만 외치고 있었다. 프로젝트 목표에 직결되는 중요한 기능과 그저 희망일 뿐인 기능을 구별할 수 없었다. 결국 IT 부분의 프로젝트 매니저가 만들지 않을 기능을 단독으로 결정하기로 했다.

그러나 그 결정은 경영층과 현장의 불만을 불러 일으켰다(며칠 후 필자가 당사자와 인터뷰했을 때 '필요한 기능을 IT 부문에서 거절했습니다'라고 강하게 표현했던 것이 인상적이었다).

애초에 현장 사용자는 바쁘다는 이유를 들어 프로젝트의 의사결정에는 참가하지 않았고, 'IT 부문의 프로젝트입니다'라며 방관하는 태도였다. 프로젝트 매니저로서는 단독 결정에 대한 책망을 받더라도 달리 방법이 없는 매우 딱한 처지였다.

이 밖에도 여러 어려움에 빠진 이 프로젝트는 결국 경영층의 결단으로 동결됐다. 프로젝트 당초의 '시스템을 쇄신하지 않으면 사업 유지가 어렵다'는 상황에는 손을 쓰지 못한 채로.

이 사례에서 프로젝트 목표를 결정하는 방법에는 문제가 없었다. 그러나 '시스템 구축 프로젝트라는 번거롭고 비용도 드는 것을 하려는 이유는 무엇인가, 정말로 할 필요가 있는가?'(즉, 프로젝트의 목적)에 관해 조직 전체가 합의할 필요성이 있었다.

※ 이 프로젝트는 필자가 직접 참가한 프로젝트는 아니다. 그러나 업무 특성상 다양한
실패 프로젝트에 관해 들을 기회가 많다.

당시를 뒤돌아보면 '이 프로젝트를 하는 이유는 무엇인가?', '이 상태로는 사
업을 정말로 유지할 수 없는가?', '최소한 반드시 달성해야 하는 것은 무엇인
가?'가 명확했다면 이 사태는 피할 수 있을 것이다. 필자 경험상 일본 기업의
현장 담당자는 억지를 부리지는 않기 때문이다.

'회사 관점에서 이 프로젝트는 이런 의미를 가진다', '프로젝트 목표에 맞는
기능을 우선해서 만들어야 한다'고 확실하게 설명하면 경영 간부는 물론 현
장도 덮어 놓고 반대하지는 않는다.

문제는 현장(사용자)에서 이해하지 못하는 것이 아니라, 경영자/업무 부문/
IT 부문이 공유하는 프로젝트 목표가 명확하지 않은 것이다. 목표가 명확하
지 않으므로 어려운 의사결정이라는 문제를 극복하지 못했다.

그렇기 때문에 프로젝트를 진행하는 중이라도 프로젝트의 목적이 애매하거
나 공유되지 않았음을 알게 됐다면 우선 작업을 멈추더라도 시간을 들여 목
표에 관해 논의해야 한다. 빠를수록 상처도 가볍다.

이번 장에서는 시스템 구축 프로젝트에서 효과적이었던 몇 가지 목표 사례를
살펴보고, 마지막으로 좋은 목표를 만드는 팁을 소개한다.

시스템 구축 목표의 네 가지 사례

사례 ① 시스템 재구축의 의미를 신중하게 고려했다

모 제조회사에서 진행한 시스템 재구축 프로젝트의 계기는 15년 동안 이용
해 오던 시스템의 지원 종료였다. 해당 회사의 업무에 딱 맞게 구축한 시스템
이었기 때문에 사용자들에게는 어떤 불만도 없었다.

따라서 프로젝트 목표는 '지금 이용하는 시스템에 비해 손색이 없는 시스템을 만드는 것'으로 결정됐다. 다시 말해 현재 상태를 유지하는 프로젝트였다.

신규 시스템 구축 프로젝트에서는 시대의 흐름에 맞춰 직접 만들지 않고 업무 패키지를 활용하기로 했다. 그러나 업무 패키지는 범용 제품이기 때문에 현재 업무와 맞지 않는 부분이 많이 발견됐다. 예를 들어 이 회사에서는 본사 스태프가 아닌 현장 관료직이 많은 정보를 등록했지만, 패키지 제품은 이런 상황에 대비되어 있지 않아 사용성이 매우 좋지 않았다.

담당자 입장에서 어리광을 부리는 것은 아니지만 이 상태 그대로라면 정보 입력 과정에서 실수가 자주 발생해 업무가 혼란스럽게 될 것이 걱정이었다. 또한 지금보다 효율이 낮아지는 경우가 많아 허용하기 어려웠다. 자연히 '이 상태로는 곤란하다', '패키지를 그대로 이용할 수 없다면 별도로 만들면 좋겠다'는 요청이 많아 예상 투자 비용이 많이 늘어났다.

다만 이 큰 비용으로는 경영 회의를 통과하지 못할 것이기에 '이만큼 큰돈을 들여 프로젝트를 할 필요가 있는가?', '패키지를 그대로 이용하면 어떤 일이 일어나는가?'와 같이 프로젝트의 근간에 관한 논의가 일어났다(여기까지는 앞에서 소개한 실패 사례와 동일하다).

결국 그 프로젝트에서는 '지금은 꿈을 좇지 않는다. 10원이라도 저렴하게 한다. 확실하게 납기에 맞춘다'로 프로젝트 목표를 수정했다. 멋진 사례는 아니지만 이 프로젝트는 새로운 목표에 기반해 다시 착수됐다. 논의 도중 언제라도 '〈10원이라도 저렴하게〉라는 관점에서 보면 이 기능은 포함할 수 없겠어'라며 되돌아설 수 있는 자리를 만들었기 때문이다.

스미토모 생명(住友生命)의 영업용 단말기 업데이트 프로젝트의 목표는
'2020년 여름까지 모든 영업 사원이 이용하는 태블릿 기기를 다시 만든다'였
다. 프로젝트 팀이 만들어질 때 회사에서 부여한 목표라고 할 수 있다.

그러나 이 목표는 '왜 새로운 기기를 배포해야 하는가? 이전 기기로는 안 되
는가?', '새로운 기기를 이용해 영업 사원들이 어떤 일을 하기를 원하는가?'
등 프로젝트를 수행하기 위해 중요한 것은 아무것도 전달되지 않았다.

그래서 20명 정도의 프로젝트 멤버가 3주 동안 깊은 논의를 거쳐 다음 사진
과 같은 프로젝트 콘셉트를 만들어 냈다.

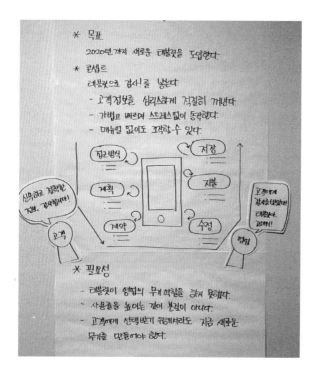

이 그림은 이제까지의 논의에서 잘 다듬은 여러 요소를 포함하고 있다.

- 영업 사원을 즐겁게 하기 위한 도구가 아니라 고객에게 좋은 체험을 전하기 위한 도구다. 그림의 맨 앞에 내건 '태블릿으로 감사를 낳는다'는 그로 인해 얻어질 결과다.
- 이제까지는 부서별로 애플리케이션을 만들어온 결과, 시스템 기능도 단절되어 있었다(예를 들어 상품 설명과 계약 접수는 부서가 다르기 때문에 연동되지 않았다). 이를 깊이 반성하고 '심리스seamless'한 사용 편의성과 데이터로 답한다.
- 컴퓨터 조작에 익숙하지 않은 고령의 영업 사원도 많으므로 쉽게 이용하게 하는 것에 집중한다.
- 그 결과로 '사용되는 기기'에서 '영업 사원의 무기'가 된다.

이 같은 콘셉트는 3년에 걸친 프로젝트의 토대가 됐다. 시스템 기능을 정리할 때, 테스트할 때, 설명회를 진행할 때 등 모든 프로젝트 활동이 이 콘셉트에 따라 진행됐다. 회사가 부여한 '기기를 업데이트하라'는 목표에만 기대는 것이 아니라, 스스로 지침으로 삼을 콘셉트를 만들어낸 사례다.

※ 이 프로젝트에 관해 자세히 알고 싶다면, 프로젝트 중심 멤버였던 스미토모 생명과 캠브리지 사원이 함께 쓴 ≪ファシリテーション型業務変革(퍼실리테이션 기반 업무 변혁)≫(日経BP, 2020) 및 필자가 쓴 ≪リーダーが育つ変革プロジェクトの教科書(리더를 육성하는 변혁 프로젝트의 교과서)≫(日経BP, 2018) 를 참조하기 바란다.

사례 ③ '정말 표준화해야 하는가?'를 피하지 않고 논의했다

한 금속 가공 메이커는 전국에 4개의 공장을 가지고 있다. 각 공장이 근처에서 원료를 들여와 근처에 판매하는 최근에는 보기 어려운 비즈니스 모델을 운영하고 있다. 슬로건은 '지역 생산, 지역 소비'다. 금속은 운송비가 높기 때문에 합리적이기도 하다. 그 결과 같은 제품을 만듦에도 불구하고 공장마다 독립성이 높고 비즈니스 관습, 업무 프로세스, 시스템이 모두 제각각인 상태가 창립 이후 오랫동안 계속됐다.

일부 공장의 시스템 유지보수가 어려워지면서 시스템 재구축 논의가 시작됐다. 명칭은 프로젝트 ONE. 즉, 이를 계기로 회사 전체가 통일된 시스템 위에서 통일된 업무 방식으로 개선한다는 의지를 담은 프로젝트명이었다.

그러나 프로젝트가 시작되고 한동안 프로젝트 내에서는 물론, 프로젝트를 둘러싼 사람들 사이에서도 '정말 표준화가 가능한 것인가?', '지금까지 각 공장이 독자적으로 노력하면서 경쟁하듯 발전해왔다. 그것이 뭐가 안 된다는 것인가?'와 같은 분위기가 생겨났다.

이 '정말 표준화/통합화해야 하는 것인가?'라는 주제에 대해 한 번은 차분하게 마주할 필요가 있어 보였다. '표준화'는 합리적으로 보이기에 반대하기 어렵지만, 그런 화려한 기치를 내걸면 대개는 그저 겉치레가 되고 만다. 정말로 목표로 하지 않기 때문에 프로젝트가 구체적인 검토 단계에 이르면 '전체적으로는 찬성이지만, 각 사항에는 반대'가 일어나 타협에 타협을 거듭하게 된다.

그림 C-1 정말 표준화/통합화해야만 하는가?

논의 1: 표준화의 장단점 (표준화의 단점(왼쪽), 표준화의 장점(오른쪽), 구분 불가(가운데))

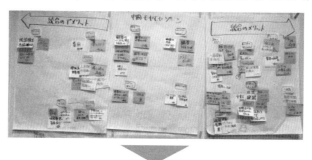

논의 2: 표준화한다면 어디까지 하는가? (표준화하지 않음(왼쪽), 표준화함(오른쪽))

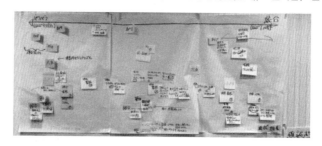

논의 3: 표준화할 수 없는 곳은 어디인가?

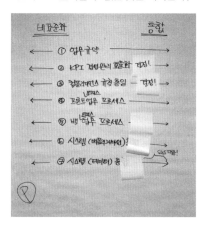

그렇게 되면 언젠가는 목표를 아무도 입에 담지 않게 되고, '이 시스템을 완성하면 누구에게 좋은 거였지?'라고 생각하기 시작한다. 이 상황은 반드시 피해야 한다. 그래서 이 '정말로 표준화해야 하는가?'를 철저하게 논의하기 위해 합숙을 하기로 했다.

논의는 3시간 동안 진행됐다. 먼저 표준화의 장단점에 관해 정리했다(그림 C-1, 논의 1). 이렇게 막연한 리스크나 불안을 글로 적다 보면 '음, 이정도가 전부였나…'하고 안심할 수 있다. 전체가 보이지 않았기 때문에 필요 이상으로 걱정하는 것이다. 물론 프로젝트 시작 당시부터 목표했던 표준화의 장점(그러니까 표준화를 해야만 한다)을 재확인하는 것도 필요하다.

다음으로 '간단히 〈표준화〉라고 했지만, 그 정도가 어디까지인가?'와 같은 막연한 질문을 던졌다(논의 2). 타협이 없는 완전한 표준화를 주장하는 사람이 있는가 하면, '나는 중간 정도로 충분하다고 생각한다. 지역별 시장 관습에 맞추지 않으면 제품이 팔리지 않기 때문이다'와 같이 영업에서의 경험을 말하는 사람도 있었다.

마지막으로 이제까지의 논의를 정리하는 차원에서 '표준화라고 해도 규칙의 표준화, 데이터 일원화, 시스템 기능 표준화 등 그 영역이 다양하다. 각 영역을 어느 정도 표준화할 것인가?'라는 질문을 했다(논의 3).

결론적으로 규칙과 데이터는 완전히 표준화/일원화한다. 그리고 업무와 시스템에 관해서는 두 가지로 나누어 생각하기로 방침을 결정했다.

- 고객과 만나는 프런트 오피스 업무는 지역 특성에 따라 어느 정도 차이를 허용한다. 회사의 경쟁력을 유지하기 위해 필요하다.
- 한편 백 오피스 업무(사무 처리 등, 고객과 만나지 않는 업무)는 표준화하지 않을 이유는 없다.

이 방침을 결정한 후 미래 업무를 검토할 때나 시스템 기능을 정리하면서 몇 번이나 '우리 공장에서는 지금 하고 있는 일과 다른데…'라는 의논이 진행됐다. 그러나 이 방침 덕분에 '하지만 이것은 고객과는 직접 관계없는 백 오피스 업무이므로 표준화 가능하겠지?'처럼 돌아갈 수 있게 됐다.

'전사적으로 표준화한다'는 입에 발린 방침을 다시 한번 확실하게 마주한 것이 이 사례의 교훈이다. '시스템이 노후화되었기 때문에 다시 만들어야 한다 → 각각 만들면 투자 비용이 커지니까 표준화한다'와 같이 항상 접하는 스토리였다면 이 프로젝트는 틀림없이 좌초되었을 것이다.

사례 ④ 프로젝트의 우선순위를 명확하게 표현했다

IT 프로젝트를 시작하면 이제까지 꾹꾹 담아두었던 '프로젝트에서 실현하고 싶은 것'들이 밀려드는 경우가 많다. 이러한 현상은 프로젝트에 무관심한 것보다는 낫지만, 프로젝트를 혼란스럽게 만드는 원인이기도 하다.

특히 작은 조직에서는 비용 관계로 빈번한 IT 투자를 할 수 없다. 이 기회를 놓치면 다음에 언제 실현할 수 있을지 모르기 때문에 담당자들도 양보할 수 없다. 감정적인 측면까지 포함해 뒤엉키는 경우가 많다.

필자가 프로젝트를 착수했던 공익재단법인 플랜 인터내셔널 재팬^{Plan International} ^{Japan}도 같은 상황이었다. 각 나라에서 기부를 받아 어린이의 권리를 추진하고 빈곤과 차별 없는 사회를 실현하기 위해 세계 70개국 이상에서 활동하는 국제 NGO다. 그저 일반적인 기부뿐만 아니라 결연 아동들이 기부자에게 손수 쓴 편지를 보내는 등 세세한 교류를 중요하게 생각한다.

프로젝트 목표와 관련해서 '각 기부자에 대한 개인 서비스에 노력을 들여야 하는가? 아니면 균일한 서비스를 효율적으로 제공하는 조직으로 거듭나는 것이 우선인가?'라는 명제에 관한 격한 논의가 일었다.

프로젝트 멤버들이 다음 그림의 피라미드와 같은 결론에 이르렀다. NGO로서 효율적으로 수행해야 하는 기본적인 업무를 효율화하지 않으면 기부자에 대한 개인 서비스를 할 여유도 없게 된다. 개인 서비스를 하기 위해 IT의 힘을 빌리려면 업무나 데이터의 기반이 확고해야 한다.

즉, 'IT를 이용한 서비스 효율화'를 토대로 '개인 서비스를 강화한다'. 이것이 '기부자의 지속적인 활동을 지원한다'로 연결되는 3단계 스토리가 됐다.

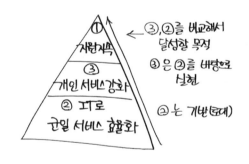

다소 평범한 결론이지만, 이를 프로젝트 목표로 확실하게 결정한 의미는 컸다. 이후의 여러 의사결정에서 '이것은 토대인 두 번째 목표에 기여하는 것인가? 아니면 그 뒤의 세 번째 목표를 위한 것인가?'를 확인할 수 있게 됐기 때문이다.

예를 들어 시스템 기능의 우선순위를 결정할 때도 '그것은 개인 성향에 가까운 스토리이므로 먼저 만들어야 할 기능이 아니라, 두 번째 단계에서 진행해도 괜찮지 않을까?'라는 의견을 멤버들이 자연스럽게 낼 수 있게 됐다.

좋은 프로젝트 목표를 만드는 네 가지 팁

앞의 네 가지 사례에서 시스템 구축 프로젝트에서 좋은 목표를 만드는 팁을 알 수 있다.

팁A 이후 단계에서 사용할 수 있는 목표로 만들어라

모든 사례에서 공통적으로 목표는 그저 장식이나 제목이 아닌, 프로젝트 진행에 도움을 준다. 판단을 내릴 때의 가치관이라고 해도 좋다.

사례 ③에서는 공장별로 독자 기능을 만들고 싶을 때 '이것은 프런트 오피스 업무가 아니니까 회사 전체에 통일된 기능으로 만들어도 문제가 없다' 같이 과도한 기능을 만들지 않도록 억제하는 데 사용됐다.

사례 ②에서는 '고객에게 일관된 스미모토 생명의 모습을 보이기 위해 기능이 심리스하게 연결되어 있는가?'를 프로젝트 멤버들이 적극적으로 확인하는 데 사용했다.

시간을 들여 목표를 논의하는 것이므로 반드시 이후 과정에 도움이 돼야 한다.

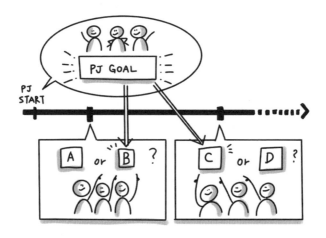

구체적인 목표로 만들어라

사례 ①과 사례 ④에서는 해당 시점의 회사 경영 상황을 심각하게 바라보고, 구체적인 프로젝트 목표를 결정했다.

대규모 프로젝트를 하는 이상 아무래도 화려한 목표를 세우고 싶어진다. '프로젝트를 할 때는 알기 쉬운 프로젝트명이 아니면 경영 회의에서는 통과되지 않는다'는 푸념을 들은 적도 있다.

하지만 시스템 구축이란 그런 우유부단한 자세로 성공할 수 있을 정도로 만만한 것이 아니다. 투자 금액이 예상보다 크게 늘어나거나 손이 부족해 비전에 대한 충분한 검토를 하지 못하는 등 시시각각으로 어려운 상황이 닥친다. 그럴 때 경영 실정에 맞는 땅에 발을 디딘 목표가 없으면 어려움을 이겨낼 수 있는 무기로서의 역할을 하지 못한다.

팁 C 무엇을 위한 프로젝트인가(Why?)를 목표나 콘셉트에 녹여내라

사례 ②의 스미모토 생명은 위로부터 내려온 '새로운 기기를 만든다'는 목표에 만족하지 못하고, '왜 만들어야 하는가?', '기기를 바꾸어서 고객에게 어떤 체험을 하게 하고, 영업 사원의 일하는 방식을 어떻게 바꿀 것인가?' 혹은 '그에 따라 회사가 어떻게 달라지는가?'를 논의하고 콘셉트의 형태로 참가자 전원이 합의했다.

기기 업데이트 프로젝트는 그저 하드웨어만 바꾼다고 끝나지 않는다. 보험 시뮬레이션이나 사무 처리를 위한 애플리케이션은 물론 제품 카탈로그까지, 거의 모든 부서와 관계가 있다. 이런 복합적인 프로젝트이기 때문에 더더욱 프로젝트의 'Why?'가 확실하지 않으면 이도 저도 아닌 잡탕이 되어 버린다. 콘셉트가 특히 중요한 유형의 프로젝트라고 할 수 있다.

팁 D 알기 쉬운 목표로 만들어라

프로젝트 목표가 만들어지면, 그 목표는 스스로 움직인다. 프로젝트 멤버가 참가하지 않는 회의에서 화제가 되거나 '이번 프로젝트, 살짝 봤는데 이런 것을 하고 있는 것 같더라고…' 같은 소문이 돌게 된다. 몇 시간 동안 논의한 프로젝트의 핵심 멤버와 달리 여러 곳으로부터 협력해주는 사원들이나 완성 후에 시스템을 이용하는 사용자, 도중에 프로젝트에 참가하는 IT 벤더들이 알기 쉬운 목표여야 한다.

사례 ④의 공익재단법인 플랜 인터내셔널의 프로젝트 목표를 그림으로 표현한 것은 '토대를 먼저 만든다'는 생각을 직관적으로 전달하기 위함이다. 사례 ①의 '지금은 꿈을 좇지 않는다. 10원이라도 저렴하게. 확실하게 납기에 맞춘다'는 이미지도 오해의 여지가 없는 직관적인 표현이기 때문에 관계자들의 생각을 바꿀 수 있었다.

반대로 사례 ② 스미모토 생명의 콘셉트는 그만큼 알기 쉽지는 않다. 그림을 잠깐 봐서는 '음, 그럴지도…'라고 생각하게 된다. 그렇기 때문에 이 프로젝트에서는 각 멤버가 '콘셉트의 뜨거운 전도자'가 됐다. 프로젝트가 진행되면서 참가 멤버의 숫자는 1,000명 정도가 되었으며 반드시 콘셉트를 설명하면서 이야기를 시작했다.

새로운 기기로 인해 바뀔 미래의 일하는 방식을 그린 애니메이션도 제작했다. 스토리 방식이라면 누구라도 콘셉트를 이해할 수 있다. 그래서 현장에서 열심히 일하는 영업 사원이나 그 앞의 고객을 생각하면서 프로젝트의 각 업무를 할 수 있게 된다. 다소 이해하기 어려운 목표나 콘셉트를 내세울 때 이 정도의 열정과 노력은 각오하길 바란다.

'멋진 도구만 손에 넣으면 된다' 증후군에 걸려있지 않은가?

원래는 수단에 지나지 않는 시스템 구축 자체가 목적이 되어 버리는 프로젝트도 쉽게 찾아볼 수 있다. 그 변종으로 'AI를 도입해 업무를 비약적으로 향상시킨다' 등 유행하는 기술을 이용하는 것 자체가 목적이 되는 프로젝트도 많아졌다.

'AI를 이용하면 사람이 생각도 하지 못했던 해결책을 도출할 수 있지 않을까?'

'IoT를 이용해 모든 것을 추적하게 하고 싶다'

시스템이나 기술에 과도한 기대를 가지면 도구를 손에 넣는 것만으로 곤란한 문제를 마음대로 해결할 수 있다고 생각하게 된다. 본질적인 문제 해결에 관심을 두지 않는다. 비즈니스나 업무를 바꾸기 위해 시스템을 도입하는 것인데, 주객전도가 되어 버린다.

새로운 도구를 도입한 현장은 혼란해지고 피폐해진다. 기업으로서도 투자금을 회수하지 못함은 물론 효과가 있었는지조차 확인하지 못하고 자금을 버리는 꼴이 된다. 과거 ERP 패키지가 유행하기 시작했을 때 ERP의 특성을 파악하지 못하고 많은 추가 기능을 조합해 투자비 대신 비효율적인 업무가 남는 것과 같다.

새로운 기술 도입 자체가 프로젝트의 목표인 경우에는 '도입에 따라 비즈니스가 어떻게 변화하는가?', '그것은 왜 좋은 것인가?'라는 질문을 깊이 생각해 봄으로써 도구를 훌륭하게 활용할 수 있다.

Assessment

'어떻게 해서라도 바꾸고 싶다!'고
마음 깊숙한 곳에서 생각하고 있는가?

D장 현재 상태를 파악한다

> ## 이번 장의 레슨
>
> - 시스템 기능을 파악하거나 견적을 내기 위한 재료를 찾으려면 업무와 시스템의 현재 상태를 파악해야 한다.
> - 누락없이 원활하게 업무와 시스템을 파악하기 위한 9가지 포맷을 소개한다.

현재 상태를 조사하는 2가지 방침

많은 사람이 '변혁 프로젝트를 시작하는 데 있어 현 시점의 업무나 시스템을 먼저 조사해야 한다'고 이해하고 있다. 일본 기업에는 '현지, 현물주의'라는 말도 있는데, 먼저 현재 상태를 조사하는 자세가 몸에 배어 있기 때문이다. 하지만 조사의 목적을 생각하지 않고 '일단 조사하고 있습니다' 같이 진행되는 프로젝트가 많다. 조사하는 데만 막대한 시간을 이용해버리는 것이다.

이를 방지하기 위해 변혁 프로젝트에서 현재 상태를 조사하는 목적과 조사 방침에 두 종료가 있음을 알아두는 것이 좋다.

현재 상태 조사 방침 1 **과제 발견형**

첫 번째는 변경해야 할 것을 확실하게 하기 위해 수행하는 조사다. 현재 상태를 확인해 업무나 시스템이 어떤 구조로 되어 있는지, 암 덩어리가 무엇인지(과제라 부른다)를 명확하게 파악한다. 프로젝트의 과제를 특정했다면 그에 대한 해결책의 아이디어를 갈고 닦아 프로젝트의 뼈대(이니셔티브라 부른다)를 만든다.

과제 발견형은 다음과 같은 순서로 진행한다.

- 철저하게 조사해 큰 과제가 있을 것 같은 부분을 특정한다.

- 과제가 있는 곳을 철저하게 조사한다.

- 과제로 알게 된 것을 다양한 각도에서 분석해 과제 구조를 명확하게 한다.

- 분석 결과를 과제 목록이나 이니셔티브 목록으로 모은다.

특정한 수준까지의 문제를 발견하고 적절한 해결책을 찾는 것이 목적이므로 문제가 없는 업무 시스템을 상세하게 조사하는 것은 시간 낭비다. 따라서 필터링하면서 조사에 임한다.

그림 D-1 현재 상태 조사의 2가지 목적

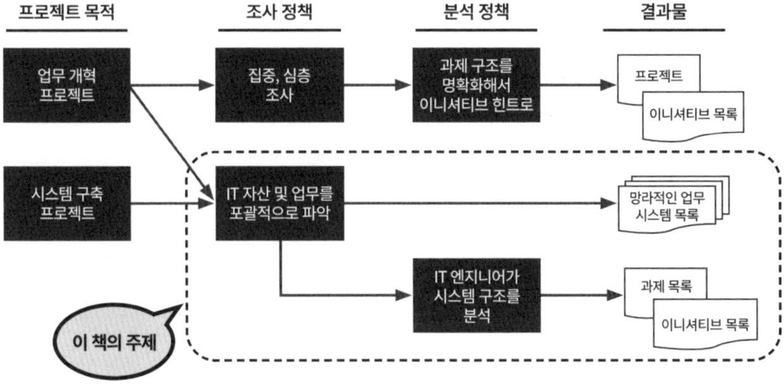

현재 상태 조사 방침 2 ▶ 재고 조사형

다른 한 가지 조사는 시스템 구축 검토 재료를 수집하기 위해 수행한다. 예를 들어 시스템 기능 후보를 누락없이 도출하려면 반드시 현재 상태를 조사해야 한다. 현재의 업무를 알지 못하면 시스템을 구축하는 도중에 '아니? 이런 업무도 있었던가?' 하는 상황이 벌어진다. 마찬가지로 현재 시스템을 알지 못하면 '음? 회계 시스템에 이런 데이터도 전달해야 하는 것인가?'라는 상황이 벌어진다. 어떤 경우든 재작업이나 가정하지 않았던 기능을 개발하게 되므로 일정이나 예산을 압박한다.

따라서 과제 발견형과 달리 재고 조사형에서는 포괄성이 핵심이다. 어차피 나중에 조사해야 한다면 프로젝트 초기에 조사해두는 것이다.

그리고 업무 개혁 프로젝트에서는 양쪽 모두 만족시켜야 한다. 먼저 '애초에 무엇을 개혁하려고 하는가?'를 명확히 하기 위해 큰 문제가 있는 듯한 업무 시스템을 철저하게 조사한다. 그때의 성과물은 문제 목록이나 시책 목록이 된다.

한편 대부분의 업무 개혁 프로젝트에서는 시스템에 손을 댄다(완전히 다시 만들거나 일부를 수정하거나). 즉, 업무 개혁 + 시스템 구축 프로젝트가 된다. 그러면 후공정을 위해 포괄적인 목록도 작성해야만 한다.

이 책은 업무 개혁보다 시스템 구축에 중점을 두고 있으므로 재고 조사 타입에 관해서 설명한다. 그리고 문제 개발 타입에 관해서는 ≪業務改革の教科書(업무 개혁의 교과서)≫(日経BP, 2013)에서 보다 자세히 설명했으므로 참조하기 바란다.

사례 새로운 비즈니스이기에 현재 상태를 조사하지 못한 프로젝트

벌써 20년도 더 지난 일이다.

대기업의 1사업부가 독립하면서 마치 새로운 회사가 독립하는 것처럼 시스템 구축 프로젝트가 수립됐다. 지금까지는 모회사의 시스템을 빌려 사용했기 때문에 회사의 독립에 맞춰 독자적인 시스템을 만들어야 했다.

필자는 말단으로 그 프로젝트에 참가했기 때문에 자세한 사항은 몰랐지만, '업무도 시스템도, 현재 상태 조사는 전혀 필요 없다'는 정책으로 프로젝트가 진행됐다.

'이 회사는 이제부터 완전히 새로운 비즈니스를 만듭니다. 우리들이 이제부터 만들 것은

그것을 위한 시스템입니다. 그렇기 때문에 조사할 현재 업무도, 현재 시스템도 존재하지 않습니다.'

당시 프로젝트 책임자의 설명이었다.

대신, 비전에 관한 의논에 집중했다. 당시 일본에는 거의 없는 형태의 비즈니스였으므로 '어느 시점부터 매출을 계산할 것인가?', '애초에 무엇을 판매의 대상으로 간주할 것인가?' 등 매우 근원적인 논의가 이루어졌다.

그렇게 해서 명확해진 비즈니스 모델을 지탱하기 위해 시스템을 만들었지만 시스템 테스트를 하면서 큰 문제가 드러났다.

확실히 그 회사는 전혀 새로운 비즈니스를 만들려고 했지만, 그 안에는 기존 비즈니스도 포함되어 있다. 제품(물건)을 만들어 판매하는 일반적인 비즈니스였다.

그런 타입의 비즈니스도 존재한다는 것은 당연히 파악하고 있었다. 그러나 현재 상태 조사를 전혀 하지 않았기 때문에 그 복잡함이 완전히 과소평가됐다.

반쯤은 분노하고 반쯤은 어이없다는 듯 말하던 담당자의 말을 아직도 기억한다. "이 기능은 만들 계획이 없다고 말씀하셨습니다. 그러면 어떻게 매출을 상계하고 고객에게 비용을 청구해야 합니까? 현재 시스템은 버리는 겁니까?"

이는 역시 무시할 수 없는 부분이었기에 이 문제에 대처하기 위해 많은 사원이 속속 투입됐다. 물론 프로젝트는 큰 적자를 기록했다.

이후 'OO라는 이유로 현재 상태 조사는 하지 않아도 좋다'고 누군가가 말할 때는 머리 속에 '아니, 기다리십시오. 그럴 리가 없습니다'라는 소리가 울리게 됐다.

현재 상태 업무와 시스템을 파악하는 9가지 포맷

뒤 단계에서 설계나 견적을 위한 재료로 사용하기 위해 현재 업무 시스템이 어떻게 되어 있는지 파악한다.

현재 상태를 파악하는 데는 매우 많은 노력이 든다. 이전 프로젝트 등에서 작성한 자료를 이미 가지고 있다면 적극적으로 활용한다. 낡은 자료라도 아무것도 없는 것에서 시작하는 것보다는 '이 자료를 보고 현재 하고 있는 일과 다른 점이 있다면 알려 달라'는 형식으로 조사를 진행하면 보다 원활한 업무를 할 수 있다.

이전 자료가 없다면 조사 포맷을 사전에 작성하고, 빈 항목을 채워가는 전략으로 조사를 진행한다. 포맷이 있는 쪽이 손으로 직접 조사하더라도 누락이 적고 짧은 기간에 파악할 수 있다.

여기에서는 필자가 일반적으로 사용하는 포맷을 소개한다. 먼저 소개하는 포맷을 이해하고, 필요에 따라 추가 또는 수정해 사용하기 바란다(필자 역시 프로젝트에 따라 커스터마이즈해서 사용한다).

대표적인 9가지 포맷

업무 계열 포맷
 ① 현행 업무 흐름
 ② 현행 액티비티 목록

시스템 계열 포맷
 ③ 현행 기능 매트릭스
 ④ 현행 시스템 목록
 ⑤ 현행 인터페이스 목록
 ⑥ 현행 전체 시스템 구성도
 ⑦ 현행 시스템 주요 데이터
 ⑧ 현행 코드 체계

공통 포맷
 ⑨ 문제 목록

① 현행 업무 흐름

> **어떤 포맷인가?**
>
> 처음부터 끝까지 업무 흐름을 한눈에 볼 수 있도록 기술하는 포맷이다. 시각적인 흐름에 따라 이해하기 쉽고, 현장 담당자와 커뮤니케이션할 때 활용도가 높다.

부서나 직책에 따라 선으로 나누고 태스크를 기술한다(이런 형식의 업무 흐름을 특별히 스윔레인 차트^(swimlane chart)라고 부른다). 이렇게 함으로써 업무 흐름, 담당 부문 등을 시각적으로 쉽게 알 수 있다.

스윔레인 차트를 그려보면 1번의 판매를 위해 3개 부서 사이에서 화살표가 5번 왕복한다. '이건 분명히 문제가 있다'고 모두가 한눈에 이해하게 됐다.

그림 D-2 스윔레인 차트

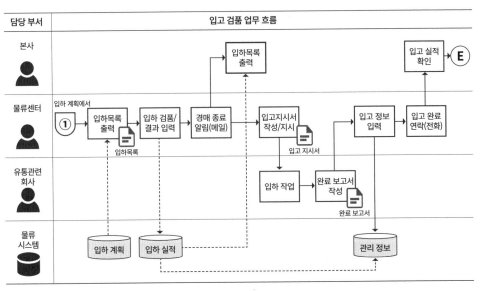

현재 업무를 흐름 형식으로 작성하면 미래 업무 흐름을 만들 때도 도움이 되며, 그렇게 만든 미래 업무 흐름은 이후 데모를 의뢰할 때 벤더에 전달하

거나 시스템 테스트 시나리오로 만들거나 신규 시스템의 설명회에도 활용할 수 있다.

② 현행 액티비티 목록

> **어떤 포맷인가?**
>
> 업무에 관련된 정보를 나열해서 파악하기 위한 포맷이다.
> 업무 흐름에 따라 작성한다는 의미에서는 업무 흐름과 동일하지만, 분기가 많지 않은 업무에서는 이 포맷이 더 빠르게 작성할 수 있으며, 동시에 많은 정보를 담을 수 있다.

액티비티^{activity}란 업무를 세분화한 태스크를 나타낸다. 세분화의 정도에 따라 레벨 1~레벨 3까지 계층화해서 표현한다. 그리고 액티비티별로 작업자, 이용 시스템, 작업량 등의 정보를 담아서 보충한다. 업무에 관련된 정보를 모두 이 목록에 집약할 수 있다는 것이 장점이다.

그림 D-3 현행 액티비티 목록

		어떤 작업을 수행하는가		누가 작업하는가	어떤 시스템을 사용하는가		작업량은 어느 정도인가		
업무 프로세스 ID1	액티비티 Lv1 ID2	액티비티 Lv2 ID3	액티비티 내용	업무 담당 부서	사용 시스템 시스템명	자동/수동	업무량 (빈도, 리드타임)	업무 종별	과제
A4.1 발주 업무	1 발주 처리 (재고품, 제작품 : 유통센터 납)	1 발주 데이터 생성	재고품 및 유통 센터 납품 제작품은 발주 일부터 기산한 입하 예정일을 기반으로 발주 데이터를 작성한다.	재고 관리	XX 시스템	자동	회 / 일 (매일)	보통	
		2 발주점 자동 발주	재고가 발주점보다 낮으면 거래처에 일일 배치로 자동 FAX 를 발송해 발주 처리한다.	-	XX 시스템	자동	회 / 일 (매일)	보통	발주점이 적절하지 않을 때가 있으므로 적정 재고를 담보할 수 없다.
		3 FAX 수신 / 출하	발주 데이터를 수신한 뒤 해당 제품을 출하한다.	거래처	-	자동	-	보통	
		4 납기 정보 등 수정	납기 정보가 수정됐을 때는 SS 로 연락한다.	거래처	-	수동	-	S	납기가 마스터와 다를 때가 있어 납기가 지연되는 경우가 많다.
		5 납기 정보 변경 입력	납기 정보가 변경되었을 때는 XX 시스템에 변경 내용을 입력한다.	재고 관리	XX 시스템	수동	-	불규칙	
		6 납기 지연 시 고객 연락	납기 지연이 발생했을 때는 고객에게 연락해서 납기 예정을 전달한다.	SS	-	수동	-	불규칙	
	2 발주 처리 (임의 발주)	1 발주서 수정 / 개별 발주	거래처로부터 발주서를 손으로 수정한 뒤 개별적으로 발주를 처리한다.	재고 관리	XX 시스템	수동	-	불규칙	
		2 임의 발주	즉시 대응할 필요가 있을 때는 임의 발주 처리를 한다.	SS	-	수동	-	불규칙	

업무 개혁 프로젝트에서는 앞에서 설명한 것처럼 '비효율적인 곳은 어디인가?'를 의논하기 위해 업무 흐름을 작성하는 경우가 많지만, 시스템 구축을 위해 포괄적인 동시에 치밀한 정보가 필요한 프로젝트에서는 액티비티 목록을 사용하는 경우가 많다.

③ 현행 기능 매트릭스

> **어떤 포맷인가?**
> 시스템의 기능을 매트릭스 형식으로 정리한 것이다. 현행 시스템의 기능을 한눈에 파악할 수 있어 효과적이다.

기능 매트릭스$^{functional\ matrix}$, 줄여서 FM이라 부르는 포맷이다. 앞으로 만들고자 하는 시스템 기능을 표현한 FM의 작성 방법을 이 책에서는 F장부터 L장까지에서 자세히 설명한다. 같은 포맷으로 현재 버전의 FM을 만드는 경우도 많다.

이 포맷으로 현재 상태 시스템을 표현하는 가장 큰 장점은 목록 특성이다. 시스템 전체의 기능을 나열한 뒤, '3개의 솔루션이 억지로 조합되어 만들어져 있다', '이 영역의 기능이 결여되어 있다' 등 전체적인 이미지를 보고 현행 시스템의 문제점을 논의할 수 있다.

그림 D-4 현행 기능 매트릭스

		1	2	3	4	5	6	7	8	9	10
A	판매계획	거래처 월간 계약 계획 등록 / 영업 지원 시스템	거래처 월간 계약 계획 출력 / 영업 지원 시스템	월간 계약 계획 등록/수정 / 영업 지원 시스템	계약 수정 승인 / 영업 지원 시스템	계약 계획 조회 / 영업 시스템	계약 계획 출력 / 영업 시스템	계약 예상 손실 분석	계약 계획 연동 데이터 작성 / 영업 시스템		
B	여신관리	여신 확인									
C	견적관리	고객용 견적 의뢰 등록 / 견적 시스템	견적 작성/변경/취소 / 견적 시스템	견적 승인 / 견적 시스템	재고 문의 답변 / 견적 시스템	견적 제시 / 견적 시스템	고객용 견적 결과 확인 / 견적 시스템	견적 조회 / 견적 시스템	고객용 견적 조회 / 견적 시스템	견적 정보 출력 / 견적 시스템	사내 거래 견적
D	계약관리	계약 등록 / 영업 시스템	계약 변경/취소 / 영업 시스템	계약 승인 / 영업 시스템	계약서 송부 관리 / 영업 시스템	계약 완료 정리 / 영업 시스템	계약 조회 / 영업 시스템	계약서 출력 / 영업 시스템	계약 목록 출력 / 영업 시스템	사내 거래 계약	

[범례] ☐ 영업 시스템　☐ 영업 지원 시스템　☐ 견적 시스템　■ 해당 기능 없음

그리고 미래의 FM을 그릴 때 대상 영역이 어떻게 변하는지, 기능을 추가하는 것은 어떤 부분인지 등을 시각적으로 비교할 수 있게 된다. 신규 시스템에 대한 기능 요구에 누락이 없는지에 관한 체크리스트로도 사용한다.

FM 작성 방법 자체는 뒤에서 자세히 다루지만, 현행 FM을 작성할 때 특별히 주의할 점들이 있다. 그것은 IT 엔지니어에게 제공받은 '프로그램 목록'을 기반으로 만들려고 하지 않는 것이다. FM은 엔지니어뿐만 아니라, 업무 담당자와 커뮤니케이션하기 위한 도구다. 프로그램 목록은 너무 상세해서(양이 너무 많아서) 업무 담당자를 금방 알 수 없거나 전체를 파악하기에는 적합하지 않다.

그보다는 현행 업무 흐름과 액티비티 목록에 나타난 시스템 기능을 걸러내서 만드는 편이 논의에 활용하기 좋은 현행 FM을 만들 수 있다. 프로그램 목록은 현행 누락을 체크하는 데 사용할 것을 권장한다.

④ 현행 시스템 목록

어떤 포맷인가?

이번 프로젝트에 관계된 시스템을 포괄적으로 파악할 때 사용하는 목록이다. 시스템 업그레이드 시 '어떤 범위를 이번 시스템의 대상으로 할 것인가?'라는 판별, 데이터 마이그레이션에서 '얼마만큼의 데이터를 분산하는가?'를 검토할 때 기초 자료가 된다.

업무에서 사용되는 시스템은 무수히 많다. IT 부문이 개발한 공식 시스템 이외에도 현장 담당자가 엑셀이나 액세스(Access) 등을 사용해서 만든 EUC$^{End User Computing}$도 프로젝트에서 고려해야 할 시스템이다. 현행 시스템 목록은 이들을 빠짐없이 조사하기 위한 포맷이다.

그림 D-5 현행 시스템 목록

		각 시스템의 기초 정보				각 시스템의 대상 업무 범위							
						참고/견적				수주 관리		생산 계획	
시스템명	시스템 개요	스크래치/패키지	개발 언어/패키지명	사용 부문 (영업소)	EOL 시기	고객 관리	예실 비교	활동 관리	견적 관리	수주 관리	충당	생산 계획	제조 지시
생산 관리 시스템	수주에서 출하까지 각종 업무 수행을 지원	패키지	xxx7	생산 관리	2023년					○	○	○	○
영업 시스템	고객 관리와 수주까지의 활동 관리	SaaS	Salesforce	영업	-	○		○					
영업 지원 시스템	영업 일지와 실적 집계/평가	스크래치	Access	영업	-	○	○	○					
견적 시스템	사양 선택에 따른 가격을 대략 산출한다	스크래치	VB.Net	영업	2024년				○				
상품화/설계 지원 시스템	BOM을 중심으로 설계에 필요한 정보를 관리	패키지	xxxPLM	설계/개발	2024년				○				

앞에서 소개한 기능 매트릭스(FM)가 기능 목록임에 비해, 현행 시스템 목록은 한 시스템을 한 행으로 표현하며 기능이 아니라 기술적인 요소를 모은 목록이다. 개발에 사용한 언어나 패키지, 하드웨어나 소프트웨어 유지보수 계약 기한, 이용자, 시스템 관리자 등이 목록에 포함된다.

FM보다 상세하지 않아도 되지만 대략적인 대상이 되는 업무 범위도 목록으로 만들어 두면 시스템이 얼마나 중복 또는 편중되어 있는지 파악할 수 있다. 또한 사용 목적이 애매한 것이나 기능의 중복도 찾아낼 수 있다.

⑤ 현행 인터페이스 목록

어떤 포맷인가?

재 구축 대상 시스템과 다른 시스템을 연결하는 인터페이스(I/F) 목록이다.

최근에는 고도로 발달된 시스템이 단독으로 동작하는 경우가 드물다. 여러 패키지나 솔루션, 직접 개발한 시스템을 조합해서 하나의 큰 시스템을 구성하는 경향이 많다.

그리고 여러 업무가 데이터를 통해 연동되는 경우도 많다(예를 들어 판매 시스템에서 매출 전표 합계 시스템과 연동되거나 인사 시스템의 사원 마스터 데이터가 판매 시스템과 연동되는 등).

그림 D-6 현행 인터페이스 목록

I/F 대상 시스템		파일명 (포맷)	수주 데이터		일정			I/F 방식					
연동 소스 시스템	연동 대상 시스템		내용	1회당 건수	수동/ 자동	주기	시점 (시간대)	FTP	이메일	매체	ODBC	API	기타
그룹웨어	인사 급여 시스템	XXX.CSV	월간 근태 집계 데이터	30	수동	월	매월 5일	–	–	–	–	–	○
영업 시스템	경리 시스템	XXX.TXT	미수 정보	1500	수동	주		○	–	–	–	–	–
영업 시스템	경리 시스템	XXX.TXT	미지급 정보	1000	수동	주		○	–	–	–	–	–
영업 시스템	경리 시스템	XXX.TXT	총 계정 정보	200	수동	주		○	–	–	–	–	–
인사 급여 시스템	경리 시스템	XXX.TXT	총 계정 정보 미지급 정보	200 200	자동	월	매월 25일	–	–	–	–	–	○

어떤 시스템 사이에서 인터페이싱 하는가

어떤 내용을 인터페이싱 하는가

어떤 시점에, 어떤 방식으로 인터페이싱 하는가

이와 같이 여러 시스템을 연동하는 프로그램을 인터페이스(I/F)라 부른다. 시스템을 다시 만들면 당연히 다른 시스템과의 I/F도 만들어야 한다. 따라서 현행 I/F 목록을 만들어 누락 없이 검토할 수 있게 한다.

조사할 정보는 I/F의 From과 To(데이터의 연동 소스와 연동 대상), 기술적 전달 방법, 전달 시점 등이다.

현행 시스템 전반에 관해 조사하는 과정에서 '유사한 정보를 여기저기에 입력해야 한다', '정보가 실시간 반영되지 않는다' 같은 문제가 많다. IF의 전달 시점, 연동 데이터의 내용에 관한 재검토 필요 여부 또한 이 목록을 기반으로 논의한다.

⑥ 현행 전체 시스템 구성도

어떤 포맷인가?

현재의 시스템 전체 이미지를 조감도로 표현한 그림이다. 포맷이라 부를 수 있을 만큼 정형화된 형식이 아니라 주로 화이트보드 등에서 기능과 그 관계성을 그림으로 나타낸 것이다.

목록 형식이 아니라 조감도를 사용함으로써 한눈에 전체 구성이나 현재 시스템의 대상 범위, 데이터의 흐름을 파악할 수 있다.

현행 시스템 목록이나 현행 I/F 목록은 테이블이므로 포괄적인 내용을 표현하기엔 적절하지만 전체 이미지를 보기는 어렵다. 그래서 파악한 정보를 바탕으로 전체 이미지를 그린 것이 바로 전체 시스템 구성도다. 정해진 포맷은 아니지만 표현해야 하는 요소는 대략 결정되어 있다.

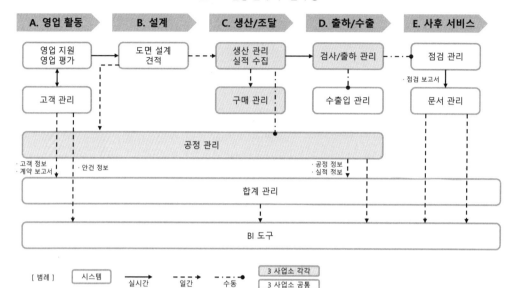

그림 D-7 현행 전체 시스템 구성도

- 시스템 기능(그림 D-7과 같이 '문서 관리', '구매 관리' 등의 단위가 적절)

- 시스템 기능 그루핑

- 연동하는 주변 시스템

- 고객이나 거래처, 금융 기관 등 주요한 관계 조직

- 데이터 전달을 나타내는 화살표

이들을 한 장의 종이에 적음으로써 현재 문제가 어디에서 발생하는지, 미래에는 어떻게 변할지, 이번 프로젝트의 범위는 어디인지 등에 관해 쉽게 논의할 수 있다.

시스템을 점진적으로 변화시키는 복잡한 계획을 만들 때는 '2020/4/1 시점', '2020/10/1 시점'과 같이 현재부터 미래까지 시계열로 여러 장을 그려가면서 프로젝트 관계자의 머리를 정리할 수 있다.

그림 D-7에서는 대상 범위나 I/F뿐만 아니라 공장에 따라 현행 시스템에 차이가 있는 영역을 나타낸다. 이 프로젝트는 특히 공장별로 업무, 시스템 모두가 제각각인 상황을 전사 범위에서 일원화하는 것이 가장 큰 프로젝트 목표였다. 이렇게 색으로 구분함으로써 통합/표준화 논의가 필요한 위치를 한눈에 파악할 수 있다.

시스템 구성도뿐만 아니라 이번 장에서 소개한 포맷들은 단지 작성하는 것만으로는 아쉬움이 있다. 프로젝트에서 중요한 관점에 맞춰 색을 구분하거나 (지리 수업에서 흰 지도에 주제에 따라 다른 색을 칠하듯) 과제 발생 위치를 삽입하는 등으로 활용할 수 있다.

⑦ 현행 시스템 주요 데이터

> **어떤 포맷인가?**
> 현행 시스템에서 관리하고 있는 데이터를 정리한 것. 새 시스템의 데이터베이스 설계나 데이터 마이그레이션 검토 자료가 된다.

현행 시스템에서 관리하는 데이터를 마스터(취급 제품이나 사원 등 일일 업무에서 크게 달라지지 않는 기초 정보)와 트랜잭션(발주 정보나 회계 분개 등 제품 거래 기록)으로 나누어 목록으로 만든다.

현행 FM과 마찬가지로 엔지니어로부터 현재 데이터베이스의 항목 목록을 출력하도록 해도 수천 개의 암호 같은 항목이 나열될 뿐, 업무 담당자와의 논의에는 사용할 수 없다. 현재 데이터베이스에 얽매이지 않고 업무 담당자가 이해할 수 있게 표현해야 한다.

그림 D-8 현행 시스템의 주요 데이터

영역	데이터 구분	데이터 이름	A 사업소		B 사업소		C 사업소	
			누계 데이터 수	데이터 보관소	누계 데이터 수	데이터 보관소	누계 데이터 수	데이터 보관소
판매/재고	마스터	품명 마스터	XXX	품명 마스터	XXX	품명 마스터	XXX	품명 구분
		단가 마스터	XX	단가 그룹 마스터	XX	단가 그룹 마스터	XX	기존 단가 테이블
		거래처 마스터	XXX	거래처 마스터	XXX	거래처 마스터	XXX	계약자 테이블
		수주처 마스터	X,XXX	수주처 마스터	X,XXX	수주처 마스터	X,XXX	수주처 마스터
		창고 마스터	XXX	거래처 마스터 (창고 정보 포함)	XXX	거래처 마스터 (창고 정보 포함)		《사업소마다 보관 장소가 다르다》
	트랜잭션	계약 데이터	XX,XXX	계약 데이터	XX,XXX	계약 데이터	XX,XXX	계약 마스터
		수주 데이터	XXX,XXX	수주 파일 / 수주 마스터 ※	XXX,XXX	수주 파일	XXX,XXX	주문 파일
		출하 데이터	XXX,XXX	출하 로그 / 출하 마스터 ※		《데이터가 오래되어 보관 장소가 다르다》	XXX,XXX	출하 파일
		매출 데이터	XXX,XXX	매출 로그			XXX,XXX	매출 데이터 파일
		재고 데이터	X,XXX	재고 명세/재고 파일	X,XXX	재고 명세	X,XXX	재고 파일
구매	마스터	구매품 마스터	XX	구매품 마스터	XX	자료 마스터	XX	-
		단가 마스터	XXX	구매 단가 마스터	XXX	자료 단가 마스터	XXX	

데이터 종류 기재 　　　 데이터 규모와 보관 장소 기재

⑧ 현행 코드 체계

어떤 포맷인가?

현행 시스템에서 이용되고 있는 주요 코드를 정리한 것. 코드는 시스템/데이터의 근간이 되지만 이용되고 있는 코드를 목록으로 정리한 자료는 의외로 없다. 사전에 조사하는 항목을 정하고 정보를 필터링해간다.

시스템은 애초에 업무에 관련된 정보를 관리하기 위해서 구성된 것이다. 당연히 업무에 관련된 정보는 매우 다양하며, 그 정보를 식별하기 위한 코드가 존재합니다. 인사 정보라면 사원 코드나 사원 자격 코드가 있으며, 영업 정보라면 발주 코드나 거래처 코드 등이 있다.

주요한 코드의 종류나 코드 체계, 일련 번호 규칙을 정리하는 포맷이 현행 코드 체계다. 코드 및 그와 관련된 정보가 누락없이 시스템 기능으로 포함되어 있는지 체크하기 위해 이용한다.

그림 D-9 현행 코드 체계

코드 구분	코드명	자리수	번호 규칙	현재 상태/과제
제품 관련 코드	제품 코드	8자리	수동	• 제품 마스터의 키 코드, 제품 번호와 거의 동일한 번호를 사용 • 제품 부서에서 관리
	제품 번호	6자리	수동	• 카탈로그 등에 개제하는 판매용 번호 • 번호가 고갈되므로 사용하지 않는 번호를 재사용 • 제품 부서에서 관리
	제품	5자리	불명확	• 제품 식별 번호 • 제품, BOM사 유닛, 소재/재료도 동일한 품번 체계로 관리 • 설계/조달에서 관리
	제품 분류	2자리	수동	• 기간 시스템 도입 시 설정된 분류
	집계용 분류	2자리	수동	• 정보 분석용으로 나중에 설정된 분류
고객 관련 코드	거래처 코드	5자리	연번	• 부모-자녀 관계를 유지할 수 없음, 가로로 나열 • 거래처와 구매처가 같은 회사여도 각각 마스터에 등록
	구매처 코드	5자리	연번	• 부모-자녀 관계를 유지할 수 없음, 가로로 나열 • 거래처와 구매처가 같은 회사여도 각각 마스터에 등록
	수주 번호	9자리	연번	•

> 사용 목적이 같은 번호가 여럿 존재

> 정보 정규화가 올바르지 않음

데이터 종류와 기초 정보를 기재

그리고 시스템상 정보의 복잡함은 코드에 표현될 때가 많다. 여러 정보를 다루는 코드나 사명/사무소에 통일되어 있지 않아 정보가 연결되지 않는 코드 등이 이에 해당한다. 그렇기 때문에 필요한 정보를 즉시 얻을 수 없거나, 데이터를 연결하기 위해 불필요한 처리나 업무가 발생하는 경우도 적지 않다.

이 목록을 보고 비전이나 만들어야 할 시스템/정보의 보유 방법 등을 검토하는 데도 연결할 수 있다.

⑨ 과제 목록

어떤 포맷인가?

현재 상태를 파악하는 과정에서 발견한 과제들을 목록으로 만든 것. 이니셔티브를 검토하거나 미래 이미지를 그리는 기반이 된다.

현재 상태 조사에서 파악한 비효율이나 시스템 기능의 부족 등을 우선 정리하지 않고 이 목록으로만 표현해 나간다. 이후 재확인할 수 있도록 어떤 부서의 누구로부터 들었는지도 기재해 둔다. 물론 인터뷰뿐만 아니라, 프로젝트 멤버가 업무를 분석하면서 발견한 구조적인 과제도 계속해서 추가한다.

어떤 종류의 과제인지를 '과제 영역'에 표시해 두면 이니셔티브를 검토할 때 도움이 된다.

그림 D-10 과제 목록

No	정보 소스 부서	정보 소스 담당자	과제	프로세스	조직/역할	제도/규약	시스템	인재/스킬	비전	문화	기록일	기록자
1	업무 추진	xx과장	기초 계획(수정 계획) 시 입선 계획, 생산 계획, 원료 수지가 연동되어 있지 않아 수작업으로 수정해야 해서 효율이 좋지 않다.				○				2013-07-01	시라카와
2	동부 판매 관리	xx담당	운임 보조 규모은 작지만 전표가 많아 부하가 크다.			○					2013-07-01	시라카와
3	생산 총괄	xx부장	각 공정에서 분석표의 포맷이 통일되어 있지 않다.			○					2013-07-02	시라카와
4	서부 영업	xx담당	생산 계획에서 불필요한 옮겨 쓰기 작업이 발생한다.				○				2013-07-02	노부키
5	업무 추진	xx담당	영업 지원 시스템을 사용해 실정을 집계하고 있다. 옮겨 쓰기 작업이 많다. 예를 들어 월간 속보(이전 달 실적), 집행 임원 회의 자료, 월별 자료(경리용)를 작성해야 하는데, 시스템에서 작성되지 않는다.				○				2013-07-02	노부키
6	생산 총괄	xx부장	판매 계획과 생산 계획이 연동되어 있지 않다. 주문에 대해 생산 계획을 수립하고 생산 조사도 수행한다.	○			○				2013-07-02	노부키

일차 조사를 마쳤다면 누적된 과제를 정리한다. 회사로서 다루어야 할 주요한 과제를 특정하거나 과제 사이의 인과 관계를 검토한다. 주요 과제를 결정

했다면 '③ 현행 기능 매트릭스'나 '⑥ 현행 전체 시스템 구성도'에 과제를 매핑해 두면 어디에 어떤 과제가 있는가를 프로젝트 관계자에게 공유하기 좋은 자료가 된다.

파악한 결과를 기반으로 시스템을 분석한다

우리가 실제 프로젝트에서 사용하는 조사 포맷은 위 9가지가 전부는 아니다. 다양한 각도에서 현재 상태를 나눠 보면서 파악하는 이미지는 전달됐을 것이다.

다음 단계로 조사 결과를 파악한 이들 자료를 기초로 분석을 수행한다. 즉, '결국 무엇이 암인가?', '다음 시스템을 만들 때 반복해서는 안 되는 것은 무엇인가?'를 명확하게 하는 작업이다. 물론 시스템에 따라 병명은 다르지만 분석 결과로 다음과 같은 지적을 하는 경우가 많다.

- 기능 연동이 되어 있지 않아 같은 정보를 중복해서 입력해야 한다.
- 필요한 기능을 즉흥적으로 추가해왔기 때문에(ad-hoc) 프로그램이 복잡해진다.
- 설계 자료가 없다. 프로그램을 개선 및 수정할 때 해석이 필요하기 때문에 사소한 개선 및 수정에도 많은 시간과 비용이 든다.
- 판매 시스템과 회계 시스템 등에서 다른 거래처 코드를 사용하기 때문에 데이터를 통합할 수 없다.
- 보안이 취약해 데이터 누출의 리스크가 있다.
- 사용하는 기술이 노후되고 제조사의 보증이 중단되어 업무량이 증가한다.

이전 시스템 구축 프로젝트에서 내포된 문제가 수년 동안 계속해서 이어지기도 하며, 처음에는 스마트한 시스템이었는데 개선과 보수가 이어지는 동안 마치 오래된 온천 여관처럼 복잡하고 기괴해지는 경우도 있다.

무엇이 됐든 현행 시스템의 암을 파악하는 것은 병터를 남기지 않고 새롭게 만들기 위해 매우 중요하다.

단, 이 책의 대상 독자인 '시스템을 만들게 하는 사람'에게 시스템 분석은 부하가 높다. 현행 시스템을 분석하고 이들의 과제를 찾아내는 것은 높은 IT 스킬이 필요하며, 임시방편으로는 할 수 없다(참고로 말하자면 필자 회사에서는 이런 분석 스킬을 높이기 위해 사내 전문가에게 집약적인 경험을 쌓도록 하고 있다).

이 책에 쓴 다른 작업과 달리, 이 단계만은 사내 IT 전문이나 사외 IT 컨설턴트 등 전문가에게 의뢰한다. 의료와 마찬가지로 여러 엔지니어에게 부수적인 의견을 들어보는 것도 가치가 있다.

시스템 현재 상태 조사에 '만들게 하는 사람'이 관여하는가?

앞에서 설명한 것처럼 시스템 분석은 전문가에게 맡겨야 하는 작업이지만, 그 앞의 시스템의 관계를 파악하는 것(현행 시스템 목록이나 현행 I/F 목록 등)조차 생소해 고전하는 사람이 많을 것이다. 이 조사도 IT 엔지니어에게 맡겨도 좋다(물론 업무 흐름 등의 작업은 '시스템을 만들게 하는 사람'의 일이다).

하지만 맡겨 놓고 아무것도 하지 않는 것은 금물이다. 이후 구축하는 시스템의 전신인 현행 시스템에 관해 완전히 이해하지 않으면 비용이나 기능의 취사선택에 관한 논의를 할 수 없게 된다. 즉, 스스로 하지 않더라도 결과를 파악하고 이후 프로젝트에 활용할 수 있게 해 둬야 한다.

특히 시스템 분석 결과는 잘 이해해 둬야 한다. '지금의 시스템이 이런 구조로 되어 있어 업무가 틀어진다', '2개의 기능 사이의 관계가 암적인 존재다. 지금까지와 똑같이 만들어서는 문제가 해결되지 않는다' 같은 문제 의식은

'Why → How → What'의 Why에 해당하는 프로젝트의 근간이기 때문이다. 여러분이 Why를 확실하게 이해하지 않으면 경영자나 다른 프로젝트 관계자에 확실하게 설명할 수 없다. 그뿐 아니라 '왜 그만한 비용을 들여야만 하는가?', '시스템의 일부만 다시 만드는 것에 의미가 있는가?'와 같이 이후 프로젝트에서 내려야 하는 중요한 판단을 주체적으로 내릴 수 없게 된다.

이런 상황을 피하기 위해서도 이 단계에서 만들어진 조사 및 상태 분석 자료를 충분히 확인하고 엔지니어에게 설명을 들어야 한다. 만약 이해되지 않는다면 더 자세하게 설명을 듣고 이해하기 쉽게 자료를 정리해 달라고 의뢰해야 한다.

필자와 함께 업무를 해 온 뛰어난 프로젝트 리더는 IT 부문 이외의 출신이 많았다. 이들은 프로젝트가 시작되면 이런 방식으로 시스템을 나름대로 이해하고 팀을 이끌었다. 업무 담당자가 시스템의 내용에 관해 이해하지 못하면 엔지니어들도 곤란하다. 여러분이 이해할 수 있게 그들도 노력할 것이다.

사례 주민센터에서의 시스템 개발과 완전성

주민센터의 시스템 개발에 관해 논의하는 시점에 어쨌든 상위 공정에 시간을 들이는 것에 놀랐다. 예를 들어 현장 조사를 하는 데 반년(규모가 큰 프로젝트에서는 1년), 요구사항 정의에 반년 정도의 느낌이었다. 우리가 민간 기업과 하는 프로젝트에 걸리는 시간의 3배 정도였다.

그리고 프로젝트가 끝난 뒤 회고에서는 반드시 '조사에 더 시간을 투입했어야 했다'라는 메모가 달리는 것 같았다. 이미 이렇게나 오랜 시간을 들였는데 말이다!

아무래도 공무원 특유의 '무오류의 원칙'이 프로젝트 장기화의 원인인 듯했다. 무오류의 원칙이란 '정책에 오류가 있어서는 안 된다. 이후의 정책에서도 오류를 일으키면 안 되고, 과거의 정책에서도 오류는 없었다'라는 자세를 말한다.

프로젝트는 처음부터 하는 활동이므로 매번 반드시 '더 ○○해 두었어야 했다!'고 생각하는 것이다. 이번 장의 내용과 비교한다면 '기능 요구사항에서 OO가 누락되어 있었으므로 나중에 견적이 늘어났다! 더 현행 시스템을 조사했어야 했다!'와 같은 느낌이다.

공무원(특히 중앙 관료)에는 보다 뛰어난 인재가 모여 있다. 그런 그들이 한 일이라 해도 완벽한 조사, 완벽한 요구사항 정의는 불가능하다. 그러나 무오류의 원칙이 몸에 배어 있기 때문에 '우리 작업이 완벽하지 않았다'를 필요 이상으로 반성하게 된다. 그리고 한층 더 시간을 들이게 된다.

이번 장을 읽은 분들은 이미 알 것이다. 완벽을 목표로 하는 그들의 자세가 애초에 잘못됐다는 것을. 반 년으로 불가능하다면 1년을 들여도 완벽하게 될 수 없다. 그렇게 몇 년이나 걸려 시스템을 완성했을 때는 이미 세상이 바뀌어 버린다.

반대로 조사나 요구사항 정의는 적당하게 하고, 뒤 공정에서 불완전함을 해소하는 방법으로 프로젝트를 진행해야 한다. 뒷장에서 그 방법을 확실하게 학습할 것이다.

Business Model

미래 예상도가 공유되어 있는가?

비전(How)을 명확하게 한다

이번 장의 레슨

● 시스템 기능을 구체화하기 전에 '시스템이 변하면 어떤 모습이 되는지 그려져 있는가?'라는 비전을 그린다.

● 시스템을 지렛대로 한 비전을 그리는 방법과 미래 업무 흐름 작성 방법을 학습한다.

시스템에 관해 구체적으로 검토하기에 앞서 업무의 비전을 명확하게 한다. 시스템은 업무의 비전을 실현하기 위해 만드는 것이므로 목표로 하는 업무가 명확하지 않으면 시스템 구축도 미로에 빠지게 된다.

그림 E-1 이니셔티브 목록

이제까지 리스트업 한 이니셔티브

누가, 언제, 무엇을 하는가?

개혁 이니셔티브	이니셔티브 비고	실현 단계	우선도			주 담당 조직	비고 대상 외 결정 이유
			비즈니스 이익	조직 인수 태세	비용		
1	분산되어 있는 데이터 일원화	각종 시스템에서 분산 관리되고 있는 데이터를 일원 관리해 올바른 정보를 관리할 수 있는 구조를 실현한다.	1	H	H	H	시스템 기획	
2	조직 간 연계를 강화하기 위한 정보 공유 기반 구축	정보 공유를 위한 IT 시스템을 도입하고, 조직 간 커뮤니케이션 로스에 따른 고객 불만을 없앤다.	1	H	M	M	시스템 기획	
3	기획, 관리 업무 이전	각종 운영 업무를 효율화하고 RFP 제안, 운용 개선을 위한 기획/제안 업무를 이전한다.	1	M	H		정보 시스템	
4	운용 체제 효율 개선	장애 발생부터 해결까지 횡단적인 상태 관리를 실현하고, 조직을 아우르는 개선 활동을 수행한다.	2	M	M	M	품질 관리	먼저 1단계에서 기반을 구축하고, 2단계에서 개선과 관련된 개선을 수행한다.
5	조직의 역할, 미션 수정	제품 관리나 제조사 담당, 파트너 관리 강화 등 역할/미션을 수정하고 이익 구조를 강화한다.	–	H	M	H	경영 기획	중간 관리 위원회에서 이 프로젝트와는 별도로 검토하기로 결정했다.
6	정보 분석 기반 구축	BI 도구를 도입해 마케팅 활동의 품질을 향상한다.	2	M	H	L	영업 기획	비용이 높으므로, 실현 단계에서 재검토한다.
7	개인에 의존하는 업무 운영 표준화	특정 담당자만 알고 있는 업무 지식을 시스템화, 매뉴얼화해서 표준화한다.	–	M	M	L	정보 관리	다른 프로젝트로 수립해서 관리/실현한다.

이니셔티브(프로젝트를 통해 바꿀 것)를 명확하게

앞 장에서 현재 상태 파악이나 분석한 결과로 알게 된 이니셔티브(과제를 해결하는 방법)를 모두 기록해 이니셔티브 목록을 만든다. '서비스 제공 시간을 연장한다'라는 비즈니스의 형태를 변경하는 이니셔티브, '채권 회수 전문 부문을 새롭게 만들어 영업 담당자가 고객을 방문하는 시간을 계획한다'와 같이 역할 분담을 변경하는 이니셔티브도 있다.

특히 시스템 분석 결과에서는 '기간계(인프라) 시스템과 달리 데이터 웨어하우스를 만들고 필요한 정보를 항상 누구나 사용할 수 있게 한다', '전 사원에게 랩톱을 제공해 팬데믹이나 화재가 발생하더라도 업무를 멈추지 않게 한다' 등 이후 시스템 구축을 할 때 정책으로 삼을 만한 이니셔티브도 만들어질 것이다.

이니셔티브 목록에는 효과가 높은/낮은 이니셔티브, 구현이 쉬운/어려운 이니셔티브가 섞여 있다. 프로젝트 목표에 비춰 보면서 '효과가 높고 비교적 간단하게 구현할 수 있는 이니셔티브'를 선택해 간다.

현재 상태 + 이니셔티브 = 미래 모습

시스템을 만드는 데 있어 해당 시스템이 전제하는 업무의 모습을 명확하게 한다.

현재 상태에서 큰 문제가 없는 업무라면 '파악한 현재 상태 업무 = 미래 모습'이 된다. 사실은 시스템을 계속해서 사용하고 싶지만 유지보수가 중단되어 불필요하게 재구축해야 하는 프로젝트에서는 이런 경우가 많을 것이다.

한편 현재 상태의 업무에 문제가 있어 이번 프로젝트를 계기로 개선하려고 하는 경우에는 '현재 업무 + 이니셔티브를 통한 변경 = 미래 모습'이라는 등

식이 성립한다. 대부분의 프로젝트에서 '미래 모습'은 현상 유지 업무와 프로젝트를 계기로 변하는 업무가 합쳐진 형태를 띤다.

이번 장에서는 이니셔티브에 따라 현재 상태를 바꿔 새로운 업무를 구축하는 방법에 관해 설명한다. 그리고 견적에 관련된 이니셔티브를 예로 들어 생각해본다.

이 프로젝트에서는 조사 및 분석 결과 '견적서 승인이 백 오피스에서 돌고 있다', '견적서 작성에 시간이 걸린다' 등의 과제가 명확해졌다. 이것들을 견적 규칙과 프로세스를 수정하는 것으로 개선하는 이니셔티브다.

그림 E-2 현재 상태와 미래

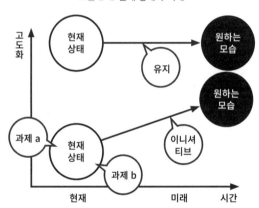

이 메모 덕분에 업데이트 후의 업무 프로세스에서 달성하고자 하는 바가 명확해졌다. 그러나 업무를 변경하기 위해서는 조금 더 구체적으로 이미지를 그릴 수 있게 하고 싶다. 그래서 다시 한번 파고 들어 변경 사항을 그림으로 나타낸 것이 그림 E-4다.

[왜 필요한가?]

- 견적 승인 권한과 시점이 적절하지 않다.
- 견적 이력 관리를 하지 않고 있다.
- 영업이 견적 데이터를 엑셀과 기간 시스템에 이중 입력하고 있다.

[무엇을 바꾸는가?]

- 거버넌스 관점에서 고객에게 보여주기 전에 견적서를 확실하게 승인한다.
    - 견적서 승인/이력을 관리한다.
    - 견적 관리 기능을 사용해 작성한 견적서만 고객에게 제시할 수 있다.
- 새로운 시스템을 사용해 잘못된 프로세스로 일을 할 수 없게 한다.
- 새로운 시스템을 사용해 기존 견적서를 쉽게 재사용할 수 있게 한다.

[무엇이 좋아지는가?]

- 내부 통제를 강화하고 기업 이미지 손실 위험을 억제한다.
- 영업의 견적서 작성에 필요한 공수를 절감한다.

그림 E-4 견적 프로세스 스케치

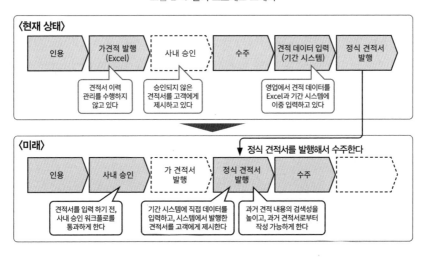

업무 흐름만큼 세세하지는 않지만 현 상황과 미래를 비교하면 '무엇을 바꿀 것인가', '바꾼 결과 어떤 효과를 원하는가'를 알게 된다. 여기까지 오면 업무 형태가 상상되고 시스템 기능에 필요한 것(기능 요구)도 나타나게 된다.

세부적인 미래 업무 흐름을 그리기 전에 이처럼 '바꾸고 싶은 것을 알기 쉽게 나타낸 그림'을 그려두면 하고자 하는 것을 명확하게 유지할 수 있다. 이 사례에서는 관계자에게 설명하기 위해 일부러 파워포인트로 그림을 그렸지만 화이트보드나 종이 위에 손으로 그림을 그리는 선에서 끝내기도 한다. 방법은 무엇이든 좋으니 세세한 업무 흐름을 작성하기 전에 '여기를 바꾸는 것이 핵심'이라고 확실히 하는 것이 가장 중요하다.

시스템을 지렛대 삼아 업무를 바꾼다

이 견적에 관련된 업무 변경은 전형적인 업무 개혁이며, 시스템을 다시 만들지 않아도 시도할 수 있는 이니셔티브다. 단, 시스템을 잘 사용함으로써 업무 프로세스나 비즈니스 모델을 크게 개선할 수 있는 이니셔티브도 있다.

예를 들어 이제까지 점포에서 판매하던 제품을 자사 웹 사이트를 통해 판매하거나 박스형 저장매체로 판매하던 소프트웨어를 다운로드 판매로 전환한 것이 대표적이다. 이렇게 회사 밖에서도 알 수 있는 변경뿐만 아니라, 사내 업무를 신규 시스템으로 변경하는 업무 개혁도 그 효과가 크다. 여기에서는 시스템을 지렛대로 사용해 업무를 바꾸는 패턴 중에서 우리가 프로젝트에서 자주 사용하는 5가지를 소개한다.

패턴 ① 전자화를 통한 페이퍼리스

예를 들어 다음 그림은 이제까지 고객으로부터 FAX를 통해 주문을 받던 케이스다. 대량 주문처인 한 판매 기업은 일부 EDI를 사용했지만, 작업 현장에 가까울수록 시스템 환경도 정비되어 있지 않아 FAX를 이용한 주문이 대부분이었다. 이것을 웹을 통해 발주하는 방식으로 바꿨다.

고객이 새로운 방식에 익숙해지도록 해야 했으므로 다소 시간이 필요했지만 웹 시스템을 준비하여 입력 실수도 체크할 수 있게 되어 고객에게도 EDI나 FAX에 비해 장점이 있었다.

그림 E-5 전자화를 통한 페이퍼리스화

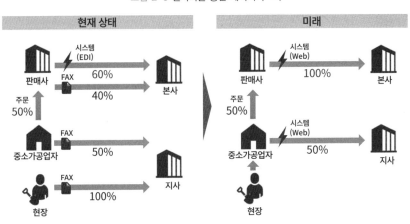

패턴 ② 디바이스 배포를 통한 '어디서나 전자화'

10여 년 전까지는 기업 시스템이라고 하면 사무실이나 공장에서 사용하는 것이었다. 그러나 스마트폰과 태블릿(iPad와 같은 단말기)이 보급됨에 따라 회사 밖에서도 시스템을 사용할 수 있게 됐다.

예를 들어 보험 영업사원은 계약 건수의 변경 등을 그 자리에서 처리할 수 있다. 고객에게 화면을 보여주면서 함께 절차를 진행함으로써 실수를 방지하고 안심할 수 있게 하는 것이 장점이다. 건축 현장에서는 필요한 자재의 재고를 즉시 확인하고 발주할 수 있다.

지금까지 하던 '현장 업무가 끝난 뒤, 일단 사무실에 돌아가 사무 처리를 하는' 불필요한 이동이 사라지므로 업무에 따라서는 극적으로 속도와 효율을 높일 수 있다.

현재 업무 흐름을 조망하면서 주요 등장 인물 전원에 대해 '이 사람에게 태블릿을 주면 무엇이 좋아질 것인가?'와 같은 고려를 해보는 것은 낭비가 아니다.

패턴 ③ 발생 시점에 입력

패턴 ①과 ② 모두 관계 있지만 사무 효율화의 철칙으로 '데이터는 발생한 장소에서 당사자가 입력하는 것이 가장 효율적'이라는 사고방식이 있어 발생 시점이라 부른다. 데이터 시스템 외부 전달(종이나 메일 전달)은 그것만으로도 비용이 든다. 즉, 귀찮기도 하고 정보 누출의 위험도 있다. 그리고 당사자가 아닌 사람이 입력하면 그만큼 실수도 늘어난다(예를 들어 자기 이름을 잘못 입력하는 사람은 많지 않지만, 다른 사람이 입력한 경우에는 그런 경우가 많다).

지금까지 'A씨가 엑셀에 기입 → 메일로 담당자 B씨에게 전달 → B씨가 시스템에 등록'이라는 전달 흐름이 있다면 A씨가 직접 등록하는 시스템을 검토하자.

패턴 ④ 데이터 일원화 관리

앞 장에서 '현행 시스템 구성도'라는 포맷을 소개했다. 완성한 그림을 보면 시스템이 연동되어 있지 않은 경우 사람이 시스템 대신 정보를 연결하고 있는 형태임을 잘 알 수 있다. 가장 심각한 경우에는 같은 정보를 총 8번 입력한다. 물론 같은 사람이 8번이 아니라 종이나 엑셀이 사람에서 사람으로 전달되고, 옮겨 적는 것이나 입력을 반복한 것이다. 말하자면 미흡한 시스템의 뒤처리를 사람이 하는 구도다.

예를 들어 그림 E-6은 판매 시스템과 재고 시스템이 잘 연동되지 않은 케이스다. 시스템뿐만 아니라 담당자도 영업과 재고 담당으로 나뉘어 있기 때문에 양쪽을 연결한 뒤 처음으로 일련의 업무가 성립된다.

데이터를 일원화해서 관리하면 각자 시스템에 등록하거나 데이터를 보면서 자연스럽게 업무를 처리할 수 있다. 말하자면 시스템이 인간의 일을 연결하는 이미지다. 이렇게 되면 발주 담당이 휴가를 가도 업무 전체가 밀리지 않는다.

이렇게 확실히 시스템을 만들면 업무 흐름을 매우 간단하게 효율적으로 만들 수 있다. IT를 만들게 하는 기술이 없다면 업무 개혁이 불가능한 것은 이 때문이다. 단, 데이터를 일원화해서 관리하려면 단순히 하나의 시스템을 만드는 것이 아니라 결합도가 높고 복잡한 시스템을 만들어야 하며, 업무나 데이터 표준화도 필요하다.

그림 E-6 데이터 일원화 관리

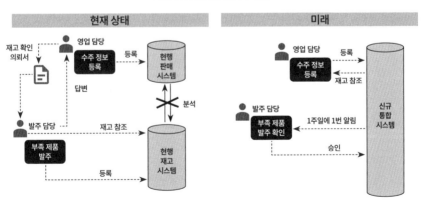

사람이 하기 너무 번거로운 업무를 시스템으로 구현

사람이 하던 일을 시스템에게 시키는 것이 아니라 사람이 하기에는 너무 힘들어 포기하고 있던 업무를 시스템의 힘을 빌려서 수행하는 형태의 비전도 있다. 우리 회사의 영업 개혁이 그 패턴이었다.

컨설팅 기업의 상담은 그 호흡이 길고, 최초 상담으로부터 3년 뒤에야 수주하게 되는 경우도 있다. 긴 기간에 걸쳐 고객을 팬으로 만들거나 고객 안에서 개혁 프로젝트의 기회기 무르익기를 기다려야만 한다.

그래서 영업 활동도 수년 단위로 고객과의 관계를 다져야 한다. 하지만 이것은 말로 하는 것처럼 간단하지 않다. 영업 담당자는 그 수가 많지 않고, 이들은 아무래도 눈앞의 안건을 쫓아다니는 데 시간을 소비할 수밖에 없다.

이 상태가 오랫동안 계속됐지만, MA(Marketing Automation, 마케팅 자동화)라 불리는 도구가 등장함으로써 변화를 일으킬 수 있었다. MA에 관해 모든 내용을 설명하려면 페이지가 부족하지만, 우리 회사의 컨텍스트에서 말하자면 '웹이나 메일을 통해 고객과의 커뮤니케이션을 착실하게 추적할 수 있는 도구'를 말한다. 이를 활용함으로써 이제까지 사람은 할 수 없었던 오랜 기간의 고객 대응이 가능하게 됐다.

유행하는 도구를 무작정 가져다 쓰면 대개의 경우 도구를 충분히 활용할 수 없게 된다. 그러나 이 사례와 같이 '원래 하고 싶었음에도 할 수 없는 것을 가능하게 하는, 퍼즐의 마지막 한 조각'으로써 도구를 사용하면 그 효과를 크게 높일 수 있다.

프로젝트 도중에 이 패턴을 찾기 위한 핵심적인 질문은 '만약 시간이 무한하다면 무엇을 하고 싶은가?'이다. 이 사례의 경우에는 '만약 시간이 무한하다면 이제까지 만났던 고객에 대해 일단 상담이 끝난 뒤에도 계속해서 도움이 되는 정보를 친절하게 전달하고 싶다. 그것을 얼마나 활용하고 있는가? 모두 추적하고 싶은가?'라는 질문에 대한 대답이었다. 그것을 마침 MA가 이루어 준 것이다.

응용 완전히 새로운 업무를 구상하는 경우

기업에서 시스템을 구축할 때 현 상태의 업무가 존재하지 않는 경우는 거의 없다. 하지만 디지털 기술을 지렛대로 해서 신규 사업을 일으킬 때는 '현 상태 업무 → 개선 → 미래 업무'라는 검토 흐름이 아니라, 단번에 미래 업무를 구상하게 된다.

어떤 서비스를 무상으로 제공하는 대신, 그 이용 실적 데이터에서 새로운 지식을 생성하고 다른 회사에 제공하는 서비스를 시작할 때의 사례를 소개한다.

문장만으로는 어떤 비즈니스인지 상상이 되지 않을 것이므로 그때는 조금 더 구체화한 그림(그림 E-7)도 그렸다. 이 그림에서는 주로 시스템 기능의 큰 덩어리와 데이터 흐름을 표현하고 있다. 그 위에 기능 덩어리별로 담당할 역할을 검토했다(말풍선으로 표기).

이 그림을 보면 'AI를 통한 학습 등 지식을 생성하기 위해 몇 가지 기능이 필요하다', '단순히 서비스를 제공하는 것뿐만 아니라, 이용 실적으로 세세하게 축적하는 기능이 핵심이 될 것 같다', '지식 이용자로부터의 요청에 따라 API적인 기능도 필요하다' 등을 읽을 수 있다.

그림 E-7 비즈니스 개요도

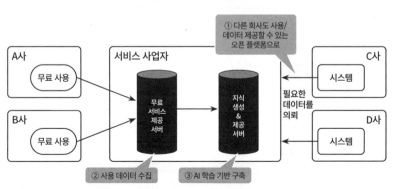

이 그림을 토대로 보다 세세한 운용 정책이나 데이터 흐름을 결정함으로써 업무 흐름과 시스템 요구도 검토할 수 있다. 목표나 원하는 형태를 표현하는 방법은 그림이든 글이든 관계없다. 가장 중요한 것은 구현했을 때의 업무나 시스템을 상상할 수 있고, 시스템 기능을 도출할 수 있는 토대를 만드는 것이다.

미래 업무 흐름 작성을 위한 6가지 기법

드디어 미래 업무 설계도라 불리는 미래 업무 흐름을 작성한다. 이 파트에서는 업무 흐름을 작성할 때 필요한 6가지 기법을 설명한다.

업무 흐름 작성을 위한 6가지 기법

① 변화점을 반드시 적는다.
② 먼저 아날로그로 만든다.
③ 포맷을 결정한다.
④ 주요 흐름을 먼저, 예외적인 흐름은 나중에.
⑤ 상세한 내용은 우선 옆에 둔다.
⑥ 혼자 만들지 말고 사람들을 끌어들인다.

① 변화점을 반드시 적는다

미래 업무 흐름을 작성할 때 가장 빠지기 쉬운 함정은 현장 업무 흐름을 깨끗하게 다시 적을 뿐인 흐름이 되어 버리는 것이다. 작성할 때 '어떤 의도로, 무엇을 바꾸고 싶은가?'를 의식하지 않으면 누구나 그렇게 된다.

사전에 흐름별로 변화점을 적으면서 흐름을 작성한다.

- 이제까지 영업소에서 하던 작업을 지사로 집약한다.

- 컴플라이언스 체크가 되어있지 않으므로 반드시 제삼자가 승인한다.

- 전화로 주문받는 것이 아니라 고객이 웹을 통해 입력하게 한다.

흐름을 작성하는 이전 공정의 이니셔티브 검토에서 이런 업무 정책을 의논해 두고 '구체적으로는 이런 업무 프로세스가 된다'는 것이 미래 업무 흐름이다.

그림 E-8 변경 사항 목록

수주 현황 업무에서의 과제와 미래 업무에서의 변경 사항

No.	현 상황	미래
1	수주 정밀도가 낮고, 로스가 발생한다.	• 신규 주문 수주 시 판매과에 주문 정밀 조사를 수행한다. • 주문에 임시 정보가 포함되는 것은 임시 주문으로 등록하고, 뒤에서 주문 정밀 조사를 효율화한다.
2	수주 가능 여부 판단을 즉시 할 수 없으며, 적절하지 않은 경우가 있다.	신규 주문 수주 시 PSI 관리표를 이용해 수주 가능 여부를 판단한다.
3	수주 명세를 일부 FAX로 받고 있어, 업무 효율이 낮다.	FAX를 이용한 수주를 폐지하고 웹 주문을 도입한다.
4	명세 변경을 받는 판단이 적절하게 이루어지지 않고(무리한 변경도 받는다), 그 결과 로스가 발생한다.	• 명세 변경 시 주문 정밀 조사를 수행한다. • 리드 타임 표를 고객과 공유하고 무리한 주문 변경을 허용하지 않는 정책을 세운다. • PSI 관리표를 사용해 대응 여부를 판단한다.

② 먼저 아날로그로 만든다

업무 흐름은 갑자기 깔끔하게 작성할 수 없다. 업무 흐름을 작성한 뒤, 많은 사람에게 보여주면서 정리해야 한다. 전자 데이터(엑셀, 파워포인트, Visio 등)로 깔끔하게 작성해도 수정이 반복되어 낭비된다. 처음에는 아날로그(손 글씨나 포스트잇 등)로 작성한다.

아날로그에서는 곧바로 수정할 수 있고 함께 보기에도 편하다. 또한, 누구나 쉽게 추가할 수 있는 등 많은 장점이 있다.

- 시점에 무리가 있다.

- 전체적으로 봤을 때 이곳과 이곳이 맞지 않는다.

- 저 프로세스를 고려하지 못했다.

전체를 보면 준비되지 않은 부분이나 의문점이 보이며, 그 자리에서 포스트 잇을 바꿔 붙이거나 바꿔 쓰는 등으로 수정할 수 있다. 깔끔하게 전자화하는 것보다 이 시점에는 비전이나 이니셔티브에 관한 업무를 만들어 넣는 것에 전념한다.

③ 포맷을 결정한다

미래 업무 흐름은 아날로그로 작성해야 하지만, 의논을 마쳤다면 역시 깔끔하게 전자화하는 것이 좋다. 이후 공정에서 계속 사용할 자료이기 때문이다. 깔끔하게 용도를 정리해 두면 a) 기능 요구사항 도출 b) 벤더에 대한 정보 제공 c) 프로토타입 세션 시나리오 d) 테스트 시나리오 e) 사용자 매뉴얼이나 설명회 자료 등으로 활용할 수 있다.

큰 프로젝트에서는 영역별로 나누어서 만들기 때문에 프로젝트 전체에서 포맷을 통일해 둔다. 포맷이 통일되어 있지 않으면 위의 경우에 활용하기 어렵기 때문이다.

업무 흐름은 세로쓰기/가로쓰기, 엑셀/파워포인트/Visio 등 몇 가지 방법이 있다. 프로젝트 멤버가 익숙하게 사용할 수 있는 것이라면 무엇이든 관계 없다.

그림 E-9 미래 업무 흐름 포맷 예

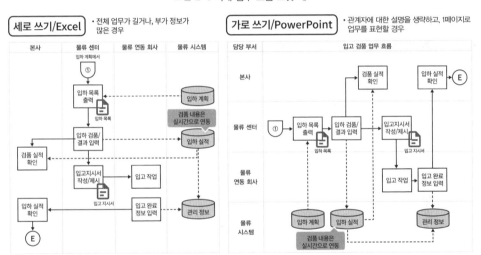

④ 주요 흐름을 먼저, 예외적인 흐름은 나중에

최종적으로는 변경을 포함한 흐름을 작성하겠지만, 처음부터 다양한 케이스를 고려하게 되면 의논이 발산해 효율이 떨어진다. 먼저 메인 흐름을 처음부터 끝까지 작성하는 것에 전념하자.

제품이나 서비스의 변경에 따라 흐름이 바뀌는 경우나 불규칙한 경우(예를 들면 제품에 문제가 있어 반품을 하는 경우) 등은 주요 흐름을 기반으로 살을 붙여서 작성하는 편이 수월하게 작성할 수 있다.

⑤ 상세한 내용은 우선 옆에 둔다

흐름을 작성하는 도중에 '이 태스크의 성과물은 무엇인가?', '이런 시스템, 실제로 만들 수 있는가?' 등 많은 질문이 생길 것이다. 이것들을 모두 조사하기 시작하면 아무리 긴 시간이 흘러도 흐름 작성을 마치지 못한다.

이럴 때는 색이 다른 포스트잇에 '검토 필요 항목'이라고 써 두자. 명확하지 않은 점뿐만 아니라 이번에 결정해야만 하는 항목, 실제 운용할 때의 리스크나 걱정거리 등 신경 쓰이는 것은 모두 붙여 둔다.

모든 흐름을 일단 적은 뒤에 다시 검토 사항을 논의해 간다. 한번 전체를 조감할 수 있기 때문에 다른 의논을 하기 쉬워질 것이다.

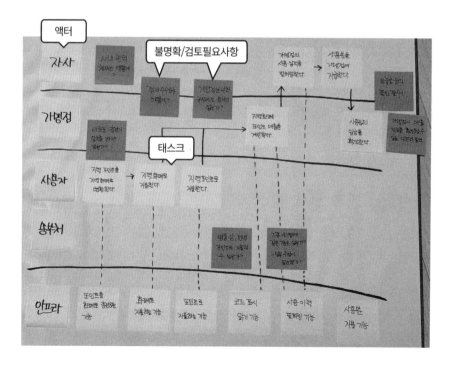

⑥ 혼자 만들지 않고, 사람들을 끌어들인다

업무는 많은 사람과 협력해서 하는 것이기 때문에 미래 업무도 관계자와 논의하면서 만들어야 한다. 다양한 시점에서 체크함으로써 비효율적인 업무나 고려 사항의 누락을 방지할 수 있다.

공장별로 제각각이었던 업무를 표준화하는 것 같은 프로젝트에서는 실제로 그 업무를 하는 담당자들을 모아서 논의하면 더 좋은 미래 업무가 된다. 무엇보다 '자신들이 만든 새로운 업무'라 느낄 수 있기 때문에 그후의 프로젝트에도 협력해 준다. 단, 그때는 프로젝트 콘셉트나 표준화의 의의를 사전에 확실하게 합의해 두지 않으면 전체적인 의견에는 찬성하지만 각 프랙티스에는 반대하는 상황이 된다.

여러 사람이 논의하면서 만들 때는 특히 앞에서 설명한 것처럼 벽에 붙인 아날로그 흐름이 효과적이다. 파워포인트 등으로 만들어 두면 '완성된 형태'로 받아들여지고 '이래서는 업무가 전혀 돌지 않습니다'라는 반감을 얻기 쉽다. 하지만 아날로그 상태라면 당연히 지렛대로 보이기 때문에 개선 의견을 적극적으로 수집하기 쉽다.

시스템을 만들게 하기 위해서는 업무를 확실하게 말하라

고객 업무를 아무것도 모르는 초보 컨설턴트가 프로젝트에 배속되어 3개월이 지나면 '우리 사원들보다 업무를 잘 안다'고 고객으로부터 평가받게 된다. 비교 대상은 해당 영역에서 5년 정도 업무를 경험한 베테랑인 경우도 있다.

이런 현상이 종종 일어나는 것은 업무 흐름이나 목적을 구조적으로 이해하는 훈련을 하기 때문이다. 구조적으로 머리에 입력했기 때문에 개선할 과제를 발견하거나 비전을 검토하거나 과제를 해결하는 아이디어를 낼 수 있다.

바꾸어 말하면 5년 동안 업무를 했더라도 막연하게 누군가가 시키는 일만 한다면 구조를 이해할 수 없다. 그러면 비전에 관한 논의에는 참가할 수 없다. 여러분은 스스로 현재 업무에 관해 '확실하게' 말할 수 있는가?

목적은 무엇이고, 입력은 무엇이며, 어떤 노하우로 작업해서 어떤 결과물을 만들고 있는가? 비즈니스 전체 안에서 여러분이 담당하는 업무는 어떤 역할을 하고 있는가? 여러분이 업무를 하지 않는다면 어떤 일이 일어나는가?

마찬가지로 여러분은 미래의 업무가 어떻게 되면 좋겠는지 '확실하게' 말할 수 있는가? 무엇을 바꾸고 싶은가? 왜 바꾸고 싶은가? 바꾼 결과, 전후 업무들과 어떻게 연결되는가?

이런 것들을 확실하게 말할 수 있는 사람의 수는 상당히 적다. 이런 것들을 알지 못하면 시스템을 확실하게 만들게 할 수 없는데도 말이다.

조직이 부문별로 수직으로 나눠져 있어 자신이 속한 부서의 작업밖에 모르는 경우가 대부분이다. 마치 컨베이어 벨트에서 자신이 일하는 곳만 보는 것처럼 말이다.

그러나 너무 비관하지 않아도 좋다. 변혁 프로젝트에서 업무 흐름을 사용해 업무 전체를 다시 그림으로써 자연스럽게 전체 흐름을 이해할 수 있게 된다. 이웃 부서(또는 다른 회사)가 생각 이상으로 중요한 업무를 해준다는 점이나 해야만 한다고 생각했던 작업이 실은 하지 않아도 되었던 것이라는 점 등도 알 수 있다.

프로젝트도 중반을 지나면 비즈니스 본연의 모습을 논리 정연하게 말할 수 있게 될 것이다.

Scope

Concept Framing (목표 명확화) → Assessment (현재 상태 조사/분석) → Business Model (구상 제안) → **Scope (요구사항 정의)** → PEW (파트너/제품 선정) → BPP 프로토타입 검증 → Design (설계) → Deployment (개발·테스트) → Rollout (도입)

무엇을 만들지 조직에서 정하는 것이 너무 어렵습니다……

시스템 요구사항(What)을 결정하는 프로세스

이번 장의 레슨

● 시스템을 만드는 데 중요한 시스템 요구사항 정의의 흐름을 이해한다.

● 시스템 요구사항 수집의 어려운 점을 파악하고, '왜 이 프로세스/성과
물이라면 잘 진행되는 것인가'를 알 수 있게 된다.

지금까지 단계에서 프로젝트의 Why와 How를 확정했으므로 이제 What, 다시 말해 '어떤 시스템을 만드는 것인가'를 결정하는 스코프 단계를 시작할 수 있다.

이번 장에서는 요구사항 정의에 관한 첫 번째 장으로서 전체를 조감하기 위한 3가지 사항에 관해 설명한다.

▪ 요구사항 정의란 무엇인가? (용어 정리 등)

▪ 요구사항 정의가 왜 어려운가?

▪ 요구사항 정의(특히 기능 요구사항 정의) 단계

시스템 요구사항, 요건, 설계

요구사항 정의와 요건 정의는 일반적으로 '누가 그 작업의 주체인가'에 주목하며 다음과 같이 구분된다. 그리고 설계는 그에 이어지는 공정이다.

요구사항 정의

시스템을 만들게 하는 사람이 '시스템이 이런 느낌이면 좋겠다'와 같이 시스템에 원하는 것을 명확하게 하는 작업이다. 시스템을 자세히 알고 있지 않은 사람이 정의하므로 시스템의 엄밀성, 포괄성은 다소 부족하다.

요건 정의

시스템을 만드는 사람이 시스템에 필요한 성능과 구현해야 할 기능 등을 명확하게 하는 작업이다. 시스템이 갖춰야 할 기능은 모두 요건 정의서에 작성된다. 예를 들어 '어떤 경우 에러 표시를 하는가?' 하는 목록을 작성하는 프로젝트도 있다.

설계

시스템을 만드는 사람이 요건을 구현하는 기술적인 방법을 결정하는 작업이다. 예를 들어 '이 기능은 OO라는 솔루션을 사용한다', '데이터 구조는 이렇게 한다'라는 형태다. 사용자로부터 눈에 보이는 화면 레이아웃 등을 확정하는 '외부 설계', 눈에 보이지 않는 내부 로직을 고려하는 '내부 설계'로 나누기도 한다.

머릿속에 이미지가 잘 그려지지 않을 것이므로 먼저 주택을 예로 들어 설명을 시작한다.

요구사항

- 주방은 밝은 편이 좋다.
- 화장실은 2개까지 필요하지 않다.
- 환기가 잘 되는 것이 중요하다(환풍).

요건

- 주방은 2층에 있다.
- 화장실은 계단 아래에 만든다. 따라서 천장 높이는 낮아진다.
- 계단 위에 항상 열어 두어도 좋은 창을 만든다.

설계

- 실제 설계도

이렇게 정리해 놓고 보면 당연해 보이지만 요구사항은 집에 사는 사람만 말할 수 있다. 화장실이 2개 있는 것이 서재보다 중요하다고 생각하는 사람도 있을 것이다. 어느 쪽이 옳고 그르다고 말할 수 없다. 무엇을 중시하는가는 가치관에 따라 결정된다.

그리고 요건은 사는 거주자와 건축 전문가와의 공동 작업이 된다. '주방은 꼭 2층에 있어야 해요!'라고 주장하는 거주자도 있을 것이고, '2층 주방이 밝아서 좋아요'라고 건축 전문가가 제안해 그 제안에 거주자가 찬성하는 경우도 있을 것이다.

그리고 전문가에게 요건을 제안받음으로써 집 주인이 생각지 못했던 요구사항이 드러나기도 한다. 예를 들어 '주방을 2층에 만들면 아이들이 방으로 갈 때 주방을 통과하지 않습니다. 사춘기가 되면 부모와 이야기할 기회가 줄어들기 때문에 싫습니다!'와 같은 상황이 되는 것이다.

반면 설계는 완전히 전문가의 영역이다. '주방을 2층에 만들면 수로 배관을 어떻게 만들어야 하는가?'와 같은 것은 전문가만 알 수 있다. 이런 사항을 모두 고려해 최고의 설계도를 작성해야 하는데, 어설프게 초보자가 참견하면 오히려 나빠지게 된다.

앞에서 설명한 집주인과 전문 건축가의 관계는 그대로 시스템을 만들게 하는 사람과 만드는 사람의 관계에 비유할 수 있다. 요구사항/요건/설계에 대한 시스템 구축을 예로 들면 다음과 같다.

요구사항

- 계약 조건은 같은 고객과의 사이에서는 자주 변경되지 않는다. 따라서 수주할 때는 조건을 여러 차례 입력하고 싶지 않다.
- 상사가 부하의 직무 경력을 자유롭게 참조할 수 있게 하고 싶다.

요건

- 계약 조건은 계약 마스터에 등록한다. 수주 시에는 계약 마스터로부터 조건을 자동으로 수주 화면에 표시해 여러 차례 입력하는 수고를 줄인다.
- 상사가 직무 경력을 참조할 수 있는 '부하'란 같은 조직에 속하면서 직위가 자신보다 낮은 사원을 의미한다.

설계

- 수주 데이터는 계약 데이터와 연결해서 수주 화면에 조건을 자동으로 표시할 수 있게 한다. 단, 수주 화면에서 조건을 변경할 수도 있다.
- 조직 마스터의 관리직 정보와 사원 마스터의 직위 정보를 프로그램이 읽고 참조 권한을 자동으로 제어한다.

설계에 대해서 어설픈 초보가 참견하게 되면 나빠지는 것 역시 주택의 경우와 같다. 예를 들어 '직무 경력을 자유롭게 참조할 수 있도록' 하는 것을 구현하는 방법은 다양할 수 있다. 그때는 IT 엔지니어가 기술적인 장단점을 고려해 최적의 방법을 선택해야 한다. 사용자가 마음대로 '조직 마스터의 관리직 정보를 사용합시다'라고 말하면 IT 엔지니어는 '사용해야만 한다'고 생각해 사고의 폭이 좁아지고 만다.

정리하면 다음과 같이 말할 수 있다.

'요구는 돈을 지불하는 사용자가 낸다. 설계는 전문가인 시스템 개발자가 한다.'

이것이 대원칙이다. '시스템을 만들게 하는 기술'을 주제로 하는 이 책에서 요구사항 정의에 관해 많은 분량을 할애한 이유는 만들게 하는 사람이 주가 되는 공정이기 때문이다. 만들게 하는 기술 중 요구사항 정의는 상당한 부분을 차지한다.

'원하는 시스템을 누락없이 정확하게 표현하는 기술'이라 불러도 좋다.

그림 F-1 요구사항 정의, 요건 정의, 설계

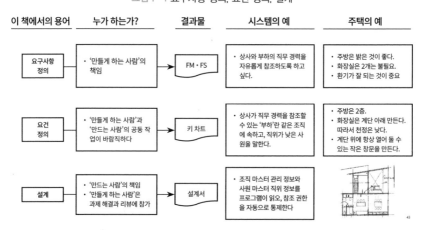

시스템 요구사항의 3대 장벽

사용자가 요구사항 정의에 책임을 진다. 그렇지만 그것은 말만큼 간단하지 않다. 앞에서 주택의 예를 들었지만, 건축가에게 '우리 가족은 이런 집이 좋습니다'라며 모순없이 포괄적으로 요구사항을 전달할 수 있는 가족이 얼마나 될까? 요구사항 정의 단계를 설명하기 전에, 다시 한번 시스템 요구사항의 본질적인 어려움이 무엇인지 확인한다.

장벽 ① 완벽한 목록을 만들 수 없다

집을 짓기 전에 '집에 원하는 것들의 완벽한 목록'을 만드는 것을 상상해보면 그 어려움을 알 수 있을 것이다. 대부분 사람은 그런 작업에 익숙하지 않다. '자녀가 식탁에서 숙제를 하고 있는 것을 식사 준비를 하면서 바라보는 엄마' 같이 드라마에서 보는 듯한 막연한 이미지만 가지고 있을 뿐이다.

하물며 보다 복잡한 시스템 요구사항이 되면 '계약 조건을 입력해 둠으로써 수주 시에는 조건을 다시 입력하지 않아도 완료되도록 하고 싶다'와 같이 술 술 말할 수 있는 업무 담당자 역시 20명에 1명 정도밖에 되지 않는다.

그래서 요구사항 정의에서는 항상 '누락 없음'이 목표가 되며, 요구사항 정의 이후의 공정에서는 '요구사항의 누락을 이제야 발견했다! 이 기능이 없으면 곤란하다!' 같은 사태에 시달린다.

장벽 ② 항상 예산이 초과된다

시스템에 원하는 것을 포괄적으로 도출했다고 가정하자. 다음으로는 '이것들을 전부 만들면 터무니없는 비용이 든다'와 같은 예산 초과 문제를 만나게 된다. 이 또한 주택 건축과 비슷하다.

따라서 목록으로 만들어진 기능에 우선순위를 정해 만드는 기능과 버릴 기능을 취사선택해야 하는 공정이 중요하게 된다.

장벽 ③ **입장에 따라 시스템에 원하는 것이 다르다**

조직에서 요구사항을 정의할 때 발생하는 특유의 어려움이 하나 더 있다. 그것은 관계자 전원의 공감을 얻는 것이다. 주택의 경우에도 '아버지는 서재, 어머니는 넓은 주방'처럼 관계자 사이에서 의도가 다른 것이 일반적이다. 회사 조직에서도 물론 같은 일이 발생한다. 훨씬 뒤엉킨 상태로 말이다.

담당자가 '이런 기능을 원한다'고 입으로 말한 것을 단순히 자료에 적는 것이 요구사항의 정의가 되지는 않는다. 프로젝드 관계자의 이해는 각각 다르다. 의도가 모순되는 경우도 많다. 그러나 이를 뛰어 넘어 의도를 하나로 모으지 않으면 프로젝트가 되지 않는다.

이 세 가지 장벽을 고려해서 필자는 요구사항 정의를 다음과 같이 정의한다.

> 요구사항 정의란 이해관계자의 의도를 모아서 구현할 것/구현하지 않을 것을 확고하게 결정하는 것.

조직에서 실행하는 것을 의식해 '모아서'라고 표현했다. '확고하게 결정한다'는 것 역시 시스템 구축 경험자를 가정한 표현이다. 굳이 이렇게 쓴 것은 결정됐을 것이 분명한 요구사항이 그후 프로젝트를 진행하는 도중에 달라지는 것이 일반적이라는 의미다.

앞으로 설명할 요구사항 정의에 관한 방법론은 요구사항 정의와 관련된 이같은 어려움에 대처하기 위해 개발됐다. 만드는 방법을 따라 작업함으로써 그 어려움을 자연스럽게 뛰어넘을 수 있을 것이다.

요구사항 정의의 세 가지 결과물

시스템 요구사항 정의의 주요 결과물은 세가지다. 그리고 각 결과물별로 그것을 만드는 단계가 있다. 이 책의 장별 구성이 그 단계에 대응한다(다음 그림 참조). 세부적인 내용은 각 장에서 설명하며, 여기에서는 각 결과물을 어떤 프로세스에 따라 작성하는지 간략히 설명한다.

그림 F-2 시스템 요구사항 정의의 세 가지 결과물과 작성 단계

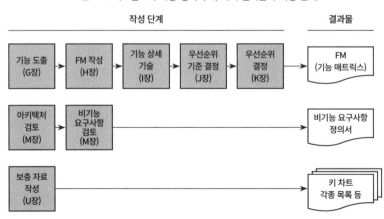

결과물 1: FM(Functionality Matrix, 기능 매트릭스)

구현할 기능의 목록이다. 정식 이름인 기능 매트릭스라고 부르는 것이 다소 번거로우므로 프로젝트 관계자는 모두 'FM'이라고 부른다. 이 책에서도 FM은 이 자료를 가리킨다. 자세한 내용은 H 장에서 설명하므로, 지금은 '필요한 기능이 나열되어 있고, 우선순위에 따라 색상을 지정한 것'이라고 기억하자. 이 FM이 시스템 요구사항 정의에서 가장 중요한 결과물이다.

FM의 특징은 표의 포맷 자체보다 오히려 FM을 작성하는 프로세스에 있다. 대단히 합리적이고 세련된 방식이다. 이 책의 'G장: 기능 도출'에서 'K장: 우선순위 결정'까지가 이 프로세스에 해당한다.

그림 F-3 FM(Functionality Matrix, 기능 매트릭스)

		1	2	3	4	5	6
A	주문 관리	수주 정보 읽기	수주 정보 등록	수주 확인서 발행	여신 의뢰	여신 결과 확인	
		H/M/M	H/M/M	M/M/L	M/L/L	M/L/L	
B	부품 관리	부품 정보 등록	부품 정보 변경	부품 재고 표시	부품 재고 정보 변경	부품 발송 의뢰	부품 정보 삭제
		H/M/M	H/M/M	M/M/M	M/M/M	M/L/M	M/L/L
C	고객 관리	고객 정보 등록	고객 정보 변경	고객 정보 삭제	관련 회사 목록 표시		
		H/H/M	M/M/M	M/M/M	M/M/L		

[범례]

우선도 '높음' (1단계에서 도입)

우선도 '보통' (2단계에서 도입)

우선도 '낮음' (3단계에서 도입)

결과물 2: 비기능 요구사항 정의서

시스템에 대한 요구사항은 '청구서 발행' 같은 기능에만 국한되지는 않는다. 예를 들어 '이 시스템은 야간에 정지해도 좋은가?', '응답 속도는 최소한 어느 정도여야 하는가?', '중요한 데이터를 잃어버리지 않기 위해 얼마나 엄중하게 백업해야 하는가?' 등은 '시스템 비기능 요구사항'이라 부른다.

이것들을 대략 결정하는 것도 이 단계에서 진행한다. 왜냐하면 이 정책에 따라 시스템 투자 금액이 크게 달라지기 때문이다.

다소 IT 관련 작업이 되므로 정보 시스템 부문 등 신뢰할 수 있는 IT 엔지니어에게 맡긴다면 '만들게 하는 사람'은 그다지 참견하지 않아도 좋다. 단, 이 책에서 전반적으로 언급한 것처럼 '투자액과 보안 수준의 균형' 등 만들게 하는 사람도 의사결정에 참가해야 하는 부분이 있으므로 IT 엔지니어에게 요청이나 질문을 받는다면 피하지 말고 함께 고민해야 한다.

비기능 요구사항과 그 전체가 되는 아키텍처에 관해서는 M장에서 설명한다.

결과물 3: 아키텍처 등 각종 보충 자료

시스템의 기능 요구사항은 FM을 통해 대부분 표현할 수 있지만, 그중에는 FM이라는 포맷에 적합하지 않은 것도 있다. 예를 들면 다음과 같은 자료다.

- 업무 패턴(제품 흐름이나 계약 종류 등 기능을 작성할 때 배려해야 할 패턴의 종류가 어느 정도인가?)
- 사용자 종류와 각 사용자에게 주어야 할 이용 및 참조 권한
- 급여 계산식(주임인 경우 잔업비 = 기본급 x 1.25 x …)
- 마이그레이션할 데이터 종류와 복잡도
- 접속할 외부 시스템 목록

예를 들어 '계약 등록 화면'이라는 기능이 있더라도 계약 종류가 회사 전체에 한 종류밖에 없는 경우와 20 종류가 있는 경우, 정리가 되어 있지 않고 몇 종류인지조차 알 수 없는 경우도 있다. 그에 따라 시스템을 만들 때 필요한 기간이나 예산은 완전히 달라진다.

이런 패턴들의 파악과 정리는 시스템 설계 시 필요하다. 그렇다면 가능한 빠른 시점에 정리해 IT 엔지니어에게 적절하고 정확하게 전달하는 편이 좋다. 그리고 이 패턴들을 명확하고 가능한 한 작게 만드는 것 자체가 업무 개혁의 전형적인 이니셔티브가 된다.

FM 이외의 요구사항 정의/요건 정의 자료에 관해서는 U장에서 다룬다.

FM 작성 5단계

가장 중요한 결과물인 FM 작성 단계는 다음 장부터 5개 장에 걸쳐 자세히 설명한다. 이번 장에서 간단하게 전체적인 흐름을 살펴본다.

기능 요구사항 정의 단계 ① 기능 도출(G장)

먼저 '이런 기능이 필요할지도…'라는 수준이라도 좋으므로, 원하는 시스템 기능을 모두 도출한다. 이 시점에서는 얼마나 필요한가? 투자할 가치가 있는가? 이번 프로젝트의 범위인가? 등은 전혀 고려하지 않아도 좋다. 이 단계에서는 'AI를 사용해 이런 것을 자동화할 수 있을까?' 같은 기능도 리스트 업된다.

기능 요구사항 정의 단계 ② FM 작성(H장)

다음으로 도출된 기능을 FM 포맷에 맞춰 기재한다.

하고자 하는 것을 하나씩 기능으로 나눈다. 이때, 어떤 수준으로 기재하는가 (기능을 얼마나 세세하게 나열하는가, 대략 나열해도 좋은가)의 판단을 할 때 약간의 요령이 필요하다.

그리고 몇 가지 기능을 대략적인 그룹으로 모은다. 예를 들어 '출하 업무에 관련된 기능'과 같은 식이다.

기능 요구사항 정의 단계 ③ 기능 상세 기술(I장)

FM의 각 기능별로 '수주 정보 취급'이라는 이름을 붙일 수 있지만, 그 이름만으로는 어떤 기능인지 알기 어렵다(특히 사외 프로젝트 관계자의 입장에서는).

그래서 기능 상세(Functionality Specification, FS)라 불리는 FM 보충 자료를 워드나 엑셀 등에 별도로 작성한다. 어떤 기능인지만 전달하면 충분하므로 시간을 들여 완벽하게 기술하는 것보다는 짧은 시간에 완성하는 것을 우선한다.

기능 요구사항 정의 단계 ④ 우선순위 기준 결정(J장)

FM에 열거한 시스템 기능을 모두 구축하지는 않는다. 비즈니스 성립 자체에 반드시 필요한 기능이 있는가 하면 '말하라고 해서 원하는 것을 말했지만, 굳이 없어도 문제없다'는 기능도 있다

그래서 우선순위를 붙이게 된다. 이때, 많은 프로젝트에서는 '목소리가 큰 사람이 원하는 기능이 우선적으로 만들어진다'가 되어버린다. 그러나 그 사람의 주장이 회사 전체에 있어 최적의 선택이라 단정할 수는 없다.

따라서 경영 관점에서 '어떤 기능을 우선적으로 만들어야 하는가'라는 기준을 논의하고, 먼저 여기에 합의한다. 예를 들어 '프로젝트 목표에 직결된다', '연간 3MM 이상의 업무 효율화 효과가 있다' 등이다.[1]

'기준을 결정한다 ≒ 가치관을 맞춘다'이므로 이 논의는 격해지기 쉽다. 시스템 구축 프로젝트에서의 고비 중 하나다. 그러나 이 단계야말로 앞에서 말한 '입장에 따라 시스템에 원하는 것이 달라진다'에서 설명한 요구사항 정의의 장벽을 뛰어넘는 열쇠다.

---

1 (옮긴이) MM은 Man-Month를 나타내는 것으로, 1MM은 한 사람이 한 달 동안 일하는 양을 의미한다.

기능 요구사항 정의 단계 ⑤ 우선순위 결정(K장)

결정한 우선순위 기준에 따라 모든 시스템 기능에 점수를 매긴다(레이팅[rating]
이라 부른다). 이미 앞 단계에서 기준에 합의했으므로 기준에 따라 혼자서 기
계적으로 작업하는 일도 많다.

마지막으로 레이팅이 상위인 기능부터 순서대로 '가장 먼저 만든다', '나중에
만든다', '프로젝트가 일단락된 후 재고한다' 등으로 구현(이동) 시기를 결정
한다.

이렇게 우선순위별로 3, 4가지 색으로 나누어 다음 그림과 같은 FM을 완성
한다.

그럼 다음 장부터 FM을 만드는 단계에 관해 자세히 설명한다.

그림 F-4 FM(기능 매트릭스)

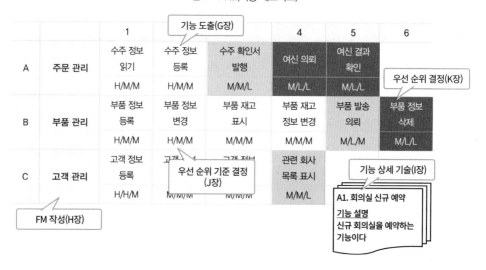

시스템을 잘 만들게 하는 기술

만들게 하는 사람이 요구사항을 정의하고, 만드는 사람은 요건을 정의한다는 것이 정말인가?

이번 장의 처음에 설명한 것처럼 일반적으로 다음과 같이 나눠서 정의한다.

- **요구사항 정의**: 시스템을 만들게 하는 사람이 책임을 갖는다.
- **요건 정의**: 시스템을 만드는 사람이 책임을 갖는다(가능한 공동 작업을 한다).

용어상 정의로는 이론(異論)이 없지만, 필자가 프로젝트를 할 때는 이 정도로 명확한 역할 분담은 굳이 하지 않는다. 요구사항 정의든 요건 정의든 만들게 하는 사람과 만드는 사람이 공동 작업을 해야 한다고 필자는 주장한다. 그렇지 않으면 생산성은 물론 결과물의 품질도 좋지 않게 된다. 이에 관해 조금 더 살펴보자.

위에서 말한 일반적인 정의의 기준이 되는 것은 '요구사항은 사용자만 말할 수 있다. 그렇기 때문에 사용자(시스템을 만들게 하는 사람)가 책임을 져야 한다'는 사고방식이다. 그래서 '요구사항 정의는 사용자가 작성해주십시오. 우리 IT 엔지니어는 그대로 만들 것입니다'라는 주문을 엔지니어가 하는 경우가 많다.

하지만 이것은 무리한 주문이다. 사용자는 올바르게 요구사항을 정의하는 훈련을 받지 않았기 때문이다. 사용자는 업무 전문가이지 요구사항 정의 전문가는 아니다.

- 요구사항을 알지 못하는 IT 엔지니어
- 요구사항은 잠재적으로 알고 있지만, 요구사항 정의를 표현하는 것에 익숙하지 않은 사용자

위와 같은 조합이 불운의 안타[2]를 낳는 구조가 된다. '시스템 구축에서 가장 어려운 영역이 요구사항 정의'라 불리는 이유가 바로 이것이다.

이 불운의 안타에 대처하는 방법은 두 가지다. 첫 번째는 사용자가 요구사항 정의 방법을 학습하는 것이다. 이 책의 존재 의의는 바로 여기에 있다. 잠재적으로 요구사항을 알

---

2 (옮긴이) 야구에서 '행운의 안타'를 수비하는 입장에서 반어적으로 표현한 의미다. 타격이 정확하지 않았지만 수비수가 잡기 힘든 위치에 공이 떨어지는 경우, 또는 수비수가 충분히 잡을 수 있는 공인데도 실수로 인해 발생하는 안타를 '행운의 안타'라고 한다.

고 있는 업무 부문이 요구사항을 누락없이 정확하게 말할 수 있게 되는 것이 가장 빠른 방법이다.

필자가 소속된 캠브리지는 이 책에서 설명하는 요구사항 정의 방법론을 프로젝트 도중에 업무 담당자에게 가르친다. 그러면 업무 담당자가 요구사항 정의서를 빠르게 써 나가기 시작한다. 몇 가지 팁을 전달하는 것만으로도 충분하다.

두 번째 방법은 IT 엔지니어가 '요구사항을 이끌어 내는 프로세스'에도 책임을 가지는 것이다(이 경우 IT 엔지니어는 IT 부문이든 사외 IT 벤더든 관계없다). 업무 담당자에게 있어 시스템 구축 프로젝트에 참가하는 것은 커리어 도중에 그렇게 많지 않을 수도 있다. 그러나 IT 엔지니어에게 있어서는 일상 업무다.

첫 시스템 구축에 불안을 느끼는 업무 담당자보다는 여러 차례 과정을 경험한 IT 엔지니어가 '다음은 이 자료를 만듭시다', '다음은 우선순위에 관해 논의합시다'라고 프로젝트 전체를 리드하는 편이 부드럽게 진행됨은 분명하다.

하지만 현실에 그런 엔지니어는 소수다. 직업상의 습관인지, 원래 성격의 문제인지는 알 수 없으나 업무 담당자에 대해 리더십을 잘 발휘하지 못하는 사람이 많다. 그래서 요구사항 정의를 사용자에게 맡기고는 '사용자가 요구사항을 주지 않아서 일정이 늦어진다' 같은 넋두리를 늘어 놓는다.

나는 '요구사항을 이끌어 내는 것에 책임을 느끼는가?'라는 질문으로 전문적인 IT 엔지니어와 시킨 일만 하는 작업자로 나눌 수 있다고 생각한다. 반대로 말하면 '그것은 고객의 판단이니까요'라고 은근 슬쩍 말하면서 판단을 떠넘기는 IT 엔지니어에게 분노를 느낀다. 컨설턴트임에도 그렇게 말하는 사람들이 있다.

이 책은 기본적으로 시스템을 만들게 하는 사람을 위한 책이지만 '만드는 측의 사람'도 이 책을 읽고, 만들게 하는 사람을 잘 이끌면 좋겠다. 물론 '만들게 하는 사람'도 이 책을 읽고 요구사항 정의, 요건 정의를 직접 거침없이 해 주길 바란다.

중요한 것은 프로젝트가 진행되고 좋은 시스템을 완성하는 것이다. 어떤 입장의 사람이 리드를 하는지는 중요하지 않다. 방법론을 학습하고자 하는 의욕을 가진 사람이 학습하고, 그 사람이 리드하는 수밖에 없다.

G장 기능을 도출하는 7가지 방법

- 요구사항 정의의 첫 단계는 '요구사항 도출하기'다. 이 단계에서는 '철저하게 도출하는' 것에 집중한다.
- 요구사항을 포괄적으로 도출하기 위한 7가지 방법을 사례를 들어 소개한다.

그림 G-1 FM(기능 매트릭스)

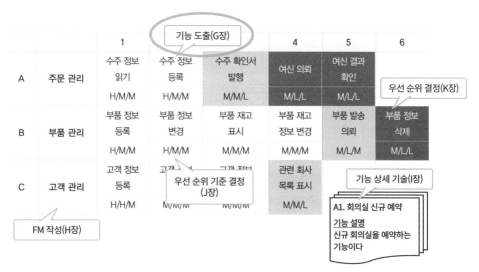

요구사항 정의의 첫걸음은 '시스템에 요구하는 것'에 관해 손이 가는 대로 써나가는 작업이다. 이 단계에서는 아무튼 써내는 것을 우선하므로 포맷은 신경 쓰지 않는다. 엑셀 목록이든 포스트잇이든 플립 차트이든 관계없이 닥치는 대로 적는다.

필요한 시스템 기능을 이 단계에서 가능한 한 포괄적으로, 많이 도출해야 한다. 그렇기 때문에 상당히 많은 수고가 들지만, 이 단계에서의 노력을 아끼지 않는 것이 좋다. 여기에서 필요한 기능이 누락되면 이후 여러 단계에서 '음? 이래서는 업무가 잘 돌아가지 않지 않나?', '고객이 곤란한 것은 아닌가?' 등을 알게 되고, 요구사항 정의부터 다시 하는 헛수고를 하게 된다. 효율이 떨어진다.

발산 → 수렴 모델

포괄적으로 도출할 때 도움이 되는 한 가지 힌트를 소개한다. 도출 도중에는 '아니, 그런 기능은 만들더라도 사용하지 않는다', '그 부문은 자신들이 편해지는 것만 생각하고 있다' 등을 말하지 않고, 우선 많은 수를 끌어내는 것에 전념하는 것이다.

필요/불필요에 관한 논의(기능에 우선순위를 붙이는 작업)는 도출을 완료한 뒤에 해도 좋다. 반대로 그 단계가 되면 도출은 계속하지 않고 '그럼 이제부터는 필터링을 합시다'와 같이 명확하게 모드를 바꿀 수 있다. 이 아이디어 도출과 필터링을 확실하게 나누는 프로세스를 '발산 → 수렴 모델'이라 부른다. 먼저 아이디어를 발산시키는 것에 전념하고, 충분히 아이디어를 만든 뒤 그것을 필터링한다. 우선 보자기를 넓게 편 뒤 다시 접는 이미지다. 이 순서를 명확하게 지키는 것은 두 가지 이유로 매우 효과적이다.

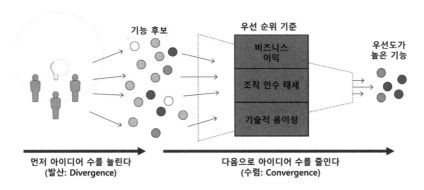

그림 G-2 발산→수렴 모델

기능 후보

우선 순위 기준

비즈니스 이익

조직 인수 태세

기술적 용이성

우선도가 높은 기능

먼저 아이디어 수를 늘린다
(발산: Divergence)

다음으로 아이디어 수를 줄인다
(수렴: Convergence)

먼저 도출에 집중하는 것의 중요함이다. 애초에 포괄적으로 시스템 기능을 도출하는 것은 매우 어렵다. 그렇기 때문에 모든 팀 구성원이 도출 모드에 집중해야 한다. 축구에서 '지금은 공격받고 있으니 견디고 참자'고 생각하는 수비수, '얼른 추가 점수를 얻고 편하게 하자'고 생각하는 포워드가 있다면 승리할 수 없는 것과 마찬가지로, 프로젝트 멤버 전원이 시시각각 같은 방향을 바라보지 않으면 논의와 작업이 어긋나게 된다.

A 씨가 '아이디어지만 이런 기능도 있습니다'라고 아이디어를 발산하고 있는데, B씨가 '이번 프로젝트에서는 효율화보다 매출 향상에 기여하는 기능을 우선시하고 싶습니다'라고 아이디어를 수렴한다. 자주 볼 수 있는 모습이다. 하지만 이래서는 논의가 빙빙 돌 뿐이다.

또 한 가지, 이후에 우선순위를 결정하는 논의의 준비라는 의미가 있다. 기능을 노출할 때 자신이 아이디어를 내면서 '그 기능을 구현하기는 엄청나게 힘들기 때문에 엔지니어가 싫어할 겁니다'와 같은 말을 듣는다면, 의견이 환영받지 못한다고 받아들이게 된다.

이런 상황이 계속되면 기능 도출에 참가하고 싶지 않게 된다. 또한 기능 도출이 이런 상황이라면 만들 기능을 필터링한 결과도 납득하지 못하게 된다. 그대로 시스템 구현을 시작하면 '뭐, 이 시스템은 OO씨가 마음대로 만든 것이 니…'라는 생각으로 협력하지 않게 된다. 그래도 언젠가는 시스템을 완성하 겠지만, 시스템을 사용해 효과를 거두기는 어려워진다.

그렇기 때문에 '이 사람이 낸 아이디어는 어차피 구현되지 않을 것이다'라고 생각했더라도 먼저 '아이디를 내주셔서 감사합니다'라고 말하고 목록에 추가 한다. 만약 정말로 그 가치가 낮은 기능이라면, 뒤 공정에서 우선순위를 붙 일 때 지연스럽게 떨어져 나간다(그렇게 되도록 우선순위를 정한다). 그 편이 당신으로부터 무조건 부정당하는 것보다 설득력이 높다. 최종적으로 아이디 어가 떨어지는 것은 동일하다 해도 말이다.

이번 장은 발산(기능 도출)에 관해 설명하며, 수렴(기능 필터링)에 관해서는 I-K장에서 설명한다.

기능을 도출하는 7가지 방법

이번 장에서 계속 '어쨌든, 다양한 방법으로 기능을 포괄적으로 도출한다'라 고 강조했다. 여기에서는 필자들이 보통 프로젝트에서 기능 도출에 사용하 는 방법을 소개한다. 물론 이 7가지 방법 모두를 사용한다고 단언할 수는 없 지만, '이번에 이 방법을 사용한다면 어떤 느낌일까?'라고 한 번은 검토하는 편이 좋다.

기능을 도출하는 7가지 방법: 기본편

① 현행 시스템으로부터 도출한다.

② 표준 템플릿으로부터 도출한다.

③ 업무 흐름으로부터 도출한다.

④ 솔루션과 입문서를 참조해 누락을 확인한다.

기능을 도출하는 7가지 방법: 응용편

⑤ 비즈니스 컨텍스트를 바탕으로 미래에 대한 포석을 마련한다.

⑥ 신규 비즈니스 모델로부터 도출한다.

⑦ 기술 x 상황 매트릭스$^{SeedsxScene Matrix}$를 사용한다

도출 방법 ① 현행 시스템으로부터

완전히 신규 시스템을 처음부터 만드는 경우를 제외하면 시스템을 구축할 때 이미 현행 시스템이 있을 것이다. 모처럼 신규 시스템을 만든다면 이전과 동일하게 만들 필요는 없지만, 현재의 기능이 이번에 구축할 시스템의 유력한 후보임에는 틀림없다.

'더이상은 필요하지 않지 않은가?'라고 생각했더라도 검토 대상에 올려놓지 않으면 이후 '사실 이렇게 사용하는 방법도 있습니다. 기능이 없으면 곤란합니다'라는 말이 나오게 된다. 현행 시스템에서 지금의 업무가 진행되는 현실이 있기 때문에 현행 시스템을 한 차례 돌아봄으로써 최소한의 포괄적인 특성을 담보할 수 있다. 이 또한 현행 시스템을 발상의 시작으로 할 때의 강점이다.

단, 현행 시스템을 기반으로 도출할 때의 특징적인 주의 사항도 있다.

a) 너무 상세한 기술

현행 시스템의 유지보수 담당자에게 '현재 시스템의 기능 목록을 달라'고 부탁하면 1,000행 정도 되는 프로그램 목록을 제공하는 경우도 있다. 이것은 너무 상세해서 신규 시스템의 요구사항으로는 사용할 수 없다. '사용자의 어떤 요구사항을 만족하기 위한 기능인가?'라는 관점에서 재수집해야 한다. 이 기술의 수준을 조정하는 것은 매우 중요하기 때문에 다음 장 이후에서도 설명한다.

b) 사용되지 않는 기능

현행 시스템의 모든 기능이 현재 모두 잘 사용되고 있다고는 단정할 수 없다. 만들었을 때는 좋았지만, 잘 사용되지 않고 묻히는 기능도 의외로 많다. 이것은 일단 리스트에 추가하고 우선순위를 결정할 때 떨어뜨리면 충분할 것이다.

c) '현재 사용하는 기능 = 필요한 기능'이라고 생각한다

사용되지 않는 기능은 물론 사용하는 기능이라 해도 이후에 꼭 필요할 것이라고는 생각할 수 없다. 애초에 업무 자체를 없애버릴 수도 있다. 업무 개혁과 시스템 구축을 함께 진행할 때는 특히 그렇다. 즉, 현장 담당자가 '지금 사용하고 있으니 절대로 필요하다'고 말해도, 그것이 올바르다고는 단정할 수 없다.

업무 전체상을 조감하고 '현재와 미래에 어떻게 달라질 것인가? 그 이유는 무엇인가?'를 확실하게 고려하지 않으면 판단할 수 없다. 도출은 발산 단계이므로 필요/불필요에 관한 깊은 논의 없이 덤덤하게 리스트업하는데 집중한다.

d) 현행 시스템에 관해 아무도 말하지 않는다.

현행 시스템은 동작하고 있지만 내용에 관해 아는 사람이 아무도 없는 무서운 상태를 가끔 만난다(시스템의 블랙박스화라 부른다). 그 정도로 심하지는 않더라도 설계서가 전혀 없거나, 있더라도 너무 오래되어 신뢰할 수 없는 경우도 잦다.

문서가 없다면 현지 현물을 직접 상대하는 수밖에 없다. 업무 흐름을 기반으로 인터뷰를 통해 도출하거나 실제 화면을 조작하면서 기능을 리스트업하는 반복적인 작업을 하게 된다.

사례 기기 유지보수 점검에서의 요구사항 도출

어떤 기기의 유지보수 점검을 담당하는 기업에서 있었던 일이다. 유지보수 업무에는 다음과 같은 작업이 있었다.

- 문제 발생 접수
- 계약 내용 확인
- 유지보수 담당자 배정
- 정비 후 고객에게 대금 청구

이 작업을 관리하기 위한 시스템이 작업별로 각각 존재하는 것이 문제였다. 예를 들어 청구서를 발생하기 위해 처음부터 정보를 다시 입력해야만 했다. 효율이 좋지 않고 유지보수 담당자의 배정까지 많은 시간이 걸리는 등 서비스 수준을 저하시키는 원인이 됐다.

시스템을 다시 만들어야 한다고 모든 사원이 느끼고 있었지만 손을 대지 못하고 있었다. 현행 사양을 모은 자료가 전혀 없었기 때문이다. 프로그램만 존재하며, 일단 문제없이 동작하고는 있다. 전형적인 블랙박스 시스템이다. 이래서는 개선도 할 수 없다.

어쨌든 시스템 쇄신을 진행하게 되었고, 자료가 없으므로 현지 현물을 확인하면서 요구사항을 도출하기로 했다. 유지보수 점검을 하는 현장에 가서 어떤 작업을 수행하고, 시스템에 어떤 정보를 등록하는지 옆에서 관찰한다. 기기를 분해하는 흐름도 확인했다.

이렇게 해서 현행 시스템의 사용 방법을 파악할 수 있었다. 실제로 이용되는 기능/이용되지 않는 기능도 판별할 수 있었으며, 수작업으로 진행해야만 하는 작업도 리스트업할 수 있었다.

현행 시스템에 관한 자료가 있다 하더라도, 모든 것을 포괄적으로 포함했다고는 단정할 수 없다. 현지에서 현물을 확인하면서 조사하는 것이 개혁의 기본임을 다시 한번 실감한 프로젝트였다.

도출 방법 ② 표준 템플릿을 사용한다

필자와 같이 많은 고객과 프로젝트를 진행하는 회사는 업무 영역별 표준 템플릿을 가지고 있기도 하다. 이를 사용하면 처음부터 도출하는 것보다 포괄성을 쉽게 담보할 수 있어 압도적으로 효율이 좋다.

특히 회계나 인사 등의 백오피스(기업) 부문의 업무는 시스템에 요구하는 기능의 차이가 회사에 따라 크게 다르지 않다. 예를 들어 주민세 계산 방법이나 서류 작성 방법은 행정부에서 지시하기 때문에 어느 회사든 요구하는 기능이 동일하다.

그림은 캠브리지가 가지고 있는 인사 영역의 표준 템플릿이다. 그림에는 400개 정도의 기능을 포함하고 있으며, 템플릿만도 200여 개를 관리하고 있다.

아무리 인사나 회계가 회사별로 차이가 적은 영역이라 해도, 물론 '이 회사에서만 요구하는 기능'도 존재한다. 인사 영역의 경우 4월 정기 이동을 검토하기 위한 기능이나 도시락 발주와 같은 복리후생/서무 영역 등이 특히 그렇다. 인터뷰를 통해 표준 템플릿에 기재되지 않은 기능을 발견할 때마다 추가한다.

그렇게 장어구이의 양념처럼 덧대어 사용함으로써 프로젝트를 할 때마다 조금씩 템플릿이 풍부해진다. 판매 시스템이나 생산 관리 시스템을 만드는 경우의 차이는 인사나 회계의 그것보다는 크다. 그러나 예를 들어 '고객에게 청구서를 발행하는 기능'은 어느 회사에든 필요하다. 내용은 다르더라도 누락은 피할 수 있다.

물론 사내 어디에도 없다면 포기해야 하지만, 여러분이 시스템을 만드는 것을 본업으로 하는 회사의 구성원이라면 찾아볼 만한 가치는 있을 것이다.

그림 G-3 표준 템플릿(인사 영역의 예)

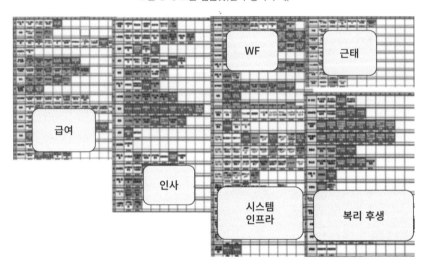

도출 방법 ③ 업무 흐름으로부터 기능을 찾는다

왕도 중의 왕도다. 업무 흐름을 따라 거기에서 다루는 시스템 기능을 찾아내는 방법이다. 시스템을 잘 알지 못하는 업무 담당자에게는 가장 쉬운 방법이기도 하다. 업무 흐름에 따라 논의를 진행하므로 이미지를 그리기 쉽기 때문이다.

특히 업무 개혁과 시스템 구축을 동시에 진행하는 프로젝트에서는 기능 도출보다 먼저 미래 업무 흐름을 그리게 되므로(E장) 그것을 그대로 사용하면 좋다.

업무 흐름에는 몇 가지 포맷이 있다. 그러나 스윔레인 차트로 작성해 두면 기능을 도출할 때 편리하다. '운송 업자' 또는 '배달 담당자' 등 업무를 하는 사람과 마찬가지로 '시스템'의 레인을 만든다. 그러면 '시스템'으로 화살표가 드나드는 부분에서는 무언가의 시스템·기능이 필요하다는 것을 한눈에 알 수 있게 된다.

그림 G-4 업무 흐름으로부터 기능을 도출한다

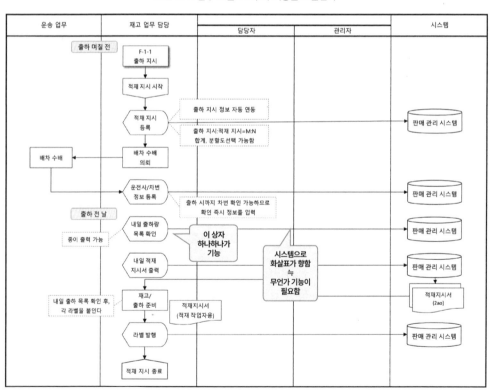

C장에서 소개한 금속 가공 메이커를 기억하는가? 프로젝트 수립 단계에서 '정말로 표준화해야 하는가?'에 관해 철저하게 논의하고 '고객과 접하는 프런트 업무는 지역 특성별로 어느 정도 흩어진 것을 허용한다. 회사의 경쟁력을 유지하기 위해 필요하기 때문이다. 한편 사무 처리 등의 백 오피스 업무는 전사적으로 표준화한다'는 콘셉트를 만든 프로젝트다.

그 뒤, 미래 업무를 의논할 때는 각 공장에서 해당 업무 담당자를 모두 불러서 전사 공통 업무를 만들었다. 프로젝트 멤버가 본사에서 생각한 이상적인 형태를 공장에 강요해도 '이 방법은 우리 공장에서는 돌아가지 않아!'라는 상황이 보였기 때문이다.

이 방법의 효과는 매우 뛰어났다. 모든 사람이 '표준화하면 회사 전체에 있어 어떤 이점이 있는가?'를 이해한 상태에서 각 공장 현시점의 사정을 공유하고 '그렇다면 이렇게 하는 것이 최선이 아닐까?'라는 주제에 관해 협력해서 의논할 수 있었기 때문이다.

갑자기 PC로 업무 흐름을 작성하는 것이 아니라 포스트잇을 사용해 처음부터 업무를 설계한 것도 좋았다. '이 포스트잇은 이쪽으로 옮기는 편이 거버넌스에 좋지 않을까?' 등 바람직한 모습을 납득할 수 있을 때까지 논의할 수 있었기 때문이다.

일단 포스트잇으로 만든 업무 흐름은 프로젝트 룸에 한동안 붙여 두었다. 그렇게 함으로써 다른 주제를 논의하는 도중에도 '하지만 이 단계에서 확실하게 데이터를 넣어 둔다면...'과 같이 벽을 가리키면서 개선을 진행할 수 있었다.

업무와 시스템은 닭과 달걀처럼 '어느 쪽이 먼저인가?'라는 관계에 있다.

- 이런 업무를 하고 싶기 때문에 이런 시스템이 필요하다.
- 이런 시스템이 있기 때문에 업무가 이렇게 된다.
- 시스템 기능을 만드는 것이 어렵기 때문에 업무가 이렇게 될 수밖에 없다.

와 같이 서로 영향을 미친다.

이 프로젝트에서도 그런 고민은 있었지만 '지금의 시스템에서는 이런 것은 할 수 없지만, 사실은 시스템에 맡기고 싶다', '이런 기능을 만들면 훨씬 효율화할 수 있다'와 같이 앞으로 만들 시스템에 관해서도 어느 정도는 가정하면서 논의를 진행했다.

<미래 업무 흐름을 벽에 붙인 프로젝트 룸>

'시스템을 사용하는 업무는 분홍색 포스트잇에 쓴다'고 결정해 두고, 시스템에 과도하게 기댄 업무 흐름이 되지 않는지, 어느 정도 시스템에 지식이 있는 구성원이 확인하는 것도 게을리하지 않았다. 그렇게 완성한 업무 흐름을 전자화한 것이 앞에서 소개한 그림이다.

업무 흐름 검토에 시간을 들인 만큼 막상 FM을 작성하는 단계에서는 기능 도출이 매우 원활하게 진행됐다. 기계적으로 분홍색 포스트잇을 떼어 내기만 하면 되기 때문이다.

여러 가지 사정으로 인해 여기까지 진행해도 기능을 도출하지 못하는 경우도 있지만, 현재 상태에서 크게 달라지는 프로젝트의 경우에는 이처럼 꼼꼼한 검토가 축적되어 관계자들이 납득하게 되고, 향후 변혁의 성과로 이어질 수 있다.

도출 방법 ④ 솔루션과 입문서를 참고해 누락을 체크한다

사실 시스템의 기능을 도출하는 가장 빠른 방법은 패키지 제품의 기능 목록을 보는 것이다. 예를 들어 회계 업무 패키지의 카탈로그를 보면 지불 업무에 사용하는 기능, 유가 증권 관리 업무에 사용하는 기능 등 많은 기능이 리스트 업되어 있다.

단, '우리 회사에 어떤 기능이 필요할까?'를 차분이 고려하기 전에 이런 정보를 너무 많이 접하면 정말로 필요한 것인지, 벤더의 영업 전략에 휘말린 것인지 점점 모르게 된다.

그래서 다음 방법을 추천한다. 먼저 미래 업무 흐름 등을 기반으로 회사에 필요한 기능을 도출한다. 충분히 시간을 들여 도출한 뒤 솔루션의 기능 목록으로 누락을 체크하는 것이다. 이 방법을 사용하면 냉정하게 판단할 수 있다.

체크할 때 사용할 수 있는 기반은 이외에도 다양하다. 예를 들어 업무 입문서를 들 수 있다. '누구나 할 수 있는 마케팅 입문', '내일부터 세무 담당자가 되는 법'과 같은 책을 흔히 찾아볼 수 있다. 이런 책을 살펴보면서 '음, 지금은 도출하지 않았지만 필요할지도 모르겠다'와 같이 추가해 나갈 수 있다.

이제 도출 방법의 후반이다. 완전히 새로운 비즈니스를 만들거나 신기술을 활용할 때 효과적인 응용 방법들을 소개한다.

도출 방법 ⑤ 비즈니스 컨텍스트를 바탕으로 미래의 포석을 깐다

현장 담당자와 원하는 기능에 관해 의논하다 보면 '현재 이런 점이 곤란해서 이 기능이 필요합니다'와 같이 근시안적으로 되기 쉽다. 그와는 별도로 비즈니스 전체가 목표로 하는 방향성을 보면서 미래에 필요하게 될 기능을 도출해 두는 것도 중요하다.

몇 가지 예를 소개한다.

- 몇 년 이내에 해외 법인을 설립할 것이므로 연결 경영을 위한 관리 회계 기능이 필요하다.
- 5년 뒤에 매출이 2배가 될 것을 가정해 지금은 수작업+기억에 의존하고 있는 계약 관리를 시스템화해 두고 싶다.

- 매출 확대를 예상할 수 없으므로 적은 인원으로도 반복적인 업무를 할 수 있는 지원 기능이 필요하다.

물론 미래를 예측해서 도출한 기능이므로 우선순위를 결정할 때는 후순위로 되는 경우가 많다. 그러나 이 단계에서는 먼저 도출하는 것이 중요하다. 처음 의논한 기능을 3년이 지난 시점에서 개발한 경험도 수차례 있다.

도출 방법 ⑥ 신규 비즈니스 모델로부터 도출한다

'도출 방법 ③ 업무 흐름으로부터'에서 미래 업무의 모습으로부터 필요한 기능을 선발하는 것에 관해 설명했다. 그러나 완전히 새로운 사업을 처음부터 세우는 프로젝트에서는 업무 흐름보다 대략적인 '신사업 구상도'를 기반으로 시스템 기능을 도출하기도 한다.

다음 페이지 그림은 지역 통화를 만드는 프로젝트에서 사용 상황과 관계자를 정리한 그림이다. 이 그림 자체는 지역 통화가 어떤 것인지를 시각화하기 위해 그린 것이지만, 그림을 보면서 필요한 시스템 기능을 떠올릴 수 있다.

예를 들어 같은 지원 기능이라 하더라도 그 대상이 법인간(B2B), 개인간(C2C)으로 다르다. 해외 여행자도 사용자가 될 수 있다. 이를 보면서 모든 것을 하나의 기능으로 합칠 것인지 각각 별도의 기능이 필요한 것인지 철저하게 논의해 나간다.

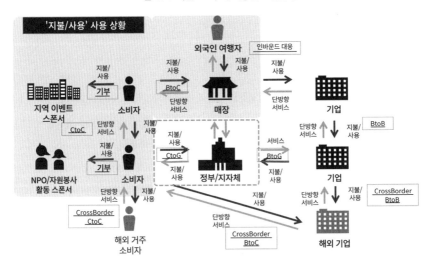

이처럼 DX(Digital Transformation, 디지털 트랜스포메이션)라 불리는 프로젝트에서는 '이미 사람이 하고 있는 작업을 시스템화한다'가 아니라 '디지털 기술을 사용해 새로운 비즈니스를 수립한다'는 형태가 되므로 비즈니스와 시스템을 동시에 구상해야 한다.

따라서 그림과 같은 것을 많이 그리면서 '이 비즈니스는 가치를 만들 수 있을 것인가?', '이 기술은 구현할 수 있을 것인가?'라는 2가지를 함께 보면서 생각하게 된다. 비즈니스 모델이 확정되는 것과 거의 동시에 FM에 기술해야 할 시스템 기능도 확정된다.

도출 방법 ⑦ 기술 x 상황 매트릭스를 사용한다

도출 방법 ⑥에서 설명한 새로운 비즈니스 모델의 이미지 그림조차 없는 상태에서 '현재의 신기술을 우리 회사에 적용한다면 획기적인 일이 일어나지 않을까?'라는 논의를 시작할 때도 있다.

이럴 때 아이디어를 내는 방법이 새로운 기술^{seeds}과 자사 비즈니스의 다양한 상황^{scene}을 억지로 결합해 보는 방법이다.

예 ①

기술: 로봇을 활용해 창고에서 피킹(물건을 끄집어 내는 일)이 실용화 단계에 접어들었다.

상황: 자사 창고에서 소량 다품종의 유지보수용 부품을 피킹하고 있다. 유사한 제품의 피킹 실수가 많다. → 먼저 요코하마 창고에서 로봇 피킹 기능을 시도해 본다.

예 ②

기술: IC 태그의 성능 향상과 비용 감소

상황: 전국 500개 거점에서 복잡하고 다양한 기기를 파악하고 있다. 창고 깊숙이 놓아둔 경우에는 찾는 것조차 힘들다. → 문제가 발생하기 쉬운 대여 PC 모두에 IC 태그를 붙이고, IC 태그 리더를 도입한다. 자산 대장 시스템과 연동시킨다.

그림 G-6 기술 x 상황 매트릭스로 기능을 도출한다

아이디어 발산 ~ 수렴 진행 방법

IT 기술 리스트		비즈니스 상황 리스트		아이디어 리스트 (총 35개)		검토 & 필터링		철저히 검토한 아이디어
최신 IT 기술을 리스트업한 것	×	당사 비즈니스 씬을 정리한 것	=	최신 IT 기술을 지렛대로 한 아이디어				검토 & 필터링 완료 아이디어
어떤 기술인가?		**어디에 쓸 수 있나?**		**이렇게 하자!**				

- 효과가 있을 것인가?
- 잘 사용할 수 있을 것인가?
- 난이도/비용은 너무 높지 않은가?
- 정말로 하고 싶은가?

이런 형태로 기술과 상황을 곱해보면 아이디어 기반을 얼마든지 만들 수 있다. 다음 그림은 필자들이 사용하는 기술 목록과 상황 목록이다. 기술 목록은 업계, 업종을 불문하고 사용할 수 있으므로 회사에서 하나를 만들어 수시로 업데이트한다. 상황 목록은 프로젝트별로 다르므로 매번 새롭게 만들어야 한다.

그림 G-8은 같은 것을 조금 간단하게 수행했을 때의 결과다. 이때는 '보험 영업 사원이 만약 태블릿을 사용한다면 업무에 얼마나 도움이 될 것인가?'를 주제로 생각했다.

그림 G-7 기술/상황 목록

기술 리스트

카테고리	기술	내용
AI	Watson	왓슨(Watson)은 자연어 형식으로 된 질문들에 답할 수 있는 인공지능 컴퓨터 시스템이며,[1] 시험 책임자 데이비드 페루치가 주도한 IBM의 DeepQA 프로젝트를 통해 개발되었다. 왓슨은 IBM 최초의 회장 토머스 J. 왓슨에서 이름을 땄다.[2][3]
AI	딥러닝	여러 비선형 변환기법의 조합을 통해 높은 수준의 추상화(abstractions, 다량의 데이터나 복잡한 자료 속에서 핵심적인 내용 또는 기능을 요약하는 작업)를 시도하는 기계 학습 알고리즘의 집합[1]으로 정의되며, 큰 틀에서 사람의 사고방식을 컴퓨터에게 가르치는 기계학습의 한 분야라고 이야기할 수 있다.
AI	신경을 가시화해서 인공 두뇌를 만든다	인간의 학습능력, 추론능력, 지각능력을 인공적으로 구현하려는 컴퓨터 과학의 세부 분야 중 하나이다. 정보공학 분야에 … natural intellige…
AR/VR	3D 홀로그램 기술	홀로그래피(Holo… 입체 정보를 기록… 가리킨다. 홀로그… 말이다.[1]
AR/VR	AR 번역 애플리케이션	스마트폰의 카메…
웨어러블 디바이스	Ring (반지/셰어러블 디바이스)	웨어러블 컴퓨터("… 착용 컴퓨터는 안… 사용자가 거부감… 배가시키는 것이… 착용하여 사용하…

상황 리스트

서비스 분야	서비스 분류	해당 서비스
제품 제공 서비스	사용자에게 제품을 제공한다	• 자사 제품 판매 • 타사 제품과 조합한 제품 제공 • 부품 판매
	사용자에게 제품을 전달한다	• 배송
	사용자에게 제품을 대여한다	• 기기 대여/사용량 과금 서비스
	사용자가 사용할 수 있는 상태로 한다	• 가공 서비스 • 공장 레이아웃 설계 서비스
정보 제공 서비스	사용자에게 가치가 있는 정보를 제공한다	• 진단 서비스
	사용자가 알고 싶은 것을 알려준다	• 질의 응답 서비스
쾌적 제공 서비스	사용자에게 안심/안전을 제공한다	• 운용 모니터링 서비스 • 정기 진단 서비스 • 점검/유지보수 서비스
	사용자의 정기적인 업무를 쉽게 한다	• 정기 교환 지원 서비스 • 부품 온라인 발주 서비스

■ **기술**: 최신 태블릿 단말기

■ **상황**: 보험 영업

과 같은 형태다. 기술이라고 해도 이미 발매되어 많은 사람이 개인적으로는 잘 사용하고 있는 것이므로 그렇게 황당하지는 않다. 단, 비즈니스에서는 아직 많이 활용되고 있지 않으므로 억지로 아이디어를 만들어 내는 것은 유효하다.

태블릿에는 다양한 기능이 내장되어 있다. 그리고 보험 영업 역시 상황이 다양하다. 따라서 조금 더 요소를 분해해서 조합하는 것을 생각해봤다.

- **기술**: 카메라, GPS, 지도, QR 코드 리더, TV 전화…

- **상황**: 일정 수립, 주소 변경 대응, 보험금 시뮬레이션…

과 같은 형태다.

이렇게 기술과 상황을 조합해 많은 아이디어를 도출할 수 있지만 안타깝게도 대부분의 조합은 쓸모가 없다. 확인해보면 기술이 성숙하지 못해 실용성과 거리가 멀거나 AI에 데이터를 넣어 어떤 인사이트를 얻고 싶은지 애매한 경우가 많다. 또한 '불가능하지는 않지만, 노력해서 만들었더라도 그 효과가 작아 투자를 회수할 수 없는' 경우가 가장 많다.

보석과 모래가 뒤섞인 아이디어로부터 실용화할 수 있는 아이디어를 남기고, 필요한 시스템 기능을 FM에 넣는다. 아이디어가 살아남을 확률은 1/50 정도일 것이다. 그렇기 때문에 우선 숫자를 늘리는 것을 우선해야 한다.

이 방법은 무난한 현재 상태만 계속 답습하고 있는 경우에 효과적이다. 의도적으로 발상을 비약시키는 것이다.

그림 G-8 간단한 기술 목록

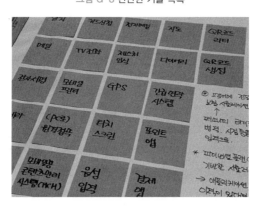

시스템을 잘 만들게 하는 기술

요구사항을 FM에 모은다

H장

이번 장의 레슨

- 요구사항을 도출했다면 조감해서 전체를 볼 수 있도록 FM에 모은다.

- 무수히 나온 요구사항을 늘어놓는 것만으로는 이후 단계에 도움이 되지 않는다. FM을 모으는 방법/나누는 관점을 학습한다.

그림 H-1 FM(기능 매트릭스)

		1	2	3	4	5	6
A	주문 관리	수주 정보 읽기	수주 정보 등록	수주 확인서 발행	여신 의뢰	여신 결과 확인	
		H/M/M	H/M/M	M/M/L	M/L/L	M/L/L	
B	부품 관리	부품 정보 등록	부품 정보 변경	부품 재고 표시	부품 재고 정보 변경	부품 발송 의뢰	부품 정보 삭제
		H/M/M	H/M/M	M/M/M	M/M/M	M/L/M	M/L/L
C	고객 관리	고객 정보 등록	고객	고객 정보	관련 회사 목록 표시		
		H/H/M	M/M/M	M/M/M	M/M/L		

기능 도출(G장)

우선 순위 결정(K장)

우선 순위 기준 결정 (J장)

기능 상세 기술(I장)

A1. 회의실 신규 예약
기능 설명
신규 회의실을 예약하는 기능이다

FM 작성(H장)

가장 먼저 FM으로 모으는 기본적인 흐름을 설명한다. 그다음 응용편에서 모을 때의 팁에 관해서도 살펴본다.

FM으로 모으는 기본 단계

단계 1: 기능을 셀에 정리한다

앞 장이 끝난 시점에서 여러분의 손에는 포스트잇과 엑셀 등에 마구 작성된 기능 수백 개가 들려 있을 것이다. 앞 단계에서는 많은 아이디어를 도출하는 데 집중했으므로 비슷한 기능이 중복되어 있거나 너무 막연해서 어떤 기능인지 알 수 없는 메모도 있을 것이다. 그래서 그런 정보를 정리하고 '수주 정보 등록'과 같이 알기 쉬운 제목을 붙인다. 쉽게 읽을 수 있게 6~8문자 정도의 길이로 하는 것이 좋다.

그렇게 제목을 붙인 기능을 각각 '셀'이라 부른다. 엑셀의 각 칸을 셀이라 부르는 것과 같다.

이 작업을 하자마자 '각 셀을 어느 정도의 세부적인 크기(세밀도)로 해야 하는가 하는 의문이 들 것이다. FM은 사용자가 직접 작성하거나 사용자와 의논하기 위한 도구이므로 '사용자가 이해할 수 있는 세밀도'가 하나의 기준이 된다. 예를 들어 '수주 정보 등록'이라고 말하면 수주 업무를 담당하는 사용자는 '아, 수주일이나 상품 코드를 입력하는 화면이구나'하고 이해한다.

이때 엄밀하게 시스템 화면 하나를 하나의 셀로 할 필요는 없다. 최근 업무 패키지에서는 화면이 세분화되어 있어 실제로는 수주 정보 등록이 '메인 화면 1개+서브 화면 3개'로 구성되었을 수도 있다. 그러나 FM의 셀에서는 '수주 정보 등록' 하나로 충분하다. 이 시점에서는 어떤 패키지를 사용할지 결정되지 않았고, 사용자 관점에서 이 단계에서 중요한 것은 '수주 정보를 등록할 수 있는 것'이며, 이것을 몇 개의 화면으로 나눌 것인지는 그 뒤에 생각해도 된다.

그림 H-2 기능을 셀에 정리

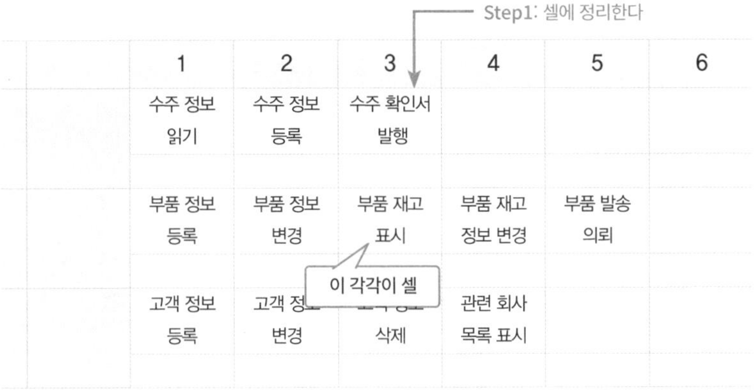

Step1: 셀에 정리한다

	1	2	3	4	5	6
	수주 정보 읽기	수주 정보 등록	수주 확인서 발행			
	부품 정보 등록	부품 정보 변경	부품 재고 표시	부품 재고 정보 변경	부품 발송 의뢰	
	고객 정보 등록	고객 정보 변경	삭제	관련 회사 목록 표시		

이 각각이 셀

단계 2: 셀을 그룹으로 나눈다

뒤에서 논의하기 쉽게 셀을 '주문 관리', '부품 관리' 등으로 분류한다. 대개 하나의 그룹은 3셀~15셀 정도가 적절하다.

일반적인 업무상 분류가 있을 것이므로 그에 맞추면 사용하기 쉬운 FM이 된다. 예를 들어 판매 관리 시스템이라면 '견적, 계약, 출하…'라는 업무 흐름별로 그룹을 나눈다. 인사 시스템이라면 '급여 계산, 연수 관리, 복리후생…'과 같다. 따라서 그룹을 나누는 방법에 관해 그다지 고민할 필요는 없다.

그리고 '견적 신청', '견적 업데이트 신청' 등 신청 기능이나 장표 등은 업무 흐름과는 분리하고 신청 그룹, 장표 그룹을 만드는 경우가 많다. 뒤에서 우선순위를 붙일 때 논의를 쉽게 하기 위해서다.

Step2: 셀을 그룹으로 나눈다

	1	2	3	4	5	6
주문 관리	수주 정보 읽기	수주 정보 등록	수주 확인서 발행			
부품 관리	부품 정보 등록	부품 정보 변경	부품 재고 표시	부품 재고 정보 변경	부품 발송 의뢰	
1행이 1그룹	고객 정보 등록	고객 정보 변경	고객 정보 삭제	관련 회사 목록 표시		

단계 3: 셀과 그룹을 정렬한다

나열한 순서에는 그리 신경을 쓸 필요는 없지만, 다음 두 가지를 염두에 두고 나열하는 경우가 많다.

▪ **업무 흐름에 따라 모은다.**

수주 → 생산 → 출하 등 업무 흐름과 같은 순서로 나열하는 편이 읽고 이해하기 쉽다. 나중에 '그 기능이 어디에 있었지…?'와 같은 질문이 생겼을 때 찾기 쉽고, 누락도 쉽게 찾아낼 수 있다.

▪ **중요한 순서로 나열한다.**

다음 공정에서 모든 셀에 우선순위를 붙이고, 만드는 순서를 결정한다. 이때, 두서없이 셀과 그룹이 나열되어 있는 것보다는 간략하더라도 우선순위에 따라 왼쪽에서 오른쪽으로 나열되어 있는 편이 사용하기 쉽다. '이 지점부터 오른쪽에 있는 것은 모두 2단계에서 만듭니다'와 같이 시각적인 논의를 하기 쉽기 때문이다.

물론 FM의 셀을 나열하는 단계에서는 엄밀한 우선순위를 알지 못하므로 '고민된다면 우선순위가 낮은 것은 오른쪽에 놓는' 정도로 충분하다.

그림 H-4 셀과 그룹을 나열한다

기능 구분	1	2	3	4	5	6	7	8	9	10
판매 관리	거래처별 월간 계약 계획 등록	거래처별 계약 계획 출력	월간 계약 계획 등록/수정	계획 수정 승인	계약 계획 조회	계약 계획 출력	계약 예실 분석	계약 계획 연동 데이터 작성		
여신 관리	여신 확인									
견적 관리	고객용 견적서 등록	견적 작성/변경/취소	견적 승인	재고 문의 답변	견적 제시	견적 완료 결과 확인	견적 조회	고객용 견적 조회	견적 정보 출력	사내 거래 견적
계약 관리	계약 등록	계약 변경/취소	계약 승인	계약서 송부 관리	계약 완료 자동 삭제	계약 완료 수동 일괄 삭제	계약 조회	고객용 계약 조회	계약서 출력	계약 목록 출력
(계속)	사내 거래 계약									
수주 관리	고객용 수주 등록/변경/취소	수주 등록/변경/취소	수주 처리/폐기 등록	수주 승인	수주 분할	수주 납기 일괄 변경	수주 조회	고객용 수주 조회	수주 정보 출력	사내 거래 수주

보다 상세한 업무 흐름

대략적인 업무 흐름

응용 FM을 작성할 때 패키지 소프트웨어를 의식하는 경우

FM을 작성할 때는 특정 패키지를 의식하지 않는 것이 기본이다.

'SAP에 이런 기능이 있다', '새로운 SaaS 서비스에서는 AI가 이런 것도 해주는 것 같다'는 주제는 가슴이 두근거리므로 열띤 논의가 진행되지만 '우리에게 정말로 필요한 기능은 무엇인가?'를 차분히 생각하는 데는 오히려 방해가 된다. 최첨단의 멋진 기능이 반드시 자사에 필요하다고 단언할 수는 없으며, 잘 사용할 수 없는 경우도 있는데 멋진 데모 동영상 등으로 인해 그런 기분이 되어버린다.

하지만 프로젝트에 따라서는 FM 작성에 착수하기 전에 패키지에 관해 알아 두는 기회를 만든다. 독자 여러분이 프로젝트에서 어떻게 해야 할지 판단할 수 있도록 그런 경우도 함께 설명한다.

미리 패키지에 관해 알고 있는 상태에서 요구사항을 정의하는 것이 좋은 경우는 회계나 인사 등의 시스템을 만드는 경우다. 이런 업무들은 판매 관리나 생산 관리 등에 비하면 비교적 회사별로 차이가 많지 않다. 예를 들어 분기별로 작성하는 정보는 상장 기업이라면 대부분 동일하며, 소득세 계산 방법은 전국이 동일하다.

그리고 기업 규모에 따라 사실상 표준^{defacto standard}이라 부를 수 있는 패키지도 있을 정도로 그 범위가 좁다. 예를 들어 1만 명 이상인 기업에서 사용할 수 있는 인사 급여 패키지는 5가지 종류 정도밖에 되지 않는다.

따라서 이런 영역의 업무를 개혁하거나 시스템을 구축할 때는 프로젝트 구성원 모두가 가볍게 패키지 소프트웨어에 관한 스터디를 하는 경우가 많다. 대부분의 사용자는 10년 ~30년 전에 만들어진 자사 시스템밖에 모른다.

특히 최신 패키지에 관해 잘 학습하고 있는 사람이 사용자 중 일부 있는 경우에는 이야기가 완전히 엇나간다. 그것보다는 최신 트렌드를 모든 구성원이 머릿속에 넣는 편이 '새로운 업무 프로세스 → FM'이라는 공정을 원활하게 진행할 수 있다.

단, 패키지 소프트웨어에서 제공되는 기능을 모두 그 회사에서 사용하지는 않는다. FM을 작성한 뒤 반드시 다시 우선순위를 붙여야 한다. 그렇기 때문에 필자는 패키지 스터디를 할 때 '어디까지 이번에 만들 것인지는 다른 문제입니다. 쇼룸으로 보는 것뿐입니다'라고 주의를 환기시킨다.

응용 셀을 잘 만드는 네 가지 팁

앞에서 '셀은 사용자가 이해할 수 있는 세밀도로 하는 것이 좋다'고 설명했지만, FM에 익숙한 필자들이 작성할 때는 다소 감을 사용한다. 응용편으로 셀을 분할하는 팁을 설명한다(FM에 익숙하지 않다면 이후 페이지는 건너 뛰어도 좋다).

셀 작성 팁 1: 구현이 어려울 것 같은 기능은 셀을 나눈다

최신 기술을 사용하거나 이제까지 하지 않았던 업무를 시스템화할 때는 '시스템으로 실제로 만들 수 있는가?'라는 논의로 흐르기 쉽다.

예를 들어 10년 정도 전의 인사 시스템에서는 인사 이동이나 임직원 배치 시뮬레이션 기능을 만드는 회사는 많지 않았다. 그렇기 때문에 인사 패키지에서도 좋은 기능이 제공되지 않고, 자사에 맞춰 구축하려고 하면 비용이 매우 높아졌다.

FM을 작성할 때 '배치 계획'이라는 셀 하나로 표현하는 것도 좋지만, 이런 정보를 바탕으로 '도표 기반 배치 시뮬레이션'과 '요원 계획 시뮬레이션' 등 작은 정도의 셀을 여럿 기재했다. 그 결과, 뒤 공정에서 '이것은 무리', '이것만은 구현할 수 있는가?' 같은 상세한 검토를 할 수 있었다.

'어떤 기능의 구현이 어려울 것인가?'에 관해서는 잘 아는 사람에게 물을 수밖에 없다. IT 부문의 확인을 받거나 친분이 있는 IT 벤더가 있다면 가볍게 정보 수집을 하는 것도 좋다. '자신의 회사에서 현 시점에서 하지 않는 업무는 업계나 주변에서도 그렇지 않은 경우가 많다. 당연히 업무 패키지에 표준 기능으로 탑재되어 있는 경우가 많지 않다'는 점도 기억해두면 좋을 것이다.

그림 H-5 FM의 예(인원 배치)

	1	2	3	4	5	6
전출/인수 관리	전출지 정보 관리	전출 협정서 정보 관리	취급 연락서 인쇄	전출자 퇴직금 관리	그룹 외 전출 인수 정보 관리	그룹 외 전출자 관리
	M/M/H	M/M/H	L/L/H	L/L/H	L/L/L	M/L/L
배치	인원 과부족 정보 관리	공모 관리	커리어 신고 관리	도표 기반 배치 시뮬레이션	요인 계획 시뮬레이션	
	L/L/L	L/L/L	H/M/L	L/L/L	L/L/L	

셀 작성 팁 2: 다양한 구현 방법이 있을 듯한 기능은 셀을 나눈다

하나의 기능이라 해도 '수동을 전제로한 기능/반자동 기능/전자동 기능' 등으로 실현 방법이 여럿 존재하는 경우가 있다. 예를 들어 설명한다.

그림 H-6 FM의 예(계약 관리)

계약 관리	1	2	3	4	5	6
	계약 내용 등록	계약 내용 변경/취소	계약 완료 수동 등록	계약 완료 일괄 삭제	계약 완료 자동 삭제	계약서 송부 관리
	H/M/M	H/M/M	M/H/H	M/H/H	M/H/H	M/H,M

위 그림은 계약 변경이나 완료를 관리하는 기능의 FM이다. 유지보수 계약 등 고객과 복잡한 계약을 맺는 기업들에게는 이런 계약 관리 기능이 필요하다. 계약 상태를 종료로 만드는 기능이 3개의 셀로 나누어져 있는 것을 알겠는가?

1. **계약 완료 수동 등록**: 계약별로 화면을 열고 손으로 계약 종료를 입력하는 기능
2. **계약 완료 일괄 삭제**: 예를 들어 '이미 계약 종료일을 넘긴 모든 계약'이라는 조건으로 검색하고, 조건에 맞는 계약 상태에 따라 '종료'로 만드는 기능
3. **계약 완료 자동 삭제**: 계약 종료일이나 계약 조건 등에 따라 자동으로 계약 상태를 '종료로 만드는 기능

1)과 같이 건별로 입력하는 기능은 계약 관리 패키지 소프트웨어에는 당연한 것이다. 그러나 3)과 같은 자동 기능은 패키지 소프트웨어에는 없거나, 있다 하더라도 조건이 미묘하게 여러분의 회사와 맞지 않는 등 원활하게 시스템화할 수 없는 경우가 많다.

'자동으로 실시한 결과를 사람이 체크하는가?', '만일 잘못 삭제한 경우에는 어떻게 하는가?'와 같은 업무적인 검토도 필요하다. 이런 이유에서 우선도가 낮아져 즉시 만들지 않게 되는 경우가 많다.

이때, 단순히 '계약 완료 등록'이라는 셀을 만들고 'AI를 사용해 계약 상태를 자동으로 변경한다'고 IT 엔지니어에게 전달하면 '계약 관리는 회사로서 절대 필요하므로 어떻게 해서든 자동 삭제 기능도 구현해야만 한다'고 왜곡된 우선순위를 붙이게 된다.

이런 상황을 방지하기 위해 사람이 이용하는 '계약 완료 수동 등록'과 AI를 사용하는 '계약 완료 자동 삭제'는 다른 셀로 만들고, 우선순위에 차이를 두도록 만든다.

- '계약 완료 수동 등록'이 없으면 경리 업무가 성립하지 않으므로 최우선으로 만든다.
- '계약 완료 자동 삭제'는 만들면 계약 완료 시 직접 삭제하는 노력을 크게 줄일 수 있지만, 구축 비용이 높고 업무에서 활용하기 어려우므로 시스템이 안정적으로 기동한 뒤 만든다.

와 같은 식이다(우선순위를 붙이는 방법에 관해서는 J장, K장에서 자세히 설명한다).

셀 작성 팁 3: 여러 사용 상황을 생각할 수 있는 기능은 셀을 나눈다

동일한 기능이라 해도 사원이 사무실에서 사용하는 경우와 외부 인원이 사무실 밖에서 사용하는 경우 등으로 셀을 나누는 편이 좋다. 예를 들어 자사의 사원이 사무실에서 사용할 때는 PC를 사용한다고 가정해도 좋지만, 같은 기능을 협력 회사의 사원이 건축 현장에서 사용하는 경우에는 태블릿으로 사용할 수도 있게 해야 한다.

물론 두 기기에서 사용할 수 있는 단일 기능을 만드는 것이 좋을 때도 있지만, FM 작성 단계에서는 거기까지 결정하지는 않는다. 뒤에서 혼란해지지 않도록 애매하다면 셀을 나누어 두는 것이 무난하다.

유지보수 작업용 시스템을 구축했던 한 프로젝트에서는 유지보수 담당자의 나이가 많은 경우가 많아 PC를 다루는 것을 불안해했다. 그렇기 때문에 태블릿으로 시스템을 조작하는 것을 가정해 FM을 작성할 때도 PC와 태블릿으로 나누어 기재했다.

이후에 기능별 필요 여부에 관해 논의할 때 'PC보다 태블릿을 우선한다', '태블릿의 기능이 구현할 수 있는 패키지를 선택하고 싶다' 등으로 해당 프로젝트에 있어서의 우선순위를 명확하게 할 수 있었다. 그 결과로 최적의 패키지를 선정할 수 있었다.

그림 H-7 FM의 예(작업 준비)

	1	2	3	4	5
작업 준비 (태블릿)	기본 정보 계획 읽기 M/H/M	작업 예정 목록 조회 H/H/M	작업 지시 확인 H/H/M	작업 공정 추가 H/H/M	우선도 높음
작업 준비 (PC)	기본 정보 계획 읽기 L/M/M	작업 예정 목록 조회 M/M/M	작업 지시 확인 M/M/M	작업 공정 추가 M/M/M	우선도 낮음
작업 (태블릿)	작업 절차서 참조 H/M/M	결과 기록 H/M/M	기록 사진 등록 H/M/M	일상 점검 확인 H/M/M	

셀 작성 팁 4: 셀의 상세도의 크기는 미리 정렬하지 않는다

이 장의 설명을 읽고 눈치챈 분도 있겠지만 FM 셀의 상세도 크기를 무리하게 정렬하지 않아도 좋다.

가장 극단적인 예로 '급여 계산'이라는 매우 큰 규모의 하나의 셀을 작성한 적이 있다. 대기업의 급여 계산은 다양한 로직(예를 들어 잔업 수당이나 소득세 계산 등)이 결합된 매우 복잡한 기능이다. 만드는 데만도 몇 개월은 걸린다. 하지만 필요한가, 필요하지 않은가 하는 논의의 여지는 없으므로 셀을 세부적으로 나눌 필요가 없다(20개로 분할해도 결국 전부 필요하기 때문이다).

한편, 사원에 대한 융자 제도나 기숙사 관리 등 복리후생 관련 기능은 '이용 빈도가 적고, 효율화에도 기여하지 않으므로 만들지 않는다'는 선택지도 있으므로 뒤에 논의하기 쉽게 비교적 상세하게 작성했다.

다시 말해 상세도의 크기나 균등한 정도보다 '이 기능을 만든다. 이 기능은 만들지 않는다' 같은 가부를 판단하고 이를 명확한 상태로 표현하는 것을 중시한다.

이 사고방식은 요구사항 정의 전체 프로세스 입장에서는 매우 합리적인지만, IT 엔지니어 입장에서는 반발하는 경우가 있다. 필자 역시 과거 SE였기 때문에 충분히 잘 알고 있지만, 상세도가 정렬되어 있지 않다는 것 자체가 직업 특유의 안정감이라는 입장에서 볼 때 썩 유쾌하지 않다.

그렇다고 상세도를 정렬하는 것의 장점이 없는 것은 아니다. 그것은 셀의 숫자로 대략적인 규모감을 알 수 있다는 점이다. 요건 정의의 진척을 그릴 때 'FM 셀 기준으로 250개 중에서 89개까지 종료했습니다' 또는 '외상 매출금 관리 기능은 25개 셀, 지불 관리는 42개 셀'과 같이 표현할 수 있다. 각 셀마다 크기와 복잡함이 다르기 때문에 어디까지나 기준일 뿐이지만 대략 느낌은 가질 수 있다.

따라서 '먼저 대략적인 상세도를 정렬할 수 있도록 사용자가 이해하기 쉬운 상세도의 크기로 셀을 만든다. 일단 만든 뒤에 논의하게 쉽게 셀을 분할한다'는 방식이 가장 현명한 방법일 것이다.

사례 잘못된 FM, 올바른 FM

FM은 기능을 나열한 것일 뿐이므로 간단하게 보인다. 하지만 막상 작성해보면 그 방법이 고민되거나 논의하기 어려운 FM이라고 뒤에서 깨닫게 되는 경우가 많다(필자도 캠브리지에 입사한 이후 수년 동안 그랬다).

여러분이 직접 작성할 때 참고할 수 있도록 잘못된 예와 올바른 예를 비교해본다. 다음 그림은 통신 교육과 관련된 요구사항을 정리한 FM이다. 먼저 잘못된 예다.

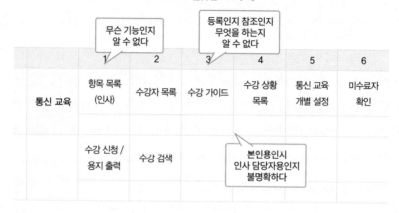

그림 H-8 잘못된 FM의 예

무슨 기능인지 알 수 없다 →

등록인지 참조인지 무엇을 하는지 알 수 없다 →

	1	2	3	4	5	6
통신 교육	항목 목록 (인사)	수강자 목록	수강 가이드	수강 상황 목록	통신 교육 개별 설정	미수료자 확인
	수강 신청 / 용지 출력	수강 검색				

본인용인시 인사 담당자용인지 불명확하다

'oo 목록'이라는 셀이 더러 보인다. 어떤 기능인지, 무엇을 하고 싶은 것인지 즉시 떠올리기가 어렵다. 그리고 이 FM은 대기업의 인사 부문을 대상으로 만든 것인데, 통신 교육 과정을 관리하는 인사 부문에서 사용하는 기능과 통신 교육을 수강하는 일반 사원이 사용하는 기능이 뒤섞여 있어 이해하는 데 어려움을 더하고 있다.

또 한눈으로 보는 것만으로는 깨닫기 어려울지도 모르지만, 이 뒤의 공정에서 '이 기능은 필요하다/필요하지 않다'를 명확하게 판단하기 어렵게 셀이 나누어져 있기도 하다.

다음은 같은 내용을 다시 작성한 올바른 예다.

그림 H-9 올바른 FM의 예

	1	2	3	4	5	6
통신 교육 (인사)	강좌 정보 관리	수강자 목록 참조	종료 정보 등록/관리	통신 교육 개별 설정	미수료자 확인	필수 수강 상황 검색
통신 교육 (사원)	수강 가이드 참조	수강 상황 목록 확인	수강 신청 (Web)	수강 신청 용지 인쇄		

먼저 인사 부문과 사원이 사용하는 기능을 그룹으로 나눴다.

그리고 '수강 검색'이라는 사용 목적이 애매한 셀을 '필수 수강 상황 검색'이라는 이름으로 바꾸었다. 수행하는 업무에 따라 법적으로 수강해야 하는 항목이 있으므로 적시에 정확하게 수강 상황을 파악할 필요가 있기 때문이다.

이 둘은 완전히 같은 기능에 대한 FM이지만 그 표현은 상당히 다르다. 올바른 예는 다음 조건을 만족한다.

- 사정을 모르는 사람도 쉽게 이해할 수 있다.

- 이후 단계에서 논의하게 쉽게 구분한다.

- 이 프로젝트에서 개발하는지 또는 개발하지 않는지 여부를 확실히 할 수 있게 구분한다.

FM은 한번 작성하면 끝나는 자료가 아니라, 이후 프로젝트를 진행하면서 계속 사용한다. 그렇기 때문에 필자와 같은 전문가는 이후 단계에서 사용하기 쉽게 만들기 위해 노력한다. 바꾸어 말하면 이후 단계에서 어떤 논의를 하는지 파악해 두면 올바른 FM을 작성할 수 있게 된다.

우선 책을 계속 읽되 실제 FM을 작성할 때 이번 장의 내용을 다시 한번 참조하기 바란다.

요구사항 상세를 FS에 표현한다

이번 장의 레슨

- FM의 각 기능별로 '어떤 기능인가?'를 나타내는 기능 상세(Functional Specification, FS)를 기재한다.
- 프로젝트 안에서의 인식을 맞추고 벤더에 대한 이해에는 너무 거칠지도, 너무 자세하지도 않게 표현해야 한다.

그림 I-1 FM(기능 매트릭스)

셀의 설명을 구체적으로 기재한다

FM의 셀에는 '건물 정보 등록' 등의 제목이 붙어 있지만 숫자나 문자 등으로 어떤 기능인가를 구체적으로 설명하지는 않는다. 그래서 FM의 각 셀에 대해 설명서를 작성한다. 이것을 FS(Functional Specification의 약어, 기능 상세)라 부른다.

셀별로 '어떤 처리를 수행하는가', '어떤 정보를 다루는가' 등을 기재한다. 문장이 중심이 되므로 이전에는 포맷을 결정하고 워드에 기록했지만, 최근에는 그림 I-3과 같이 이후 정보를 정리하기 쉽게 엑셀을 많이 사용한다.

그림 I-2 FS 기술 예(워드 버전)

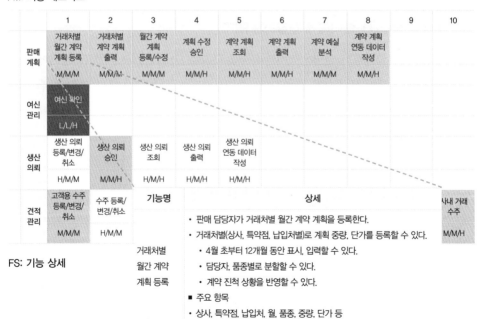

- **(B-1) 제품 기획 등록**
  - 개요
    - 판매자가 직접 온라인 쇼핑사이트에서 판매하는 제품을 등록할 수 있다.
    - 업무 부하를 줄이기 위해, 입력 노력을 최소화하도록 보조한다
      - 이미 다른 서비스의 회원일 때는 그 정보를 읽는다.
      - 입력 필드에 따라 입력 모드를 전환한다.
      - 우편 번호에 맞춰 주소를 자동 입력한다.
      - 제품 카피 등
    - 주요 항목
      - 제품명, 제품 카테고리, 색상, 사이즈, 이미지(복수), 제품 설명 등
    - 타 기기와의 관계
      - <'제품 정보 CSV 일괄 로딩' 기능>
      - 여러 제품 기획 정보를 일괄 등록할 수 있다.
    - 제품 종류(미래 사업 전개 포함)
      - ...

그림 I-3 FM과 FS(엑셀 버전)

FM: 기능 매트릭스

	1	2	3	4	5	6	7	8	9	10
판매 계획	거래처별 월간 계약 계획 등록 M/M/M	거래처별 계약 계획 출력 M/M/M	월간 계약 계획 등록/수정 M/M/M	계획 수정 승인 M/M/H	계약 계획 조회 M/M/H	계약 계획 출력 M/M/H	계약 예실 분석 M/M/M	계약 계획 연동 데이터 작성 M/M/H		
여신 관리	여신 확인 L/L/H									
생산 의뢰	생산 의뢰 등록/변경/취소 H/M/M	생산 의뢰 승인 M/M/H	생산 의뢰 조회 H/M/H	생산 의뢰 출력 H/M/H	생산 의뢰 연동 데이터 작성 M/M/H					
견적 관리	고객용 수주 등록/변경/취소 M/M/M	수주 등록/변경/취소 H/M/M								사내 거래 수주 M/M/H

FS: 기능 상세

기능명	상세
거래처별 월간 계약 계획 등록	• 판매 담당자가 거래처별 월간 계약 계획을 등록한다. • 거래처별(상사, 특약점, 납입처별)로 계획 중량, 단가를 등록할 수 있다. • 4월 초부터 12개월 동안 표시, 입력할 수 있다. • 담당자, 품종별로 분할할 수 있다. • 계약 진척 상황을 반영할 수 있다. ■ 주요 항목 • 상사, 특약점, 납입처, 월, 품종, 중량, 단가 등

주의할 점은 업무나 시스템에 관해 자세히 아는 사람이 담당하는 경우, 너무 자세히 쓴다는 점이다. FS의 작성 방법을 자세히 설명하기 전에 이후의 공정에서 FS를 어떻게 활용하는지 간단하게 살펴본다.

이용 상황 ① 프로젝트 내부에서의 인식 맞추기

셀 수가 많아지면 작성하는 당사자라도 어느 셀에 어떤 기능이 있는지 혼란스러워진다. '음? 이때 사용하는 것이 "건물 정보 등록"인가, 아니면 "주택 설비 입력"인가?' 같이 헷갈리는 경우도 자주 발생한다. 기업에서 사용하는 시스템은 매우 복잡하므로 어느 정도는 용인해야 한다.

이 뒤의 공정에서 셀별로 필요/불필요를 판단할 때 '애초에 어떤 기능이었는가?'라는 인식이 정렬되어 있지 않으면 논의를 진행하지 못한다. 프로젝트 구성원이 기능에 관해 파악할 때 근거로 삼는 것이 FS다.

이용 상황 ② IT 벤더에게 전달하는 RFP

이후 장에서 자세히 설명하겠지만 RFP(Request For Proposal)란 IT 벤더에게 보내는 제안 의뢰서를 의미한다. 즉, '시스템을 만들고자 하니 제안해 주십시오'라는 서류로, 거기에는 당연히 '만들게 하는 사람으로서 어떤 시스템이 필요한가'를 표시한다.

RFP에는 물론 FM을 포함하지만 FM에는 '건물 정보 등록' 등으로 기재된 셀이 나열되어 있을 뿐이므로 IT 벤더가 자신들에게 유리한 쪽으로 해석해 '간단히 구축할 수 있습니다. 비용은 8,000만 원입니다'와 같이 회신한다. 패키지를 구매한 뒤에 비로소 '건물 정보 등록에는 원래 이런 것을 원했는데!' 같은 상황이 발생하면 안 되므로 FS를 사용해 셀의 내용에 관해서도 인식을 맞춘다.

이용 상황 ③ 패키지의 Fit & Gap

이 경우도 뒤에서 자세히 설명할 것이지만 패키지 소프트웨어를 선정할 때도 FS가 기반이 된다. 선정하는 데 중요한 것은 '우리의 기능 요구사항과 얼마나 일치하는가?'다. 그것을 판단할 때 FS에 기재된 내용을 실현할 수 있는지 확인한다. 이 과정을 Fit & Gap이라 부른다(자세한 내용은 O장 참조).

이 확인 작업은 패키지에 관해 잘 알고 있는 IT 벤더에게 의뢰하는 경우도 많으므로 FS는 회사 외부 사람이 읽어도 이해할 수 있게 작성하는 것이 좋다.

FS에 포함해야 할 네 가지, 포함하지 않아야 할 두 가지

FS에 포함해야 할 중요한 요소는 크게 나눠 네 가지다. 그리고 포함해서는 안 되는 요소에 관해서도 설명한다. FS를 작성하면서 이 네 가지 요소가 포함되어 있는가? 너무 많이 기재되지는 않았는가? 스스로 질문해보라.

FS에 작성해야 할 네 가지 요소

① 실현하고 싶은 것
② 다루는 정보
③ 다른 기능과의 연관성
④ 변형이나 불규칙

FS에 작성하지 말아야 할 두 가지 요소

① 구현 방법
② 화면 이미지

그림 I-4 FS에 작성해야 할 네 가지 요소

기능명	상세

제품 기획 등록	• 판매 담당자가 온라인 쇼핑 사이트에서 판매하는 제품을 등록할 수 있다.
	• 업무 부하를 줄이기 위해 입력 노력이 최소한이 되도록 보조한다.
	  • 기존 다른 사이트의 회원이면 그 정보를 읽는다.
	  • 입력 필드에 맞춰 입력 모드를 전환한다.
	  • 우편 번호에 따라 주소를 입력한다.
	  • 제품 복사 등 ① 실현하고 싶은 것
	
	■ 주요 항목
	• 제품명, 제품 카테고리, 색상, 크기, 이미지(복수), 제품 설명 등 ② 다루는 정보
	
	■ 타 기능과의 관계 〈제품 정보 CSV 일괄 로딩' 기능〉
	• 여러 제품 기획 정보를 일괄로 등록할 수 있나. ③ 다른 기능과의 연관성
	
	■ 제품 종류(미래 업무 전개 포함)
	• 싱크 제품
	• 건재/타일
	• 물 관련 제품 ④ 변형 또는 불규칙

FS에 작성해야 할 요소 ① 실현하고 싶은 것

먼저 솔직하게 이 기능을 통해 실현하고 싶은 것을 작성한다. 현재 사용하는 시스템이 있다면 해당 기능의 처리 내용을 참고할 수 있다. 전혀 새로운 기능이라면 사람이 하고 있는 작업을 작성하면 된다. 작성할 때는 다음과 같은 점에 주의한다.

- 1–2행 정도로 조목조목 작성한다.

- '○○가 가능하고, ××도 가능하다'와 같은 복잡한 요소를 한 문장에 작성하지 않는다. 실현하고 싶은 것이 두 가지라면 나누어서 작성한다.

- '누가, 무엇을, 어떻게 한다'를 기재한다. 엄밀히 말하면 '누가'는 기능 설명에는 필요하지 않지만 읽는 상대가 이용 씬을 쉽게 떠올리는 데 도움이 된다.

- '입력 지원, 체크 기능, 임시 등록' 등 하위 기능에 관해서도 가볍게 작성한다.

FS에 작성해야 할 요소 ② 다루는 정보

'부품 정보를 등록한다'고 작성한다고 해도 '부품 정보'에 무엇이 포함되는지 읽는 상대에 따라 그 폭에 상당한 차이가 있다. 이 부분이 애매하면 뒤 공정에서 다음과 같은 상황이 자주 발생한다.

- **IT 벤더**: 부품 정보라고 되어 있어서 크기나 무게와 같은 요소를 생각했습니다.
- **현장 담당자**: 아니, 이 부품 정보는 품질이나 재고에 관한 정보이기 때문에 재고 관리 방식이나 관리 부처에 관해서도 등록할 수 있어야 합니다.
- **IT 벤더**: 그렇다면 우리 제품으로는 여기까지 할 수밖에 없습니다.

특히 시스템 구축에 익숙하지 않은 현장 사용자는 '이 정도로 전달되었을 것이다'라고 생각하기 쉽다. 다루는 정보를 대략이나마 쓸 수 있다면 IT 엔지니어가 필요한 처리를 추측할 수 있는 경우가 많다.

단, 시스템에서 다루는 정보도 너무 상세히 쓸 필요는 없다. 확실한 데이터 모델은 이후 공정에서 만들 것이므로 그 기능이 주로 사용하는 정보만 기재하면 충분하다.

FS에 작성해야 할 요소 ③ 다른 기능과의 연관성

정보나 처리는 일련의 흐름을 구성하므로 한 셀만으로 실현하고 싶은 것을 완결할 수 있는 경우는 적다. '근태 정보를 급여 계산에 전달한다', '판매 예측을 구매 예정 기능에 전달한다' 등 여러 요구사항과 기능이 연결되어 있는 경우가 많다.

그 경우에는 '○○ 셀에서 등록한 정보를 해당 기능에 연동한다' 등 연관성을 기재한다. 여부에 관해 논의할 때 연관성이 있는 기능은 양쪽 모두 만들거나 또는 모두 만들지 않게 되기 때문이다.

그리고 혼란을 방지하기 위해 다른 셀과 구별하는 경우도 있다. 예를 들어 '주소나 소유자 등 건물 전체에 관해서는 셀에서 다루고, 건물에 부속된 설비나 외부 구조물에 관해서는 "설비 입력"이나 "외부 구조물 입력" 등 다른 셀에서 다룬다' 등으로 관리할 수 있다.

FS에 작성해야 할 요소 ④ 변형이나 불규칙

예를 들어 '생산 지시'라는 기능에 관해 생각해보자. 공장에서 'A 제품을 1,000개, B 제품을 500개 만든다'라고 전달하는 기능이다. 수주 생산을 하거나 위탁 생산 등에서 지시하는 방법이 달라진다면 같은 생산 지시라도 두 가지로 고려해야 한다. 이것이 변형^{variation}이다.

한편 '생산할 개수가 3,000개 이상인 경우는 재고 공간 관계로 특별 대응이 필요하다'와 같은 경우도 불규칙 항목으로 기술한다.

변형이나 불규칙^{irregular}(예외)을 모두 포함해서 작성하면 조사에 상당한 시간이 필요한 경우가 많다. 이 단계에서는 모든 변형을 빠짐없이 포함할 필요는 없지만, 어떤 패턴이 있는지 정도는 간단하게 파악할 수 있게 해 둔다.

FS에 작성하지 않아야 할 요소 ① 구현 방법

F장에서 주택 건축과 비교해 '요구사항은 설계가 아니다', '시스템을 만들게 하는 사람이 임의로 설계에 참견하면 IT 엔지니어에게 있어 제약이 되어 최적의 설계를 방해한다'고 설명했다.

FS는 어디까지나 요구사항을 기술하는 서류이기 때문에 '어떤 패키지 소프트웨어의 어떤 기능을 사용한다', 'ㅇㅇ 데이터를 이렇게 가공해서…'와 같은 처리 방법은 기술할 필요가 없다. 어디까지나 '사용자로서 어떤 기능이 필요한가', '무엇을 실현하고 싶은가'에만 전념한다.

제품 팸플릿을 떠올려보면 도움이 된다. 팸플릿에는 '음악 파일을 1,000곡 이상 저장할 수 있다', '곡 순서를 무작위로 재생할 수 있다'와 같이 어떤 것을 할 수 있는지 쓰여 있다. 매니아용을 예외로 하면 팸플릿에 만드는 방법이나 사용되는 기술에 관한 자세한 내용은 쓰여 있지 않다.

그림 I-5 적정한 FS 기술 수준

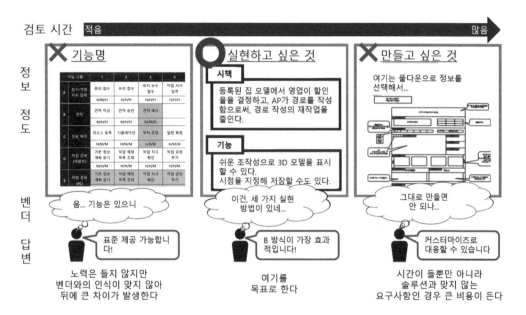

FS에 작성하지 않아야 할 요소 ② 화면 이미지

다른 사람이 만든 요구사항 정의서를 보면 화면 이미지가 첨부된 경우가 있다. 작성하는 데 시간이 걸리는 것은 물론, 오늘날 시스템 개발에서는 처음부터 직접 만드는 경우가 적으므로 화면 이미지대로 되지 않는 경우가 많다. 즉, 이 단계에서 화면 이미지를 열심히 만들어도 헛수고라는 것이다.

주택에서 설계도를 그리는 것은 전문가에게 맡기는 것과 같이 시스템 계획 설계도 전문가에게 맡기자.

FS를 너무 상세하게 작성하지 않아도 좋은 이유?

이번 장에서는 반복해서 '너무 상세하게 작성하지 않기'를 강조했다. 프로젝트에서 고객에게 이를 설명하면 반드시 '기능 요구사항을 세세하게 작성하지 않으면 뒤에 문제가 됩니다. 기능한 한 세세하게 써야만 합니다'라는 반응이 온다. 물론 그것을 이해한 상태에서 'FM의 셀을 너무 세세하게 쓰는 것은 최대한 막아야 한다. 한편 FS에 모든 요구사항을 적어서는 안 된다'고 필자는 주장한다. 그 이유를 좀 더 자세히 살펴보자.

고객의 일반적인 반론

시스템 구축 경험이 있는 고객이라면 누구든 요구사항 정의/요건 정의에 본래 필요한 기능을 누락한 고통스러운 경험을 갖고 있다.

이후 공정에서 작성 누락이 발견되면 'IT 벤더에 추가 기능 개발을 발주해야 하므로 예산 초과' 또는 '필요한 기능을 울며 겨자 먹기로 체념한' 아픈 선택지 중 하나를 선택해야 하는 상태가 된다. 그래서 '요구사항 정의/요건 정의 단계에서 완벽한 서류를 만들지 않으면 프로젝트는 실패한다!'는 신념을 가진 사람이 많다.

특히 제조업에는 '자공정 완결'이라는 토요타 생산 방식의 사고가 스며들어 있다. 그들에게는 '요구사항 정의의 기술은 적절하게 억제하고, 다음 공정으로 진행한다'는 방법은 생리적으로 거부감이 있다.[3]

3　(옮긴이) 자공정 완결(自工程完結): 품질은 공정 안에서 만들어낸다는 개념으로, 공정 안에서 모든 작업을 원리와 원칙을 지키면서 완벽한 작업 방법과 공정 관리 방법을 사용해 모든 것을 완결한다면 불량 '0'는 물론 목표하는 품질을 달성할 수 있다는 논리다.

안타깝게도 100% 완벽한 FS는 만들 수 없다

이 반론에는 설득력이 있지만 한 가지 구멍이 있다. 토요타 생산 방식은 동일한 자동차 10만 대를 만드는 것을 전제로 한다. 생산 시작 시기(예를 들면 최초 100대)에는 익숙하지 않기 때문에 약간의 실수를 하므로 '자공정 완결'은 불가능하다. 하지만 개선 사이클을 빠르게 돌리면서 완벽한 품질을 만들어 다음 공정에 전달하는 것을 공장의 모든 직원이 목표로 하면 남은 9만 9천 9백 대를 만드는 생산성은 매우 높아질 것이다.

하지만 시스템 구축에서의 요구사항 정의에서는 FS를 단 한 번 만들 뿐이다. 사람이기 때문에 처음 하는 작업에는 반드시 실수나 누락을 하게 마련이다. 품질을 높이기 위해 아무리 업무를 열심히 하더라도 100%는 달성하지 못한다.

100% 완벽한 FS를 목표로 할 필요도 없다

완벽한 FS를 목표로 하는 것의 단점을 생각해본다.

1. **양이 너무 많아 읽을 수 없다.**

   FM/FS는 '만들게 하는 사람'으로부터 '만드는 사람'으로의 커뮤니케이션 도구다. IT 벤더에 제안 의뢰를 할 때 10,000페이지의 자료를 전달하더라도 그 전부를 읽지 않는다. 양이 많을수록 적절한 커뮤니케이션이 가능하다는 생각은 오산이다.

2. **만들지 않을 셀에 노력을 들이는 것은 낭비다**

   FM의 셀에는 '도출했지만 우선순위가 낮아 개발하지 않는 기능'도 많이 포함되어 있다. 이후 장에서 자세히 설명하겠지만, 프로젝트에 따라서는 최초 기동 시점까지 FM에 기재된 내용의 35%만 개발되는 경우도 있다.

   그렇다면 만들지 않는 65% 셀의 FS를 작성하는 것에 많은 노력을 들이는 것은 시간 낭비다. FS는 우선순위를 정할 수 있을 정도로만 기술하고, 만들기로 결정된 셀에 이후 공정에서 더 자세히 검토하면 충분하다.

3. **완벽한 FS를 전제로 후공정을 하는 리스크**

시스템 구축에서 '자공정 완결'을 목표로 하는 사람은 이후 공정에서 '앞 공정의 결과물은 틀림 없이 완벽하다'고 추측하기 쉽다. 왜냐하면 그만큼 시간을 들여 완벽하게 했을 거라고 해석하기 때문이다. 하지만 실제로는 완벽하지 않다. 추측 때문에 누락의 발견이 느리고 상처는 깊어 간다. 즉, 100% 완벽한 FS는 불가능할 뿐만 아니라 목표로 해서도 안 된다.

완벽을 목표하지 않음으로써 속도를 높인다

필자는 비교적 규모가 큰 시스템 개발(예를 들어 일부 상장 기업의 경리/구매 시스템)이라도 FM/FS를 작성하는 데 1개월 정도밖에 걸리지 않는다. 인사 시스템은 회사에 따라 차이가 적고, 과거의 결과물을 활용할 수 있기 때문에 빠르면 2주 정도에 완료된다. 벤처 기업에서 타사에 존재하지 않는 업무와 시스템을 검토할 때는 2개월 정도 소요된다.

이것은 필자가 이 업무에 익숙하고 과거 결과물을 참조할 수 있기 때문이기도 하지만, 완벽한 FS를 목표로 하지 않는 것 또한 빠른 속도의 이유다. 시간과 비용이 유한하기 때문에 100%를 목표로 시간을 낭비할 것이라면 빠르게 완료해서 다음 공정으로 진행하는 편이 낫다.

적절한 품질은 어느 정도인가?

완벽한 FS를 만들 수 없다면 어느 정도의 품질을 목표로 해야 하는가? 캠브리지의 기준은 다음과 같다.

a) 셀의 우선순위를 결정할 수 있다면 OK.

b) 개발 노력이 2배 이상 어긋나지 않으면 괜찮다.

앞에서 '구현 방식이나 화면 이미지는 필요 없다'고 쓴 것은 a) 사고방식을 기반으로 한다. 마찬가지로 변형이나 다루는 정보를 간략하게 작성해야 하는 것은 그것을 작성하지 않으면 아무렇지 않게 개발 노력이 3배가 되기도 하며 이는 b)에 저촉되기 때문이다.

실수는 어디에서 복구하는가?

이 단계에서 100% 완벽을 목표로 하지 않는다면 FS의 불완전함을 어디에서 복구하는가? 이후 장에서 순서대로 설명하겠지만 우선 항목만 소개한다.

- 키 차트로 요구사항의 포괄성을 담보한다(U장).
- 패키지와 Fit & Gap을 하면서 요구사항을 바꾼다(N-P장).
- 프로토타입 세션에서 과제를 도출한다(S장).

'자공정 완결을 목표로 하는 것이 아니라, 일부러 완벽하지 않아도 다음으로 진행하고, 뒤에서 복구하는 방법이 최종적으로 빠르다'는 것은 여러 독자의 직관에 반할 것이다. 이후 복구 공정을 읽으면서 다시 한번 생각해보기 바란다.

요구사항 정의를 스코프 단계라고 부르는 이유

시스템을 구축하는 도중에 가장 빈번하게 발생하는 문제는 '애초에 이 기능을 만들기로 되어 있는가?'라는 의견 일치다. 예를 들어 어떤 시스템을 10억 원에 IT 벤더에게 발주했다고 하자. 그 경우 '부품 발송 의뢰'라는 기능은 그 10억 원에 포함되어 있는 것인가?

포함되어 있다면 괜찮지만, 만약 IT 벤더가 '아니, 그 기능은 10억 원 범위 이외입니다. 필요하다면 추가로 요금을 지불하십시오. 아, 납기도 1개월 연장해야 합니다'라고 말하면 큰일이다. 사장에게는 '10억 원에 가능합니다'라고 보고했으니 어떻게 해서든 IT 벤더에게 만들게 해야 한다.

반대로 IT 벤더 입장에서는 갑자기 만드는 것이 늘어났음에도 지불 금액은 그대로라면 가만히 있을 수 없다. 그렇기 때문에 발주자와 청구자 사이에 언쟁이 시작된다. 그것도 애매한 자료밖에 남지 않은 경우에는 아이들 싸움처럼 '했어? 안 했어?'같은 상태가 된다.

어렵게 벤더와 쌓아온 신뢰 관계도 도루묵이다. 프로젝트 계획 단계에서 무엇을 만들 것인가, 무엇을 만들지 않을 것인가를 명확하게(스코프를 명확하게) 하는 것은 그만큼 중요하다. 이것이 명확하지 않으면 프로젝트는 미궁에 빠질 수밖에 없다.

필자는 FM을 작성하는 단계를 미국에서 사용하는 용어 그대로 '스코프 단계'라 부른다. 이 단계에서 완벽한 요구사항을 기술하는 것이 아니기 때문이다.

만드는 것과 만들지 않는 것을 확실하게 하는 것, 즉 프로젝트 실행 범위(스코프)를 결정하는 것이야말로 스코프 단계의 목적이다.

일본 기업과 함께 프로젝트를 진행하다 보면 방법론에 영어가 많은 것에 불만을 가진 사람도 있다. '스코프라는 애매한 용어 대신, 요구사항 정의라고 부릅시다'라고 말하는 고객도 많다.

하지만 이름이 다른 것은 그 내용이 다르기 때문이다. 허용할 수 없는 선도 있다.

우선순위의 기준을 결정한다

이번 장의 레슨

- 모든 요구사항을 만드는 것은 불가능하다.
- 정말로 필요한 요구사항을 확인하고 납득과 합의를 얻을 수 있는 우선 순위 기준을 정한다.

그림 J-1 FM(기능 매트릭스)

절대로 전부 만들지 말라!

지금까지 계속해서 설명했지만 FM에 도출한 모든 기능을 만들 수는 없다. 하지만 그렇게 하려는 프로젝트가 너무나 많기 때문에 여기에서 한 번 더 강조한다.

사용자로부터의 요구사항을 모두 개발하면 어떤 일이 일어나겠는가?

우선순위를 고려하지 않은 폐해 ① 예산/납기를 초과한다

많은 기능을 만들면 당연히 시간과 비용이 많이 필요하다. 프로젝트 시작 시점에 프로젝트 목표로 명확하게 예산과 납기가 결정되어 있을 때는 예산이나 납기가 초과되면 그 시점에서 목표 미달이 된다.

우선순위를 고려하지 않은 폐해 ② 프로젝트 난이도가 높아진다

프로젝트에 따라서는 예산과 납기가 명확하게 결정되지 않은 때도 있다. 요구사항을 정의한 뒤 일정이나 예산을 결정하는 경우다. 이 경우라도 투자액이 커지는 폐해가 있다. 즉, 투자를 회수하기 어렵게 된다. 같은 효과를 얻고자 한다면 1억의 투자보다 2억을 투자한 경우가 흑자로 전환하기 어렵다.

물론 개발 규모가 두 배가 되면 단순히 프로젝트를 수행하는 난이도도 높아진다. 프로젝트 구성원이 두 배가 되면 커뮤니케이션이 어려워져 오해가 발생한다. 개발 시간이 두 배가 되면 그 사이에 경영 환경이 변하고, 시스템에 대한 요건 역시 변한다. 관리가 어려워진다는 것이다.

우선순위를 고려하지 않은 폐해 ③ 사용되지 않는 기능

개인적으로는 이것이 가장 피하고 싶은 사태다. 모처럼 비용과 수고를 들여 구축한 기능을 아무도 사용하지 않는 것이다. 대기업의 대형 시스템의 경우, 약 30%의 기능을 전혀 사용하지 않는 경우도 꽤 있다.

정말 어리석기 짝이 없다. 처음부터 그런 기능은 만들지 말았어야 했다. 물론 신이 아니므로 어떤 기능이 사용되지 않을 것인지는 완벽하게 예상할 수 없다. 하지만 요구사항 정의 단계에서 조금만 더 '이 기능이 정말로 사용되는 것인가?'를 진지하게 논의했다면 피할 수 있는 경우가 대단히 많다.

우선순위를 위해서는 납득할 수 있는 공감대가 필요하다

기업들이 반복해서 이런 사태에 빠지는 이유는 무엇인가?

'애초에 사용자의 요구사항을 필터링해야 한다고 생각하지 않는 경우'가 많다. 시스템 발주자인 사용자가 원하니 만든다. 이미 비용도 지불했지 않은가? IT 벤더로서는 거부할 이유가 없다.

다른 패턴으로는 IT 엔지니어(IT 투자 예산을 맡는 IT 부문 등)는 기능의 우선순위를 정하려고 하지만 사용자가 거부하는 경우도 있다. '필요하니까 요구하는 겁니다. 없으면 업무가 진행되지 않습니다'라고 말이다. 이런 말을 들으면 IT 엔지니어로서는 반론하기 어렵다. 업무를 아는 사용자이기 때문이다.

투자 결재를 하는 경영자가 '아무튼 사용자의 요망을 잘 듣고 시스템을 만드십시오' 같은 지시를 내리기라도 하면 이 구도에 박차가 가해진다. 굳이 말로 하지 않았을 뿐이지 '엔지니어는 그저 만들기만 하면 됩니다. 필요하다고 하니 말입니다'라는 기운이 감도는 회사도 많다.

이 구도를 뒤집고, 우선순위를 고려해 정말로 필요한 기능만을 개발하기 위한 키워드는 '납득과 합의(컨센서스)'다. A장에서 설명한 것처럼 시스템 구축에는 경영/업무 부문/IT 부문이 참가해야 한다. 삼자가 '기능을 어느 정도 만들 것인가?', '어떤 것을 만들 것인가?'에 관해 의견을 조율하고, 각자의 입장을 벗어나 회사 입장에서 합의를 만들어야만 한다.

그리고 컨센서스에는 반드시 납득이 수반돼야 한다. 경영자가 모든 것을 독단으로 결정하거나 예산을 핑계 삼아 IT 부분이 기능 요구사항을 싹둑 잘라낸 경우 사용자로서는 납득할 수 없게 된다. 드러내고 반론하지 않더라도 시스템을 오랫동안 사용한 것은 그들이기 때문이다. 단순히 사용하는 것뿐 아니라, 시스템을 활용해 업무를 개선해 이익을 내지 않으면 구축한 의미가 없다. 그렇기 때문에 단순히 명령을 따르는 것이 아니라 의사결정 프로세스에 참가하고 납득한 상태에서 시스템을 사용해야 한다.

세 가지 기준을 3단계로 평가

이후 공정에서 셀별로 우선순위를 결정한다. 누군가가 필요하다고 생각해서 도출한 기능이 모여 있기 때문에 '모두가 중요하게 보인다', '비교할 수 없다'라는 상황이 되기 십상이다.

개별 셀을 보면 '이것은 이번 목표에 필수다', '현재 현장의 IT 스킬로는 잘 사용할 수 없을지도 모른다', '너무 첨단이어서 실제로 실현할 수 있을지 모르겠다' 등의 의견이 나온다. 그러나 각자 가치관이 다르며, 막대한 셀을 상대적으로 비교하는 것은 어렵다. 또한 조직의 입장에서 우선순위를 정하기는 망설여진다.

그림 J-2 우선순위의 기준

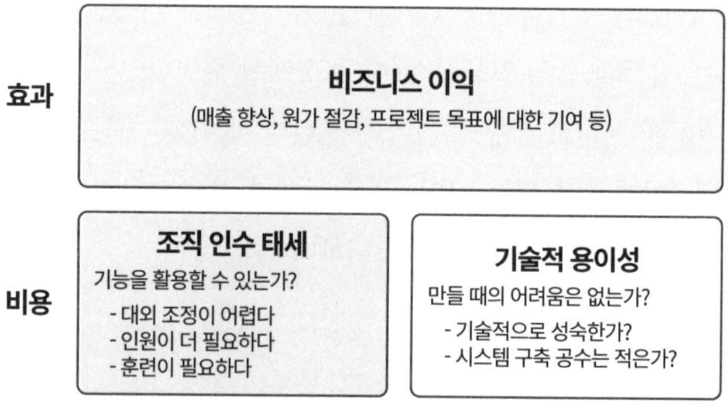

효과	비즈니스 이익
	(매출 향상, 원가 절감, 프로젝트 목표에 대한 기여 등)

비용	조직 인수 태세 기능을 활용할 수 있는가? - 대외 조정이 어렵다 - 인원이 더 필요하다 - 훈련이 필요하다	기술적 용이성 만들 때의 어려움은 없는가? - 기술적으로 성숙한가? - 시스템 구축 공수는 적은가?

그렇기 때문에 각 셀에 관한 개별적인 논의를 하기에 앞서 평가 기준을 먼저 결정한다. 캠브리지에서는 '비즈니스 이익', '조직 인수 태세', '기술적 용이성'이라는 세 가지 기준을 사용한다.

이 세 가지 우선순위 기준을 보고 '비용은 기준이 될 수 없나요?'라고 질문할
수도 있지만, 조직 인수 태세와 기술적 용이성을 합치면 비용(투자+지속적
으로 사용하는 비용)이 된다. FM의 셀별로 이 셀이 어느 정도 가치가 있는가
를 기입해 나간다. 그림 J-3 오른쪽 부분의 M, H, L이 여기에 해당한다.

그림 J-3 FS의 우선순위와 평가

기능 그룹명	기능		기능 요구사항	우선순위		
	셀	명칭	상세	비즈니스 이익	조직 인수 태세	기술적 용이성
설치/승인 상황 목록	A-1	자신의 설치/승인 상황 목록 표시	• 로그인 정보에 기반해 자신의 설치/승인 상황을 기본으로 표시한다. • 키를 지정해 설치/승인 상황을 검색한다. • 검색한 설정 변경 정보를 상세 화면에 표시한다. • 검색한 설정 변경과 관련된 주석 시트 화면을 표시한다. • 검색한 설정 변경과 관련된 변경 내역서(임시) 화면을 표시한다. • 신규로 설정 변경 정보를 작성한 화면을 표시한다. • 설치/승인 상황 목록을 Excel 파일로 익스포트한다. • 주석 데이터를 표시한다.	M	H	L

각 셀의 평가를
기입한다

- 비즈니스 이익은 Medium이므로 인상적이지 않다. 이 기능이 없으면 비즈니스가 성립하지
  못한다는 뜻은 아니지만, 있으면 효과가 있다는 의미다.

- 조직 인수 태세는 High. 특히 대외 조사와 훈련의 필요 없이 바라고 있던 기능.

- 기술적 용이성은 Low. 가정하고 있는 패키지에 기능이 없고, 수작업으로 만들었기 때문에
  비용이 높다.

라는 평가가 된다. 그럼 세 가지 기준 각각에 관해 자세히 설명한다.

3단계 평가는 너무 대략적이다?

고객에게 H, M, L에 관해 설명하면 '3단계로 구분하는 것은 너무 대략적이지 않습니까? 10단계로 평가하고 싶습니다'라는 의견을 내는 경우가 많다. 요구사항 필터링 프로세스를 통해 실제로 해보면 알겠지만 10단계로 할 성격의 것이 아니다.

이유는 두 가지다. 우선 10단계로 평가하려고 하면 평가 자체에 많은 시간이 걸린다. 'H인가, M인가?'보다 '6인가, 5인가?'를 평가하는 데 더 엄밀한 검토가 필요하기 때문이다.

그리고 평가가 5든 6이든 실은 최종적인 우선순위를 결정하는 데 크게 영향을 주지 않는다. 중요한 것은 비즈니스 이익뿐만 아니라 조직 인수 태세와 기술적 용이성을 바탕으로 통합적으로 우선순위를 붙이는 것이기 때문이다. 이 설명으로 납득이 되지 않는다 하더라도 조금 더 읽어보기 바란다.

우선순위 기준 1: 비즈니스 이익

비즈니스 이익은 '이 기능이 비즈니스에 얼마나 가치가 있는가?'를 나타낸다. 프로젝트가 목표로 하는 비즈니스상의 가치는 프로젝트 목표에 표현되어 있을 것이므로(예를 들어 30% 업무 효율화를 목표로 한다 등) 비즈니스 이익이란 '프로젝트 목표에 이 기능이 얼마나 기여하는가?'라고 바꿔 말해도 좋다.

그림 J-4는 어떤 프로젝트의 비즈니스 이익의 예다. 이 프로젝트에서는 ① 업무 효율화, ② 서비스 품질 향상, ③ 컴플라이언스(비즈니스와 관련한 관리 기관 및 법률에서 요구하는 표준, 규정 및 모범 사례. 조직은 각종 법률 위반 행위를 차단하고 올바른 업무 수행이 이뤄지는 것을 목표로 함.) 준수를 프로젝트 목표로 삼았으므로 그것들을 비즈니스 이익의 기준에 순수하게 반영하고 있다.

	H	M	L

비즈니스
이익
	• 10MM 이상의 공수 절감
	  효과를 기대할 수 있는 기능
	• 서비스 품질을 향상시키는
	  기능
	• 컴플라이언스상 필수적인
	  기능
		• 5MM 정도의 공수 절감
		  효과를 기대할 수 있는 기능
		• 현재 서비스 유지에 꼭
		  필요한 기능
			• 있으면 편리한 기능
			• 대체 수단이 있는 기능
			• 이용 빈도가 적은 기능

> 숫자를 기반으로
> 정량적으로 평가할 수 있다

단, 동일한 업무 효율화에 대한 기여라 하더라도 기여도가 큰 것과 작은 것이 있다. 그래서 '10MM 이상의 삭감이면 High', '5MM이면 Medium'이라는 차이를 두었다. 비슷한 논의가 서비스 품질 향상에서도 발생해 '지금보다 향상시킨다면 High', '현상 유지에 필수라면 Medium'으로 했다.

사례 비즈니스 이익이 모두 High인 FM이 있다

필자가 캠브리지에 막 입사했을 즈음 옆 팀의 프로젝트에서 만든 FM을 본 적이 있다. 그 FM에서는 모든 셀의 비즈니스 이익이 High였다.

'그야, 고객이 모든 기능이 필요하다고 우겼기 때문이죠'라고 해당 프로젝트의 멤버가 말했다. '음? 이상하지 않나?'라고 생각했지만 당시는 그 위화감을 말로 풀어내지 못했다. 지금이라면 왜 이상한지 설명할 수 있다.

우선 '모두 필요하다'고 말한 의도는 알고 있다. 그러나 냉정하게 고려하기 바란다. 모든 셀을 High로 평가한 것은 아무것도 선택하지 않았다는 것과 같다. 정말로 셀 A-1과 셀 K-4가 완전히 같은 정도로 필요한 것인가?

비즈니스 이익뿐만 아니라 우선순위 기준은 '필요하다/필요하지 않다'를 너무 의식하지 말고 결정하는 것이 좋다. '셀 K-4는 필요합니까?'라고 물어보면 대부분의 사용자는 '필요합니다'라고 대답한다.

그렇지 않다. '셀 A-1과 셀 K-4 중 어느 쪽이 더 필요합니까?'라고 질문해야 한다. 'A-1은 없으면 죽습니다. K-4는 꼭 있으면 좋겠지만, 없어도 죽지는 않습니다. 그렇다면 A-1은

High, K-4는 Medium'과 같은 논의를 해서 아무튼 차이를 둬야 한다.

다음 장에서 설명하지만 차이를 둔 상태에서 예산이 충분하고 납기에 여유가 있다면 양쪽 모두 만들면 된다.

'어쨌든 모두 필요하니까, 전부 High다'라는 조잡한 논의로는 이런 확실한 의사결정은 할 수 없다.

다른 프로젝트 사례도 소개한다. 위에서 소개한 예와 마찬가지로 프로젝트 목표에 맞춰 비즈니스 이익 기준을 결정한 시점에 80%의 셀이 High가 되어 버렸다.

그 프로젝트에서는 업무 효율화, 정보의 일원 관리 등 네 가지를 프로젝트 목표로 삼았으므로 대부분의 셀이 목표 중 하나에 해당해 그들이 모두 High가 된 것이었다. 이래서는 아무런 의미가 없다. 결과적으로 전부 High인 예의 프로젝트와 똑같다.

어쩔 수 없이 재논의를 했다. '보다 중요한 목표에 기여하지 않으면 High로 간주하지 않는다'는 방식으로 사고함으로써 우선순위에 차이를 두기로 했다. 그래서 논점은 '네 가지의 프로젝트 목표 중에서 정말로 중요한 것은 무엇인가?'가 됐다. 프로젝트 목표를 설정할 때는 '이것 저것 다'라는 식으로 네 가지를 정했지만, 목표 사이의 우선순위를 진지하게 재검토하게 됐다.

일찍이 의논했던 프로젝트 목표를 수정하는 데 저항을 느끼는 프로젝트 멤버도 있었다. 하지만 프로젝트가 진행되면서 목표를 한층 다듬는 것은 필요한 일이다.

이때는 회사의 업적이 좋지 않기도 했기에 지속해서 경영에 기여하는 정보의 일원 관리보다 단기간에 효과를 볼 수 있는 업무 효율화를 우선해 맨 먼저 기능을 구축했다. 더이상 등을 돌릴 수는 없다는 판단이었다.

덧붙여 미루었던 정보 일원 관리 기능은 처음 가동보다 2년 뒤에 개발할 수 있었다. 그 무렵에는 업적도 회복되어 보다 고도의 업무에 도전할 여력도 있어 결과적으로 최적의 시점에서 구축됐다.

우선순위 기준 2: 조직 인수 태세

조직 인수 태세는 귀에 익숙한 용어는 아닐 것이다. 이는 '이 기능을 얼마나 쉽게 잘 사용할 수 있는가?'를 나타내는 기준이다.

20년 전에 캠브리지에 입사했을 때 이것이 세 가지 기준의 하나라는 것에 놀랐다. 이 책에서 소개한 요구사항 정의 방법론에는 쿨한 요소가 많이 있는데, 조직 인수 태세를 중시하는 것은 틀림없이 그중 하나다.

그림 J-5 조직 인수 태세

	H	M	L
조직 인수 태세	• 간단한 교육으로 인수 가능 • 운용 규칙이나 규정 변경이 적음	• 운용 규칙 수정 필요 • 여러 부문 사이의 조정이나 역할 분담의 수정이 필요한 기능	• 조직 변경 등, 조직 전체에 영향을 미치는 기능 • 사외 협상이 필요한 기능

H/M/L의 차이가
명확해서 평가하기 쉽다

일반적으로 시스템 기능을 요구하는 사용자는 기능을 잘 사용하는 것이 어렵다는 것을 알지 못한다. 기동 직전에 시스템의 사용 방법을 훈련하는 단계에 이르러서야 의식한다.

한편 IT 엔지니어는 시스템에 관해 자세히 알고 있으므로 '이런 기능을 만들어도 사용하지 않는 거 아닌가?'라고 생각하기도 하지만 입밖으로 내지는 않는다. '사용자가 필요하다고 말했기 때문에 만들 수밖에 없다'는 상태가 되기 십상이다. 그러나 이번 장에서 지속해서 강조한 것처럼 만들면 좋지만 잘 사용하지 않고 묻히는 기능은 매우 많다. 사용자와 IT 엔지니어 사이의 불운의 안타처럼 되어 조직 인수 태세를 아무도 생각하지 않기 때문이다. 사용하지 않는 기능은 처음부터 만들지 않아야 한다. 그러기 위해서는 '만든다/만들지 않는다'를 결정할 때 조직 인수 태세(잘 사용할 수 있는가?)를 확실하게 의식해야만 한다.

조직 인수 태세가 낮다는 것은 어떤 의미인가? 몇 가지 패턴으로 나누어 생각해보자.

1. 사용하는 것이 어렵다

단순히 사용하기 위해 많은 지식이나 익숙함이 필요한 기능이다. 예를 들어 대기업의 급여 계산 시스템은 간단히 버튼을 클릭하는 방법만 아는 것으로는 잘 사용할 수 없다. 정확한 훈련이 필요하다.

2. 업무를 바꿔야만 한다

예를 들어 고객에게 가는 지하철 경로를 조사하는 도구라면 사용할 때 업무를 바꿀 필요는 없다. 지금까지 직감과 경험으로 하던 것들을 편리한 도구로 대신할 뿐이다. 그러나 영업 안건 정보를 데이터베이스에 등록하는 기능이라면 이야기가 다르다. 팀 전체가 영업을 함께하는 스타일이 체화되어 있지 않으면 등록은 그저 귀찮은 일이 될 뿐 효과가 오르지 않는다. 즉, 경로 검색보다도 안건 정보 등록 기능 쪽의 조직 인수 태세가 훨씬 낮다.

3. 다른 부문과 조정이 필요하다

새로운 기능을 사용할 때 다른 부분 또는 다른 회사의 협력을 받아야 하는 경우가 있다. 예를 들어 지금까지 거래처에서 팩스를 사용해 수주하던 것을 그만두고, 거래처가 태블릿 단말로 직접 발주를 입력할 수 있는 기능을 만들었다고 하자.

팩스를 통한 수주는 송신 오류가 많고 문자를 잘못 읽어 실수의 원인이 된다. 태블릿을 사용하면 보안은 물론 업무 효율 면에서도 좋다. 즉, 비즈니스 이익은 높다.

하지만 이 기능이 효과를 발휘하는 것은 태블릿 단말에서의 발주에 거래처가 확실하게 대응해 준다는 것을 전제로 한다. 의뢰와 협상이 필요하다. 실제로 협상해보면 '익숙한 팩스를 사용하는 것이 좋다', '현장이 복잡해서 태블릿을 놓아 두기가 불안하다' 등 다양한 이유로 저항이 많기 쉽다.

경리 부문이 주도하는 프로젝트라면 경영이나 인사 등 다른 부문의 협력을 얻는 것에 약간의 허들이 있다. 이 예와 같이 사외, 특히 고객 기업의 경우는 그 허들이 한층 더 높다. 즉, 조직 인수 태세가 낮다.

4. 데이터를 준비할 수 없다

패키지 소프트웨어에서 기능이 제공된다고 해도 사용하기 위한 데이터를 준비하는 것이 어려운 경우도 있다. 예를 들어 물류 기업이 건물 정보를 관리하는 기능을 만든다고 가정하자. '교통량이 너무 많아 트럭을 댈 수 없다', '입구가 좁아 큰 화물은 반입할 수 없다' 등 원활하게 운송하기 위해 필요한 정보다.

그러나 이런 정보는 운전자의 메모장에 손으로 쓰여 있을 뿐이거나 업무 위탁사의 사원만 알고 있는 등으로 관리된다. 데이터를 준비할 수 없다면 시스템은 그저 빈 깡통일 뿐이다.

조직 인수 태세가 낮은 네 가지 패턴을 소개했다. 반대로 현재 시스템에서도 완전히 같은 기능을 사용하고 있거나 전철의 경로 검색과 같이 직관적으로 곧바로 잘 다룰 수 있는 기능의 경우는 조직 인수 태세가 High가 될 것이다.

사례 이번에는 조직 인수 태세를 무시합니다!

인재 육성이나 인사 평가 등을 관리하는 시스템을 탤런트 매니지먼트talent management라 부른다. 이 영역의 FM을 만들었던 한 프로젝트에서 조직 인수 태세의 기준을 어떻게 결정했는지 질문했을 때 '이번에는 우선순위 기준에 조직 인수 태세를 사용하지 않기로 했습니다'라는 대답을 듣고 깜짝 놀랐다.

앞에서 강조한 것처럼 필자는 조직 인수 태세를 고려하지 않고 기능의 우선순위를 붙이는 것은 절대로 안 된다고 생각한다. 이번에는 사용하지 않는 이유를 자세히 물어보니 다음과 같았다.

- 논의 결과, 조직 인수 태세는 '그 기능의 기반이 되는 새로운 인사 제도가 결정되어 있는가를 기준으로 평가해야 한다'고 결론을 냈다.
- 그러나 어떤 기능에 관해서도 새로운 인사 제도는 확정되지 않았음을 알게 됐다. 따라서 조직 인수 태세는 모두가 Low가 된다.
- 모두 Low로 차이가 나지 않는다면 기준으로서 의미가 없으므로 이번에는 조직 인수 태세를 무시하기로 했다.

이해가 됐다. '전부 Low라면 기준으로서 의미가 없다'라는 것은 맞다. 조직 인수 태세로서 제도의 확정 상황이 중요한 것도 확실하다. 하지만 '이번 조직 인수 태세를 제도의 확정 상황에 따라서 판단한다'는 것 역시 명확한 잘못이다.

동일한 인사 업무라도 인사 이동이나 급여 계산은 회사에서 절대로 필요한 업무이며, 그 것을 지원하는 기능들은 '만들었지만 사용되지 않는' 경우는 거의 없다. 하지만 탤런트 매니지먼트는 중장기적으로는 매우 중요하지만, 하지 않는다고 해서 처벌을 받는 업무는 아니다. 제도를 만들어도 유명무실하거나 시스템 기능을 만들었더라도 아무것도 입력되지 않는 사례가 매우 많다.

결국 그때는 이런 것들을 차근차근 설명하고, 조직 인수 태세에 관한 논의를 다시 진행했다.

우선순위 기준 3: 기술적 용이성

간단하게 만들 수 있는 기능은 기술적 용이성이 High다. 반대로 만들기 어려운 기능이나 멋지지만 노력이 많이 드는 기능은 Medium 또는 Low가 된다(기술적 용이성도 익숙하지 않은 용어일 것이다. 미국에서는 Technical Complexity, 즉 기술적 난이도라고 부르지만 그 의미를 그대로 사용하면 구현이 어려울수록 High가 되어 논점이 흐려지므로 기술적 용이성이라는 이름을 사용한다).

조직 인수 태세와 비교해보면 '이 기능은 비용이 들까?'에 신경 쓰는 사용자는 많으므로 순조롭게 논의를 시작할 수 있다. 기술적 용이성이 낮은 요소에 관해서도 몇 가지 예를 들어본다.

1. 만들기가 어렵다

예를 들어 1999년경에는 웹 사이트와 데이터베이스를 연동하는 기능을 구축해본 경험이 있는 기술자가 적고, 좋은 개발 보조 도구도 많지 않았다. 기술적 용이성은 Low다. 물론 2020년 시점에는 그때만큼 Low는 아닐 것이다.

현 시점에서는 로직을 명확히 하는 기능 등이 어려운 부류에 들어간다. 예를 들어 재고가 줄어들면 자동으로 발주하는 기능은 말로는 간단하게 들린다. 그러나 실제 발주 업무에는 담당자의 직감과 경험이 가미되어 있어 그것을 로직으로 작성하는 것은 어려울 때가 있다. 그럼 'AI를 사용해서…'라고 해도 안정적으로 좋은 발주를 할 수 있을 때까지는 상당한 조정이 필요하다.

2. 패키지에서 제공되지 않는다

경리, 인사, 판매 관리 등의 영역에서는 패키지 소프트웨어를 활용해 시스템을 조합하는 것이 보통이다. 이렇게 되면 기술적 용이성은 단순하게 '패키지에 있는가, 없는가?'로 판단할 수 있다.

예를 들어 소득세 계산 로직은 매우 복잡하며 처음부터 구축하려면 상당한 노력이 들지만, 모든 인사 급여 패키지에 표준 기능으로 제공되고 있다. 잘 사용하기 위한 설정 작업도 그렇게 어렵지는 않다. 따라서 기술적 용이성은 High가 된다.

그림 J-6 기술적 용이성

	H	M	L
기술적 용이성	• 자사 고유의 특수 기능이 아니다 • 패키지 표준 기능으로 실현할 수 있는 기능	• 자사 고유의 독자 기능 • 커스터마이즈가 필요한 기능	• 제로 베이스에서의 신규 개발을 필요로 하는 기능 • 사례가 적고 실현 수단이 명확하지 않은 기능

3. 다른 시스템에 대한 영향

기간계 시스템이 오래되어 개선이 어렵고, 그와 연동하는 기능은 모두 기술적 용이성이 Low가 되어버리는 경우가 있다. 예를 들어 금융 기관의 기간계 시스템은 메인 프레임이라 불리는 대형 컴퓨터이고, 메인 프레임에 있는 데이터를 실시간으로 조작하는 기능은 메인 프레임 측의 개선이 필요해 무엇을 하더라도 수천만 원 혹은 수억 원이 필요하다.

Column

기술적 용이성은 프로젝트가 진행되면서 바뀐다

이 단계에서 기술적 용이성을 결정할 때 상세한 기술 검증은 수행하지 않는다. 만들지 않을지도 모르는 기능에 대해 그런 시간을 투입하는 것 자체가 낭비이기 때문이다. 그래서 이 단계에서의 기술적 용이성 High란 '아마도 간단히 만들 수 있을 것이다' 정도의 추측일 뿐이다.

따라서 공정이 진행되면 미뤄 두었던 패키지 기능이 사용할 수 없다는 것을 알게 되고, 기술 검증이 잘 되지 않는 경우도 나타난다. 그렇게 되면 기술적 용이성을 High에서 Low로 낮추고 '그래도 우리가 이 기능을 만들어야만 하는가?'에 관해 재논의한다.

여기에 국한되지 않고 불확실성이 많은 시스템 구축 프로젝트에 대해 '전에 이렇게 결정했지 않습니까? 지금에 와서 변경하고 싶지 않습니다' 같은 강인한 태도는 절대 안 된다.

공정이 진행됨에 따라 새로운 것을 알게 된다. '어떤 의사결정을 하는 것이 프로젝트에, 궁극적으로 회사에 최선인가?'를 최신 정보에 기반하여 계속 질문해야만 건전한 프로젝트가 진행된다.

기준은 관계자들과 함께 결정한다

이번 장에서 설명한 우선순위 기준을 결정하는 프로세스에는 반드시 프로젝트의 주요 관계자가 참가해야 한다. FM의 셀 도출이나 FS를 기술하는 공정에서는 프로젝트 구성원들이 분담하면서 차근차근 만들어 나가지만, 이 기준만큼은 프로젝트 오너(생산 관리 시스템을 만드는 경우라면 임원인 제조 부장 등)도 참가하게 해야 한다.

그것은 우선순위 기준을 결정하는 이 공정이야말로 프로젝트에 의지를 넣은 부분이기 때문이다. 반드시 IT를 잘 알지 못하는 프로젝트 오너에게 '만들 기능은 이렇게 필터링하는 것입니다'라고 이해 받을 수 있고, 프로젝트에서 하고 있는 것을 다른 경영 간부에게 가슴을 펴고 설명할 수 있게 하기 위해서이기도 하다.

경영층에서는 '보다 비즈니스 이익을 심각하게 보라', '조직 인수 태세는 더욱 현장과 함께 평가하라' 등의 의견을 받는다. 경영층과 인터뷰한 결과나 경영 전략에 맞춰 설명하는 것도 효과적이다. '사업 속도 향상을 중시한다고 들었으므로 비즈니스 이익에 포함시켰다', '구조 조정은 NG이므로 조직 인수 태세에 반영했다'와 같은 식이다.

반대로 프로젝트 오너 등의 경영 간부나 시스템을 사용하는 사용자가 이 공정에 참가하지 않으면 나중에 '왜 저것을 먼저 하지 않는가', '내가 말한 기능은 포함되어 있지 않은가'라는 불만을 억제할 수 없게 된다.

사람은 자신이 참여해서 결정한 내용을 뒤집는 것을 싫어한다. 경영 간부나 사용자들이 스스로 기준을 정하도록 해서 프로젝트를 함께 진행하는 동료로 만들어라. 그렇게 함으로써 이제부터 만드는 시스템은 '나의 시스템'이라고 생각하게 만들 수 있다.

사용자와 경영층의 목소리에 친절하게 대응하는 것은 무척이나 힘들지만, 이후의 프로젝트를 잘 진행하기 위해서는 감내해야 할 부분이다.

셀별 평가는 기계적으로

우선순위 기준이 결정되면 이제 각 셀에 H, M, L을 붙인다(이 작업을 레이팅^{rating}이라고 부른다). 논의를 통해 기준을 결정했으므로 레이팅은 어느 정도 기계적으로 진행할 수 있다.

큰 시스템에서는 셀의 수가 수백 개에 이르므로 시간을 줄이기 위해 셀 하나당 30초 정도만 사용한다. 거꾸로 말하면 그 정도의 시간에 신속하게 판단할 수 있을 만큼 명확한 기준을 만들어 둬야 한다.

필자가 리드하는 프로젝트에서는 대략 다음과 같은 흐름으로 레이팅을 수행한다.

1. 극히 소수의 프로젝트 리더급 인원이 모여 비즈니스 이익과 조직 인수 태세를 처음부터 차근차근 결정해 나간다.

2. 의견이 다른 셀, 판단하지 않았던 셀에만 표시하고 잘 아는 구성원에게 결정을 맡긴다.

3. 프로젝트 구성원의 전문 영역이 확실한 경우에는 영역별로 레이팅 담당자를 할당하기도 한다 (레이팅을 적당히 하는 사람과 엄격하게 하는 사람이 있으므로 이후 전체를 보면서 조정해야 한다).

4. 프로젝트 전체 회의 등에서 간단하게 리뷰하고, 질문이나 위화감이 있는 셀에 대해 재논의한다.

5. 기술적 용이성에 관해서는 전문가가 판단하는 방법이 빠르고 확실하다. 정보 시스템 부분이나 필자와 같은 컨설턴트에게 맡기는 경우가 많다. 패키지 소프트웨어를 사용할 때는 패키지 벤더에게 채점을 요청하기도 한다.

이제까지의 공정으로 다음 그림과 같은 FM이 만들어졌을 것이다. 즉, 각 셀에 H/M/L 등의 레이팅 결과가 덧붙어 있고, 어떤 셀을 가장 먼저 개발할지를 나타내는 색상이 구분되어 있지 않은 상태다. 다음 장에서는 FM의 최종 단계인 단계 구분(색 구분)을 한다.

그림 J-7 FM(레이팅 완료)

		1	2	3	4	5	6
A	주문 관리	수주 정보 읽기	수주 정보 등록	수주 확인서 발행	여신 의뢰	수신 결과 확인	
		H/M/M	H/M/M	M/M/L	M/L/L	M/L/L	
B	부품 관리	부품 정보 등록	부품 정보 변경	부품 재고 표시	부품 재고 정보 변경	부품 발송 의뢰	부품 정보 삭제
		H/M/M	H/M/M	M/M/M	M/M/M	M/L/M	M/L/L
C	고객 관리	고객 정보 등록	고객 정보 변경	고객 정보 삭제	관련 회사 목록 표시		
		H/H/M	M/M/M	M/M/M	M/M/L		

[범례]
H / H / M
└ 기술적 용이성
└ 조직 인수 태세
└ 비즈니스이익

만들 기능을 결정한다

이번 장의 레슨

- 요구사항을 레이팅한 결과로부터 만들 순서/범위(단계)를 결정한다.

- 많은 시간을 들이지 않고 판단 이유도 명확한 단계 분리 방법을 학습한다.

그림 K-1 FM(기능 매트릭스)

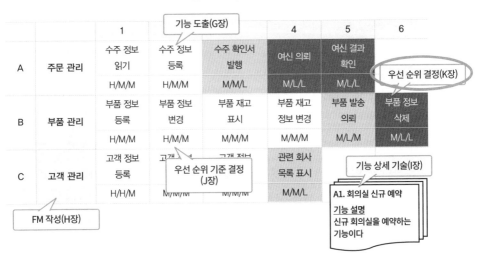

레이팅이 좋은 기능을 가장 먼저 만든다

이전 장까지의 공정으로 각 셀에는 우선순위 기준에 따라 H/M/M 등의 평가가 기록된다. 이제부터 기능별로 개발 여부를 선택한다. 그 기반이 되는 사고방식은 매우 간단하다.

'효과가 있고, 간단하게 만들 수 있고, 간단하게 잘 사용할 수 있는 기능을 가장 먼저 만든다. 그것보다 우선순위가 떨어지는 기능은 나중에 만든다. 가장 우선순위가 낮은 기능은 만들지 않는다.'

'효과가 있다'는 것은 비즈니스 이익이 높다는 것이다. '간단히 만들 수 있다'는 것은 기술적 용이성이 높다는 것이다. '간단히 잘 사용할 수 있다'는 것은 조직 인수 태세가 높다는 것이다.

일반직인 프로젝트에서는 레이팅에 따라 셀을 세 가지 색으로 구분한다.

- **흰색 셀**: 최우선으로 만들 기능(1단계에서 개발)
- **회색 셀**: 최초 기동을 확인한 후, 두 번째로 만들 기능(2단계에서 개발)
- **검은색 셀**: 만들지 않거나 회색 셀을 모두 개발한 뒤 개발 여부를 재검토할 기능

레이팅 결과가 H/H/H라면 불평 없이 가장 먼저 만들게 된다. 반대로 L/L/L이라면 만들 필요가 없는 기능이라 할 수 있다.

흰색과 회색 셀에 대해서는 명확하게 결정하지만 검은색 셀에 대해서는 '만들지 않는다'가 아니라 '나중에 여부를 검토한다' 등으로 다소 완곡한 표현을 하는 경우도 있다. 회색 셀을 모두 완료하는 것은 큰 프로젝트라면 1년 혹은 2년 후인 경우도 있으며, 검은색 셀의 개발에 착수하는 것은 그 이후가 되기 때문이다.

그 즈음에는 비즈니스 환경이 바뀌어 '비즈니스 이익이 Low라고 생각했던 셀이 Medium으로 바뀌거나 패키지 소프트웨어에 대한 이해가 높아져 Low라고 붙였던 기술적 용이성이 사실 High였다'와 같이 되기도 한다. 그때 눈앞에 있는 모든 정보를 사용해 다시 우선순위를 생각해 수정하는 것은 잘못된 일이 아니다.

우선 레이팅 결과에 따라 기계적으로 단계를 나눈다

레이팅 결과가 H/H/H라면 불만 없이 가장 먼저 만든다. 반대로 L/L/L이라면 만들지 않는다. 그러나 H/L/L이나 M/M/H와 같이 어중간한 레이팅 값의 셀을 만들어야 할지 고민이 된다.

레이팅 결과를 보면서 하나씩 우선순위에 관한 논의를 하면 많은 시간이 걸리고, 생각하고 있는 기능은 사람마다 다르므로 납득하기 어렵다. 그리고 모두 우선도를 결정한 뒤 '이쪽보다 이쪽의 우선도를 높게 한 이유가 뭐지?'라고 판단한 이유를 생각하는 것이 어렵다.

따라서 레이팅 결과를 사용해 어느 정도 기계적으로 판단하는 방법을 권장한다. 구체적으로는 다음과 같은 표(decision table, 의사결정 테이블)를 만든다.

예를 들어 M/L/M이라면 해당 위치가 회색이므로 '나중에 만든다', M/L/L이면 검은색이 되므로 '당분간 만들지 않는다'로 한다. 각 FS, FS에 적힌 문구를 읽지 않고도 레이팅 결과만 사용해 기계적으로 색을 나누기 위한 도구다.

그림 K-2 의사결정 테이블

비즈니스 이익	조직 인수 태세	기술적 용이성		
		H	M	L
H	H	A	A	A
	M	A	A	B
	L	A	B	B
M	H	B	B	B
	M	B	B	B
	L	B	B	C
L	H	B	C	C
	M	C	C	C
	L	C	C	C

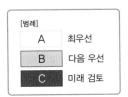

[범례]
A 최우선
B 다음 우선
C 미래 검토

이 의사결정 테이블은 한 프로젝트에서 실제로 사용한 것으로 이것을 보면 비즈니스 이득이 High인 기능은 적극적으로 개발하고 싶다는 프로젝트로서의 의지를 느낄 수 있다. 예를 들어 H/M/M은 조직 인수 태세나 기술적 용이성이 다소 떨어지지만, 흰색이므로 최우선으로 만들게 된다.

그렇지만 예산의 제한이 있어 비즈니스 이득이 H인 기능 중에서도 엄선해서 기술적 용이성이나 조직 인수 태세가 L이라면 우선도를 낮추었다. 그리고 '최우선'을 먼저 구현하는 것을 우선하고 다른 예산이 허용하는 한 '다음으로 우선'인 요구사항을 구현하는 것을 정책으로 했다. 제약 조건이 있음에도 어떻게 해서든 자신들이 원하는 기능을 만들기 위한 논의가 있었음을 엿볼 수 있다.

한편으로 '패키지 기능을 적극적으로 그대로 활용한다. 기능 추가는 하지 않는다'는 콘셉트의 프로젝트에서는 기술적 용이성이 L인 셀은 무조건 모두 검은색으로 하는 경우도 있다.

중요한 것은 모두 중요하다고 말한다고 해서 전부 흰색 셀(최우선)로 하지 않는 것이다. 레이팅 시에 모든 셀에 H를 붙이는 것이 아무런 의미가 없는 것과 마찬가지로, 의사결정 테이블을 모두 흰색으로 하면 차이를 얻을 수 없다.

그것을 피하기 위해 각 색의 비율을 먼저 결정해둘 수도 있다. 경험상 다음 비율을 권장하고 싶다.

> 경우 1) **기간 시스템 등 업무를 수행하기 위해 필요한 기능의 볼륨이 큰 경우**
>   → 흰색 : 회색 : 검은색 = 2 : 1 : 1
>   → 가장 먼저 메인이 되는 기능을 빠르게 만들어 넣고, 시스템을 사용하면서 나중에 구현할 수 있는 기능을 점점 추가한다.

> 경우 2) **새로운 서비스를 만드는 경우 등 무엇이 필요한 기능인지 알기 어려운 경우**
>   → 흰색 : 회색 : 검은색 = 1 : 2 : 1
>   → 처음에 만드는 기능은 최소한으로 하고, 업무를 수행하면서 추가/개선한다.

기능적인 판단이 현재 상태를 답보하는 것을 막는다

현재 사용하는 시스템을 재구축하는 프로젝트에서는 현재 상태 답보(현재 존재하는 기능을 무비판적으로 만드는 것)에 빠지기 쉽다. 지금 편리하게 활용하고 있는 기능은 없으면 곤란하다는 편향 때문이다.

하지만 '반드시 필요한 것'과 '있으면 편리하지만, 없어도 업무를 할 수 있는 것'의 차이는 있게 마련이다. 예를 들어 날짜를 자동으로 계산해 주는 것과 같은 '자동 처리', 입력 실수를 신청 시 확인하는 '자동 확인', 신청 후 필수 자료를 인쇄하는 '자동 인쇄' 등의 기능은 현 상태의 시스템에 있어서는 '이 기능이 없으면 업무가 돌아가지 않는다', '그렇기 때문에 필수 요구사항이다'라고 생각하기 쉽지만, 사실은 그렇지 않다.

어떤 회사에서는 현행 시스템에 있는 '포탈의 첫 페이지에 생일 메시지를 게재한다'는 기능 요구사항이 있었다. 현행 시스템은 수작업으로 프로그래밍되어 있어 당시 엔지니어가 장난삼아 만든 기능일 것이다.

이런 소박한 기능은 직접 만드는 시스템에서는 간단하게 만들 수 있지만, 패키지 소프트웨어에는 구현되어 있지 않은 경우가 많고 기술적 용이성은 Low가 된다.

하지만 장난삼아 시작했던 기능이 재구축 시에는 '이것은 우리 회사의 문화로서 매우 중요합니다! 절대로 버릴 수 없습니다!'로 바뀌었다. 개별 셀 단위로 논의하면 이런 기능은 삭제하기 어렵다.

그에 비해 FM을 만드는 프로세스에서는 전체적인 시각을 갖고 의논한다. 비즈니스 이득은 '프로젝트 목표에 기여하는 것인가?', '경영에 필요한 것인가?'라는 관점에서 결정한다. 그리고 조직 인수 태세와 기술적 용이성이라는 심각한 조건을 가미해서 기계적으로 여부를 판단한다.

이렇게 함으로써 현장의 의견에 휩쓸리지 않고 회사에 이익을 가져다주는 기능을 선택할 수 있다. 기계적으로 판단하는 것에는 시간 단축 이외에도 장점이 있다.

셀 사이의 관계와 전체 규모를 조정한다

이렇게 기계적으로 셀에 색을 칠해가면 매우 빠르게 개발 순서를 결정할 수 있다. 단, 2가지 주의할 점이 있으므로 이 시점에 확인하기 바란다.

주의점 ①: 셀 사이의 관계가 뒤죽박죽

예로서 '건물 정보 등록'과 '건물 정보 참조'라는 두 가지 기능을 생각해보자. '등록'의 우선도가 높아 흰색 셀(1단계 개발)이 되고 '참조'의 우선도는 그보다 조금 낮아 회색 셀(2단계에 다시 개발)이 된 경우라면 아무런 문제가 없다.

하지만 가령 이 순서가 반대로 되어버리는 경우가 있다(효과적으로 등록하기 위한 조작성을 중시해 기술적 용이성이 Low가 되거나 데이터를 준비할 수 없어 조직 인수 태세가 Low가 되는 등). 이 경우 등록 기능을 만들지 않았으므로 정보는 가짜지만, 그 정보를 보기 위한 참조 기능은 1단계부터 완성하는 형태가 되어 버린다.

이렇게 '기능 A가 없으면 기능 B는 만들어도 의미가 없다'는 상태가 되지 않는지 확인해야 한다. 어느 정도 시스템을 이해하는 사람이어야만 확실하게 확인할 수 있으므로 색을 칠하는 작업을 마친 단계에서 IT 엔지니어에게 확인을 의뢰하자.

주의점 ②: 예산이나 납기 안에 도저히 들지 않는다

모처럼 시스템을 만드는 이상 '이 기회에 이것 저것 다'라는 상태가 되어 흰색 과 회색 셀을 더하다 보면, 아무리 생각해도 예산 초과가 되는 경우가 있다. 투자액은 이후 공정에서 IT 벤더의 견적을 통해 알 수 있지만, 이 시점에서 분명하게 초과될 것 같다면 견적을 의뢰할 때 미리 삭제하는 것이 좋다.

예산이나 납기 안에 들도록 하는 가장 간단한 방법은 위의 의사결정 테이블 에서 흰색 셀을 줄이는 것이다. 또 하나, 우선순위의 기준 자체를 엄격하게 하는 방법도 있다. 예를 들어 '연간 3MM을 효율화할 수 있다면 High'였던 것 을 연간 5MM로 바꾸는 것만으로도 비즈니스 이익이 High인 셀은 줄어든다. 단, 우선순위 기준으로 수정하면 많은 셀의 레이팅도 수정해야 하기 때문에 의사결정 테이블을 수정하는 것만으로 목적을 달성할 수 있다면 그 방법을 권장한다.

색을 구분한 FM이 완성되면 개발 단계가 명확해진다

드디어 FM을 완성했다.

흰색 셀은 최우선으로 만드는 기능, 회색 셀은 우선도가 낮으므로 흰색 셀을 완성하고 시스템을 가동한 뒤 추가할 기능, 그리고 검은색 셀은 회색 셀이 완 성된 후 필요성을 재검토할 기능이다.

FM을 보면 '언제 어느 기능을 손에 넣을 수 있는가?', '반대로 포기해야 할 기 능은 무엇인가?'를 확실히 알 수 있다. 해석의 여지는 없다. 0 아니면 1인 상 태다.

		1	2	3	4	5	6
A	주문 관리	수주 정보 읽기	수주 정보 등록	수주 확인서 발행	여신 의뢰	여신 결과 확인	
		H/M/M	H/M/M	M/M/L	M/L/L	M/L/L	
B	부품 관리	부품 정보 등록	부품 정보 변경	부품 재고 표시	부품 재고 정보 변경	부품 발송 의뢰	부품 정보 삭제
		H/M/M	H/M/M	M/M/M	M/M/M	M/L/M	M/L/L
C	고객 관리	고객 정보 등록	고객 정보 변경	고객 정보 삭제	관련 회사 목록 표시		
		H/H/M	M/M/M	M/M/M	M/M/L		

[범례]

수주 정보 읽기	우선도 '높음' (1단계에서 도입)
수주 확인서 발행	우선도 '보통' (2단계에서 도입)
여신 의뢰	우선도 '낮음' (3단계에서 도입)

'시스템을 만들게 하는 기술'을 주제로 하는 이 책에서 FM 작성 방법을 상당히 자세하게 설명한 것은 FM과 그에 대한 보충 설명인 FS 셋이 있으면 시스템을 만들게 하는 사람이 만드는 사람에게 '우리가 원하는 시스템은 이것입니다'라고 명확하게 말할 수 있기 때문이다.

만약 완벽하게 신뢰할 수 있는 '만드는 사람'이 파트너라면 '만들게 하는 사람'으로서는 FM/FS만 작성해서 전달하면 그 뒤는 만드는 사람에게 맡길 수도 있다(정말 감사합니다!).

하지만 대부분 프로젝트에서는 완벽하게 신뢰할 수 있는 '만드는 사람'은 FM 작성을 막 완료한 시점에서는 없다. 그렇기 때문에 좋은 파트너를 찾아야만 한다. 그리고 그런 파트너를 찾은 뒤에도 FM/FS에 작성하지 못한 것을 '만드는 사람'에게 계속해서 전달해야 한다.

원하는 시스템을 확보하기까지의 여정은 조금 더 이어진다. 그 여정에 관해 설명하기 전에 여기까지 FM 작성 프로세스를 돌아보고, 이 프로세스의 어떤 부분이 뛰어난지 다음 장에서 생각해보자.

요구사항의 절반을 삭제하고 최소한의 기능 도입에 도전한다

당초에는 유지보수가 중단됨에 따라 시스템을 재구축하는 것이 목표인 프로젝트였다. 하지만 '현행 시스템을 답습하는 것만으로 충분한 것인가?'라는 경영층의 우려도 있었기 때문에 업무 효율화를 위해 철저하게 재검토했다.

사후 서비스 업무가 검토 대상이었으며, IT화되어 있지 않은 영역이기도 했기 때문에 현행 시스템에는 없는 새로운 기능이 FM에 추가됐다.

그림 K-4 FM의 예

기능 그룹		1	2	3	4	5	6	7	8	9	10
A	접수/작업 지시 입력	문의 접수	수리 접수	유지 보수 접수	작업 지시 입력	작업비 계산	안건 상태 관리	문의/작업 이력 조회			
		H/M/H	H/H/H	H/H/H	H/H/H	H/M/M	M/H/M	H/H/M			
B	견적	견적 작성	견적 승인	견적 제시							
		M/H/H	M/H/H	M/M/H							
C	인원 배치	리소스 등록	시뮬레이션	부하 조정	일정 확정						
		H/M/M	H/M/M	L/H/M	H/M/M						
D	작업 준비 (태블릿)	기본 정보 계획 읽기	작업 예정 목록 조회	작업 지시 확인	작업 공정 추가						
		M/M/H	H/H/M	M/M/M	M/M/M						
E	작업 준비 (PC)	기본 정보 계획 읽기	작업 예정 목록 조회	작업 지시 확인	작업 공정 추가						
		L/M/M	M/M/M	M/M/M	M/M/M						
F	현장 작업 (태블릿)	작업 절차서 참조	결과 기록	기록 사진 등록	일상 점검 확인	작업 기기 추가	서비스 평가 입력	타사 제품 정보 등록	문서 참조	과거 작업 이력 참조	작업 결과 업로드
		M/M/M	H/H/M	H/M/M	H/M/M	H/M/M	L/M/M	L/L/M	L/L/M	H/M/M	H/M/M
G	현장 작업 (PC)	작업 절차서 참조	결과 기록	기록 사진 등록	일상 점검 확인	작업 기기 추가	서비스 평가 입력	타사 제품 정보 등록	문서 참조	과거 작업 이력 참조	작업 결과 업로드
		M/M/M	M/M/M	M/M/M	M/M/M	M/M/M	M/M/M	M/M/M	M/M/M	M/M/M	M/M/M

검토 대상 기능의 숫자는 총 120개. '있으면 좋겠다'는 막연한 바람부터 극적으로 업무가 빨라지는 유용한 기능도 있었다.

그 상태로 모든 요구사항을 구현한다면 투자액의 규모가 너무 커지고, 유지보수 중단 기한에 맞출 수 없었다. '없으면 미래 업무 흐름을 만들 수 없는 기능', '프로젝트의 목적/목표 달성에 크게 기여하는 기능'을 비즈니스 이익 High로 하고 '단계 1에서 도입'할 것인지 '미래에 도입을 검토'할 것인지 나누어져 있었다.

그 결과 1단계에서 개발한 것은 120개 중 59개였다. 우선순위가 높은 기능만 대범하게 선택한 덕분에 최소한의 투자로 최대 효과를 얻는 시스템을 도입하게 됐다.

아무 생각없이 요구사항을 정의했다면 현재 상태의 답보에 그칠 뿐 새로운 가치를 만들지 못하는 시스템 또는 투자액이 턱없이 부족한 거대 시스템이 됐을 것이다. 확실하게 기능 후보를 도출하고 진지하게 필터링함으로써 효과가 높은 프로젝트로 바꿀 수 있었다.

FM 작성은 일직선으로 진행하는가?

여기까지 FM을 만드는 과정을 읽은 독자들은 그 과정에 관해 재작업 없이 일직선으로 진행하는 것처럼 느꼈을 것이라 생각한다. 확실히 이 방법을 사용하면 요구사항 정의라는 난관을 돌파할 수 있다는 점이 FM 방법론의 가장 큰 매력이다. 하나하나 컨센서스를 쌓아가면서 마지막으로 조직 전체에서 '이것을 우선해서 만든다'는 의사결정을 할 수 있다.

그렇지만 모든 프로젝트에서 원활하게 FM을 작성할 수 있다고는 단언할 수 없다. 위에서 설명한 것처럼 흰색, 회색, 검은색으로 나누는 것을 완료한 시점에서 개발 규모가 너무 큰 경우에는 우선순위 기준부터 수정하는 등의 재작업이 반드시 발생한다.

실은 필자가 FM 작성을 리드할 때는 이런 재작업을 방지하기 위해 '이 우선순위 기준에 따르면 모두 High가 되지는 않을 것 같다', '이 의사결정 테이블이라면 모두 흰색 셀이 되어 예산을 초과하지는 않을 것 같다' 등 사전에 타당한 기준이 되도록 체크한다. 기준에 관한 의논을 하는 도중에 '이런 기준이라면 모두 High가 되지 않습니까? 좀 더 엄격하게 조정해도 좋습니까?'라고 질문을 할 때도 많다.

독자 여러분 역시 FM 작성 프로세스를 몇 차례 경험하면 그런 조정을 할 수 있게 되고, 전체 프로세스를 원활하게 진행할 수 있게 될 것이다. 그러나 처음에는 이런 예측을 할 수 없음이 당연하다. 어느 정도의 재작업은 각오하자.

다소의 재작업이 있다고 하더라도 '먼저 셀을 도출한다. 다음으로…'와 같은 순서가 머릿속에 있는 것은 강력하다. 요구사항 정의라는 어려운 단계를 당황하지 않고 진행할 수 있을 것이다.

FM이 시스템 구축을 성공으로 이끈다

- FM을 작성하는 프로세스는 물론 작성된 FM 자체에도 이후의 과정을 원활하게 진행함으로써 프로젝트를 성공으로 이끄는 비결이 녹아 들어 있다.

- FM의 의도를 깊이 이해함으로써 중요한 포인트를 자르거나 잘못된 조정을 하지 않도록 한다.

시스템 구축의 실패는 FM으로 막는다

이 책 전반에 걸쳐 다룬 것처럼 시스템 구축 프로젝트의 성공률은 낮다.

실패하는 원인은 다음과 같이 요구사항과 관련된 것이 많다.

- 관계자가 '이것도 하고 싶다, 저것도 하고 싶다'고 주장해 수렴이 불가능하다.

- 필요성이 적은 기능까지 만들어 비용을 초과한다.

- 일단 만들 기능을 결정했음에도 불구하고, 나중 단계에서 변경이 빈번하게 일어난다.

요구사항 정의가 시스템 구축 프로젝트에서 가장 어렵고 가장 중요하다고 한 것은 이 때문이다.

지금까지 설명한 FM 작성 프로세스는 이런 실패 원인을 방지하기 위해 설계됐다. 왜 FM을 작성하면 프로젝트를 실패하지 않고 진행할 수 있는가 다시 생각해보자. 가장 먼저 FM 작성 프로세스에 녹아 들어 있는 장치에 관해, 다음으로 FM이라는 결과물 자체의 효과에 관해 살펴본다.

그림 L-1 FM이 프로젝트를 성공으로 이끄는 이유

FM 작성 프로세스

① 투명성이 납득을 낳는다.
② 관계자들과 함께 만든다.
③ 포괄성을 담보한다.
④ 전사 관점, 프로젝트 목표 관점
⑤ 사용자 vs. 엔지니어의 구도를 피한다.
⑥ 효율과 비용의 균형을 맞춘다.
⑦ 조직 인수 태세를 잊지 않는다.

FM의 효과

① 스코프가 명확해진다.
② 하지 않을 것이 작성되어 있다.
③ 한눈에 볼 수 있다.
④ 작성 과정이 나중에도 보인다.

FM 작성 프로세스의 효과 ① 투명성이 납득을 낳는다

보통 시스템 구축에서는 어느 기능을 만드는가가 어떻게 해서든 정해진다. 담당자의 개인적인 판단으로 취사선택하는 경우도 많고, 잘못된 사람의 희망이 반영되기도 한다. 어느 쪽이든 많은 관계자가 '이런 것보다 더 중요한 기능이 있을 텐데…', '왜 이게 안 되는 것인가?'라고 불만을 갖는다.

그리고 FM은 어떤 순서를 밟아 작성했는가가 대단히 명확하다. 옆에서 보기만 한 사람도 '이것은 어디에서 온 것인가?', '누가 결정한 것인가?'라는 의문을 갖지 않는다.

이 프로세스의 투명성은 검토 결과에 대한 신뢰나 납득의 기반이 된다. 누구라도 '이런 순서로 이런 것까지 고려해서 결정했다'는 설명을 들으면 결과에 불만을 갖지 못한다(설령 자신이 원하던 기능의 순위가 뒤로 밀렸다 하더라도).

FM 작성 프로세스의 효과 ② 관계자를 끌어들여 만든다

FM 작성에서는 시스템 관계자(만드는 사람, 만들게 하는 사람 모두)들이 함께 하는 것을 중시한다. '프로젝트를 성공시키기 위해 의견이나 바람을 듣고 싶다'는 이야기를 듣고 기분 나빠할 사람은 없다. 그것은 현장이든 경영층이든 마찬가지다.

누구든 다 만들어진 것을 던지듯 전달받는 것보다 자신이 작성에 관여한 쪽에 애착을 갖고 사용하려고 한다. 그렇기 때문에 관계자를 끌어들이는 것은 시스템 기동 후에 그 시스템이 원하는 효과를 거두도록 하는 데 크게 관련된다.

보통의 프로젝트에서 관계자를 그다지 끌어들이지 않는 것은 다양한 입장에서 의견이 나와 수렴되지 않는 것을 두려워하기 때문이다. 자신의 의견이 반영되지 않으면 화를 내는 사람도 있다. 하지만 FM에서는 전사적인 최적의 관점에서 그 의견들을 종합하는 프로세스를 거치므로 그런 것을 두려워할 필요가 없어진다.

FM 작성 프로세스의 효과 ③ 포괄성을 담보한다

'최종적으로 만들게 될 것 같은 기능이라도 우선 리스트업 한다'는 사고방식에 놀란 분도 있을 것이다. 하지만 그렇게 일단 모든 후보를 검토대에 올림으로써 누락을 방지할 수 있다.

FM을 만들다 보면 고객 멤버에게서 자주 '이런 기능을 작성할 거라면 이것은 기재하지 않아도 괜찮습니까?'라는 지적을 받을 때가 있다. 물론 '그렇군요, 기재하겠습니다! 좋은 지적입니다'라고 대답한다.

요구사항 정의에 익숙하지 않은 사람에게는 자주 '무엇을 어디까지 말해야 하는지 모르겠다'는 말을 듣는다. 그렇기 때문에 '이런 것까지 기재하는가?' 라는 느낌을 공유하는 것이 누락을 방지하는 데 도움이 된다. 이런 사소한 것이 축적되어 절대로 빠져서는 안 되는 기능이 구현되지 않는 실수를 방지하는 것이다.

FM 작성 프로세스의 효과 ④ 전사 관점, 프로젝트 목표 관점

'만들고 싶으니까 만든다'라는 말은 취미 영역에서만 허용되지만, 실제로는 비즈니스 세계에서도 횡행하고 있다. FM의 우선순위를 결정할 때는 프로젝트 구성원 개개인의 기호는 반영되지 않는다. 마찬가지로 '우리 영업부로서는 곤란합니다!', '이 기능이 없으면 경리부가 불만을 토로합니다'라는 부서 우선주의도 영향을 미치지 못한다.

일반적으로 '전사적인 최적의 관점에서 생각합시다!'라고 언성을 높이는 것만으로는 안 되지만, FM의 경우는 자연히 전사적인 관점에서 최적으로 생각하게 되어 있다.

FM 작성 프로세스의 효과 ⑤ 사용자 vs. 엔지니어의 구도를 피한다

시스템 프로젝트에서는 다음과 같은 입씨름이 벌어진다.

- **사용자**: 이 기능을 만들어 주세요. 지금 손으로 작업하는 게 너무 힘듭니다!
- **엔지니어**: 이 예산에 이 납기로는 무리입니다. 이미 일정이 빡빡한 거 아시지 않습니까?

이 대립 구도는 양쪽 모두에게 불행하다. 양쪽 모두 회사를 위해 성실하게 일하고 있을 뿐인데 말이다.

효과 ④에 쓴 것처럼 FM을 작성하는 프로세스에서는 '전사적으로 무엇을 만들 것인가?'를 함께 생각한다. 거기에는 억지를 부리는 사용자도, 완고한 엔지니어도 없다. 기능 A를 만들어야 하는가? 아니면 기능 B인가? 혹은 두 기능을 모두 만드는 대신 예산 한도를 늘릴 것인가? 모두 전사적인 최적의 관점에서 결정하기 때문에 이 불행한 대립을 방지할 수 있다.

FM 작성 프로세스의 효과 ⑥ 효과와 비용의 균형

프로젝트에서 의논하다 보면 비용을 그다지 고려하지 않고 이상적인 시스템을 만든다는 생각으로 가득한 사람이나, 반대로 조금이라도 비용이 늘어나는 것에 반대하는 사람 등 균형이 무너진 모습이 눈에 띈다. 누구나 경영자와 같이 효과와 품질에 관한 균형 감각을 가지고 있지는 않으므로 어느 정도는 어쩔 수 없다.

FM의 우선순위를 붙이는 의논에서는 기능별로 효과와 비용도 고려해야 한다. 이를 통해 자연스럽게 효과와 비용의 균형을 고려한 의사결정을 하게 된다.

FM 작성 프로세스의 효과 ⑦ 조직 인수 태세를 잊지 않는다

일반적으로 시스템 구축 비용이라고 하면 프로그래밍을 하기 위해 시간이 걸리거나 기능을 구매하면 높아지는 '만들기 위한 비용'을 떠올리게 마련이다. 그러나 만든 후의 비용도 그에 못지 않게 중요하다.

예를 들어 '잘 사용하기 위한 교육 비용'이 너무 높으면 만든 것은 좋지만, 사용되지 않는 기능이 되어버린다. FM에서는 그것을 조직 인수 태세로서 고려 사항에 포함한다(여담이지만 주민등록증이나 e-Tax 등 주민 센터에서 만드는 시스템에서 이런 일이 특히 쉽게 일어나는 이유는 공무원이 그 '잘 사용하는 비용'을 0으로 생각하고 있기 때문이 아닐까?).

잘 사용하는 비용을 우선순위를 정하는 단계에서 고려하는 것은 FM의 독특한 사고방식으로, 다른 방법론에는 빠져 있다. 덕분에 사용자들이 쉽게 환영하는 기능을 우선적으로 만들게 된다. 결과적으로 그 기능은 잘 사용되며 충분한 대가를 거둔다.

반대로 아무리 비즈니스 이익이 High라고 하더라도 사원과 고객의 저항감이 크거나 너무 어려워서 교육이 필요한 기능은 뒷전으로 밀리며 다른 기능이 충분히 사용된 뒤 '+α 기능'으로 취급된다.

이어서 결과물 입장에서 FM이 낳는 효과에 관해 생각해본다.

FM의 효과 ① 스코프가 명확해진다

어떤 사실을 확실히 하는 것을 관용적으로 '흑백을 가린다'라고 표현한다. FM에서는 문자 그대로 '처음에 만들 것은 흰색, 그 이외에는 회색이나 검은색'으로 각 기능을 흑백으로 칠해서 나눈다. 만들 것인가? 만들지 않을 것인가? 첫 번째 기동에서는 이 범위, 두 번째는 이 범위… 모호함은 찾아볼 수 없다.

스코프 단계 이후 프로젝트 계획은 항상 FM을 보면서 세운다. 최초 기동을 위해 집중해야 할 기간에 회색이나 검은색 기능에 노력을 쏟고 있지 않은지 확인하는 것도 프로젝트 관리자의 업무다.

FM의 효과 ② 하지 않을 것이 작성되어 있다.

사실 효과 ①의 일부이기는 하나 매우 중요하므로 나누어서 설명한다. 예를 들어 예산 문제로 기능 A와 기능 B 중 하나밖에 만들 수 없는 상황이라고 가정하자. 이때 사용자에게 두 가지 방법으로 확인할 수 있다.

'A를 만듭니다. 좋습니까?'

'A를 만들지만, B는 포기해야 합니다. 좋습니까?'

사용자가 두 질문에 모두 Yes라고 대답했다면, 뒤에서 거절하기 어려운 것은 후자의 질문이다. 전자의 질문은 상당한 확률로 나중에 사용자가 '아니? B가 없습니까? 어째서입니까? 없으면 일이 되지 않는데 어떻게 하죠?'라고 말한다. 필자는 전자를 '약한 컨센서스'라 부른다. 일단 Yes라고 대답하기는 했지만 견고하지 않은 것이다.

하지만 대부분의 IT 엔지니어, IT 벤더는 'B는 포기해야 합니다'라고 한마디도 하지 않는다. 이 말을 하면 사용자가 화난 모습을 보이거나 반론에 휘말릴 것임을 알기 때문이다. 누구든 회의는 빠르게 끝내고, 언쟁은 피하고 싶어한다. 설령 나중에 다투게 되더라도 말이다.

실은 FM을 사용해 기능을 회색으로 칠하는 행위는 'B는 뒤로 미룹니다. 좋습니까?'라고 질문하는 것과 같은 효과가 있다. 마찬가지로 검은색으로 칠하면 'B는 만들지 않습니다. 좋습니까?'라고 질문하는 것과 같다.

이상한 일이지만 '포기해야 합니다'라고 말하는 것보다 FM을 검게 칠하는 편이 심리적 부하가 훨씬 낮다. 전체적인 최적화나 비용 절감 관점에서 사용자가 스스로 칠하기도 한다. FM은 커뮤니케이션에 서투른 엔지니어를 돕는 도구이기도 하다.

만약 기능 B가 검은색으로 칠해져 있는 것을 본 사용자가 '음? B가 검은색입니까? 그게 없으면 업무를 할 수 없습니다'라고 말한다면 레이팅이 타당하지 않았거나 사용자가 소란을 부리게 되거나 둘 중 하나다. 그럴 때는 다시 체념하도록 하거나 예산을 늘리거나 냉정하게 의논하면 된다. 나중에 발견되어 큰 싸움이 되는 것보다 훨씬 낫다.

사례 하얀색 셀만 있는 FM을 만든 프로젝트

20년도 더 지난 일이지만 하얀색 셀만 있는 완전히 하얀 FM을 만들어 버린 적이 있다.

그 프로젝트에서는 도중까지 방법론에 따라 FM을 만들고 있었다. 어느 새인가 각 셀의 우선순위를 결정하는 단계가 되었는데, 당시 상사(프로젝트 관리자)와 필자의 주장이 대립했다. 그는 다음과 같이 주장했다.

- FM에 기재된 기능에 우선순위를 붙이지 않아도 된다.
- 기재된 기능은 전부 만든다.
- 만들지 않는 기능이 있다면 처음부터 FM에 기재하지 않으면 된다.

그는 프로젝트가 시작되기 직전에 다른 회사에서 이직했기 때문에 FM 작성에 관해서는 표면적으로만 이해하고 있을 뿐이었다. 물론 필자는 이 책에 쓴 것처럼 개발하지 않는 기능을 명확하게 기재하는 의의에 관해 차근차근 설명했다.

하지만 '모처럼 고객과의 관계도 좋은데 굳이 시비를 거는 듯한 일을 하는가?'라며 그는 내 주장을 전혀 이해하지 못한 것 같았다.

지금 생각해도 그의 주장은 이상하다. 우선순위가 낮은 기능까지 개발하는 비용을 부담하는 것은 우리가 아니라 고객이다. 고객이 불필요한 금액을 사용하지 않도록 리드하기 위해 컨설턴트가 존재하는 것인데...

고객에게 쓴 소리를 하지 않고, 그저 비위를 맞추는 것만으로는 아무런 의미가 없다. 간단한 시스템 구축 방법론에 그치지 않고 '고객에게 올바른 것을 말한다'는 가치관(직업 철학)조차 그와는 공유할 수 없을 듯했다.

긴 언쟁 끝에 마지막으로는 말단 구성원이었던 내가 주장을 굽히기로 했다. 뭐라고 한들 그가 상사였으므로 마지막은 따르지 않으면 조직이 성립하지 않는다. 특히 가치관의 차이는 논의해도 메워지지 않는다.

그리고 그 언쟁을 하던 시각은 새벽 2시였다. 내일도 아침부터 회의가 있는데...

결국 고객에게는 흰색 셀만 기재된 FM을 보여주고 '멋지지 않습니까?'라는 말을 들었다. 그리고 그 FM을 기반으로 시스템 개발이 시작됐다.

그리고 반년 후 그 프로젝트는 대실패했다. 당초 예정했던 인원의 2배 정도 사원이 투입됐다. 왜 그렇게 된 것일까?

개발 도중 요구사항이 계속 추가됐기 때문이다. 고객의 고집이나 응석이 아니라 모두 지당하다는 지적이었다. 시스템 기동일은 물론 예산도 결정되어 있었으므로 다급히 만들게 된 기능은 모두가 죽을 만큼 초과 근무를 해서 채울 수밖에 없었다.

FM에 흰색 셀 만을 남기는 것이 아니라 회색 셀이나 검은 셀도 남겨서 '이것은 만들지 않습니다. 좋습니까?'라고 말해두면 뒤에서 요구사항이 끼어드는 일은 없었을 것이다.

그때부터 'FM이라는 방법론은 훌륭하다. 끝을 접거나 비틀면 반드시 구멍이 생기게 되어 있다'고 마음 깊은 곳에서부터 생각하게 됐다.

FM의 효과 ③ 한눈에 볼 수 있다

FM은 기능 목록표지만 세로축으로 나열하기 때문에 대개 시스템은 A3 1장에 인쇄할 수 있다. 전사 기간계(기간 시스템)와 같이 기능이 많은 시스템의 경우에도 3, 4장에 인쇄할 수 있다. 그렇기 때문에 한눈에 전체를 파악하는 것이 가능하다.

- 얼마나 규모가 큰 시스템인가?

- 시스템의 이 영역은 패키지 A, 저 영역은 패키지 B로 구현 가능할 것 같다.

- 구성원 A씨가 담당하는 영역은 여기부터 저기까지다. 상당히 넓구나…

등을 한눈에 보면서 생각하고 파악할 수 있게 된다. 애초에 시스템은 주택과 달리 눈에 보이지 않기 때문에 생각하기도 쉽지 않다. 다른 사람과 커뮤니케이션하기는 더욱 어렵다. 이것이 시스템 구축 프로젝트의 난이도를 높인다. 그래서 한눈에 대략 파악할 수 있는 것의 가치도 높은 것이다.

FM의 효과 ④ 작성 과정이 뒤에서 보인다

'투명성이 납득을 낳는다'에서도 설명한 것처럼 FM은 누가 언제 무엇을 결정했는가를 투명한 상태로 만든다.

또한 완성한 FM을 나중에 다시 봐도 작성 프로세스를 대략 파악할 수 있게 되어 있다. FM에는 기능별로 레이팅 결과가 작게 기재되어 있다. 비즈니스 이익이 High라면 업무를 효율적으로 만드는 점이 평가되었구나… 그래서 최종적으로 가장 먼저 만들기로 결정하고 흰색으로 칠했구나…와 같은 형태로 상상할 수 있다.

프로젝트 기능의 우선순위를 붙이는 논의는 1, 2주 정도에 완료되지만 시스템은 5년, 10년 이상 사용한다. 그렇기 때문에 나중에 보더라도 경과를 상상할 수 있고 납득하면서 사용할 수 있다는 점이 중요하다.

FM은 요구사항 정의 이후에도 계속 사용한다

완성한 FM의 가장 큰 용도는 시스템을 만드는 사람(IT 부문이나 IT 벤더 등)에게 개발을 의뢰하는 것이다. '프로젝트 팀 전체의 의견으로서 지금 만들고 싶은 기능은 이것이다!'라고 명확하게 전달한다(자세한 내용은 O장, T장 참조).

FM은 프로젝트의 What을 나타내는 중요 자료로 그 용도는 거기에서 끝나지 않는다.

설계/개발 단계

스코프 단계에서 FM을 만듦으로써 시스템 구축의 대상 범위가 명확해졌다. 그러나 안타깝게도 프로젝트가 진행되면서 그 범위는 바뀌어 간다. 예를 들어 의존했던 패키지 기능이 설정해 보니 사용할 수 없게 된 것이 종종 밝혀지기도 한다(기술적 용이성이 High라고 생각했지만 실은 Low였다).

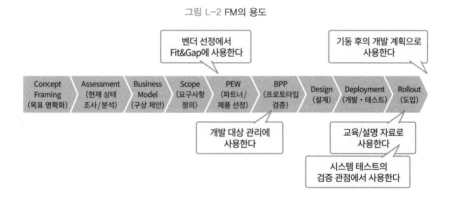

그림 L-2 FM의 용도

가정이 잘못되었으므로 우선순위를 수정한다. 그러면 원래 흰색이었던 기능이 회색이 될 수도 있다. 그때는 반드시 FM의 레이팅과 스테이지 구분을 업데이트해 둔다. 항상 최신 상태를 유지함으로써 언제라도 '우리가 만들고 있는 것은 여기다!'라고 설명할 수 있다. 정책이 흔들리기 십상인 프로젝트에서는 이 점이 매우 중요하다.

처음에는 생각조차 하지 못했던 기능에 관해 '새로운 기능을 추가하고 싶습니다만', 'ㅇㅇ 기능이 FM에 기재되지 않은 것은 이상하지 않습니까?'라고 옆에서 치고 들어오는 경우도 있다. 그런 상황에서도 순서대로 FM에 기술하고 레이팅하고 개발 여부를 명확하게 결정해 나간다. 이렇게 해서 원하는 것을 무작정 개발하는 것이 아니라 일단 접수한 뒤 항상 FM에 비추어 합리적으로 판단한다. 이렇게 함으로써 요구사항이 급격하게 커지는 것을 막을 수 있다.

도입 단계

시스템이 완성되면 사용자를 대상으로 데모 등을 하는데, 이때도 FM을 간단하게 설명한다.

요구사항 정의에서 나온 의견이나 의문을 데모 등에서 현장 사용자로부터 많이 듣는다. 'ㅇㅇ 기능이 필요합니다', '×× 기능은 없습니까?' 등이다. 이런 질문에는 친절하게 대답하고 납득하게 해야 한다. 그러기 위해서는 결국 FM을 어떻게 만들었는지 설명하는 것이 빠르다. 현행 FM과 신규 시스템의 FM을 비교하면서 설명하기도 한다.

기동 후

첫 기동이 안정되면 뒤로 미루었던 회색 기능의 개발을 시작한다. 이를 개발하지 않으면 양치기 소년이 된다. 프로젝트 구성원이 현장에서 원망 받는 것으로 끝나면 다행이지만 '뒤로 미룬다≒만들지 않는다'라고 관계자들이 생각하게 되면 두 번 다시는 시스템을 단계적으로 만드는 프로젝트를 추진할 수 없게 된다(그런 회사가 상당히 많다).

그러나 한 차례 시스템 개발을 경험했으므로 채용한 패키지나 업무에 대해 이전보다 이해가 훨씬 깊어졌을 것이다. 그래서 레이팅이나 우선순위에 변경이 발생하는 경우 또한 드물지 않다. 다시 관계자들을 모으고, 짧은 시간에 검토해서 수정하는 것이 좋다.

필자에게 FM을 사용하는 것을 가르쳐준 것은 과거에 함께 책(가상직의 업무 개혁 문서)을 썼던 후루카와전공(古河電工)의 세키(関) 씨였다. 사용자가 많은 시스템이었으므로 상당히 상세한 현장 설명회를 열었다. 현장이 전국에 퍼져 있었기 때문에 '카라반 원정대'라는 이름으로 수차례 프로젝트의 의의와 시스템 사용 방법을 설명하며 돌아다녔다.

그 원정대에서 세키 씨는 반드시 인쇄한 FM과 기능 명세를 가지고 다녔다. 그리고 강단에서서 '이것이 프로젝트에서 만든 기능 목록입니다. FM이라 부릅니다. 여기에는 378가지 기능이 기재되어 있으며, 그중 엄선한 233개를 먼저 만들었습니다. 왜냐하면...'이라고 설명했다.

그것을 옆에서 지켜보던 나는 'FM을 만든 것은 설명회를 열기 훨씬 전의 일이고, 사용자인 현장 사람들은 시스템을 어떻게 만들었는지에 관해서는 흥미가 없는 것 아닌가?'라고 생각했다

하지만 그의 의도는 다른 곳에 있었다.

- 이만큼 포괄적으로 검토했다.
- 무엇을 만들고 무엇을 만들지 않았는가? 이 또한 기호에 따라 결정한 것이 아니라 합의를 통해 검토하고 심각하게 필터링한 것이다

이런 것을 색을 구분한 FM이나 빼곡하게 기입한 기능 명세를 보면서 이야기했다. 그야말로 프로젝트 멤버의 진심을 전하는 도구로 FM을 보여준 것이다.

설명회를 하면 시스템을 조금 자세히 알고 있는 사원이나 평소 문제 의식을 가지고 있던 사람들로부터 '이 시스템보다 이런 기능이 더 필요합니다!', '왜 이 기능은 없습니까?'라는 날카로운 질문이 날아들 때가 있다. 무엇을 하든 현장 사람들은 '프로젝트라고 한들, 이 사람들은 현장 일은 아무것도 모르지 않나!'라며 자신만만하기 때문에 어중간한 설득은 통하지 않는다.

그런 경우에도 FM으로 보여주면서 '지금 말씀하신 기능은 FM의 이것에 해당합니다. 검은색으로 칠해져 있습니다. 검토 결과 이런 이유로 우선도가 낮다고 결정한 것입니다'라고 친절하게 설명해간다. 이렇게까지 논리 정연하게 전사적 관점에서 설명하면 평소 업무를 하는 현장 사원이라 하더라도 쉽사리 반론하지 못한다.

그때부터 FM은 요구사항 정의 문서라기보다 프로젝트를 추진하기 위한 커뮤니케이션 도구라고 생각하게 됐다.

시스템을 잘 만들게 하는 기술

기능 이외의 요구사항을 정의한다

이번 장의 레슨

- 지금까지 설명한 기능 요구사항과 달리 비기능 요구사항과 아키텍처에 관해 논의해야 한다.
- 양쪽 모두 전문가인 IT 엔지니어를 중심으로 검토하지만, '만들게 하는 사람'이 의견을 전달해야 하는 부분도 존재한다.

기능 이외에 두 가지 결정할 것들

지금까지 요구 기능을 FM에 표현하는 것에 집중했다. 하지만 IT 벤더에게 시스템을 발주하기 전에 알려줄 것이 아직 두 가지 있다. '비기능 요구사항'과 '시스템 아키텍처'가 그것이다.

앞에서와 같이 주택을 비유로 들어보자.

- '큰 책장을 갖고 싶다' → 지금까지 의논했던 기능
- '겨울에도 쾌적하게 지낼 수 있게 단열이 잘 되었으면 좋겠다' → 비기능 요구사항
- '내구성이나 단열을 위해 콘크리트 구조가 좋다' → 시스템 아키텍처

이미지가 그려지는가? '책장이 필요하다'라는 구체적인 요구사항에 비해, 비기능 요구사항은 보안 레벨 등도 포함한 '시스템 전체의 성능' 같은 것이다. 그리고 그것을 장기적으로 실현하기 위해 어떤 구조를 어떤 공법으로 만드는가를 결정하는 것이 시스템 아키텍처에 해당한다(아키텍처라는 용어 역시 건축 용어 'architecture≒구조, 건축 양식'에서 유래했다).

집주인이 상상하기 쉬운 책장에 비해, 높은 단열이나 건축 공법은 건축가의 영역이다. 그와 마찬가지로 시스템 세계에서도 비기능 요구와 시스템 아키텍처는 기본적으로 지식을 가진 전문가가 이끄는 세계다. 정보 시스템 부문이 확실하다면 그들에게 맡기거나, 그렇지 않으면 IT 벤더에게 제안을 받아야 한다.

단, '시스템을 만들게 하는 사람'도 최소한의 지식을 가지고 있어야 한다. 완전히 맡겼다가 나중에 눈물을 흘리는 경우도 있기 때문이다(주택 건축을 의뢰하는 초보자라도 최소한의 주택 공법에 관해서는 학습해 두는 것이 좋은 것과 같다).

- 비기능 요구사항이나 아키텍처에 관해 확실하게 설명해 주지 않는 악덕 IT 벤더도 상당히 많다(설명하지 않는 것뿐만 아니라 생각조차 하지 않는 경우도 있다!).
- 비기능 요구사항이나 아키텍처에도 다양한 선택지나 '어디까지 목표로 합니까'라는 판단도 필요하며, 그것은 '비즈니스에 기반할 때 어떠해야 하는가?'에 따라 다르다(즉, 시스템을 만들게 하는 사람이 나서야 한다).

이번 장에서는 먼저 비기능 요구사항과 시스템 아키텍처가 무엇인지, 엔지니어가 아닌 독자도 이해할 수 있는 범위에서 간략하게 설명한다. 그리고 '시스템을 만들게 하는 사람'이 그것들을 검토할 때 어떻게 관여해야 하는가에 대해 설명한다.

비기능 요구사항의 6가지 분류

비기능 요구사항은 여러 가지로 정의된다. 예를 들어 JUAS(Japan Users Association of Information Systems, 사용자 기업 단체)가 만든 '비기능 요구사항 정의 가이드라인' 등이 유명하다. 상세한 내용을 알고 싶다면 이를 참조하기 바란다. 필자들도 꼼꼼히 검토할 때는 200항목 이상으로 세분화하기도 한다.

이 책에서는 크게 6가지로 나누어 소개한다.

그림 M-1 비기능 요구사항의 6가지 분류

	카테고리	예
1	가용성	시스템은 언제 사용할 수 있는가 (언제 어느정도 멈추는가)
2	성능 / 확장성	업무량, 응답 속도 등. 미래 증대률
3	운용/유지보수성	문제 발생에 맞는 감시, 백업 대응
4	이식성	마이그레이션 대상 및 방법
5	보안성	접근 제한 및 데이터 암호화, 부정 감시 방법
6	시스템 환경 / 생태계	설비 위치의 환경 (면접, 내진성, 소모 에너지 등)

비기능 요구사항 ① 가용성(어느 정도 사용할 수 있는가?)

가용성^{availability}이란 귀에 익숙하지 않은 용어일 것이다. '시스템을 언제 사용할 수 있는가≒언제, 어느 정도 중단되는가?'라는 의미다. 하드웨어는 갑자기 고장 날 수 있는 것이기 때문에 아무런 대책을 강구해두지 않으면 고장 난 뒤 수리될 때까지 시스템을 사용할 수 없다. 그리고 프로그램을 교체하기 위해 야간이나 휴일을 활용해 의도적으로 정지시키는 경우도 많다. 그것을 얼마나 허용할 것인가는 중요한 요구사항이다.

예를 들어 스이카(SUICA)/파스모(PASMO) 같은 결제 시스템의 경우 '시스템을 사용할 수 없는' 상황은 허용되지 않는다(매우 높은 가용성이 요구된다). 한편 기업 안에서 사용되는 급여 계산 프로그램의 경우는 급여 지급일 며칠 전 외에는 거의 사용하지 않으므로 야간 또는 월초에 다소 중단돼도 문제가 없다(낮은 가용성이 허용된다).

높은 가용성을 목표로 할수록 하드웨어가 고장 났을 때 백업이나 철저한 테스트를 수행해야 하기 때문에 당연히 비용도 높아진다. 그래서 '만들게 하는 사람'은 다음 사항을 엔지니어에게 전달해 설계에 반영되게 해야 한다.

- 문제 발생에 따른 정지는 어느 정도(1개에 수 분, 수 시간 등) 허용할 수 있는가?
- 야간이나 장기 휴가 등 계획적으로 정지할 수 있는 기간은 언제인가?

비기능 요구사항 ② 성능/확장성

프로그램 실행 시 얼마나 시간이 걸리는가? 또는 동시에 얼마나 많은 사용자의 접속을 버틸 수 있는가와 같은 크기(볼륨)에 관한 요구사항이다.

가장 알기 쉬운 것은 '화면에서 OK 버튼을 클릭한 뒤 몇 초를 기다려야 하는가?', '월말 마감 처리에서 복잡한 계산을 할 때 몇 분이 걸리는가?'와 같은 응답 시간이다. 이것도 대책을 세워 두지 않으면 업무량(데이터 건수)에 따라 시간이 점점 늘어난다.

예를 들어 1,000명에 대한 급여 계산 처리는 1분에 완료되지만 30,000명일 때는 3시간이 걸리는 경우도 있다. 물론 고성능 하드웨어를 구입하면 속도가 빨라지지만 그만큼 많은 비용이 소요되므로 고민해야 한다. 그래서 '만들게 하는 사람'은 다음을 엔지니어에게 전달해 설계에 반영되게 해야 한다.

- 어느 정도의 속도가 요구되는가?
- 현재 비즈니스의 규모는 어느 정도인가?
- 몇 년 이내에 일정 수준 이상으로 확대될 가능성이 있는가?(비즈니스 용어로 '확장scale한다' 고 표현한다)

비기능 요구사항 ③ 운용/유지보수성

시스템은 한번 사용하고 끝나는 게 아니라, 매일 동작시키기 위해 조작해야 하며 이를 운용이라 부른다. 그리고 비즈니스 변화에 따라 기능을 추가 및 수정하면서 오래 사용하는 것이다(그렇지 않으면 초기 투자를 회수할 수 없다). 이런 목적의 회수 작업을 유지보수라 부른다. 운용과 유지보수가 쉬운가가 이 항목이 된다.

채용하는 아키텍처나 관련된 엔지니어의 실력에 따라 이들은 크게 달라진다 (즉, 시스템 유지 비용과 수명이 달라진다). 매우 중요한 항목이지만 사용자의 시선에서는 '오래 사용할 수 있게 만들어 주십시오' 정도로 표현할 수밖에 없기도 하다.

비기능 요구사항 ④ 이식성

이전 시스템에서 어떤 데이터를 가지고 오는가? 어떤 것을 그대로 두는가? 이에 따라 업무를 지속할 수 있는가가 결정된다. 사용자로서는 당연히 '데이터는 중요하므로 전부 마이그레이션 해주십시오'라고 말하겠지만, 데이터 마이그레이션은 기능을 만드는 것 못지 않게 비용이 든다. 기능과 마찬가지로 우선순위를 붙여야 한다.

데이터 마이그레이션에 관해서는 W장에서 소개한다.

비기능 요구사항 ⑤ 보안성

사이트에 부정한 접근으로 인해 개인 정보가 유출되거나 거액의 가상 통화를 도둑 맞는 등 IT 보안과 관련된 뉴스는 점점 늘어나고 있다. 하지만 이 항목 역시 고도의 전문적인 영역이므로 결제 시스템과 같이 보안이 비즈니스의 근간인 경우를 제외하고는 전문가에게 맡길 수밖에 없을 것이다.

비기능 요구사항 ⑥ 시스템 환경/생태계

하드웨어가 어떤 환경에 놓여있는가(지진, 온도 등), 이산화탄소 배출 감축을 고려해야 하는가 같은 관점의 항목이다. 전사적으로 환경을 중시하고 있다면 좀 더 환경 부담이 낮은 방법을 검토해야 할 것이다. 그렇지 않다면 이역시 기본적으로는 엔지니어에게 맡기는 것이 좋다.

사례 판매 관리 시스템 구축 프로젝트에서의 비기능 요구사항

다음은 어떤 프로젝트에서의 비기능 요구사항에 관해 논의한 결과다. 벤더 선정 시 벤더에게 요구 사항을 전달하기 위한 자료이기도 하다.

그림 M-2 비기능 요구사항 예 ①

가용성

- **운용 시간**
  - 공장 조업에 맞추기 위해 24시간 무중단 운영되어야 한다.
    - 단 사업소/기능 별로 수준을 나눌 수 있으므로, 요건 정의 시 세부 내용을 검토한다.
  - 일요일에도 출하 작업을 하므로, 주 7일 기동해야 한다.
  - 공장 조업 일정에 맞춰, 연말연시/휴가 등에는 계획 중단할 수 있다.

- **업무 지속성**
  - 가용성 보증 범위는 외부용 온라인 계열 업무까지로 한다.
  - 거래처에 대한 영향을 최소한으로 억제하기 위함

그림 M-3 비기능 요구사항 예 ②

성능/확장성

- **신규 시스템의 사용 기간**
  - 10년 이상
    - 품질 보증 데이터 보존 기간(10)년에 맞춰, 위 기간 설정

- **일반 업무량**
  - 사용자 수: 사업소 X개에 맞춰 X00명 전후 + 외부 100개 기업 정도
  - 동시 접속자 수　: 위 사용자의 10%인 30명 정도를 최대 동시 접속자 수로 설정

- **업무량 증가 정도**
  - 신규 시스템 기동부터 10년까지 1개 사업소의 추가를 가정해, 1.3~1.5배 정도 업무량 증가를 설정

- **온라인 응답**
  - 처리 능력
    - 화면 표시: 3초 이내 (예) 계약 화면
    - 등록 처리: 3초 이내 (예) 계약 입력
    ※ 요건 정의 시 화면이나 처리 별로 응답 요구를 검토

이 자료를 작성한 것은 IT 벤더가 프로젝트에 참가하기 전이다. 따라서 만드는 사람의 시선이 아니라 만들게 하는 사람의 시선에서 비즈니스에 직결되는 것만 쓰여 있다.

비기능 요구사항의 실현 방법에 관해서는 엔지니어가 보다 상세하게 알고 있으므로 IT 벤더를 결정한 뒤 논의하는 프로젝트도 있다. 하지만 비기능 요구사항은 하드웨어 조달이나 운용/유지보수 체제를 검토할 때의 재료가 되므로 예산액이나 벤더 선정에 영향을 미친다. 따라서 필자들은 이 예시 정도의 조잡함은 관계없기 때문에 이 시점에서 논의한다.

조잡하다고 표현했지만 개략적인 견적을 계산하기에 필요한 최소한의 구체성은 확보한다. 예를 들어 기동률의 경우 사용자가 진짜 원하는 것은 '사용하고 싶을 때 언제든 사용할 수 있는 것'이 요구사항일 것이다. 하지만 이것이 하루 24시간, 365일 사용하는 것인지 조업일의 정해진 시간뿐인지는 판단할 수 없다.

따라서 이 사례에서는 조금 더 구체적으로 표현했다. 이것을 읽으면 사내 시스템으로서는 비교적 엄격한 가용성이 요구된다고 엔지니어가 이해할 수 있다. 특히 24시간 작동할 수 있어야 하기 때문에 야간 작업 등을 위해 시스템을 정지할 수 없어 24시간 대응할 수 있는 유지보수 체제도 필요하다.

비기능 요구사항 검토 시
시스템을 만들게 하는 사람의 마음 가짐

비기능 요구사항에 관해 어떤 것들을 결정해야 한다. 이미지가 조금은 구체적이 되었을 것이다. 엔지니어가 아니라면 '대략은 알겠지만 내용까지는(잘 모르겠다)…' 같은 상태일 것이다.

기능에 관한 논의와는 달리 하나 이상의 시스템을 함께 생각해야 한다는 점이 특히 어렵다. 회사 전체 시스템 구성을 어떻게 할 것인가, 기동 후의 운용/유지보수를 어떻게 할 것인가에 관해서는 회사 전체의 시스템 정책에 의존한다(기업 그룹 전체에서 정책을 결정하는 경우도 있다). 다른 시스템의 기동 시간이나 인프라스트럭처 구성의 제약을 받는 경우도 있어 다른 시스템과의 관계도 고려해야 한다.

그렇기 때문에 전체 시스템을 조감하는 IT 부문 또는 그와 유사한 외부 전문가에게 자문을 구해야 한다. 업무 부문이 주도한 시스템 구축 프로젝트라 하더라도 이 부분만은 IT 부문에서 적극적으로 참가하도록 해야 한다.

이를 바탕으로 이후에는 업무를 담당하는 사람, 실제로 사용하는 사람으로서 이 의사결정에 참여할 때 다음과 같은 것들을 유념해야 한다.

비기능 요구사항에 대한 마음 가짐 ① 비즈니스의 컨텍스트를 전달하라!

앞에서도 설명한 것처럼 비기능 요구사항이나 아키텍처에 관해 한 차례 의사결정한 것은 시스템이 기동하는 동안 계속해서 끌려가게 된다(10년, 20년까지 이용하는 경우도 있다). 따라서 사업 환경이나 기업 변화, 제도 변경 가정 등 미래에 일어날 일을 미리 고려해 가능한 한 변화에 대응하기 쉽게 해 두는 것이 좋다.

만약 사원 1,000명을 가정해 시스템을 구축했는데 5년 후에 그 몇 배로 규모가 커져서 시스템 처리가 늦어지고 업무가 돌아가지 않는다면 눈뜨고 볼 수 없을 것이다. 그렇기 때문에 이후 이용자가 얼마나 늘어날 것인가, 미래에 어떤 사업을 가정하고 있는가를 가정해서 전달해야만 한다.

시스템을 잘 만들게 하는 기술

한 공유 서비스 센터를 예로 조금 더 구체적으로 설명해보자. 필자들이 지원해서 설립했던 당초에는 센터가 도급받는 업무는 모두 본사의 것이었다. 하지만 수년 뒤에는 본사뿐만 아니라 관계 회사 등 십 수 개사의 업무도 의뢰받게 됐다.

경리 업무의 경우 역시 본사에서만 의뢰받을 때보다 다루는 분개 데이터의 건수나 종료도 훨씬 증가했다. 그룹 기업이므로 결산 마감 처리도 집중한다. 만약 '수년 뒤에는 본사 이외의 업무도 맡게 된다'는 구상을 하지 않고, 비기능 요구사항을 결정했다면 확장성의 관점에서 고생했을 것이다.

마찬가지로 지금 만들고 있는 시스템을 미래 해외 거점에서도 사용할 가능성이 있다면 그 내용도 전달해야 한다.

비기능 요구사항에 대한 마음 가짐 ② 허용 가능한 한계를 전달하라!

시스템에 국한된 것이 아니라 무언가를 살 때 '좋을 수록 좋다'고 생각하는 것은 당연하다. 그러나 필요 이상의 요구사항은 불필요하게 비용을 높이게 된다(납기가 늦어지기도 한다).

그리고 사용자 입장에서 볼 때는 '별것 아닌 것 같은 요구사항'이 비용을 걷잡을 수 없이 늘리기도 한다. 예를 들어 장애가 발생했을 때 복구까지의 시간을 하루까지 허용할지, 한 시간까지 허용할지에 따라 비용(초기 투자액이나 운용 비용)에 큰 차이가 발생한다.

이처럼 비기능 요구사항은 일정한 선을 넘으면 비용이 급격하게 변하는 경우가 많다. 이것을 '비용 한계'라 부른다. 비용 한계가 있는가, 즉 '이 이상 요구하면 막대한 비용이 드는 분기점'은 기술 발전과 함께 달라지므로 시스템을 잘 아는 사람만이 알 수 있다.

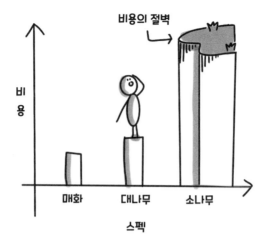

그렇기 때문에 갑자기 과도한 요구를 하는 것이 아니라, 하한부터 결정해 나가는 것이 중요하다. 비즈니스를 돌아보고 '하루 정도는 시스템을 사용할 수 없더라도 인력으로 대처할 수 있지만, 하루를 넘기면 정말 힘들어지겠지…'와 같이 스스로 질문하고 답하면서 하한부터 결정해 나간다.

비기능 요구사항에 대한 마음 가짐 ③ 트레이드오프를 판단하라

비기능 요구사항 중 하나인 '가용성'에 관해 이야기하면서 '시스템 기동률은 얼마나 요구되는가?'라고 질문을 받는다면 '100%가 좋다!'라는 것이 솔직한 대답일 것이다. 하지만 예를 들어 3천만 명을 넘으면 기동률이 0.01% 높아지는 방법이 있을 때 그 방법을 채용할 것인가? 0.01%라는 것이 비즈니스 관점에서 얼마나 가치를 갖는가?

기동률과 투자액은 전형적인 트레이트오프 관계(기동률을 높일수록 투자액이 늘어나고, 투자액을 줄일수록 기동률이 낮아지는 저울 같은 관계)다.

이런 트레이드오프는 IT 부문에서는 결정할 수 없다. 그들이 할 수 있는 것은 무엇과 무엇이 어떤 트레이드오프 관계에 있는가를 나타내는 것뿐이다. 어디까지나 만들게 하는 사람이 의사결정을 하고, 필요하다면 경영자의 승인을 받아야 한다.

C o l u m n

SaaS 시대의 비기능 요구사항

SaaS(Software as a Service)는 이름 그대로 프로그램을 구입해 자사에서 운용하는 것(ON-PREMISES)이 아니라, 서비스를 제공받는 방식의 소프트웨어다.

예를 들어 스마트폰에 설치되어 있는 구글 맵(Google Map)은 지도나 검색 도구를 구글에서 구입해 스마트폰에 저장한 것이 아니다. '가고 싶은 가게까지의 경로를 표시하는' 서비스를 구글에서 제공받는다. 서비스는 인터넷상에 있으며, 스마트폰을 사용해 해당 서비스에 접속할 뿐이다.

구글 맵과 같은 개인 도구뿐만 아니라 기업이 이용하는 소프트웨어도 최근 급속하게 SaaS로 변하고 있다. 신형 코로나 팬데믹으로 인기를 얻은 줌(Zoom)과 같은 회의 도구도 기업이 계약하는 전형적인 SaaS이다.

시스템 구축에 SaaS를 사용하기로 결정하는 경우, 비기능 요구사항에서 의논할 부분은 상당히 줄어든다.

예를 들어 가용성은 SaaS를 제공하는 벤더가 목푯값(기동률 99.9% 등)을 제시하는 경우가 많으며 이쪽에서 직접 관여할 수 없는 부분이다.

그리고 SaaS는 사용자를 점점 확대하는 것을 전제로 하는 비즈니스이므로 확장성은 제공하는 벤더에서 이미 확보 완료한 상태다(그렇지 않으면 그들의 비즈니스 역시 진행되지 않는다).

따라서 'A사의 SaaS와 B사의 SaaS를 비교해보면 보안 수준은 A사 쪽이 높다'와 같이 선정할 때의 비교 자료가 됐다 하더라도, 사내에서 검토를 계속하는 데는 크게 활용할 수 없다. 필자가 전사 IT의 비기능 요구사항에 관해 검토할 때도 SaaS로 구현하는 부분은 '여기는 Microsoft의 기준에 따른다', 'Salesforce의 기준에 따른다' 정도만 기재한 뒤, 그렇지 않은 영역(즉, SaaaS를 사용하지 않는 영역)의 검토에 집중한다.

세계적으로 점유율이 높은 SaaS는 일반 사용자가 원하는 비기능 요구사항을 대부분 제공한다. 비기능 요구사항을 자세히 검토할 능력이 부족하다면 이같은 서비스를 도입하는 것도 빠르게 대응할 수 있는 방법이다.

시스템 아키텍처의 세 가지 포인트

시스템 아키텍처란 시스템 구조와 만드는 방법을 의미하지만, 실제 프로젝트에서는 만들게 하는 사람도 참가하는 편이 좋은 논의는 다음 세 가지다.

포인트 ① 패키지인가, 직접 개발인가?

20여 년 전까지는 패키지 소프트웨어라고 하면 경리나 인사, 콜센터 등 회사별로 크게 다르지 않은 업무만 다루었다. 하지만 최근에는 거의 모든 업무 영역에 관한 좋은 제품이 나와 있다.

아무것도 없는 데서 직접 만드는 시스템은 많은 비용이 들고, 그런 것에 능숙한 엔지니어의 수도 줄어 모집하기 어려워졌다. 먼저 패키지 소프트웨어를 사용한다는 전제로 조사하되, 요구사항을 도저히 만족하지 못하는 경우에만 직접 만드는 것을 검토하는 것이 좋다(패키지 등을 사용하지 않고 직접 시스템을 구축하는 것을 스크래치 개발이라 부른다).

다음 예는 어떤 제조업의 시스템 아키텍처를 나타낸다. 이 회사에서는 제품화에서 생산 관리까지 스크래치로 개발한 시스템을 업그레이드하게 됐다. 패키지 채용을 전제로 했지만, 기존에 일부 영역에서 패키지 소프트웨어를 도입했기 때문에 새롭게 채용할 예정인 소프트웨어로 커버할 기능과 기존 패키지에서 구현한 기능의 색을 나누어 표시했다.

그림 M-4 아키텍처 다이어그램 예

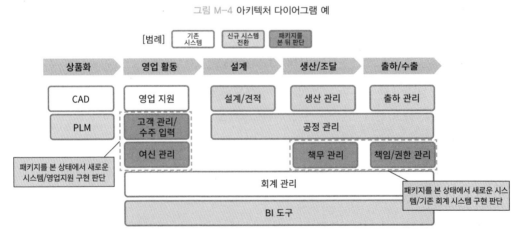

이 그림을 그린 단계에서는 패키지 소프트웨어의 기능을 상세히 조사하고자 하는 것은 아니므로 '조사해서 결정한다'는 영역도 많다. 충분히 조사를 완료하지 않은 단계에서도 이런 그림을 그림으로써 이후 조사의 견적이나 벤더에 대한 정보 제공 의뢰/제안 의뢰를 쉽게 진행할 수 있다.

포인트 ② 온프레미스인가, 클라우드인가?

온프레미스on-premises란 하드웨어나 소프트웨어를 자사가 보유하며 관리하는 것이다. 한편 클라우드cloud는 인터넷을 통해 타사가 제공하는 시스템을 사용하는 것이다(SaaS는 클라우드의 일종이다).

직관적으로 알기 쉬운 것은 하드웨어다. 온프레미스의 경우에는 자사의 부지 안에 설치하고, 자사에서 관리 및 운용하게 된다. 한편 Amazon이 제공하는 AWS와 같은 클라우드의 경우에는 Amazon이 관리하는 지역의 어딘가에 설치된 하드웨어에 데이터를 보낸다.

어떤 쪽이 우수한가에 대해서는 최근 20여 년 동안 의논이 계속되어 왔다. 한때는 보안을 이유로 클라우드를 사용하지 않는 정책을 펴는 기업도 있었지만, 2020년 현재는 오히려 클라우드 쪽이 안전하다고 생각하는 엔지니어가 많으므로 클라우드 활용이 당연하게 여겨지게 됐다. 은행 등 고도의 보안이 요구되는 경우도 클라우드를 선택하기도 한다.

비기능 요건에서 소개한 가용성과 확장성도 클라우드 쪽에서 확보하기 쉬우므로 특수한 사정이 아닌 한 클라우드를 선택하게 될 것이다.

포인트 ③ 여러 시스템 사이의 연동

기업에는 여러 시스템을 사용한다. 여러 시스템에서 기능을 분담하고, 데이터를 전달하면서 전체적으로 큰 기능을 수행한다. 예를 들어 판매 관리 시스템에서 발주나 출하를 등록하면 매출 계산 데이터가 만들어지고 합계 시스템에 연동되어 매출 계산을 수행하는 흐름이다.

그래서 여러 시스템이 어떤 역할을 수행하고, 어떻게 연결되어 있는가에 관해 전체 이미지를 그려 검토하게 된다. 기업 전체의 시스템 아키텍처를 그리는 엔지니어는 일류다(아키텍트라고 부른다). 따라서 만들게 하는 사람이 갑자기 그리는 것은 매우 어렵다. 스킬을 가진 사람에게 그리도록 의뢰하고, 그것에 기반해 설명을 들으면 전체 이미지를 그리는 데 도움이 될 것이다.

그림 M-5는 전형적인 아키텍처 그림이다. 왼쪽에서 오른쪽으로 기업 활동 흐름(영업에서 사후 서비스까지)에 걸쳐 각 업무를 지원하는 시스템을 만들어 가는 정책임을 알 수 있다. 시스템 사이를 화살표로 연결한 것은 데이터의 전달을 의미한다.

목조인지 콘크리트 구조인지와 같은 공법에 따라 주택의 성능이 일정 수준 이상 결정되는 것처럼 IT 시스템도 이 그림에 그려진 것과 같은 아키텍처에 의해 수명이나 계속 사용하기 위한 비용 같은 비기능 요구사항이 상당 부분 결정된다.

그림 M-5 시스템 연동 다이어그램

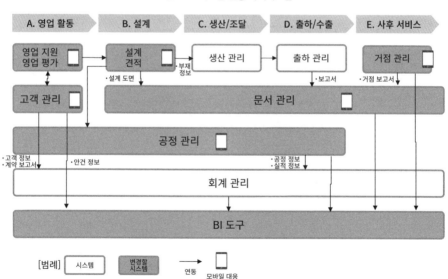

예를 들어 '고객 정보', '제품 정보' 같은 핵심 정보가 다양한 시스템에 분산되어 있어 어느 데이터가 올바른지 잘 알 수 없는 경우가 많다. 이 또한 아키텍

처가 관리되지 않기 때문에 발생하는 현상이다. IT에 대한 진단 결과, 아키텍처가 상당히 좋지 않아 밑바탕부터 다시 만들어야 하는 경우도 많다.

아키텍처는 엔지니어의 솜씨가 많은 영향을 미치는 검토이며, 오랜 기간에 걸쳐 비용이나 품질에 영향을 미치므로 (다소 비용이 든다 해도) 제대로 된 IT 엔지니어에게 의뢰해야 한다.

PEW

- - - - - - - -

사과끼리 비교해야만 의미 있지 않은가?

패키지와 벤더를 선택한다

30년 전과는 달리, 처음부터 프로그래밍해서 시스템을 만드는 것(스크래치 개발이라 부른다)은 거의 사라졌다. 범용 패키지 소프트웨어(솔루션이라 부르기도 한다)를 사용하면 저렴하게 좋은 것을 만들 수 있기 때문이다.

트위터(Twitter)와 같은 이제까지 세상에 없던 IT 서비스를 만드는 프로젝트를 제외하면 경리나 재고 관리 같은 기간 업무는 물론 지식 관리(knowledge management)나 사원 커뮤니케이션, 고객 관리에 이르기까지 그야말로 다양한 업무를 위한 패키지가 존재한다.

물론 패키지라면 덮어놓고 좋다는 말은 아니다. 이미 발매된 패키지 중 회사에 맞고 가격이 타당한 패키지를 선정해야만 한다. 이것을 패키지 선정이라 부른다.

그리고 벤더도 역시 이 시점에서 선정한다. 시스템을 100% 자사에서 만드는 기업은 현재 그렇게 많지 않으며, 사외 IT 벤더에게 발주하는 경우가 많다. 물론 모든 IT사가 좋다는 것은 아니다. 소프트웨어 엔지니어링 능력이 높고 활용하는 패키지에 관한 지식이 충분하며 가격이 타당한 벤더를 선정해야 한다.

필자들이 속한 캠브리지에서는 이런 패키지나 벤더를 선정하는 과정을 영어로 PEW(Partner Evaluation Workshop)라고 부른다.

그리고 패키지와 벤더 선정 방법에는 두 가지 패턴이 있다.

a) 패키지를 선정한 뒤, 해당 패키지를 전문적으로 다루는 벤더를 선정한다.

b) 벤더를 선정한다. 패키지는 해당 벤더로부터 제안받는다.

여기에서는 b)를 염두에 두고 설명한다. 최근에는 패키지 선정이라기보다 프로젝트를 함께 진행하는 파트너≒벤더를 선정하는 것의 의미가 크기 때문이다(여담이지만 PEW라는 단계명도 과거에는 Package Evaluation Workshop였다가 Partner Evaluation Workshop으로 변경했다).

그리고 a) 패턴으로 프로젝트를 진행할 때는 이 책에서 설명하는 단계 중 먼저 패키지 선정에 관련된 부분만 수행하고, 그후 벤더 선정을 새롭게 실시하는 것이 좋다.

> **참고** 패키지 활용의 장단점
>
> 패키지 소프트웨어를 사용하는 개발은 주택에 비유하자면 프리팹prefab 공법과 같다. 목수가 기둥을 깎는 작업부터 시작하는 것에 비해 안전하고 빠르게 주택을 만들 수 있는 등 장점이 많다.
>
> > **장점**
>
> - 비용이 저렴해진다.
> - 기간이 짧아진다.
> - 오류가 적다(물론 0은 아니다).
> - 최신 기술을 적용할 수 있다(AI를 사용한 추천 기능 등).
> - 기동 후의 법률 개정 등에 대응하기 쉽다.
> - 같은 패키지를 사용하는 타사와 정보를 교환할 수 있다.
>
> 물론 장점만 있는 것은 아니다. 단점도 있다.
>
> > **단점**
>
> - 패키지 벤더에게 계속해서 라이선스 비용을 지불해야 한다(벤더 락인vendor lock-in이라 부른다).
> - 자사의 업무에 맞지 않는 경우 커스터마이즈를 해야 한다.
> - 업무에 맞지 않는 경우 직접 기능을 추가하면 비용이 더 높아진다.
>
> 패키지 버전이 업데이트되었을 때 다시 테스트가 필요하거나, 계약에 따라서는 라이선스를 재구매해야 한다.

벤더 선정 13단계

벤더 선정의 포인트는 '2단계 선발'이다.

전 세계에 패키지는 무수히 많다. 대상이 되는 업무가 다양한 것은 물론 대기업/중견기업/영세기업 용, 구입형/SaaS형, 글로벌 기업용/국내용 등 그 종류가 매우 다양하다. 벤더 역시 무수하게 존재한다.

따라서 모든 패키지나 벤더 정보를 모아 자세한 이야기를 들어서는 프로젝트가 절대 끝나시 않는다. 그래서 우선 '롱 리스트long-list'를 만든 뒤 거기에서 공개 정보를 기반으로 1차 선정에서 3개 정도를 필터링한다.

그림 M-1 2단계 선택

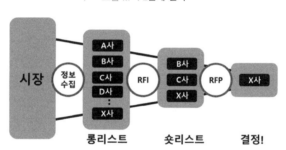

1차 선정을 통과한 벤더들을 대상으로 적절히 거리를 두고, 패키지 기능이나 시스템 구축 정책에 관해 상세하게 들어보거나 패키지 데모를 의뢰한다. 대략적인 가격 견적을 받아 프로젝트 예산으로 충당할 수 있는지 체크한다.

다음은 벤더나 패키지를 선정하는 13 단계다. 이후 3개 장에 걸쳐 설명한다.

N장: 파트너 1차 선정

① 롱 리스트 작성
② 평가 기준 선정(1차 선정용)
③ RFI(Request For Information)
④ 1차 선정

O장: 제안을 의뢰한다

⑤ 여러 파트너의 조합 검토
⑥ 평가 기준 설정(2차 선정용)
⑦ RFP(Request For Proposal)
⑧ Q&A 대응
⑨ Fit & Gap
⑩ 데모 실시

P장: 파트너를 결정한다

⑪ 투자액 시뮬레이션
⑫ 평가표 작성
⑬ 최종 선정

Column

왜 벤더 선정/패키지 선정이 어려운가?

필자는 고객과 함께 여러 차례 벤더 선정, 패키지 선정을 해왔지만 그때마다 핵심 멤버 사이에서 격론이 일었다. 이번 칼럼에서는 그 어려움에 관해 간단히 소개하고자 한다. 이제부터 설명하는 선정 13단계는 이런 어려움을 회피하기 위해 만들어진 방법론이다.

어려움 ① 패키지 기능만 봐서는 안 된다

패키지 선정에 즈음해 '이런 기능이 충실하다', '이것으로 업무가 쉬워지지', '화면이 보기 쉽다' 등 기능 여부를 열심히 확인하는 경우가 많다. 하지만 벤더의 프로젝트 수행 능력이나 유지보수 체제, 보안 측면 등 다양한 관점에서 조사해야 한다.

어려움 ② 진실된 것을 보기 어렵다

벤더 역시 상품을 판매하는 것이므로 장점은 어필하고, 약점은 굳이 말하지 않는다. 그리고 많은 정보 중에서 '우리 회사의 의사결정에 있어 중요한 정보'가 무엇인지 파악하는 것은 어렵다.

앞으로 설명할 파트너/제품 선정의 단계 역시 다양한 방식으로 정보를 입수하고, 이를 의사결정하기 쉽게 정리하는 과정이라 말해도 좋다.

어려움 ③ 단독이 아닌 공동 행동, 합의 형성이 중요

일반적인 쇼핑과 달리, 함께 하는 벤더나 패키지 선정은 그 영향 범위가 넓다. 선정에 납득하지 못하면 시스템 구축 중이나 기동한 뒤 '왜 이런 것을 골랐습니까!'라는 불만이 여기저기서 튀어나온다.

그렇기 때문에 이후에 영향을 받을 사람들을 가능하면 참여시킨 상태에서 모두가 납득하는 결정을 목표로 해야만 한다. 당연히 매우 어렵다. 키워드는 '프로세스의 투명성'이다.

어려움 ④ 반드시 예산을 초과한다

하고 싶은 것을 몇몇 벤더 사에 제시하고 견적을 받아보면 대부분의 경우 애초에 생각하고 있던 예산을 초과한다. 물론 처음 나온 숫자는 대략적이고 불필요한 기능이나 작업도 포함되어 있기 때문에 확인하면서 줄여가게 되지만, 고통스러운 작업이다.

어려움 ⑤ 벤더의 판매자 우위 시장?

10년, 15년 전에는 대형 프로젝트의 제안 의뢰를 하면 모든 벤더가 열심히 제안했다. 그러나 최근 몇 년은 모든 벤더가 바쁜 것 같다. 벤더가 충실한 제안을 하도록 하기 위해서는 솔직한 커뮤니케이션이 필요하다. 언젠가는 제안을 받는 것만으로도 벤더에게 돈을 지불해야 할 시대가 올지도 모른다.

N장 파트너 1차 선정

- 세계에 무수히 많은 패키지나 벤더 중에서 제안 의뢰를 할 3개 정도의 회사를 필터링하는 작업을 1차 선정이라 부른다. 말하자면 예선에 해당한다.
- 1차 선정 대상 기업은 매우 많으므로 손쉽게 얻을 수 있는 정보에서 여러분이 하고 싶은 것에 적절한지 파악해야 한다.

단계 ① 롱 리스트 작성

벤더 선정 단계에서 우선 수행하는 것은 이번 대상 시스템을 구축/제공할 수 있는 벤더를 넓게 찾아내는 것이다. 정보 소스는 인터넷, 지금까지의 관계, 인맥, 업계 잡지, 관련 세미나 등 무엇이든 좋다. 롱 리스트를 작성할 때는 '이 회사는 어차피 우리 회사에는 맞지 않는다' 같은 생각을 하지 말고 일단 리스트업한다. 조금이라도 가능성이 있는 회사는 대상이 된다. 적어도 10-20개 정도의 회사를 추린다.

그림 N-1 롱 리스트 예

		대기업용 패키지 (연 매출 5000억 이상)	중소기업용 패키지 (연 매출 5000억 미만)
국내 벤더	온프레미스	• 국내 A사 • 국내 B사 • 국내 C사	• 국내 F사 • 국내 G사
	클라우드	• 국내 D사 • 국내 E사	(해당 없음)
해외 벤더	온프레미스	• 해외 H사 • 해외 I사	• 해외 L사
	클라우드	• 해외 J사 • 해외 K사	• 해외 M사

숫자를 늘리는 것뿐만 아니라 변형이 풍부한 것도 중요하다. 이 단계에서는 선택지를 넓혀 두기 위해서도 국내/해외, 대규모/중간 규모 등 여러 관점에서 벤더를 도출하자.

도출한 벤더에 대해 롱 리스트로 간단하게 정보를 모아 둔다. 이것은 각 제품의 특징을 억제함과 동시에, 이후 각 벤더의 접촉 상황을 관리하기 위한 것이다. 기재할 정보는 제품 특징, 도입 실적, 연락처 등이다.

그림 N-2 패키지 정보 정리 예

No.	1	2	3
패키지 종류	통합 패키지	통합 패키지	MES만 제공
패키지명	패키지 제품 A	패키지 제품 B	패키지 제품 C
회사명	aaa사	bbb사	ccc사
회사 HP	http://www.aaa.com	http://www.bbb.com	http://www.ccc.com
제품 특징	• 글로벌 대응 웹 업무 시스템(다국어, 다국화 대응) • 기능 사양, 소스 프로그램, DB정보 공개, 공개 프레임워크 제공	• 제조업 플래닝 통합 관리 • 중견 제조업용 No.1 마켓 셰어 • 중견 기업용으로 최적화된 기능 및 일관성 있는 제조 업무 관리 실현 지원	• 엑셀과 유사한 입력 조작, 장기/중기/단계 계획 마스터 일원화 • 수립한 계획 데이터를 경영층으로부터 현장까지 표시
도입 실적 기업명	제조사 D, 여행사 E	화학제조사 F	AV 기기 제조사 G, 정밀 기기 제조사 H
동작 환경	온프레미스	클라우드	온프레미스
도입 비용	최저가격 XXXX만 원~	5 클라이언트 XXXX원	※ 정보 없음
연락처/문의처	TEL: XX-XXXX-XXXX	담당자 T(070-XXXX-XXXX)	홈페이지 문의
비고		관련 기사: XX 특집 게재	

글로벌 대응/웹 대응/다국어 대응 상황(한국어, 영어, 중국어에 대응하는가?) 등도 추가 정보로 기재해 둔다.

롱 리스트에 가능한 한 많은 항목을 기술하는 이유

'결국 우리 회사에는 적합하지 않다'라는 것을 생각하지 않고, 많은 패키지를 우선 리스트 업하는 것이 좋은 이유는 포괄성을 담보할 수 있기 때문이다. 리스트업하는 것 자체는 큰 노력이 들지 않는다. 벤더 선정, 패키지 선정 단계를 진행하면서 프로젝트 핵심 구성원이 아닌 사람들로부터 '그러고 보니 이런 벤더/패키지는 검토했습니까? 평이 좋던데요?'라며 간섭을 받는 경우도 많다.

롱 리스트에 다양한 벤더나 패키지가 기재되어 있다면 '그 벤더나 패키지는 리스트업해서 검토했습니다. 그 결과 이런 이유로 제외했습니다'라고 설명할 수 있다.

가장 최악인 상황은 마지막 경영 회의에서 승인을 받을 때 '○○ 패키지가 좋다고 경영진 사이에서 들었는데...' 같은 말을 듣는 것이다. 애초에 리스트 자체에 포함하지 않았다면 정보가 없을 것이므로 좋고 나쁨을 그 자리에서 판단할 수 없다. '확인하고 수정하겠습니다'라는 대답이 고작일 것이다. 이전 프로젝트에서는 그런 상황을 막기 위해 사장이 '내 지인 중에 이런 벤더가 있습니다' 같은 말을 한 것도 포함해 모든 항목을 리스트업했다. 다른 사람들이 '그 회사가 이번 프로젝트를 감당하기는 힘들 텐데...' 라고 생각했더라도...

단계 ② 평가 기준 선정(1차 선정용)

FM의 셀을 취사선택할 때 우선순위의 기준을 결정한 것처럼 벤더나 패키지를 선택할 때도 기준을 정한다. 그것도 실제로 제안을 받은 뒤 기준을 결정하는 것이 아니라 아무것도 없는 상태에서 '자신들에게 있어 정말로 중요한 것은 무엇인가?'를 의논해 결정해 두는 것이 좋다. 실제로 멋진 제품 데모를 보거나 깔끔한 영업 담당자의 프레젠테이션을 들은 뒤에는 어떻게 해도 인상에 남기 쉽기 때문이다.

1차 선정 시 평가 기준

평가 기준 A) 필수 조건을 만족하는가?

평가 기준 B) 대략적인 계산 비용

평가 기준 C) 기능 커버 범위(개괄적인 수준)

평가 기준 D) 기업 평가

2차 선정 시 평가 기준(O장 참조)

평가 기준 E) 기능 실현성(FM 레벨)

평가 기준 F) 비기능 요구사항 실현성

평가 기준 G) 유연성, 조작성

평가 기준 H) 프로젝트 체제/기술력

평가 기준 I) 초기 비용/운영 비용

1차 평가의 네 가지 평가 기준

1차 평가 단계에서는 얻을 수 있는 정보가 한정되어 있고, 평가 대상 벤더 수도 많기 때문에 대략적으로 선정한다. 그때는 다음 네 가지 항목으로 평가하는 경우가 많다.

평가 기준 A) 필수 조건을 만족하는가?

'이 조건을 만족하지 않는 경우는 선택하지 않는다'는 강한 제약 조건이다. 영어로 녹 아웃 팩터knock out factor라 부르기도 한다. 다음은 녹 아웃 팩터의 몇 가지 예다.

- 엄격한 보안 요건을 전사적으로 결정하고 있는 기업에서는 그 만족 여부를 확인할 수 없는 패키지는 2차 선정에는 올리지 않았다.

- 이후 글로벌 진출을 가장 중요한 전략으로 하는 기업에서는 경리 패키지를 선택할 때 국산 패키지는 모두 1차 선정에서 떨어뜨렸다.
- 데이터의 일원화 관리를 콘셉트에 담고 있는 프로젝트에서는 구매/판매/재고 관리의 각 영역은 하나의 패키지로 처리할 수 있는 것을 필수로 했다.

평가 기준 B) 대략적인 계산 비용

아무리 훌륭한 패키지나 신뢰할 수 있는 벤더라도 투자액이 너무 크다면 선정할 수 없다. 투자액이 너무 크다는 것은 단순히 당시 경영 상황에서의 캐시 아웃 상한액이 결정되는 경우도 있으며, 프로젝트에서 얻을 수 있는 이익과 비교해 '그 금액을 투자하더라도 목표를 달성할 수 없다'는 경우도 있다.

물론 이 시점에서 확실한 투자 금액은 산출할 수는 없다. 이 시점에서는 벤더도 프로젝트에 관한 자세한 정보를 얻지 못하므로 정확한 견적을 제시할 수 없기 때문이다. 그러나 자릿수(억 단위, 십억 단위, 백억 단위)는 알 수 있다. 대기업용 패키지와 중소기업용 패키지에서는 프로젝트 총비용의 자릿수가 하나 다른 경우가 종종 있다. 벤더도 과거 같은 규모의 프로젝트 비용 정도로 제시하는 경우가 많다.

평가 기준 C) 기능 커버 범위(개괄적인 수준)

상세한 기능 분석은 다음 단계에 수행하지만, 이 시점에도 이번의 대상 범위를 얼마나 커버하는가를 간단히 평가할 필요가 있다. 판매, 구매, 재고 관리 등 대상 범위가 넓은 프로젝트가 있는가 하면 모든 범위를 한 벤더가 커버할 수 있다고 단언할 수도 없다.

'이 영역은 전혀 제공할 수 없습니다'라는 대답을 하는 벤더도 있다. 그 경우, 1차 선정 대상에서 제외할지, 다른 회사와의 조합을 전제로 2차 선정을 진행할지 판단해야 한다.

조합하는 경우와 관련된 사고방식은 다음 장 '단계 ⑤ 여러 파트너와의 조합 검토'에서 설명한다.

평가 기준 D) 기업 평가

PEW(Partner Evaluation Workshop)이라는 용어 그대로 벤더나 패키지 선정은 이후 10년, 15년을 함께 할 파트너를 결정하는 것이다. 시스템 기동 후에도 관계가 계속되므로 안정된 관계를 만들어야 한다. 하지만 제공하는 기능은 매력적이지만 기업으로서는 실적이 적거나 재무적으로 불안한 경우도 있다. 이런 회사를 선정하는 것에는 리스크가 있다. 그렇기 때문에 기업 자체에 대한 평가도 그 시점에서 추가해 둔다.

그리고 해외 기업이 제공하는 패키지의 경우 일본 시장에서 철수할 리스크나, 매수되어 그 패키지에 대한 투자가 중단되는 등 급격한 변화가 있을 수 있다. 2000년경에는 미국 IT 버블이 붕괴된 영향으로 이런 일이 많았다. 최근 SaaS의 경우에는 글로벌로 서비스를 제공하는 것이 전제이므로 크게 신경 쓰지 않아도 좋다.

이 네 가지가 대표적인 평가 기준이다. 이 밖에도 프로젝트 목표나 회사 특유의 사정(IT 부분이 취약하기 때문에 만전의 지원 체제가 필요하다)을 고려해 결정하는 것이 좋다.

단계 ③ RFI(Request For Information)

롱 리스트에 대상 벤더를 선정하고 1차 평가 기준을 결정했다면 벤더에게 RFI(정보 제공 의뢰서)를 제시한다.

다음 단계인 RFP(Request For Proposal) 정도는 아니지만, RFI에 회답하는 것도 벤더에게 작업을 맡기는 것이다. 그들이 잘 참여하도록 하기 위해서도 기업이나 프로젝트에 관한 최소한의 정보는 이쪽에서 제시해야 한다.

이 시점에서 제공하는 정보나 요구되는 회신이 너무 상세하면 벤더 수가 많기 때문에 커뮤니케이션에 시간이 너무 많이 걸리거나 벤더의 부담 또한 커진다. 그렇기 때문에 적절한 수준의 '간단함'이 핵심이다. 캠브리지에서는 파워포인트 15페이지 정도로 작성한다(최대 30페이지).

RFI의 주요 항목으로는 다음 다섯 가지를 들 수 있다.

그림 N-3 RFI 기재 항목

No.	항목	내용
1	프로젝트 개요	회사 개요, 프로젝트 개요, 시스템화 범위
2	현행 조사 결과	현행 업무 개요, 현행 시스템 구성, 주요 과제와 개선 이니셔티브
3	시스템 요구	미래 시스템 구상, 시스템에 기대하는 주요 기능
4	제공 의뢰 정보	회사 개요, 도입 실적/규모, 솔루션 개요와 우선성, 과제/개선 이니셔티브에 대한 제안, 제공 가능한 서비스/체제, 대략의 견적과 전제 조건
5	일반 규칙	답변 형식/기일, 질문 방법/답변 기한, 선정 결과 알림 및 선고 후 접근 방식

1. 프로젝트 개요

'사업 내용', '주요 제품', '종업원 수' 등 회사 개요로부터 프로젝트 발족 배경/목적 등 정보 제공을 의뢰하는 기반 정보를 기재한다. 특히 정보 제공을 의뢰함에 있어 '어떤 업무 시스템화를 대상으로 하고 있는가'를 명시한다.

다음은 기간 시스템별 신규 프로젝트의 예다. 여기에서는 판매/구매/재고만을 대상으로 하고 생산과 외상 매입/매출 관리는 대상에서 제외한다. '기간 시스템' 등의 명칭만 언급하는 것이 아니라, 이런 형태로 시스템 대상 범위에 관해 벤더와 인식을 맞춘다.

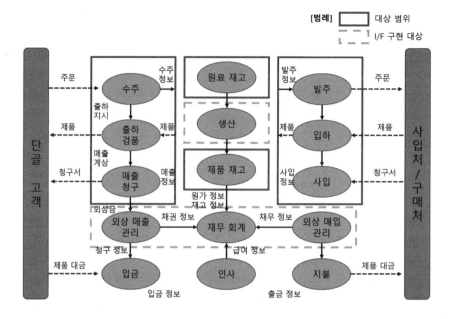

2. 현행 조사 결과

현행 업무의 개요나 현행 시스템 구성, 주요 과제와 개선 이니셔티브 등을 게재한다. 기재 내용은 요구사항 정의 전에 수행한 조사나 이니셔티브의 검토 결과를 이용한다.

이 시점에는 시간을 들이지 않고 답변을 받는 것이 좋으므로 조사 결과를 모두 기재할 필요는 없다. 현재 상태 조사 결과 '이 프로젝트에서 결정하고 싶은 과제', '중요 이니셔티브'를 몇 장 정도로 모아서 정리하는 것으로 충분하다.

3. 시스템에 대한 요구

미래 시스템 구상이나 시스템에 기대하는 주요한 기능, 평가 항목으로 선정한 필수 조건과 제약 조건을 표현에 얽매이지 말고 게재한다.

다음은 현행 조사 결과 각 업무 영역에서 시스템에 기대하는 것을 간단하게 모은 것이다. 이런 1, 2장 정도의 자료면 충분한다. 이 시점에서는 어떤 것을 하려고 하는 프로젝트인가를 전달하는 것이 목적이기 때문이다.

그림 N-5 시스템 요구 예

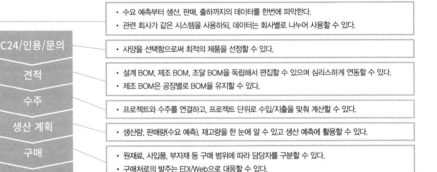

4. 제공 의뢰 정보

1차 선정 평가 기준에 맞춰 벤더 측에 제시할 정보가 무엇인지를 기재한다. 항목을 늘어놓은 설문지나 문서로 의뢰하는 것보다 회신 형식을 제공하는 편이 좋다. 확실하게 정보를 수집할 수 있고, 여러 벤더를 늘어 놓고 쉽게 비교/평가할 수 있다.

앞에서와같은 기간 시스템 쇄신 프로젝트에서는 다음과 같은 정보 제공 의뢰 및 회신 포맷을 준비했다.

1. **회사 개요**: 벤더 측의 회사 정보와 이후 주고받을 담당자 정보.

2. **추천하는 조합**: 시스템 각 영역에 어떤 패키지를 조합하는지를 명시한다.

그림 N-6 추천 제품/조합

아래 항목별로 귀사가 추천하는 제품/패키지 조합을 소개해 주십시오.
추천 제품이 여럿인 경우, 각각의 제품을 소개해 주십시오.

판매	재고/물류	생산	구매	워크플로	BI

3. **제품 정보**: ②에서 추천한 패키지에 관해 개요나 확장성, 구축 방법과 개발 언어에 관해 기재한다.

그림 N-7 제품 정보

제품 정보

정보 제공 의뢰서 내용	귀사의 답변
제품명	
실현 기능(기능 목록 또는 기능 개요)	
본 건에 적합한 제품 버전	
제품/서비스 경쟁 우위 및 차별화 포인트	
제품 고유의 개발 언어 유무	
기능 확장 자유도/난이도에 관해 다음 중 해당하는 것을 알려주십시오. ① 화면이나 장표의 사용자 인터페이스 수준은 변경 가능 (항목명 변경, 항목 표시 위치 변경 등) ② 표준 기능 커스터마이즈를 통한 기능 확장 가능 (어느 정도 기능이 부품화 되어 있어 조합해서 기능 구현 가능) ③ 애드온해야만 기능 확장 가능 ④ 기능 확장 불가능	

4. **사례/실적**: 대표적인 도입 실적. 특히 자사와 사업 규모나 대상 업무가 비슷한 사례를 기재한다(판매 관리 시스템 제안에 생산 관리 영역에서의 실적을 기재하는 벤더도 있다).

그림 N-8 도입 실적

도입 실적

정보 제공 의뢰서 내용	귀사의 답변
기업명(공개 가능한 경우)	
업종	
시스템 대상 업무 범위	
사용자 수	
도입 기간 ※ 설계, 개발, 테스트 등 단계별 기간 ※ 설계부터 프로덕션 가동 시작까지의 기간도 알려주십시오.	

5. **개략적 비용**: 초기/운용을 포함한 현 단계에서의 대략적 견적 비용

그림 N-9 개략적 비용

개략적 비용

정보 제공 의뢰서 내용	귀사의 답변
귀사에 구축/도입을 의뢰할 경우, 구축/도입의 개략적인 비용 및 기간	
제품 라이선스 형태와 라이선스 비용	
당사에서 유지보수를 하는 경우 버전 업그레이드, 문의 등 유지보수를 위한 추가 비용 발생 유무 및 그 내용	

6. **필수 조건/제약 실현 여부**: RFI에 제시한 필수 조건과 제약 조건에 대한 실현 여부를 답변받는다. 그에 관한 배경 자료가 있다면 함께 받는다.

5. 알림

답변의 형식/기일, 질문 방법/회신 기한, 선정 결과 알림과 선정 후 진행 방법 등을 기재한다.

단계 ④ 1차 선정

벤더로부터의 RFI에 대한 답변이 제출되면 평가 기준에 따라 평가를 수행하고, 이 시점에서 3-4개 벤더 정도로 줄인다. 이 단계가 되면 'RFI에서의 정보만으로는 결정할 수 없다. 보다 많은 벤더를 남기고 2차 선정에서 정보를 수집한 뒤 결정하자'는 의견이 대부분이다.

그러나 2차 선정에서는 깊이 있게 조사하거나 벤더와의 의논을 통해 최적의 제안을 받는다. 즉, 한 벤더당 걸리는 시간이 1차 선정보다 압도적으로 길어진다. 5개나 6개 벤더를 대상으로 2차 선정을 진행하면 결과적으로 1개 회사당 들이는 시간이 짧아지게 된다. 따라서 3개 벤더 정도로 필터링하는 것이 좋다.

2차 선정에서의 주요한 평가 기준을 다시 한번 상기하자.

- 필수 조건을 만족하는가?
- 개략적 비용
- 기능 커버 범위(개요 수준)
- 기업 평가

'필수 조건을 만족하는가?'는 녹아웃 팩터이므로 걸리는 벤더가 있다면 떨어뜨린다.

나머지 기준은 가능한 한 점수화하고 평가 결과의 합계를 내서 상위 몇 개 회사를 선정해 간다. 어떤 프로젝트에서 1차 선정 결과를 그림 N-10에 나타냈다. 이때는 '필수 조건/제약 조건의 실현 여부', '가용성' 조건을 만족하지 못하는 벤더들은 선정 대상에서 제외했다.

그 상태에서 '기능 커버 범위'와 '기업 신뢰성'은 점수화해서 비교했다. 그 결과 상위 4개 회사가 다른 회사보다 뛰어났기 때문에 이 4개 회사를 2차 선정 대상으로 했다. 이렇게 기준을 세워 수치화해 납득성이 높고, 선정 과정에 참여하지 않은 사람들에게 쉽게 설명할 수 있는 결과를 얻었다.

그림 N-10 1차 선정 결과

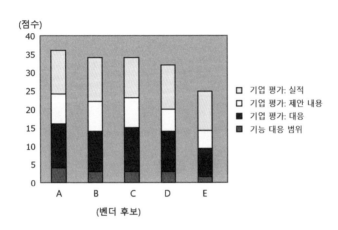

응용 벤더가 중도 하차해도 당황하지 않도록!

10년 정도 전에는 생각할 수 없는 일이지만, 최근에는 1차 선정에서 선택한 벤더가 중도 하차하는 경우가 있다. 여러 회사와 일을 진행하다가 자신들이 보다 잘할 수 있는 프로젝트에 주력하는 것이다. 좋은 일이다.

그러나 필터링한 3개 회사 중 2개 회사가 중도 하차한다면 비교 선정할 수 없음은 물론, 가격 협상력도 사라진다. 매우 곤란한 상황이다.

따라서 선정에서 탈락한 회사에 그 내용을 알리기에 앞서, 선정한 벤더로부터 '2차 선정에서 확실하게 대응할 수 있는지?'에 대한 확인을 받아 둬야 한다.

제안을 의뢰한다

이번 장의 레슨

- RFP(제안 의뢰서)를 작성하고 1차 선정을 통과한 벤더로부터 상세 제안
  을 받는다.
- 후회하지 않도록 다각적으로 검토하고, 모든 관계자가 납득할 수 있는
  결정을 내리게 하는 것에 유념한다.

단계 ⑤ 여러 파트너의 조합 검토

이 단계는 수행하지 않는 경우도 있다. 다소 응용에 해당하는 내용이므로 사례를 들어 설명한다.

어떤 프로젝트에서 각 벤더로부터 RFI를 받은 결과 고민되는 구도가 보였다. 프로젝트 대상 업무가 넓고, 단독으로 모든 영역을 커버할 수 있는 회사가 적었기 때문이다.

모든 영역을 커버할 수 있는 벤더도 있었지만 특정 영역이 약했다. 즉, 생산 관리에 강한 벤더는 회계 부분이 약하거나, 회계 부분이 강한 벤더는 생산 관리가 약한 상황이었다. 확실하게 '이 영역은 제안할 수 없습니다'라고 말하는 벤더도 있었다.

다각적인 검토 끝에 영역별로 전문성이 있는 벤더에게 담당하는 것을 전제로 하는 제안 방법으로 바꿨다. 이처럼 '좋은 부분만 취하는 것'을 베스트-오브-브리드Best of Breed라 부른다.

그림 0-1 벤더별 기능 커버 범위

	판매	재고/물류	생산	구매	워크플로	BI
벤더 A	패키지 ①					
벤더 B	패키지 ②	없음	패키지 ②		없음	
벤더 C	패키지 ③		패키지 ④	패키지 ③: 애드온 개발 있음	패키지 ⑤	패키지 ⑥

대상 범위를 커버하는가뿐만 아니라,
어떤 조합을 가정하는가도 평가한다

베스트 오브 브리드의 장점은 각 사의 전문 영역을 잘 조합함으로써 저렴하고 좋은 시스템을 만들 수 있다는 점이다.

그러나 큰 단점도 있다. 1개 벤더에 모든 것을 맡기는 방식과 달리, 벤더 사이의 조정이 발주자의 업무가 된다는 점이다. 벤더 사이에서 업무 방법이나 용어가 제각각인 경우가 많고, 그럴 경우 프로젝트 관리가 복잡해진다. 특히 프로젝트에서는 그런 연결 부분에서 빈번하게 문제가 발생하므로 프로젝트 리스크 역시 커진다.

망설여지는 경우에는 '자사와 벤더의 통합적인 시스템 구축 능력에 자신이 있다면 베스트 오브 브리드를 선택해도 좋지만, 자신이 없다면 모든 것을 하나의 패키지나 1개 벤더에 맡기는 것이 안전'하다는 경험적 기준을 가지는 것이 좋다.

이 프로젝트의 경우 필자가 고객을 대신해 프로젝트를 관리함으로써 여러 벤더가 함께하는 어려움을 극복하기로 했다.

2차 선정에 참여하는 벤더에는 시스템 일부만 담당할 수 있다는 가능성을 전했다. 견적을 영역별로 나누어 제시하게 하기 위함이다. 1개 회사에서 시스템 구축 전체를 담당하지 않는 것을 꺼리는 벤더도 있지만 미리 이쪽 사정에 관해 설명했기에 큰 반대는 없었다.

#	평가 영역	패턴 1		패턴 2		패턴 3		패턴 4	
		평가	벤더	평가	벤더	평가	벤더	평가	벤더
1	판매/물류	△	A	○	B	○	C	○	B
2	인사/근태/급여	◎	E	○	B	△	C	○	B
3	생산 관리	○	A	◎	C	◎	C	○	D
4	MES	◎	A	◎	A	◎	A	○	D
5	기타	△	A	○	B　　C	○	C	○	D
리스크		×	• 견적 비용상 변경 가능성이 매우 높다 • 사내 리소스가 부족한 제안 내용	△	• 벤더, 패키지가 나뉘어 있어 사내에서 전체 정합을 담보해야 한다	△	• SCM 영역의 벤더, 패키지가 나뉘어 있어 사내 측에서 진체 정합을 담보해야 한다	×	• D사 프로젝트 운영은 크게 불안하다 • 견적 비용상 변경 가능성이 매우 높다
장점			• 판매-제조-물류를 한번에 처리할 수 있다		• 평가가 높은 영역의 조합 • 미래 요건을 대부분 실현 가능		• SCM 영역이 강하다 • 이제까지의 협업으로 신뢰도가 높다		• 비용이 보다 저렴하다 • 미래 요건을 대부분 실현 가능
단점			• 기능면에서 부족한 부분이 많아 현행 업무 일부를 시스템화할 수 없다		• 구매 시스템이 부자재/원재료로 구분된다		• 판매, 인사 기능 면에서 부족한 부분이 많아 현행 업무 일부를 시스템화할 수 없다		• 2.와 비교하면 기능 실현 가능성이 낮다
대략적인 비용(초기) (단위: 억 원)			XXX		XXX		XXX		XXX

영역별로 최적의 벤더를 선택하고, 각 사와 마스터 일정에 관해 의논한 결과 판매 영역, 인사 영역, 생산 관리 영역으로 단계적으로 도입하게 됐다. 프로젝트는 복잡해지고 관리나 조정 면에서 노력한 결과 4년 후에는 모든 영역의 시스템화에 성공했다.

단계 ⑥ 평가 기준 설정(2차 선정용)

1차 선정과 마찬가지로 2차 선정에서도 선정 기준을 미리 정해 둔다. 2차 평가는 데모를 보거나 벤더로부터 자사를 위한 제안을 받은 뒤이므로 '우리가 하고자 하는 일에 적합한가?'라는 관점에서 평가한다.

평가 기준 E) 기능 실현성(FM 레벨)

벤더 선정 시점에서는 기능 요구사항이 FM에 정리되어 있다. 벤더가 제안하는 패키지가 얼마나 기능 요구사항을 만족하는지 FM을 사용해 체크한다. FM에서 우선순위가 높은 기능의 90%를 제공하는 패키지의 평가가 60% 정도밖에 제공하지 못하는 패키지의 그것보다 높다.

표준 기능으로 제공하지 않는 기능은 제외하거나 직접 만들어 보완하게 된다(애드온$^{add-on}$이라 부른다). 애드온은 비용이 늘어날 뿐만 아니라 향후 패키지 버전을 업데이트할 때 벤더가 동작 보증을 하지 않는다.

따라서 버전을 업데이트할 때마다 비용이 든다. 향후 계속해서 확실하게 지출해야 하는 비용이므로 채무를 떠안는 격이 된다.

평가 기준 F) 비기능 요구사항 실현성

이것도 '기능 실현성'과 마찬가지로 사전에 정의한 비기능 요구사항에 대한 적합률을 평가 기준으로 한다. 요구사항을 많이 만족하는 쪽이 당연히 평가가 높지만, 기능 요구사항과 달리 '보안성을 담보할 수 없다' 등 한 가지 항목이 녹아웃 팩터가 되는 경우도 있다.

평가 기준 G) 유연성, 조작성

패키지의 좋고 나쁨은 '기능을 만족하고 있는가?'만으로는 결정되지 않는다. 오랜 기간 사용하는 것이므로 편리함과 조작성도 중시해야 한다. 특히 일본 기업에서는 경영진보다 현장 작업자의 목소리가 강하다. '사용 편의성'이 중시된다(프로젝트 목표와 직접 연결하기 어려우므로 개인적으로는 사용 편의성을 너무 중시해서는 안 된다고 생각하지만…).

그리고 '커스터마이즈하지 않은 기능으로는 하고자 하는 것을 미묘하게 실현할 수 없을 때 패키지를 커스터마이즈해서 실현할 수 있는가' 또한 중요한 관점이 된다. 하고자 하는 것을 100% 만족하는 패키지는 일반적으로 존재하지 않기 때문이다.

이런 유연성이나 조작성은 패키지의 기능 목록을 확인하는 것만으로는 알 수 없다. 데모에서 확인할 수밖에 없다. 따라서 반드시 그런 '커스터마이즈를 의뢰해서 구현한다'는 데모 시나리오도 준비해야 한다(뒤에서 설명).

평가 기준 H) 프로젝트 체제/기술력

아무리 매력적인 패키지라 하더라도 도입과 관련된 엔지니어의 기술력이 낮아 확실하게 완성하지 못하면 아무런 의미가 없다. 그렇기 때문에 벤더 측의 프로젝트 관리나 주임 엔지니어, 그들을 지원하는 회사의 백업 수준 등도 매우 중요한 평가 기준이 된다. 데모나 제품 설명 시 대답하기 어려운 질문을 하거나, 프로젝트 진행 방법에 관해 의논하는 과정에서 상대의 실력을 확인할 필요가 있다.

또한 협업할 벤더를 선택할 때 '신뢰할 수 있는가', '동료가 될 수 있는가'라는 직감을 중시하는 경우도 있다. 프로젝트는 결코 아름답지만은 않은 먼지 냄새 가득한 활동이다. 벤더 선정이란 오랜 시간 함께 할 파트너를 선택하는 맞선 같은 것이다. '사람 사이의 어울리는 정도', '회사 간의 문화 적합성'은 의외로 중요하다.

평가 기준 I) 초기 비용/운영 비용

시스템을 도입/구축하는 인건비, 서버나 인프라스트럭처, 네트워크 비용 등 무언가 비용이 든다. 기동까지 지출되는 모든 비용을 초기 비용으로 대략 계산한다.

그리고 기동 후 운용/유지보수에 드는 비용(운영 비용)도 필요하다. '패키지 유지보수 라이선스'는 사용하는 한 계속 지불해야 한다.

벤더 선정에 따라 캐시 아웃 방법이 완전히 달라지므로 투자액 시뮬레이션(P 장에서 설명한다)을 수행해서 벤더 선정 시 데이터로 활용한다.

1차 선정 시에는 '이전 5,000명의 기업에서 도입했을 때 30억 원이었다' 정도의 정보에서 유추한 개략적인 비용을 판단 데이터로 사용할 수밖에 없었지만, 2차 선정 시에는 적은 숫자의 벤더에게 앞으로 만들고자 하는 것을 확실하게 설명했으므로 보다 확실한 견적을 제시했을 것이다.

단계 ⑦ RFP(Request For Proposal)

드디어 벤더에게 상세한 제안을 의뢰한다. 1차 선정에서 살아남은 벤더에 대해 빠르게 그 의사를 전달하고, 2차 선정 일정이나 진행 방법을 설명한다. 같은 시점에 미리 준비해 두었던 RFP(Request For Proposal, 제안 의뢰서)를 제시한다.

RFP에 기재할 것들

1차 선정에서 제시한 FRI와 달리 RFP에는 '이 프로젝트에서 무엇을 달성하고 싶은가?', '어떤 시스템이 필요한가?'를 보다 상세히 기재한다. 그 이유는 가전 제품 판매점에서 기성 제품인 TV를 구입하는 것과 달리 시스템은 사용자와 벤더가 함께 만드는 주문 생산 제품이기 때문이다. 벤더로부터 좋은 제안과 편차가 적은 견적을 받는 것이 핵심이다.

이전 장에서 'RFI는 15페이지 정도가 이상적'이라 썼지만, RFP의 경우는 FM 등을 참고 자료로 첨부하기 때문에 100−300페이지 정도가 된다. RFP를 위해 새롭게 작성하는 자료는 거의 없으며, 이제까지 검토한 것을 회사 외부 사람에게도 쉽게 이해할 수 있게 정리하는 것뿐이다. 그러나 페이지 수가 많은 만큼 작성에도 시간이 걸린다.

RFP에 포함해야 할 일반적인 항목은 다음 7가지다.

그림 0-3 RFP 기재 항목

No.	항목	내용
1	프로젝트 개요	회사 개요, 프로젝트 개요, 현행 시스템 구성, 주요 과제와 개선 이니셔티브
2	시스템 기능 요구사항	To Be 업무 프로세스, To Be 기능 요구사항, To Be 비기능 요구사항
3	마이그레이션 정책	업무 마이그레이션 정책, 시스템 마이그레이션 정책
4	전제/제약	데이터 보존 기간/분량, 시스템 사용자 수, 시스템 보존/운용
5	제안 의뢰 내용	제안서 기술 내용
6	견적	답변 양식 및 견적 전제 안건, 견적 제시 패턴, 견적 내용
7	알림 규칙	답변 형식/기일, 질문 방법/답변 기한, 선정 결과 알림 및 선정 후 접근 방식

1. 프로젝트 개요

회사 개요와 프로젝트 발족 배경/목적 등을 기술한다. RFI와 내용이 같아도 관계없다.

2. 시스템 기능 요구사항

RFI에서는 간략한 형태의 시스템 범위만 제시했지만, RFP에서는 FM/FS를 제시하고 원하는 기능을 구체적으로 벤더에게 알린다. 벤더는 그것을 보면서 구상했던 패키지로 대응할 수 있는지, 다른 패키지와 조합해야 하는지, 기능을 추가로 개발해야 하는지 검토한다.

3. 마이그레이션 정책

기능을 만드는 것뿐만 아니라, 기존 시스템에서 새 시스템으로의 데이터 마이그레이션이나 시스템 전환 작업도 프로젝트의 중요한 요소다. 이 작업들은 발주자 측에서 담당하는 경우도 있으므로 벤더에게 의뢰하는 범위(역할 분담)를 제시한다. 데이터 마이그레이션에 관해서는 W장에서 설명한다.

4. 전제/제약

벤더가 제안할 때 필요한 정보를 게재한다. 특히 초기 비용, 운용 비용을 견적 내는 데 있어서는 데이터의 양이나 사용자 수, 유지보수/운용의 역할/기대 등이 중요한 요소다.

5. 제안 의뢰 내용

2차 선정에서는 'RFP 답변서≒벤더로부터의 제안'이 되므로 답변서에 기재해야 할 정보에 관해 명시한다. 그 내용은 대략 앞에서 설명한 2차 선정 기준과 같다. 선정 기준에 따라 항목은 바뀌지만 일반적인 의뢰 내용을 기재해 둔다.

그림 O-4 제안 의뢰 내용

No.	항목	내용
1	회사 정보	사업/서비스 개요나 최근 재무 상황을 포함한 회사 정보, 제안자의 부서/직책/연락처 등의 정보
2	제품 정보(패키지인 경우만)	제품명, 실현 기능 목록, 제품/서비스 경쟁 우위/차별화 포인트, 기능 확장 자유도/난이도
3	도입 실적	회사명(공개 가능한 경우), 업종/시스템 대상 업무 범위, 사용자 수, 프로젝트 실시 기간, 도입 제품, 초기 도입 비용 등
4	프로젝트 관리, 개발방법론	진척 관리/커뮤니케이션 관리/과제 리스크 관리/품질 관리 방법
5	프로젝트 일정	로드맵을 고려한 권장 일정, 프로젝트 개시 가능 시기

No.	항목	내용
6	프로젝트 체제, 역할 분담	프로젝트 체제/인원 수, PM 경력
7	성과물	시스템 기동까지의 예상 결과물
8	시스템 기능 요구사항	제품 조합/커버 범위, 시스템 기능 요구사항 실현 가부
9	비기능 요구사항	비기능 요구사항 실현 가부
10	시스템 구성	도입 소프트웨어, 도입 하드웨어, 서버 구성, 운용/보존
11	마이그레이션	제시 내용에 대한 진행 방법/제안
12	유지보수	시스템에 관한 유지보수 서비스 제안
13	기타	개발/운용 비용 절감과 관계된 도구, 시스템 구축/운용 방법 등의 솔루션, 제안 의뢰 사항 전체에 대한 유의 사항

6. 견적

'5. 제안 의뢰 내용'의 일부이기도 하나 특별히 중요하기 때문에 견적 전제 조건에 관해 따로 자세히 설명한다. RFP에 견적 전제를 확실하게 제시하지 않으면 벤더는 각 회사의 상황에 이익이 되는 것을 전제로 견적을 제시하기 때문에 뒤에서 견적을 비교하기가 어려워진다.

특히 중요한 것은 견적 대상 범위와 견적 단위(어느 정도 세세하게 금액을 제시하는가?)이므로, 이를 정의하는 데 필요한 몇 가지 관점을 소개한다.

견적 관점 ①: 우선할 기능과 우선하지 않을 기능

FM의 '최우선' 기능을 모두 만들 때의 비용과 '차선' 기능까지 만들 때의 비용은 별도로 대답을 받는다. 예산을 초과했을 경우 감액 조정을 위해 필요하다.

견적 관점 ②: 업무 범위

영역별로 여러 벤더에게 분산해서 발주할 가능성이 있다면 판매/구매/재고 등 업무 영역별로 나누어 답변을 받아야 한다. 일괄 견적만 제시하는 벤더나 일부 견적만 제시하는 벤더도 있으므로 RFP를 제시할 때 각 벤더의 견적 정책에 관해서는 서류에 기재할 뿐만 아니라 구두로도 상담하는 것이 일반적이다.

견적 관점 ③: 하드웨어/소프트웨어/인건비

하드웨어와 소프트웨어, 그리고 그것들을 설정하는 인건비 등도 크게 나누어 견적을 받는다. 견적 범위에서 인건비에 특히 주의해야 한다. '견적에 포함되는 작업'과 '발주 측에서 해야 하는 것'의 역할 분담은 벤더에 따라 크게 달라지므로 RFP 답변에 자세히 기재하게 해야 한다.

위 내용을 보면 알 수 있듯이 견적은 상세하게 회신을 받는 편이 뒤에서 다양한 검토를 하기에 좋다. 한편 벤더 측에서는 세세한 견적을 요구받으면 그만큼 작업이 복잡해진다. 이후 좋은 관계를 유지하기 위해서도 필요 이상의 너무 세세한 견적을 요구하지 않아야 한다.

7. 알림 규칙

답변 형식/기일, 발주자 측의 연락 창고, 질문 방법/답변 기한, 데모 예정과 내용, 선정 결과 알림 등 선정과 관련된 절차를 기술한다.

RFP 제시부터 벤더의 답변이 올 때까지는 1-2개월 정도가 필요하다. 일정에 맞춘다고 무리하게 답변 기간을 짧게 하면 벤더는 충분히 검토하지 못한 상태로 답변하거나(즉, 좋은 제안을 하지 못한다) 제안을 포기하게 된다.

단계 ⑧ Q&A 대응

답변 제출 전 벤더에게서 질문이 올 수 있다. 주요 질문은 다음과 같다.

- 시스템 규모(이용자 수 등)에 관한 질문

- 사내 용어 등 용어 확인

- 개혁 이니셔티브의 내용에 관한 문의

- 직접 이야기를 듣고 싶다는 등의 회의 의뢰

답변의 창구/담당자를 결정하고 가능한 한 빠르게 답변하라. 벤더는 이후 프로젝트를 함께할 파트너 후보다. 성실하게 대해야 한다.

2차 선정에서는 RFP에 상세한 정보를 기입하며, 그것을 바탕으로 하기 때문에 질문이 보다 깊어져 답변하느라 허리가 끊어지는 경우도 있다.

- XX 정보를 관리하는 기능에서는 이력 관리가 필요한가? (요구사항/기능적 질문)

- 개발 단계에서 귀사 업무 담당자가 관여하는 비율과 담당자의 숫자는 얼마나 되는가? (체제나 역할 분담 관련 질문)

이 밖에도 현재 상태 업무 확인이나 RFP에 대한 답변 형식, 최대 예산과 같은 날카로운 질문도 있다. 이런 질문이 전혀 발생하지 않는 RFP를 작성하려 하는 만큼 그 분량이 두꺼워질 것이므로 질문 대응에 상당한 수고가 들 것을 미리 각오하는 것이 좋다.

C o l u m n
질문이나 답변을 모든 벤더에게 공개해야 하는가?

이 단계에서 자주 화제가 되는 것은 '한 벤더에게 받는 질문이나 답변을 다른 벤더에게도 알려야 하는가?'이다.

다른 벤더에게도 공개하는 편이 공평한 조건에서 공평하게 비교할 수 있으므로 공개를 원하는 사람들이 많다.

한편 필자는 굳이 말하자면 공개하지 않아도 된다고 주장하는 편에 속한다. 그 이유는 시스템 구축 프로젝트에서 '적절한 답변을 통해 깊은 논의를 하고, 보다 좋은 구축 방법을 제시할 수 있는가?'는 벤더가 발휘해야 하는 중요한 스킬이기 때문이다.

즉, 벤더로부터의 질문 내용은 벤더의 의지나 능력을 측정하는 힌트다. RFP를 읽었을 것이므로 질문은 의지의 바로미터이며, 질문 숫자가 많은 것 자체로 벤더의 진정성을 가늠할 수 있다.

그리고 'XX 업계에서는 OO라는 일반적인 습관이 있습니다. FM에서는 그것을 가정하지 않은 것으로 보입니다. 이것은 의도한 것입니까, 누락된 것입니까?'와 같은 질문을 하는 벤더는 비슷한 프로젝트에서의 경험이 풍부할 확률이 높다.

벤더 선정 단계에서 많은 질문을 하며 열정적으로 임하는 벤더는 프로젝트가 본격화한 뒤에도 좋은 리드를 기대할 수 있다. 한편 '만들게 하는 사람'으로부터 정보가 떨어지기를 기다리기만 하는 벤더는 수주 후에도 수동적인 자세를 이어간다.

여러분이라면 누구를 파트너로 선택하겠는가? ·

단계 ⑨ Fit & Gap

패키지 소프트웨어가 자신들의 기능 요구사항과 얼마나 괴리가 있는가를 명확히 하는 단계다. 당연히 적합률이 높을수록 추가 기능을 만드는 비용도 들지 않고 납기도 짧게 할 수 있으므로 선정 기준 중에서도 벤더가 제안하는 패키지의 적합률은 큰 가중치를 갖는다.

기능 실현 여부를 명확하게 한다

Fit & Gap은 구체적으로는 FM의 모든 셀의 실현 방법을 확인하고 다음과 같이 분류한다.

 a) 커스터마이즈하지 않고 실현할 수 있다(그대로 사용할 수 있다).

 b) 설정을 통해 실현할 수 있다.

 c) 추가 개발이나 복잡한 설정을 하면 실현할 수 있다(버전 업데이트 보증 내)

 d) 추가 개발하면 실현할 수 있다(버전 업데이트 보증 외)

e) 무언가 제약으로 인해 이 패키지에서는 실현할 수 없다.

그림 O-5 Fit & Gap 결과

	기능 분류	기능명	우선 순위	벤더 답변 필드 실현방식
1	판매 계획	거래처별 월 계약 계획 등록	A: 최우선	① 표준 기능
2		거래처별 계약 계획 출력	A: 최우선	① 표준 기능
3		월 계약 계획 등록/수정	A: 최우선	③ 커스터마이즈(표준)
4		계획 수정 승인	A: 최우선	③ 커스터마이즈(표준)
5		계약 계획 조회	A: 최우선	① 표준 기능
6		계약 계획 출력	A: 최우선	① 표준 기능
7		계약 예실 분석	B: 다음으로 우선	③ 커스터마이즈(표준)
8		계약 계획 연동 데이터 작성	B: 다음으로 우선	③ 커스터마이즈(표준)
9	여신 업무	여신 확인	C: 다다음으로 우선	① 표준 기능

같은 추가 기능이라도 패키지를 버전 업데이트할 때 계속해서 동작하는 것을 벤더가 보증하는 경우(c)와 보증하지 않는 경우(d)를 나누는 것이 포인트다. 미래에 지출할 비용이 크게 달라지기 때문이다.

구축할 시스템의 특징에 따라 이 분류 방법은 미묘하게 달라지는 경우가 많다. 예를 들어 (a)와 (b)를 나누어도 의미가 없다고 판단되면 굳이 구별하지 않는다.

이렇게 결정한 분류 방법을 벤더에게 전달하고, 벤더는 RFP에 첨부한 FM의 각 셀을 직접 분류한다(그림 O-5).

이때, 발주자가 추측으로 실현 방법을 결정하지 않는 것이 좋다. 패키지에 관한 상세한 정보는 벤더만 알 수 있다. 벤더 역시 이 시점에서 할 수 없는데도 '표준 기능으로 실현할 수 있습니다!'라고 허세를 부리면 나중에 구축할 때 책임져야 하는 것을 알고 있으므로 성실하게 답변해 준다.

통합 평가

셀별로 실현 방법을 명확히 했다면 '시스템의 전체적인 적합률은 어느 정도 인가?'를 숫자로 표현한다. 가장 단순한 방법으로 '패키지에서 제공되면 1점, 제공되지 않으면 0점'을 매기고 합산할 수 있다. 하지만 조금 더 복잡한 계산을 하는 프로젝트들이 많다.

앞에서 어느 정도 설명한 것처럼 패키지에서의 실현 방법에는 가장 바라는 방법부터 실현하지 못하는 것까지 몇 가지 단계가 있으므로 이를 수식화한다. 그림 O-6 오른쪽 부분에서 실현 방법마다 100%, 60%, …으로 적합률을 바꾸는 것이 여기에 해당한다.

그림 O-6 Fit & Gap 평가 방법

기능별로 계산	
기능 우선도	비중
1	10
2	5
3	2

✕

실현 방법	적합률
① 표준 기능	100%
② 템플릿	100%
③ 커스터마이즈(표준)	60%
④ 커스터마이즈(템플릿)	60%
⑤ 애드온	30%
실현 불가	0%

데모나 제안서 내용을 읽고 벤더가 RFP에서 제기한 실현 방법이 다르다면 수정하고 40% 평가를 내린다.

한편 그림의 왼쪽 부분은 기능의 우선순위에 따른 가중치를 붙인 것이다. 우선순위가 낮은 기능은 패키지로 실현하지 못해도 그다지 문제가 되지 않지만, 우선도가 높은 기능을 실현할 수 없는 경우에는 영향이 크기 때문에 대응책을 검토해야만 한다. 따라서 이런 점을 반영해서 '우선도 비교×적합률'을 수식으로 표현한다.

'최우선순위 기능'을 '표준 기능'으로 실현할 수 있다면 10×100% = 10점, '커스터마이즈'해서 실현할 수 있다면 10×60% = 6점이 된다. 이런 방식으로 모든 셀에 점수를 매긴 뒤, 만점을 100%로 해서 각 벤더의 합계 점수를 퍼센트로 산출하면 전체적으로 적합률을 나타낼 수 있다.

예를 들어 만점이 550점일 때,

벤더 A 채점 결과: 400점 → 400/550 = 적합률 73%

벤더 B 채점 결과: 360점 → 360/550 = 적합률 65%

이렇게 산출한 적합률은 벤더 선정의 중요한 데이터가 된다. 그리고 단순하고 알기 쉬운 지표이므로 핵심 멤버 이외의 관계자(경영진이나 미래의 사용자 등)에게 설명할 때 매우 소중한 데이터다.

단계 ⑩ 데모 실시

데모는 기능 실현성을 '깊이' 볼 수 있다

'백 번 듣는 것보다 한 번 보는 것이 낫다'는 말처럼 패키지를 문서로만 평가하는 것보다 실물을 봤을 때 불현듯 떠오르는 것들이 많다.

그리고 Fit & Gap에서 벤더로부터 '할 수 있습니다', '기능이 있습니다'라는 답변을 받았다고 하더라도 '일반적인 기업에서는 문제없이 사용했지만, 우리 회사에서는 할 수 있다고 단언할 수 없다', '기능이 있을 뿐, 우리 회사에서 사용할 수 있는지는 알 수 없다'는 경우도 종종 있다.

그래서 벤더에 패키지 데모를 의뢰한다. 데모의 목적은 자사의 업무 시나리오에 맞춰 패키지를 동작시키고 대면해서 질문을 함으로써 패키지에 대한 이해를 높이는 것이다.

그리고 데모는 벤더의 스킬을 짐작하는 재료도 된다. '프로젝트 관리자 후보자가 데모를 했지만, 내용을 모르는 것 같다', '이쪽에서 한 질문에 횡설수설

한다', '이쪽의 요구에 대해 데모 내용이 일치하지 않는다' 등 제안서나 프레젠테이션에서는 알기 어려웠던 스킬들이 드러난다.

벤더가 준비한 데모 시나리오를 사용하지 말라

데모에서 중요한 것은 단 한 가지라고 말해도 좋다. 선정한 측이 데모 시나리오를 만들고, 각 벤더에게는 그 시나리오에 맞춰 데모하도록 하는 것이다.

필자가 관여하지 않은 프로젝트 중에서도 벤더 선정 시 데모를 의뢰하는 경우는 많다고 생각한다. 그러나 대개 '벤더가 보여주고 싶은 것을 보여주는 데모'다. 이렇게 되면 '허세인지 장점인지 모르지만 자사에서는 사용하지 않는 기능'을 보여주어 불필요하게 호감도가 높아지거나 모두 자동으로 부드럽게 업무가 진행되는 것처럼 착각하게 된다.

벤더 역시 이 방면의 전문가이므로 좋은 기능은 어필하고, 나쁜 부분은 숨긴다. 즉, 패키지의 좋은 점만 보고 만족해 버린다. 그리고 벤더에게 시나리오를 맡기면 각각 자신이 보여주고 싶은 기능만 어필하므로 같은 기준에서 평가할 수도 없다.

그렇기 때문에 미리 제시한 시나리오에 따라 각 벤더가 같은 흐름으로 데모하게 해야 한다. 이렇게 함으로써 '원하는 기능에 적합한가?', '사용 편의성이 좋은가?', '유연하게 변경할 수 있는가?'와 같은 Fit & Gap에서는 보이지 않았던 패키지의 특성을 확인할 수 있다.

그렇다면 가능한 한 폭넓고 자세하게 데모를 하고 싶은 것이 인지상정이겠지만 실제로는 한 벤더당 2-3시간 정도밖에 시간을 할애할 수 없다. 데모를 준비하는 것은 벤더에게 있어 상당한 수고이므로 너무 많은 부담을 줘도 안된다.

따라서 모든 업무를 데모 시나리오의 대상으로 하지 말고, 확실하게 확인하고자 하는 부분, 패키지별로 차이가 있을 것으로 예상하는 부분을 추린다.

데모 시나리오는 업무 시뮬레이션이다

데모는 단순히 패키지의 화면을 개별적으로 보는 것이 아니다. 업무 흐름을 체감하는 것이어야 한다. 기능을 각각 확인하는 것보다 실제 수행 중인 업무에 따르는 편이 자사에게 맞는 것/맞지 않는 것을 판단하기 쉽다.

따라서 데모 시나리오는 미래 업무 프로세스 안에서 몇 가지를 선택한다. 추천하는 방법은 메인 시나리오로 업무의 뼈대가 되는 시나리오를 먼저 하나 선정한다. 예를 들어 판매 관리라면 '견적 → 수주 → 생산 지시 → 출하'의 흐름이 되고, 인사 업무라면 어떤 사원의 입사에서 시작해 첫 급여를 지급하기까지의 흐름이 될 것이다.

메인 시나리오의 데모를 봄으로써 대개는 'FM에서 가장 우선으로 선정한 중요 기능인 동시에 패키지 표준 기능' 여부를 확인할 수 있다.

그림 0-7 데모 우선도

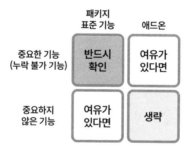

그리고 하위 시나리오로 자사의 독자적인 업무, 패키지로 달성하기 어려울 것으로 판단되는 업무를 선택한다. 예를 들어 '이 업계의 독특한 특성으로 고객과의 사이에서 미리 이런 결정을 하고...' 같은 업무다.

당연히 메인 시나리오와는 다르므로 패키지에서 잘 제공하지는 않을 것이다. 그런 경우 어떻게 할 것인가를 살펴보는 것이 중요하다. 그런 상황에서 유연한 대응을 할 수 있는 패키지와 어떻게도 할 수 없는 패키지를 확인할 수 있다.

사례 데모 시나리오 선정

여기에서는 제조업에서의 기간 시스템 업그레이드 실례를 따라가면서 어떤 시나리오를 그려야 하는지 자세히 설명한다. 시스템 대상은 생산/재고/판매/구매/회계로 그 범위가 넓다. 그렇기 때문에 일반적인 경우보다 상당히 많은 5개의 시나리오를 준비했다.

그림 O-8 기간 시스템 업그레이드 데모 시나리오

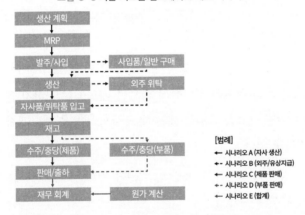

먼저 가장 기본인 자사 생산(시나리오 A)과 제품 판매(시나리오 C), 매출을 포함한 회계 처리(시나리오 E)를 대상으로 한다. 업무의 핵심이기도 하므로 중요한 기능이 많고, 사용자로서도 신규 시스템의 동작을 확인해두고 싶은 부분이기도 했다.

3개의 기본 시나리오에 2개의 추가 시나리오를 준비했다. 한 가지는 '외주 위탁', 그중에서도 '유상 지급'의 경우다. '유상 지급'은 작업을 하청 기업에 발주할 때 먼저 하청 기업이 부품을 구입하고 완성품을 모회사가 다시 구입하는 상거래를 말한다.

이런 거래 습관은 특히 일본 기업에 많다. 해외 패키지에서 일본 고유의 거래 습관을 표준 기능으로 대응할 수 있는지 확인하기 위해 이 시나리오를 추가했다. 기능 유무는 RFP의 답변을 통해 알고 있지만, 어떤 화면을 사용하고 어떤 순서로 실현하는지는 답변서만으로는 알 수 없다.

다른 한 가지 시나리오는 제품 일부를 타사에 판매하는 '부품 판매' 시나리오다. 사실 '부품 판매'는 이 회사에서 이제 막 시작한 것이었다. 현재는 수작업으로 대응하고 있다. 업무 자체가 아직 손에 익지 않았기 때문에 벤더가 최적화된 업무를 제안하도록 하고자 의도했다.

이렇게 '이쪽에서 보고 싶은 관점'을 가능한 시나리오로 만듦으로써 벤더나 패키지기 자사에 맞는지 올바르게 판단할 수 있다.

벤더가 준비할 수 있는 기간을 확보한다

데모에서 사용하는 시스템은 실물의 기능을 만드는 것이 아니라 어디까지나 포스트잇으로 표현할 수 있으면 된다. 그렇다 하더라도 벤더로서는 나름의 준비가 필요하며 부담이 된다. 그렇기 때문에 상담 규모가 크고, 그 벤더가 유력한 후보인 것을 확실히 전달하지 않으면 데모를 실시하지 않는 벤더도 있다. 또한 복잡한 데모를 의뢰할 때는 데모 실시 비용을 벤더에게 어느 정도 지불하는 경우도 있다.

물론 일정 조정도 필요하다. 가능한 한 빠르게 벤더에게 요청하고 벤더 측의 준비 체제를 확보해 둔다.

데모 당일 팁 ① 다양한 관계자를 참가시킨다

여기까지 데모에 관한 시나리오를 결정하고 벤더와의 조정도 완료했다. 데모 당일은 벤더에게 시나리오에 맞는 데모를 실시하게 하고 사전에 준비한 평가 기준에 따라 참가자들이 평가를 수행한다.

데모는 벤더 선정 전에 벤더나 패키지를 볼 수 있는 귀중한 기회다. 따라서 시간이 허용하는 한 프로젝트 오너나 IT 부문, 실제로 시스템을 사용할 업무 담당자 등 다양한 관계자들을 참가시킨다. 기본적으로 참가 희망자를 거절하지 않는다.

이후 프로젝트에 협력하거나 오랫동안 사용하는 사람이 '직접 눈으로 보고 선택했다'고 생각할 수 있는 것은 매우 중요하다. 데모는 누가 보더라도 쉬우므로 거기에는 모두가 함께 할 수 있다.

그림 0-9 데모 시 확인 포인트 예

- **중요 확인 포인트**

  각 시나리오에서 확인하고 싶은 포인트를 사전에 도출해 둔다

  - **수주 시**
    - 고객의 속성에 맞춰 수주 정보 입력 제한을 설정할 수 있는가
      - 특히 해외 규제에 맞춰 판매 여부를 자동적으로 수행할 수 있는가
    - 다양한 항목/방법으로 상품 검색을 수행할 수 있는가
    - 제품별 배송 방법 선택 실현 방법/조작 순서
    - 제품별 특정한 주의 사항의 표시 여부/표시 방법

데모 당일 팁 ② 확인 포인트를 결정해 둔다

데모 당일 자주 발생하는 실패는 벤더에게 너무 많은 질문을 해서 시간이 줄어 들거나 데모 시나리오를 소화하지 못하는 것이다.

실물을 볼 기회가 한정되어 있으므로 가능한 한 작성한 시나리오를 우선해야 한다. '이것만큼은 확인하고 싶은 포인트'를 사전에 도출해 둔다.

데모 당일에는 이 확인 포인트를 우선해 데모의 내용을 확인한다. 그때 다른 질문이 나와 시나리오를 소화하지 못한다면 일단 멈춘 뒤 모아서 질문하고 벤더에게 답변을 받는다.

데모 당일 팁 ③ 평가 결과 기록을 남긴다

각 사의 데모를 한꺼번에 보게 되면 '이 패키지로 결정합시다!'처럼 선정을 완료한 기분이 든다.

그러나 데모의 인상이 사람에 따라 제각각인 경우도 있다. 참가자 입장에 따라 데모에서 마음에 드는 부분은 달라진다. 업무 담당자라면 '업무를 진행할 수 있는가'에 중점을 두고 IT 부문이라면 기능의 확장성에 중점을 둘 것이다.

그림 0-10 데모 평가 결과

No.	A사 총괄 점수	A사 총괄 의견	A사 편리성 점수	A사 편리성 의견	A사 조작성 점수	A사 조작성 의견	시나리오 A	시나리오 B
1	4	시나리오에 따라 실시되어 이해하기 쉬웠다.	4	기존 기능의 커버 범위는 넓어 보인다. 애드온이나 기타 기능면을 어떻게 대응할 것인지는 제안서나 프레젠테이션에서 확인할 필요가 있다.	4	이해하기 쉬운 느낌이었다.	시나리오에 따라 이해하기 쉬워 좋았다.	경비 사업의 각 패턴에 관한 설명이 쉬워서 좋았다.
2	3	데모 기준이 정확해 듣기 쉬웠다. 글로벌 관련 내용도 고려되었다. 생산에 비하면 판매는 아쉽다.	3	회계는 표준 기능 범위가 좁아 보인다.	3	복사 & 붙여넣기 기능 등이 풍부했다. 메뉴 구성은 호감이 간다.	(미참가)	(미참가)
3	3	현재 시스템에 가까운 인상이다. 시스템 전체 통일화는 다소 아쉽다. 장래성은 다소 불안하다.	3	여러 시스템을 합쳤기 때문에 일괄적인 분석은 어려울 것으로 보인다. 단 효율화는 달성할 수 있을 수도 있다.	4	입력 경위, 복사 기능 등 조작의 간략화 편리 기능은 충실하다는 느낌이다.	자사품, 위탁품 모두에 운영할 수 있을 것 같다. 외주 위탁도 가능해 생산 위탁 관리가 쉽다.	사입품, 저장품, 경비, 해외 제품을 동일한 화면에서 조작할 수 있다는 점이 좋다.
4	4	데모 시나리오에 따라 데모를 실시했으며 이해하기 쉬웠다. 전반적으로 기능이 정리되어 있어 조작성도 높아보였다. 커스터마이즈(애드온)가 많았다.	4	표준적인 기능은 정리되어 있다. 특수한 안건에 관해서는 기능이 없는 것도 있다.	4	화면 자체의 사용성이 좋아 보인다.	특별히 나쁜 점을 찾지 못했다.	Lot No.를 Serial No.로서 활용할 경우, 대량 입고 시 대응이 어려울 것 같다.

> 점수 뿐만 아니라, 점수 판단 근거도 의견으로 남겨둔다.

그리고 벤더 선정은 데모의 인상으로 결정하는 것이 아니라 가격과 벤더의 능력 등을 통합적으로 평가해야 한다. 이후 비교 검토 데이터로 사용하기 위해 데모 참가자의 평가를 정리해두자.

이 그림은 어떤 프로젝트에서 사용한 데모 평가표다. 기준 점수(5점 만점 중 4)와 이유(복사 기능 등 간소한 조작을 배려했다)가 각각 추가되어 있다. 숫자로 표현하고 그 이유를 언어화함으로써 '그렇게 생각한 이유가 무엇인가?',

'이렇게 점수가 낮은 이유는 무엇인가?'와 같이 데모 참가자 사이에서 논의가 일어난다.

특히 입장이 다른 참가자 사이에서 의견이 다른 경우에는 뒤처리가 번거로우 므로 이런 형태로 미리 가시화해서 솔직하게 의견을 조정하는 시간을 갖는 것이 좋다.

C o l u m n
다른 회사에 들으러 가라!

이제까지 2개 장에 걸쳐 '선정에 도움이 되는 정보를 어떻게 벤더에게서 도출하는가?'에 관해 설명했다. 사실 그것보다 중요한 것이 있다.

패키지나 벤더에 관해 '실제의 일'을 알고 싶다면 실제로 그 패키지를 사용하는 사용자, 그 벤더와 함께 일을 하는 사람들에게 묻는 것이 가장 좋다.

패키지나 벤더의 영업 담당자는 판매하는 것이 업무이므로 질문해도 기본적으로는 좋은 것만 말한다. 가끔 '솔직하게 모두 OPEN하고 있다'는 자세를 보이기 위해 약점을 10% 정도 섞어서 말하는 영업 담당자도 있지만, 어찌됐든 그들은 제품을 팔기 위한 이야기를 한다. 강한 편향에 치우쳐 있다고 생각해야 할 것이다.

그렇기 때문에 사용자에게 물어보는 것이 가장 정확하고 생생하다.

지인의 인맥으로 사용자를 찾아도 좋고, 공개된 사용자 정보를 기반으로 그 회사의 대표 전화로 연락해도 좋다(연결해주지 않는 경우도 물론 있다). 필자와 같은 컨설턴트를 소개 받는 것도 방법이다.

이럴 때 가볍게 정보를 교환할 수 있도록 시스템 사용자 모임에 평소에 소속되어 있는 것 이 가장 좋다(공식적인 모임부터 북적이는 네트워크 커뮤니티 같은 것까지 다양하다).

도저히 사용자를 찾을 수 없다면 선정 대상 벤더에게 소개를 받는 방법도 있다. 다른 회 사의 사용자 후보와 흔쾌히 만나줄 사용자가 있다는 것은 그만큼 고객 만족도가 높다는 증거다. 그렇기 때문에 소개해주는 것만으로도 그 벤더에 대한 심증은 좋아진다.

아무튼 수단을 가리지 말고 이미 사용하고 있는 사람과 이야기해야 한다. 그리고 벤더로부터 듣기 어려운 약점을 철저하게 확인해 둔다.

'검색 기능은 약하기 때문에 다른 SaaS와 조합해서 사용하고 있습니다.'

'도입 컨설턴트의 스킬 차이가 심합니다. 우리도 중간에 컨설턴트를 바꾸었습니다.'

'이미 버전 업데이트는 포기했습니다. 지원이 중단되면 다른 패키지로 바꿀 것입니다.'

의뢰로 솔직히 이야기해준다. 회사는 달라도 시스템 구축이라는 어려운 일을 하는 사람들 사이에는 동료애가 있게 마련이다.

물론 약점이 없는 패키지나 벤더는 존재하지 않는다. 약점을 접하면 다소 거리낌이 있겠지만, 선정 시점에 약점을 파악하고 그 약점을 충분히 고려해 선택해야만 나중에 후회하지 않는다.

이는 엄격한 시스템 구축 프로젝트를 완수하기 위해 매우 중요하다.

파트너를 결정한다

이번 장의 레슨

- RFP, 데모 등을 통해 벤더로부터 받은 많은 정보를 수평으로 비교할 수 있게 정리한다.
- 벤더 선정은 조직 차원의 구매이므로, 이후 프로젝트를 잘 진행하기 위해서도 합의 형성이 핵심이 된다.

단계 ⑪ 투자액 시뮬레이션

RFP의 답변에 견적 금액이 포함되므로 어떤 벤더가 제시한 금액이 낮은지/높은지 한눈에 볼 수 있다고 생각할지도 모르지만, 실제로는 매우 까다롭다. 시스템 비용을 계산하는 몇 가지 패턴이 있다.

a) **일시 구입형:**
예) 초기 비용 1억 원. 운영 비용 매년 1,000만 원.

b) **일시 구입/버전 업데이트형:**
예) 초기 비용 1억 원. 운영 비용 매년 600만 원. 5년에 1번 버전 업데이트 대응 별도 5,000만 원.

c) **사용료형:**
예) 초기 비용 1,000만 원. 운영 비용 매년 3,000만 원

이 세 가지 예를 잠깐 보고 어느 것이 가장 저렴한지 곧바로 알 수 있겠는가? 시스템을 몇 년 사용하는가에 따라 답이 달라진다는 것이 정답이다. 예를 들어 기업 안에서 사용하는 기간 시스템은 잘 만들면 15년 이상 계속해서 사용

한다. 한편 소비자에게 제품을 판매하기 위한 웹 사이트는 기술이나 디자인 변화 속도가 빨라 3년 정도 주기로 다시 만드는 경우가 많다. 비즈니스 특성을 고려해 시스템을 폐기할 때까지의 총 비용을 시뮬레이션해야 한다.

그림 P-1 투자액 시뮬레이션

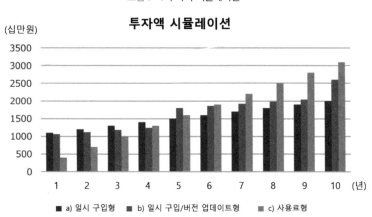

제안 금액이 예산을 크게 초과했다면

실현하고 싶은 것은 많지만, 예산은 한정되어 있다. 예산이 충분한 프로젝트는 거의 없다. 예산과의 큰 괴리를 방지하기 위해 FM에서 우선순위를 결정하고 필터링한 요구사항만 RFP에 기재했지만, 그럼에도 불구하고 벤더로부터 받은 제안이 예산액을 크게 초과하는 경우가 있다.

프로젝트를 좌초시키지 않기 위해서는 실현할 요구사항과 지출되는 비용을 가깝게 만들어야 한다. 그 방법으로 다음을 생각해볼 수 있다.

① 우선 가격을 협상한다

가격은 협상의 여지가 있다. '제안 내용을 철저히 조사한 끝에 귀사가 가장 좋다고 판단했지만, 비용이 높아 쉽사리 결정하지 못하고 있습니다. 어떻게 방법이 없을지요?' 같은 톤으로 벤더와 협상을 진행한다.

② 견적을 정교화한다

RFP의 답변 시점에서는 벤더도 대략적인 견적만 가능하며, 리스크를 피하기 위해 높은 금액을 제시했을 수 있다. 벤더는 이제부터 2인 3각으로 프로젝트를 진행할 파트너다. 보다 많은 정보를 제공해 상세한 내용을 결정함으로써 견적이 정교해져 가격이 낮아지기도 한다(반대인 경우도 있다).

③ 자사 작업을 늘리고, 벤더 공정을 줄인다

자사에서 담당하는 작업을 늘림으로써 회사 외부에 대한 지불을 줄일 수 있다. 사내에서 인재를 확보해야 하므로 비용을 본질적으로 줄이는 것은 아니지만, 경영 상황에 따라서는 '캐시 아웃이 극적으로 작다. 대신 사람을 투입할 수 있다'는 경우도 있다.

벤더 제안 중 자사의 IT 부분이 담당하기 쉬운 영역으로는 인프라스트럭처 구축이나 다른 시스템과의 인터페이스 개발, 데이터 마이그레이션, 기동 후의 운용/유지보수 등이 있다. 예를 들면 인터페이스 개발은 다른 시스템과의 조정 등 되려 자사의 IT 부문 쪽이 원활하게 진행할 수 있다. 이전 시스템의 지식이 핵심이 되는 데이터 마이그레이션도 마찬가지다.

업무 담당자가 담당하기 쉬운 부분은 교육 태스크다. 각 위치에서 설명회나 e-러닝 등을 만드는 것이다. 또한 장표(데이터 검색) 등은 최근 사용하기 쉬운 도구가 늘어났으므로 벤더의 엔지니어에게 맡기는 것보다 사용자가 직접 만드는 편이 빠르다. 물론 발주 금액을 줄일 수도 있다.

④ 하고 싶은 것을 줄인다

RFP에는 원래 우선순위가 높은 기능만 담겨있기 때문에 한 차례 더 필터링하는 것은 불가능한 것으로 느껴진다. 하지만 '예산을 크게 초과해 버렸다'는 현실과 맞닥뜨린 이상 한층 더 심각하게 필터링을 수행한다.

물론 '이 이상 줄이면 프로젝트를 하는 의미가 없다'는 선을 넘지 않는 범위에서 의논해야 하지만 경험상 궁지에 몰리면 의외로 삭제할 수 있다.

⑤ 도저히 안 된다면 예산 추가를 요청한다

이런 것을 충분히 검토한 상태에서 투자액을 압축하는 것이 어렵다면 경영진과 예산 증액에 관해 협상할 수밖에 없다. 증가된 금액일지라도 회사에게 투자 가치가 있다고 다시 주장하는 것이다.

여기까지의 공정으로 과제 인식이나 목표/실현하고자 하는 모습이 명확하게 됐다면 필요성을 설명하는 데 사용할 수 있다. 시책이 구체화되고 시스템의 미래 모습도 가시화되었으므로 '성공할 승산이 있다'는 것을 설명할 수 있을 것이다. 경영 시점에서 이야기하면 '확실히 금액이 높지만 그래도 회사를 위해 이 프로젝트는 완수해야 한다'고 인정받을 수 있는 경우도 많다.

사례 | 비용을 억제하기 위해 벤더에 대한 의뢰를 줄인다

어떤 프로젝트에서는 RFP 답변을 받은 결과 벤더로부터의 비용 답변이 당초 예산의 1.5배가 됐다. 백오피스 업무를 대상으로 한 시스템 업그레이드였으므로 '이 시스템을 만들면 큰 효과가 납니다!'라고 밀고 나갈 수는 없었다.

이대로 진행하면 경영층의 승인을 얻는 불가능하므로 다시 비용을 기존 예산에 가깝게 조정해야 한다.

먼저 벤더에게 의뢰하지 말고 자사에서 할 수 있는 것은 없을까? 사용자 교육이나 업무 매뉴얼 작성은 처음에는 벤더에 의뢰할 계획이었지만 자사 내에서도 할 수 있다. 병행 기동의 경우도 벤더에게 이런 저런 지원을 받고 싶었으나 자사에서 실시하기로 했다.

업무 영역과 대상 회사에 대한 필터링도 검토했다. 처음에는 본사와 그룹사 20개 이상이 모두 신규 시스템에 합류하려는 계획이었지만, 일부를 제외하는 것에 관한 의논을 했다. 본사와 큰 그룹사에서 효과가 크다는 것을 확인한 뒤 별도 투자를 계획하는 편이 리스크가 적다.

또한 출장 관리 등 일반적인 것과 차이가 없는 몇 가지 영역이 있어 견적 금액이 불필요하게 높아져 있었다. 정말로 해당 영역을 이번에 업그레이드하는가(기존 시스템에서 한동안 할 수 없는가) 선택지를 정리했다.

FM의 셀 단위 취사선택과 달리, 이 단계에서는 세분화해서 '필요하다/필요하지 않다'를 의논해도 결말이 나지 않았다. 모처럼 견적을 받았으므로 만약 삭제해야 한다면 금액적으로 영향이 큰 영역에 관해 집중적으로 논의하는 편이 쉽기에 여비를 시작으로 영역별로 제거하는 것에 관한 의논을 했다.

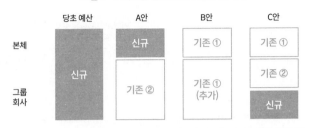

그림 P-2 시스템 업그레이드 범위 선택지

[범례] 신규: 새로운 시스템, 기존 ①: 기존 시스템(본체), 기존 ②: 기존 시스템(그룹 회사)

그 외에도 벤더에게 각 견적에 대한 근거를 제출하도록 하고 추가적인 정보를 제시함으로써 비용 항목을 하나씩 정교하게 만들기 위해 노력했다. 그 결과, 추가 개발 없이 완료할 수 있는 기능 등 다양한 것이 정리됐다.

견적이 예산을 초과했지만 우선 받은 뒤 각 요소를 검증/수정하면서 당초 예산 범위 안에서 간신히 맞출 수 있었다.

단계 ⑫ 평가표 작성

답변을 수평으로 나열해 평가한다

RFP에 대한 답변은 1차 선정과 마찬가지로 답변 형식을 첨부하고, 각 벤더에 기입하는 것이 좋다. 그렇게 하지 않으면 1차 선정 이상으로 각 벤더가 제각각의 형식(파워포인트, 엑셀 등을 제각각 사용)이 제출될 것이다.

그림 P-3 시스템 도입 비용

벤더에게 답변을 받을
단위로 항목을 기재

항목	명세	견적 공수 (MM)	견적 금액 (만원)	설명
프로젝트 관리				
시스템 개발 ※ 공정에 관해서는 귀사의 제안 내용에 따라 명세를 변경하기 바랍니다.	요건 정의			
	설계, 개발/단위 테스트, 통합 테스트			
	통합 테스트, 시스템 테스트			
데이터 마이그레이션	데이터 마이그레이션 요건 정의, 데이터 마이그레이션 도구 설계/개발, 데이터 마이그레이션 작업, 프로덕션 마이그레이션			
교육	사용자 교육, 정보 시스템 부문 교육			
프로덕션 전환 지원	사용자 인수 테스트, 운용 테스트 지원, 프로덕션 마이그레이션 지원			
프로젝트 관리, 시스템 개발, 데이터 마이그레이션, 프로덕션 전환 지원 소계		0	0	
하드웨어	서버, 스토리지, 네트워크, 백업 장비 등			
소프트웨어(패키지)	본체			
기타 주변 기기 ※ 명세에 관해서는 귀사의 제안 내용에 따라 변경하기 바랍니다.	본체			
	소프트웨어 설치, 라이선스 등			
	(기타 비용 기입)			
서비스, 소프트웨어, 라이선스 비용 소계		0	0	

또한 포맷을 지정하는 것은 견적 누락을 방지하는 의미도 있다. 데이터 마이그레이션이나 교육 등의 작업은 발주자와 벤더 양쪽이 하는 경우가 있어 애매해지기 쉽다. 금액만 보고 '벤더 A는 상당히 높구나…'라고 생각해도 벤더 B는 데이터 마이그레이션 작업을 모두 사용자가 하는 것을 전제로 한 경우도 매우 많다. 벤더 선정에 있어 '같은 것끼리 비교하는 것(apple to apple)'은 매우 어렵다.

정보를 충분히 수집했다 하더라도 벤더 선정은 고민이 된다. 예를 들어 '제안받은 패키지는 매력적이지만 가격이 30억 원인 벤더 A', '사용 편의성은 좋지 않지만 가격이 20억 원인 벤더 B' 중 어느 쪽을 선택하겠는가? '패키지는 좋지만 회사로서는 다소 걱정이 되는 벤더 C', '프로젝트 수행 능력은 좋아 보이지만 패키지가 현재 하나뿐인 벤더 D'의 선택 또한 고민이 된다.

이 고민은 가격, 패키지 적합률, 벤더 신뢰성 등 다른 기준을 비교한 것이 원인이다. 그리고 관계자들이 중시하는 항목이 제각각인 것이 많은 것 역시 선택을 어렵게 만든다.

그 고민을 조금이라도 줄이기 위해 평가표를 활용한다. 다음 그림은 어떤 프로젝트에서 실제로 수행한 벤더 최종 평가 결과다.

FM에 대한 기능 실현성이나 비기능 요구사항, 기업/제품 신용도, 도입 접근 방식을 평가 항목으로 한다. 도입 접근 방식이란 이후 시스템 구축 프로젝트를 확실하게 리드하는 제안을 했는가에 대한 평가다.

그림 P-4 벤더 평가 결과

				:1위		:최하위	

	평가 항목	배점	A사	B사	C사	D사
제안내용	기능 실현성	50	43.8	37.7	41.5	43.1
	비기능 요구사항	10	8.6	7.5	8.9	7.4
	기업/제품 신뢰도	10	7.5	4.0	6.5	6.0
	도입 절차	15	8.6	4.7	11.2	9.8
	데모	15	9.1	8.5	12.4	10.3
최종 평점		100	77.6	62.4	80.5	76.6

그리고 이 프로젝트에서는 데모에 대한 평가를 다른 항목으로 분리했다(데모를 항목으로 독립시키지 않고, 데모에서 알게 된 것을 '기능 실현성', '기업 신뢰도' 등 각 항목을 채점할 때의 데이터로 활용하기도 한다).

RFP 답변서나 데모, 프레젠테이션, 벤더의 엔지니어에 대한 인상 등 이제까지 벤더 선정 프로세스에서 모든 정보가 이 표에 집약되어 있음을 알 수 있다.

이때 중요한 것은 평가 항목별 배점이다. 평가 항목이 모두 동일한 중요도를 갖지는 않으므로 항목별로 차이를 두었다. 이 프로젝트에서는 '기능 실현성(적합률)이 기업 신용도보다 중요'하다고 생각해 배점을 5배로 했다.

이때 비용은 배점에서 제외했다. 만약 비용을 배점의 일부로 하게 되면 비용의 배점에 따라 평가가 흔들리기 때문이다.

예를 들어 전체 배점 100점 중 20점을 비용에 배분하면 '극단적으로 비용이 높고 기능이 풍부한 제안'은 비용 항목이 0점이고 다른 항목은 만점을 받아 총 80점이 된다. 하지만 실제로는 비용을 도외시한 제안은 비용 대 효과가 나빠 프로젝트로 선택할 수 없다. 비용 배점에 따라 평가가 흔들린다는 것은 이런 상황을 말한다. 따라서 2차 신징은 비용 이외의 통합 평가와 비용의 균형(어떤 쪽이 비용 대비 효과가 좋은가?)로 결정한다.

사례 각 항목을 가능한 한 기계적으로 채점했다

벤더 B의 '기업과 제품의 신뢰성'이 5점 중 4.5점이라는 채점은 기계적으로 결정하기 어렵다. 신뢰성은 수치화하기에 적절하지 않기 때문이다.

그래서 너무 스마트한 방법으로 결정하는 것이 아니라 오히려 '기업 신뢰성에 관해서는 각 사가 몇 점이라 생각합니까?' 등 시간을 들여 의논하는 경우가 많다. 의논하는 도중에 프로젝트 관계자끼리 이후의 프로젝트를 어떻게 보고 있는가, 무엇을 염려하는가 등 본질적인 것이 점점 명확하게 된다.

그렇지만 의논에 시간을 할애할 수 없거나 스마트한 방법을 선호하는 상황도 있어 기계적으로 채점하는 경우도 있다. 상당히 기계적으로 수행했던 사례를 소개한다.

신뢰도를 1) 전문 기술자 수 2) 도입 실적 3) 패키지 장래성 4) 보안성 5) 유지보수성의 5개로 구분하고, 5가지 관점의 평균값을 채점 결과로 사용했다. 5) 유지보수성에 관해서는 고민이 되지만 당시에는 '각종 마스터를 발주자 측에서 참조/편집할 수 있는가?'에 중점을 두었다.

결국 벤더의 제안을 받아 '좋다/나쁘다'를 평가하는 것이므로 사람에 의존하는 면은 있지만, 여러 관점을 조합함으로써 가능한 한 느낌만으로 채점하지 않도록 했다.

[기업/제품 신용도 평가 결과]

평가한 근거를 남겨둔다

No.	평가 항목	A사	B사	C사
1	전문 기술자 수	2점 (그룹 전체에서 XXX명 이상의 인정 컨설턴트가 재직)	2점 (특정 영역의 기술자 XXX명)	2점 (자사 제품, 전국에 약 XXX명)
2	도입 실적	2점 (XXX건 이상의 도입 실적, XX건 이상의 버전 업데이트 실적 있음)	1점 (업계 XX사에 도입 실적 있음)	2점 (ERP 도입사 누적 No.1)
3	패키지 장래성/확장성	2점 (년 2회 정도의 빈도로 기능 확장)	1점 (회계, 워크플로 이외에는 버전 업데이트 미정)	0점 (신규 제품으로 인해 다음 버전 업데이트 미정)
4	보안 요건/내부 통제 대응	2점 (회계/세무/시스템 조사용 장표를 표준 기능으로 제공)	1점 (ID/사용자 관리, 비밀번호 관리, 부정 사용방지 장치 등 IT 통제 대응 완료)	1점 (개인 인증, 접근 제어, 로깅, 승인 제어 기능 있음)
5	각종 마스터 유무/유지보수성	1점 (시군구 및 금융 기관 마스터 유지)	1점 (마스터는 화면에서 등록/수정)	2점 (시군구, 읍면동, 우편번호 무상 제공)

그림 P-6 평가 근거(신용도)

[항목별 평가]

기업/제품 신용도

전문 기술자 수
도입 실적
패키지 장래성/확장성
보안 요건/내부 통제
각종 마스터 유무/유지보수성

[채점 기준]

점수 100%: 대부분의 요건을 만족한다
점수 50%: 일부 요건을 만족한다
점수 0%: 요건을 만족하지 않는다

도입 접근 방식이란 '이후 프로젝트 진행 방법에 관한 제안의 좋고 나쁨'이다. 이 사례에서는 a) 매니지먼트 방법 b) 일정 c) 체제/역할 d) 운용/유지보수 서비스의 4가지 관점을 사용했다. 그리고 신뢰도와 마찬가지로 평균값을 채점 결과로 사용했다.

[도입 접근 방식 채점 항목과 가중치]

평가 항목	개요
관리 방법	도입 기법 등의 관리 방법
일정	일정 타당성을 평가, 프로젝트가 제시한 계획에 대해 단계를 구분하는 경우 평가를 낮춘다
체제/역할	벤더 측의 체제와 함께 업무 부문 멤버의 작업 부담도 평가한다
운용/유지보수 서비스	운용/유지보수 서비스가 풍부한 경우 평가를 높인다

[도입 접근 방식 평가 기준]

점수	평가 기준
5	리스크 없이 프로젝트를 진행할 수 있다
4	거의 리스크 없이 프로젝트를 진행할 수 있다
3	좋지도 않고, 나쁘지도 않다
2	선정 시 불안하다
1	선정 시 매우 불안하다
0	논외, 선정 시 리스크가 너무 높다
–	평가 대상 외

RFP에 기재한 비기능 요구사항을 얼마나 실현할 수 있겠는가를 절대 평가로 채점했다.

그림 P-8 평가 근거(비기능)

[평가 항목]

No.	평가 항목	개요
1	전제/제약	가동 시간, 업무량 등
2	준거성	'cobit4', 'ITIL' 준거
3	가용성	가동률, 재해 대책 등의 요건
4	성능	용량, 처리 능력, 회선 사용률 등
5	확장성	확장 유연성에 관한 요건
6	보안	접근 제어, 암호화, 위변조 검지 등
7	운용성	시스템 관리, 모니터링, 백업 요건 등
8	유지보수성	정기/긴급, 원격 유지보수 작업 요건
9	아키텍처	업무 애플리케이션, 장표, 문자 코드 요건
10	환경	검증, 개발 환경 등의 요건
11	기타	테스트, 마이그레이션에 관한 요건

[평가 기준]

점수	평가 기준
5	요건을 충분히 만족한다
4	일부 요건을 만족하지 않는다
3	절반 정도의 요건을 만족한다
1	대부분의 요건을 만족하지 않는다
0	요건을 하나도 만족하지 않는다

■ 대응 여부 판단을 할 수 없는 부분은 최악의 경우를 고려해 '요건을 하나도 만족하지 않는다'로 판단한다.

단계 ⑬ 최종 선정

완성한 평가표에 기반해 벤더를 선정한다. 단, 큰 금액의 투자를 하게 되므로 프로젝트 핵심 멤버가 선정한다고 해서 선정 작업이 끝나지는 않는다. 그림 P-9와 같이 회사로서 의사결정 프로세스를 거쳐야 할 것이다.

핵심 멤버 안에서의 의사결정

채점표를 완성한 뒤, 프로젝트 핵심 멤버가 모여 벤더 결정 회의를 한다. 이제까지의 단계에서 수집한 모든 정보를 모아 평가표를 완성했으므로 기본적으로는 최고 점수를 얻은 벤더를 선택하게 된다.

그러나 최고 점수를 얻은 벤더를 곧바로 결정하지 않고, 결정 회의를 3번 정도 열기도 한다. 채점표의 결과가 핵심 멤버의 직감과 맞지 않는 경우도 있어 논의가 일기 때문이다.

단지 자신의 마음 속에 둔 벤더가 되지 않았기 때문에 억지를 부리는 것이라면 무시해도 좋지만 '사전에 합의한 배점에 따라 B사를 선택해야 한다' 같이 너무 무리해서 결정해도 화근이 남는다. 사람은 생각만큼 합리적이지 않기 때문에 벤더 선정과 같은 중요한 의사결정에 있어 이런 '납득할 수 없는 감정'이 남으면 프로젝트 참가 의욕 자체를 잃는 경우도 많다.

따라서 이런 때는 '왜 납득이 되지 않는가?', '채점표의 득점이 가장 높은 B사를 선택하면 어떤 일이 일어나는가?' 등에 관해 시간을 들여 의논해야만 한다. 만일 핵심 멤버 전원이 납득하지 못했을 때는 각 항목의 배점을 결정할 때 중요한 요소를 간과했을 가능성도 있기 때문에 그 위치까지 다시 돌아가 의논한다.

그림 P-9 벤더 정식 결정 단계

잠정 선정 대상 벤더와의 협상

핵심 멤버 안에서 벤더를 한 회사로 좁혔다면 그것을 벤더에게 전달하기 전에 조건을 협상해야 한다. 이 시점에서 '벤더는 선정된 것을 모르지만, 발주 측은 이미 1개 회사로 좁힌' 상황이므로 협상을 유리하게 진행하기 쉽다.

예를 들어 '조금 더 가격을 저렴하게 할 수 있는가?', '참가 예정인 시니어 엔지니어를 이 프로젝트의 책임자로 할 수 있는가?' 등 벤더의 제안에 대해 발주 측의 요구사항을 덧붙여서 보다 좋은 프로젝트가 되도록 의논한다.

> **사례** 중학생이 운전하는 벤츠에 타겠는가?

벤더 결정 시 논의가 격앙된 일이 있었다. 벤더 A사가 제안한 패키지가 매우 매력적이었지만 벤더에서 참가하기로 예정된 프로젝트 관리자나 엔지니어가 미덥지 않았기 때문이다.

패키지 매력, 벤더의 신뢰성 모두 최고인 조합이 있다면 좋겠지만 실제로는 이런 경우가 많다.

논의가 한참 진행되는 도중 프로젝트 매니저의 스킬이 높은 벤더 B를 선정하는 편이 좋다는 발언이 흥미로웠다.

'A사의 패키지는 확실히 매력적입니다. 화려하고 최신 스타일을 반영하고 있으며 기능도 우리가 하고자 하는 것과 맞습니다. 하지만 자동차를 예로 들면 중학생이 운전하는 벤츠인 것 같습니다. 목적지에 도달하기 전에 사고가 날 것입니다. 그것보다는 확실한 사람이 운전하는 코롤라, 다시 말해 B사를 선택해야 하지 않겠습니까?'

결과적으로는 벤더 A사의 패키지를 사용하는 대신 프로젝트 매니저를 베테랑 멤버로 교체하도록 했다. 항상 이런 요청을 들어주는 것은 아니지만, 이제까지 벤더와의 커뮤니케이션 과정에서 벤더가 '이후 비즈니스를 위해 어떻게 해서든 수주하고 싶다!'고 생각해준 것이 다행이었다. 그렇기 때문에 회사 내 인력을 전체적으로 검토하고 베테랑을 할당해준 것이다.

설명 자료 작성

이후 많은 사원의 업무에 영향을 주는 의사결정이므로 프로젝트 관계자에게 설명하거나 선정 경위를 나중에 돌아볼 수 있게 확실하게 자료를 남긴다. 이는 경영 회의 등에서 설명할 때의 자료로도 사용된다. 그렇기 때문에 새롭게 정보를 모을 필요는 없다. 이제까지의 경위를 누가 보더라도 이해할 수 있게 정리하는 것으로 충분하다.

경영 회의에서의 결정

큰 금액의 투자이므로 경영 회의 등에서 벤더 선정과 투자 자체의 승인을 받아야 한다. 이제까지의 경위를 잘 모르는 임원이 논의에 참가하는 경우가 많다. 그렇기 때문에 벤더 선정의 전제(프로젝트 목표나 업무를 어떻게 바꿀 것인가 등)를 유기적으로 설명하는 것이 원활한 승인을 얻는 비결이다.

그리고 이때 선정한 벤더나 패키지의 장점뿐만 아니라 단점이나 리스크도 확실하게 설명하는 것이 좋다. 예를 들어 '통합적으로는 뛰어나지만, 프로젝트 관리자의 능력이 부족하다는 점은 우려된다' 등이다.

'부족한 측면도 인지한 상태에서 이 선택이 최선이라고 판단했다'고 전달함으로써 뒤에서 문제가 발생했을 때 오히려 방패 역할을 해주기도 한다.

관계자에 대한 설명회

경영 회의에서의 결정을 받고, 미래의 사용자 등 폭넓은 관계자들에게 경위를 설명하는 과정을 거치는 것이 좋다. 특히 현장 조사나 데모 등 벤더 선정에 참가해준 사람들에게는 결과뿐만 아니라 검토 프로세스도 설명함으로써 납득을 얻는 것이 중요하다. 그리고 경영 회의와 마찬가지로 단점과 리스크도 전달한다.

벤더 선정은 스코프 단계부터 시작한다

이상으로 벤더 선정 13단계를 설명했다. 읽은 내용과 같이 상당한 대장정이다. 투자액이 작다면 보다 간략하게 진행할 수 있고, SaaS와 같이 초기 투자액이 작다면 선정하지 않고 '우선 사용해보자'는 정신으로도 좋다.

그림 P-10 벤더 선정 단계와 기간

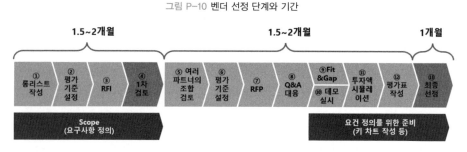

한편, 한번 결정한 뒤 되돌리기 어려운 시스템 또는 투자액이 2, 30억을 넘는 시스템에서는 이 단계를 생략하지 말고 우직하게 밟아야 한다. 여기에서 시간을 들인 만큼 선정 결과가 좋아질 수 있다.

단계 ①에서 ⑬까지 모두 수행하면 대략 2~4개월 정도 걸린다. 과거에는 1개월에 모든 단계를 수행했지만 앞서 설명한 것처럼 최근에는 벤더들이 분주하기 때문에 제안 의뢰 후 벤더가 견적을 작성할 때까지 시간을 충분히 주지 않으면 좋은 제안을 해주지 않는다.

벤더 선정에 이만큼의 기간이 걸린다면 스코프 단계가 끝난 뒤 벤더와 처음으로 접촉하는 것은 이미 늦다. 프로젝트는 일정이 빡빡한 경우가 많으므로 벤더가 제안을 준비하는 기간에 발주자 측의 핵심 멤버가 손을 놓고 무사태평하게 있는 것도 어리석은 일이다.

그래서 '단계 ④ 1차 선정'까지는 스코프 단계 중에 수행한다. 1차 선정이 FM과 FS가 완성되지 않아도 실시할 수 있게 되어 있는 것은 이 때문이다.

스코프 단계 중에 벤더와 접촉하는 것의 장점으로 기간 단축 이외에 한 가지를 더 꼽을 수 있다. 벤더로부터 패키지의 기본 콘셉트나 기능 개요에 관해 배운 것을 요구사항 정의의 입력으로 사용할 수 있다는 점이다.

FM에 리스트업한 기능의 누락이 발견되거나 패키지로 도저히 실현할 수 없는 기능에 관한 논의에 시간을 너무 많이 쓰는 것도 방지할 수 있다. 기능 목록을 가지고 있다면 FM의 우선순위를 붙여서 '기술적 용이성'을 구분하는 기준으로 활용할 수도 있다.

Column

SaaS 선정 시 가장 중요한 것은 무엇인가?

기업에서 2010년 정도부터 SaaS(Software as a Service)라 불리는 형태의 시스템을 많이 활용하게 됐다.

이제까지의 패키지가 '구입한 뒤 자신의 기호에 따라 커스터마이즈해서 사용하는' 형태였다면, SaaS는 '인터넷을 통해 제공된 서비스를 사용하는 것'과 같은 사용 형태. 이와 함께 시스템 구축에 있어서도 SaaS형 솔루션을 선택할 때 지금까지의 패키지 선정과 비교해 다른 점이 있다.

우선 도입 노력이 크게 들지 않는 SaaS의 경우는 '궁금하다면 사용해 본다'가 철칙이다. SaaS는 초기 비용이 그다지 많이 들지 않고, 사용할 때마다 연간 금액이나 월간 금액으로 비용을 지불하는 과금 형태가 많다. 따라서 도입 노력이 크게 들지 않는다면 이번 장에서 설명하는 철저한 선정 프로세스를 거치는 것보다 우선 사용해본다.

소규모/소액의 과금으로 사용하면서 자사에 맞는지 검토하고 효과를 얻는 것으로 판단되면 회사 전체로 확장하는 전략이 좋다. 애초에 이런 타입의 SaaS 벤더는 파트너/제품 선정 프로세스에 참여하지 않는 경우가 많다.

한편 SaaS라 하더라도 도입 노력이 드는 경우도 있다(최초에 자사용 설정이 필요하거나 다른 SaaS와 연동해야만 하는 경우 등). 이 경우는 '사용해 보고 맞지 않으면 그만 둔다'는 관점에서 접근하기 어려우므로 역시 파트너/제품 선정을 확실하게 해야 한다. 이때 SaaS에서 주의해야 할 독특한 점들이 있다.

먼저 'SaaS 벤더의 사상을 이해한 뒤 공감할 수 있는가?'가 중요하다. 예를 들어 '회사의 PC뿐만 아니라 스마트폰, 다양한 기기로부터 안전하게 회사의 파일을 참조할 수 있게 한다'와 같이 그 서비스가 꼭 달성하고자 하는 세계관 같은 것이다.

SaaS는 서비스이므로 도입한 후에도(벤더 마음대로) 사양이 변한다. 세계적으로 일제히 바뀐다. 사용자는 그에 따를 수밖에 없다. 그렇기 때문에 선정 단계에서 세세한 사용 방법을 검증해도 1개월 후에는 변해 있을지도 모른다. 그러나 서비스의 근간을 이루는 사상은 거의 변하지 않는다. 그것이 자사의 필요에 맞으면 서비스 변화를 진화로 보고 환영할 수 있을 것이다.

또 한 가지 중요한 관점은 Fit & Gap의 결과를 데모에서 확실하게 검증하는 것이다.

SaaS는 보통 패키지에 비해 추가 개발이 어렵다. SaaS 벤더는 전 세계 사용자에게 같은 서비스를 제공하는 것을 전제로 하기 때문에 자사만이 사용하는 기능을 SaaS에 추가하는 것은 일반적으로 불가능하다. 비용 지불의 문제가 아니다.

그래서 도입을 결정하기 전에 어디까지 가능한가를 확인해야 한다. 필요한 기능은 평소보다 자세하게 FM/FS를 작성하고, 벤더에게도 실현 여부에 대한 답변을 요구한다. 데모 시나리오도 평상시보다 많아지는 경향이 있다.

어떤 프로젝트에서는 BtoC 비즈니스에서 SaaS를 사용하도록 검토를 진행했다. 개인 고객과의 치밀한 커뮤니케이션을 중시했으므로 LINE 등 SNS와의 연동이 중요한 확인 포인트였다.

당연히 FM/FS에 연동 기능에 관해 기재했지만, 자료 전달만으로는 실현성이나 조작성은 확인할 수 없었으므로 벤더에게 의뢰해서 세세한 데모를 여러 차례 실시했다.

잘 나가는 회사들은 인하우스를 선호하는가?

필자가 시스템 구축에 관여하기 시작한 지 어느새 25년 정도가 지났지만 최근 계속해서 시스템 구축을 아웃소싱하는 비율이 높아지고 있다.

시스템 인테그레이터System Integrator, SIer라 불리는 업자에게 시스템 구축을 그대로 던져버리는 기업이 늘어났다. 이제까지 자사에서 직접 만들던 시스템을 패키지 소프트로 전환하는 것도 일종의 아웃소싱이라 부를 수 있다. 보다 급격한 경우에는 IT 부문 자체를 아웃소싱하는 기업도 나타났다.

그러나 2018년경부터 분위기가 바뀐 것 같다. IT를 사용한 변혁에 적극적인 기업 등 시스템 구축이나 운용을 다른 사람에게 맡기지 않고 인하우스로 하는 경향이 나타난 것이다. 그런 기업의 전형적인 액션은 다음과 같다.

- 여러 회사를 두루 다닌 경험이 풍부한 CIO(IT 담당 임원)를 헤드헌팅한다.
- CIO의 네트워크를 활용해 실력이 뛰어난 여러 엔지니어를 채용한다.
- IT를 지렛대로 해서 대규모의 변혁 프로젝트를 추진한다.

경영자(CEO)는 IT를 활용해 회사 자체를 바꿀 필요를 통감하지만, 기존 시스템의 유지보수만 담당해왔던 IT 부문에 리더십을 기대하기란 어렵다. 그렇기에 외부에서 바람을 끌어 들여와 무리해서라도 바꿀 수밖에 없는 것이다.

뛰어난 실력을 가진 엔지니어를 모을 수 있다면 'IT의 힘으로 비즈니스 모델을 크게 바꾸는 변혁(DX라 부른다)'은 외부의 벤더에게 맡기는 것보다는 사내의 인원이 주체가 되는 편이 더욱 성공하기 수월하다.

비즈니스와 IT를 단번에 바꾸기 위해서는 '만드는 사람'과 '만들게 하는 사람'이 하나가 되어 프로젝트에서 나란히 앉아 동료 관계를 유지하는 것이 당연히 중요하다.

여러분이 인하우스 개발을 지향하는 기업에서 근무하고 있다면 이번 장 내용 중 '벤더 선정' 부분을 무시하고 '패키지 선정' 부분만 참조하기 바란다. 아무리 내재화한다고 하더라도 SaaS를 필두로 한 패키지를 사용하지 않는 시스템 구축은 지금 시대에는 불가능하다. 패키지 선정에 관한 내용은 충분히 참고가 되었을 것이다.

반대로 만약 현재 업무를 외부 IT 벤더로 던지는 기업에서 근무하고 있다면, 먼저 '만들게 하는 기술'을 확실하게 학습하는 것이 좋다. '만들게 하는 사람'이 이 책에 쓰인 내용을 충실히 실행한다면 외부 벤더와 협력해서 프로젝트를 수행할 때도 진심을 다할 수 있을 것이다.

기동까지의 계획을 세운다

이번 장의 레슨

- 벤더로부터 제안을 받아 시스템 기동까지의 전체 일정을 수립한다.
- 전체 스케줄에는 시스템 구축 외에 다양한 요소를 추가해야 하므로 IT 벤더에게 완전히 맡길 수는 없다.

벤더가 제안한 일정을 그대로 수용하지 말라!

그림 Q-1 프로젝트 전체 일정

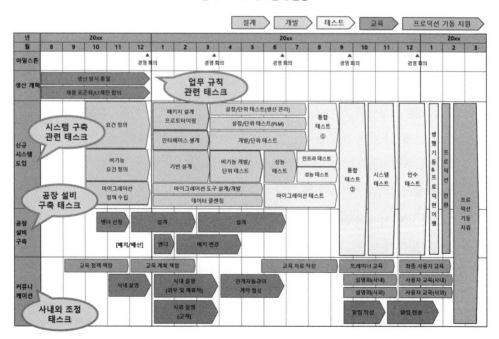

위 그림의 전체 일정은 실제 프로젝트에서 가져왔다. 대략적으로는 시스템 구축 작업을 중심으로 벤더와의 계약, 설계, 개발, 테스트, 프로덕션 기동 등 왼쪽에서 오른쪽으로 태스크를 나열했다.

그림의 중간 단에는 IT 시스템과는 별도로 공장 설비에 관한 일정이 나열되어 있다. 이 프로젝트에서는 시스템을 만드는 것뿐만 아니라, 바코드 인쇄나 제품에 대한 각인 기기 등 공장 설비를 정비함으로써 물건의 흐름을 원활하게 하는 이니셔티브도 추진했다. 그렇기 때문에 시스템과 설비, 양쪽의 페이스를 맞추어야 했다.

위 예와 같이 일반적으로는 시스템 구축 외의 작업도 전체 일정에 포함해서 관리한다. 프로젝트의 목적은 시스템을 만드는 것이 아니라 업무가 개선되고 성과를 향상시키는 것이기 때문이다.

그림 아래쪽에는 사내/외 조정 및 교육 등의 태스크가 나열되어 있다. 공장 현장에서 일하는 방법 또는 고객에게 전달하는 제품에 이르기까지 광범위하게 영향을 주는 변혁이기 때문이다. 프로젝트 진행에 맞춰 정책을 설명하거나 변경 사항을 교육하는 등의 커뮤니케이션이 핵심이 될 것이다.

보통 벤더로부터의 제안에는 일정안이 포함되어 있지만, 이를 그대로 '프로젝트 전체 일정'에 채용해서는 안 된다(안타깝지만). IT 벤더는 일반적으로 그들이 책임지는 시스템 구축 부분에만 관심이 있다. 따라서 벤더가 그린 일정은 '설계/개발/테스트에 몇 개월이 걸리는가'가 전부다.

하지만 위에서 설명한 것처럼 프로젝트에서는 순수한 시스템 구축 이외에 하는 일, 생각해야 할 일이 의외로 많다. 그리고 시스템 구축 계획으로 한정하더라도 프로젝트 외 이벤트와의 관계 등 IT 벤더만으로는 고려할 수 없는 것도 많아 확인해야 한다. 그렇기 때문에 벤더가 제한한 계획을 그대로 받아들이는 것만으로는 프로젝트 전체를 성공으로 이끌기에 충분하다고 말할 수 없다.

이번 장의 주제는 프로젝트 전체 일정 작성 방법이다. 먼저 벤더가 제안한 시스템 개발에 관한 일정을 발주자 측에서 철저하게 조사하는 방법에 관해 설명한다. 다음으로 발주자 측이 할 작업 중에서 특히 중요한 프로젝트 외부의 커뮤니케이션을 설계하는 방법에 관해 설명한다.

그리고 발주자 측의 작업 계획 중 사용자 교육에 관해서는 V장, 데이터 마이그레이션 계획에 관해서는 W장, 전환 계획(이전 업무와 시스템에서 변혁 후의 작업과 시스템으로 어떻게 전환할 것인가?)에 관해서는 X장에서 다룬다.

시스템 구축 일정을 철저히 확인하는 6가지 관점

벤더나 IT 부문이 작성한 시스템 구축 일정에 대해 '시스템을 만들게 하는 사람'이 체크할 때 가져야 할 6가지 관점을 소개한다.

이 관점은 앞에서 설명했던 벤더 선정에 대해 '이 벤더는 프로젝트를 확실하게 수행할 능력이 있는가?'를 판단할 때도 도움이 된다. 그리고 선정 후에도 일정에 관해 의논할 때 이 관점에서 질문함으로써 일정을 다듬을 수 있다.

시스템 구축 일정을 철저히 확인하는 6가지 관점

관점 ① MUST인 기한을 지킬 수 있는가?

관점 ② 업무가 가장 분주한 시기와 시스템 구축의 피크가 겹치지 않는가?

관점 ③ 공정별 목표가 명확한가?

관점 ④ 성과물을 체크하는 마일스톤이 있는가?

관점 ⑤ 각 영역이 잘 들어맞는가?

관점 ⑥ 각 단계의 기간이 적절한 균형을 이루는가?

관점 ① MUST인 기한을 지킬 수 있는가?

프로젝트 목표에 기한이 명시되어 있는 경우에는 그 기한을 지킬 수 있는 일정인가를 가장 먼저 확인한다.

- 중기 영업 계획상 3년 후에 프로젝트 효과를 얻고 싶다.
- 외국 투자가가 주주가 되어 2년 안에 큰 폭의 비용 절감을 실현한다.
- 법률 개정에 맞춰 사내 제도와 업무를 수정해야 한다.

등 프로젝트 목표를 달성하기 위해 기한이 중요한 프로젝트는 많다.

- 20xx년에 시스템 지원 유지보수가 중단된다.
- 3년 후에는 현재 시스템에 관해 잘 아는 담당자가 퇴직한다.

등 시스템 운영 상황에 따라 결정되는 기한도 있다.

필자는 고객과 의논하면 대개는 '모든 기한을 지킬 필요가 있다'는 말을 듣지만, 제대로 의논하다 보면 실제로 달성할 수 없는 MUST 기한과 조정하면 달성할 수 있는 기한이 뒤섞여 있다. 예를 들어 법 개정 대응은 기한을 바꿀 수 없지만, 시스템의 지원 중단은 IT 벤더와의 협상으로 조정할 수 있는 경우도 많다.

의논한 상태에서 MUST인 기한이 있는 경우에는 벤더가 수립한 계획이 거기에 부합하는지 먼저 확인한다.

관점 ② 업무가 가장 분주한 시기와 시스템 구축의 피크가 겹치지 않는가?

프로젝트에서 가장 융통성을 발휘하기 어려운 제약은 사실 금액이 아니라 업무 담당자의 시간이다. 실제로 업무를 하는 사람만 판단하거나 검증할 수 있는 것이 많고, 확인 가능한 사람이 사내에 한 명뿐인 경우도 많다.

그런 사람은 보통 업무와 프로젝트에 겸임으로 참가하기 때문에 업무로 바쁜 시기와 시스템 구축으로 바쁜 시기가 겹치지 않는지 확인해야 한다. 겹치는 경우에는 그 사람이 병목이 되어 일정이 지연되고 일정 유지가 어려워진다.

벤더는 업무가 분주한 시기를 알 수 없는 경우가 대부분이므로 당사자에게 직접 물어보는 것이 가장 확실하다. 일반적으로 경리 업무는 결산, 재고 물류 업무는 재고 조사, 인사 업무는 채용이나 연말 조정 등 연간 또는 분기마다 바쁜 시기가 반복된다.

한편 시스템 구축 시에는 상위 요구사항의 도출(FM 작성에 해당), 후반부 교육, 시스템 기동 전후에 업무 담당자의 부하가 크다. 특히 기동 시기는 시스템 구축에서 피크에 해당한다. 어지간히 준비하지 않는 한 업무 담당자에게 가장 부하가 많이 걸린다. 업무와 시스템 구축 프로젝트 양쪽에 쫓기지 않도록 업무가 덜 분주한 시기에 맞춰 일정을 잡아야 한다.

관점 ③ 공정별 목표가 명확한가?

시스템 구축은 설계/개발/테스트의 흐름으로 진행되나 '설계', '개발', '테스트' 등의 공정에 시스템 업계의 통일된 정의는 없다. 마찬가지로 인프라스트럭처, 인터페이스, 교육 등 프로젝트 영역을 나타내는 말도 정의가 제각각이다.

특히 테스트에 관한 고려는 벤더마다 차이가 매우 크다. 벤더가 모든 책임을 지는 테스트와 공동으로 실시하는 테스트, 발주자 측이 해야 할 테스트가 있으며 회사마다 테스트의 명칭이나 정의가 모두 다르다. '시스템 테스트'라 불리는 테스트가 다른 회사에서는 '통합 테스트', '인수 테스트', '성능 테스트'를 의미하기도 한다.

벤더가 하나뿐일 때는 효율을 더욱 중시하기 때문에 (캠브리지 사를 포함해) 발주자는 그들의 정의에 따르는 방식을 선호한다. 하지만 벤더가 여럿일 때는 프로세스의 통일을 중시하기 위해 전사적으로 캠브리지 사의 정의에 따르도록 조정한다(캠브리지에서의 정의를 이번 장 마지막에 정리해 두었으니 참고하기 바란다).

어떤 쪽이든 벤더로부터 일정 제안을 받았다면 공정 단위로 조정해야 한다. 단, '무엇을 하는가?'라는 정의는 추상적인 이야기가 되기 쉽고, 그것을 말로만 하면 막상 그 공정이 되었을 때 불운의 안타가 발생하기 쉽다. '저쪽에서 할 것이라고 생각했습니다', '다음 공정에서 하면 충분하다고 생각했습니다'와 같은 상황이 벌어진다.

그래서 뒤에서 혼란해지지 않도록 하기 위해서도 반드시 '어디까지 하면 다음 공정을 진행하는가?'라는 공정별 목표를 관계자 모두와 확인해서 문서로 남긴다. 각 공정에서 작성하는 결과물을 명확하게 하는 것이 가장 확실하다.

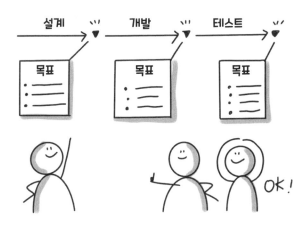

관점 ④ 성과물을 체크하는 마일스톤이 있는가?

모든 IT 벤더가 약속대로 업무를 수행한다면 발주자로서는 더할 나위 없이 행복하겠지만, 현실은 그렇지 않다. 앞에서 설명한 차이뿐만 아니라 영업이 '만들겠습니다', '실적이 있습니다'라는 말로 수주했지만, 스킬 부족으로 구축하지 못하는 벤더도 많이 봤다.

계약 의무 위반이므로 당연히 환불 등의 협상을 하지만, 금액 전체를 환불받지 못하는 일이 많고 환불을 받는다고 해도 예정대로 시스템을 완성하지 못하는 것이 문제가 된다. 발주자로서 이런 사태는 반드시 피해야 한다.

'가능합니다'라는 말과 함께 만들기 시작했지만 시스템 기동일 직전이 되어서야 두 손을 놓는 경우가 가장 두려운 시나리오다. 그 단계까지 가면 프로젝트를 되돌리기 위해 할 수 있는 일이란 거의 없기 때문이다.

그래서 각 공정 도중 만든 결과물을 보는 날을 미리 결정해 둬야 한다. 이것을 마일스톤이라 부른다. 예를 들어 100장의 설계서를 작성하는 예정이 있다면 일정상 '10장의 문서 작성이 완료될' 시점에 마일스톤을 넣고, 그때까지 작성된 결과물을 간단하게라도 모두 확인한다.

물론 공정은 완료되지 않았으므로 만드는 도중이거나 결과물의 일부만 존재하는 것이 당연하다. 그러나 마일스톤을 확인하지 않으면 설명할 수 없는 사태를 종종 마주하게 된다. '애초에 전혀 진행하지 않았다', '완성됐어야 할 사양서 10장의 품질이 너무 낮다'와 같이 말이다. 이런 상황을 빠르게 발견해 손을 써야 한다.

그리고 마일스톤을 설정해 확인하고 싶다고 벤더에게 요구하면 절반 정도의 벤더는 '아직 사내 리뷰를 통과하지 못했습니다', '도중에 확인하면 전체적으로 효율이 떨어집니다' 등 여러 이유를 들어 이를 피하려 한다.

그런 핑계를 듣는다면 어떻게 해서라도 마일스톤 리뷰를 강행하라. 실력이 있는 벤더는 중간에 보이는 것에 신경 쓰지 않는다 '아직 오탈자는 있지만, 핵심적인 데이터 조작에 관해서는 기술되어 있습니다'와 같이 주석을 붙여서 보여준다. 실력이 부족한 벤더일수록 마일스톤 리뷰를 피한다.

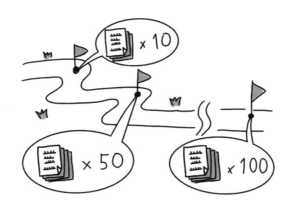

관점 ⑤ 각 영역이 잘 들어맞는가?

큰 프로젝트에서는 팀별로 담당을 나누어 작업을 진행한다. 예를 들어 '판매 팀과 구매 팀'과 같이 업무 영역을 나누는 경우가 있는가 하면 '애플리케이션

팀, 인프라스트럭처 팀, 데이터 마이그레이션 팀'과 같이 시스템 계층별로 나누는 경우도 있다.

팀별로 상세 일정을 만들고 그 일정을 합해서 전체 일정을 만드는 경우가 많지만, 애초에 개별 일정이었기 때문에 합하면 모순이 존재하는 일정이 되는 경우도 있다.

예를 들어 판매 영역의 개발이 완료되지 않으면 판매 영역과 생산 영역의 연동 테스트는 할 수 없다. 양쪽의 개발이 완료돼도 인프라스트럭처나 데이터 준비가 되지 않으면 테스트는 할 수 없다.

특히 각 영역이 만나는 지점(통합 테스트 등)에서의 정합을 확보할 필요가 있다. 각 팀이 담당한 작업의 만남이 원활하지 않으면 대기 시간이 발생하고 불필요한 시간과 비용을 들이게 된다. 최악의 경우 앞 공정의 작업을 다시 해야 하는 상황이 되므로 설계 단계에서 적극적으로 그런 차이가 발생하는 것을 막아 둬야 한다.

관점 ⑥ 각 단계의 기간이 적절한 균형을 이루는가?

벤더가 견적으로 제시한 설계/개발/테스트 기간이 적절한지 확인하는 것은 어렵다. 그러나 일반적인 비교/경향으로부터 설계/개발/테스트 기간이 타당한지 체크할 수 있다.

스크래치 개발(패키지 등을 사용하지 않고 무에서 직접 개발하는 방법)에서 설계:개발:테스트가 1:1:1이 되는 것이 일반적이다. 패키지 개발에서는 스크래치 개발에 비해 테스트 비율이 보다 높아진다. 이들을 고려하면서 벤더가 제시한 계획을 보고, 괴리가 너무 크다면 그 이유를 벤더에게 확인하자.

견적이 수정되는 경우는 그다지 많지 않지만 이런 과정을 통해 발주자 측과의 인식의 차이가 명확해지는 경우가 많다. 명확하거나 명료하지 않은 답변이 있다면 재견적을 의뢰하거나 여유 있는 일정으로 해 두자.

벤더의 체제가 정리되지 않아 프로젝트 개시가 늦어진다

최근에는 IT 인재가 부족하다. 벤더에게 제안을 의뢰할 때 '사람이 없다', '멤버가 정비되지 않았다'는 말을 자주 듣는다.

선정한 벤더와 막상 프로젝트의 구체적인 일정을 조정하는 단계가 되어서야 '사람이 부족합니다. 프로젝트 시작을 반년 정도 늦출 수 있겠습니다'라는 의뢰를 받기도 한다.

지금까지는 어느 쪽이냐를 굳이 말하자면, 업무 담당자 등의 사내 관계자가 참가하는 것이 어려웠지만 그 흐름이 달라지고 있다. 정말로 중요한 프로젝트라면 사내 멤버의 참여는 어떻게 해서든 해결된다. 그러나 벤더는 다른 회사이므로 발주자 측에서 조정하는 데는 한계가 있다.

원하는 시점에서 멤버가 준비되도록 가능한 한 이른 시점부터 벤더 체제 확보를 요청하거나 벤더의 인원 확보 기간을 미리 계획에 포함시켜야 한다.

프로젝트의 기한은 바꿀 수 없다. 벤더가 인원을 확보하기를 기다리다가 최악의 경우에는 프로젝트를 진행할 수 없게 된다. 이런 경우는 다른 조건으로 최적의 벤더가 아니라 지금 당장 프로젝트를 시작할 수 있는 벤더를 찾을 수밖에 없다. 엔지니어 개인은 물론이고, 회사로서의 벤더도 모두 분주하다. 그렇기 때문에 일정을 우선해서 벤더를 선정하는 것은 최대한 피하고 싶은 사태이기는 하다.

프로젝트 외부와의 커뮤니케이션을 간과하지 말라!

프로젝트 전체 스케줄을 고려할 때 IT 벤더는 그다지 고려하지 않으므로 만들게 하는 사람이 주체적으로 검토해야 할 작업이 몇 가지 있다. 가장 먼저 프로젝트 외부와의 커뮤니케이션이다. 커뮤니케이션에 실패하는 변혁 프로젝트가 많기 때문이다.

다음 데이터는 DX(Digital Transformation) 프로젝트를 실패하는 원인 순위다(인용: 캠브리지가 2021년 1월에 발표한 DX 백서. 355개사 472명이 답변한 앙케트에서 작성. http://pages.ctp.co.jp/dxwp2020_download.html (일본어))

그림 Q-3 DX 저해 요인

저해 요인	답변 수
목표나 콘셉트가 불명확, 전사에서의 의식 부족, IT 선행	44
현장에서의 '변화하고 싶지 않다'는 저항	42
부문 간 신뢰나 대화의 부족	39
추진팀의 취약함(사람 수, 입장)	37
경영자의 이해 부족(새로운 구조에서라도 ROI를 내라 등)	21
예산 부족	16
성과나 직접적인 판단 기준이 명확하지 않음	14
IT 리터러시 부족	14
기존 업무와의 양립으로 업무가 진행되지 않음	13
리더십이나 성숙도 부족	10
관리직의 이해 부족	9
DX의 이해 부족	8
기술적 장벽(보안, 데이터 준비 부족 등)	8
시스템 부문의 소극적 태도	4

DX라 하면 AI 등의 최신 기술을 구사해서 비즈니스를 기본적으로 변혁하는 이미지가 강하지만, 의외로 '기술적인 벽이 프로젝트의 실패 원인이다'라고 답변한 사람은 적다. 그것보다 상위를 차지하는 것은 '현장의 저항', '부문 간 대화 부족', '경영진과의 의견 차이' 등 프로젝트 외부와의 커뮤니케이션에 기인한다(여담이지만 '목표나 콘셉트 불명확'이 실패 원인 1위인 것은 이 책의

앞에서 강조한 'Why를 명확하게!'를 뒷받침한다).

DX뿐만 아니라 업무 개혁이나 시스템 구축에서는 필요성을 이해 받고 협력 받는 것이 필수다. 이를 위한 커뮤니케이션이 부족하면 프로젝트는 심각한 위기에 직면한다. 거꾸로 말하면 커뮤니케이션을 강화하는 것으로 프로젝트의 성공률은 상당히 높아진다.

성공을 위해 이렇게 중요함에도 불구하고 막상 프로젝트가 시작되면 눈앞의 일(시스템을 설계, 버그 수정 등…)에 쫓겨 외부와의 커뮤니케이션을 간과하게 된다.

한 가지 더 간과하는 것은 변혁 커뮤니케이션은 단계를 밟아 여러 차례 수행해야 한다는 것이다. 본질적으로 사람은 변화를 싫어하기 때문에 변화의 필요성을 이해하고 체험하고 효과를 체감하는 단계를 거치면서 점점 변화에 긍정적으로 변해 간다(그림 Q-4 참조).

그림 Q-4 변혁 수요 곡선

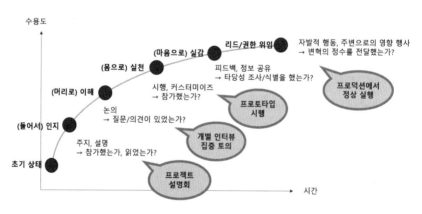

즉, 큰 변혁을 수반하는 프로젝트에서는 그 취지를 한 번 설명하는 것으로는 턱없이 부족하다. 진척에 따라 다른 방식으로 커뮤니케이션을 계속해야 한다. 필자가 커뮤니케이션의 중요성에 관해 고객에게 설명하면 '이미 부장 회의에서 설명했습니다', '사장이 명령을 내렸습니다'라는 반응을 하겠지만 그 정도로는 아무 소용이 없다.

특히 시스템 기동 전후에는 예상치 못했던 일이 발생하며, 관계자들이 당혹을 느끼는 것이 많다. 그때 '피해자로서 불만을 말하는 측에 속할 것인가?', '주체적으로 문제 해결에 협력할 것인가?'는 이런 커뮤니케이션을 얼마나 쌓았는가에 따라 갈린다.

앞에서 예를 든 전체 일정(그림 Q-1)에도 아래쪽에 일부러 '커뮤니케이션' 부분을 추가했던 것을 기억할 것이다. 이 프로젝트에서는 먼저 요구사항 정의 중에 '이후에 무엇이 일어날 것인가?', '모두에게 부탁할 것'을 설명하고 의견을 모았다. 그 상태에서 테스트를 할 때 설명회에서 자세히 새로운 업무나 시스템에 관해 교육하고 인수 테스트에도 도움을 받았다.

간단히 만들어진 것을 가져다 붙이는 것이 아니라, 짧은 시간이라 하더라도 '함께 만드는 쪽'에 끌어들여 '자신들의 새로운 업무', '자신들의 시스템'이라 생각하게 하는 효과도 노렸다.

생산 개혁의 일환으로 사외와의 계약 조건을 변경했기 때문에 시스템 개발과 병행해서 사외와의 계약 협상도 해야 한다. 그리고 실제로 시스템이 기동될 때는 메일을 보내 다시 변경 내용을 알렸다. 자사뿐만 아니라 영향을 받은 모든 사람을 배려할 필요가 있다.

커뮤니케이션 계획을 미리 만들고 조용히 실행한다

돌발적/즉흥적이 아니라 커뮤니케이션을 계획적으로 조합해 두는 것의 중요성은 이해했을 것이다. 그러나 프로젝트 추진과 함께 '누구에게', '언제', '무엇을' 전할 것인가, 그 결과 무엇을 협력받을 것인가를 빠짐없이 실행하는 것은 상당히 어렵다. 큰 프로젝트에서는 커뮤니케이션 대상이 20그룹 이상, 1,000명 이상이 되는 경우도 있기 때문이다.

그렇기 때문에 전체 스케줄과 별도로 커뮤니케이션 계획표를 작성한다. 세로축을 커뮤니케이션 대상, 가로 축을 프로젝트 단계나 연월로 나타낸 단순한 표다.

그림 Q-5 EC 사이트 재구축에서의 커뮤니케이션 계획

대상		20xx/1~	20xx/5~	20xx/9~
모회사	마케팅부문	▪ 20xx/3 시스템 변경에 따른 영향, 테스트 실시 시기, 의뢰 사항 전달		
	경리부문		▪ 20xx/8 각 사로 제출할 청구서 포맷 변경 내용 전달	
당사	일반 고객		▪ 20xx/7 사이트 변경과 결재 방법 추가 안내	▪ 20xx/ 기존 사이트 폐쇄 안내
	판매원		▪ 0xx/5~ 종업원 사이트 변경 점 안내 • 페이지 리뉴얼 • 로그인 방법 변경 • 결재 방법 추가 등	
	모회사 거래처		▪ 20xx/8 청구서 포맷 변경 내용 전달	

커뮤니케이션 대상에는 사내 사용자뿐만 아니라 관계 부문이나 사외 거래처 등도 포함된다. 예를 들어 송금을 의뢰하는 은행이나 아웃소싱 대상 등이 있다. 전달하는 데이터의 포맷을 바꾸는가 하면 시스템이 바뀌기 때문에 테스

트에 협력해야 하기도 한다. 거래처와의 계약 변경이나 관공서에 신고가 필요한 경우도 있어 시스템 기종 전후에 당황하지 않게 일찍이 계획하고 상담해 둬야 한다.

이런 사항 모두를 이 표에 기입해 둔다. 이 표를 한 차례 완성한 뒤에는 해당 시점에 맞춰서 실행하기만 하면 누락 없이 진행할 수 있을 것이다.

사례 테스트 공정 정의

이번 장에서 쓴 것처럼 IT 벤더에 따라 테스트 명칭이나 정의는 다양하다. 독자 여러분에게 참고가 되도록 캠브리지의 정의를 소개한다.

정의가 다르더라도 시스템을 정상적으로 동작시키기 위해 다음과 같은 일련의 테스트가 필요하다는 점은 변하지 않으므로 벤더로부터 제안된 일정과 비교하면서 누락이 없는지 체크해야 한다.

엔지니어를 위한 설명이 아니라 '시스템을 만들게 하는 사람'이 엔지니어와 대화할 때 필요한 최소한의 내용을 설명한다.

[단위 테스트]

Unit Test, 줄여서 UT라 부르기도 한다.

개별 프로그램에 수행하는 테스트. 단위 테스트가 약하고 각 프로그램에 버그가 많이 포함되어 있으면 통합해서 시스템으로 만들었을 때도 당연히 잘 동작하지 않는다. 자동차를 제조할 때 각 부품의 품질이 좋지 않으면 조립 후의 자동차가 안전하게 달릴 수 없는 것과 마찬가지다.

[통합 테스트 ① (내부 통합 테스트)]

Integration Test ①, 줄여서 IT ①이라고 부르기도 한다.

여기서는 시스템 내부의 프로그램이 잘 통합되었는가를 나타내는 테스트(내부 통합 테스트)와 구현 중인 시스템과 주변 시스템의 통합 테스트(외부 통합 테스트)를 별도로 수행하기 때문에 각각을 IT ①, IT ②로 구분해서 부른다.

내부 통합 테스트는 프로그램 사이(화면과 화면의 연동 등)를 확인한다. 그리고 패키지 소프트웨어를 활용하는 경우 내부 통합은 패키지에서 보증하지 않으므로 IT①은 매우 간단한 동작 확인으로 끝나는 경우도 있다.

【통합 테스트 ② (외부 통합 테스트)】

Integration Test ②, 줄여서 IT ②라고 부르기도 한다.

주변 시스템과의 통합을 확인한다. 예를 들어 판매 시스템이라면 '판매 전표'를 경리 시스템에 연동할 때 그 접속 테스트가 IT ②가 된다.

그림 Q-6 벤더가 주체가 되어 주로 수행하는 테스트

[벤더가 주도하는 경우가 많은 테스트]

테스트명	개요	테스트 범위 이미지
단위 테스트	프로그램 단위의 올바름을 확인한다.	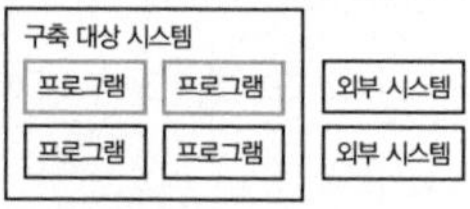
통합 테스트 ① (내부 통합 테스트)	시스템 내부의 각 프로그램 사이의 연동의 올바름을 확인한다.	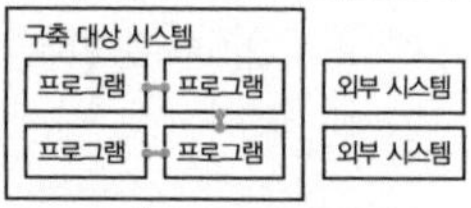
통합 테스트 ② (외부 통합 테스트)	구축 중인 시스템과 주변 시스템의 연동의 올바름을 확인한다.	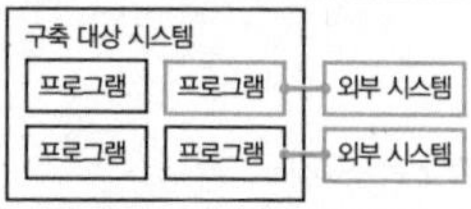
성능 테스트, 운용 테스트	비기능 요구사항에서 정의한 요구사항의 올바름을 확인한다.	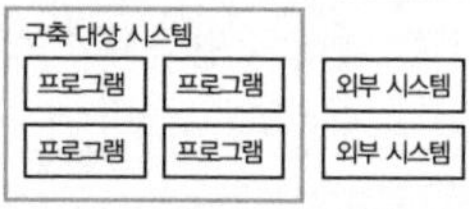

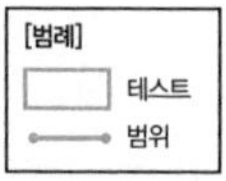

그림 Q-7 벤더와 발주자가 함께 수행하는 경우가 많은 테스트

[벤더와 발주자가 함께 수행하는 경우가 많은 테스트]

테스트명	개요	테스트 범위 이미지
시스템 테스트	업무 시나리오 기반으로 다양한 데이터 변형을 사용해 시스템이 올바르게 동작하는 것을 확인한다.	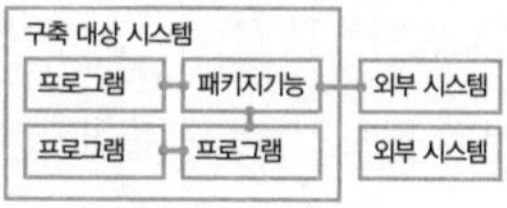

[발주자가 주도하는 경우가 많은 테스트]

테스트명	개요	테스트 범위 이미지
사용자 인수 테스트	벤더가 만든 시스템이 의도한 대로 완성되었는지 확인한다	

주변 시스템은 프로젝트와 별도 조직이 관리하고 있으므로 테스트를 위한 협력을 의뢰해야 한다. 사전에 언제부터 어떤 테스트를 할 것인지에 관한 설명과 준비 의뢰를 해 둔다.

[성능 테스트, 운용 테스트]

비기능 요구사항 장에서 '시스템이 스트레스 없이 응답하는가?', '장애가 발생하더라도 백업한 데이터로부터 복구할 수 있는가?' 등 기능 이외에 시스템이 만족해야 할 요구사항을 설명했다. 그런 것이 실현 가능한지 확인하기 위한 테스트다.

시스템을 만들게 하는 사람은 보통 이 테스트에 주체적으로 연관하지 않는다. 단, IT 부문 등에 의뢰해 엔지니어가 이 항목들의 테스트를 확실히 실행했는가 확인해야 할 것이다.

[시스템 테스트]

System Test, 줄여서 ST라 부르기도 한다. '종합 테스트'라 부르는 벤더도 많다. 시스템이 상당 수준 완성된 단계에서 수행하는 전체 테스트가 ST다. 필자는 '가정한 업무가 새 시스템을 사용해 잘 동작할 수 있는가?'라는 업무 관점을 중시해서 ST를 수행한다.

그렇기 때문에 테스트 시나리오는 업무 담당자와 의논하거나 업무 담당자에게 시나리오의 작성을 의뢰한다. '수주 후 생산 시스템에 연동한 뒤 고객이 급하게 취소한 경우에 대응할 수 있는가?'와 같은 번거로운 시나리오를 일부러 만드는 것이 포인트다.

그리고 업무상 발생할 수 있는 변형의 확인도 중요한 포인트이므로 '여러 사업 부문의 제품이 결합된 수주', '해외 업무 중인 사원의 이사 평가' 등 일반적이지 않는 변형도 도출해 실제 업무를 하면서 테스트한다.

[사용자 인수 테스트]

User Acceptance Test, 줄여서 UAT라고 부르기도 한다.

벤더가 만든 시스템이 의뢰한 대로 완성되었는가를 발주자가 체크하기 위한 테스트다.

그렇다고 해도 시스템 테스트로서 벤더가 포괄적으로 테스트하므로(할 것이므로) 형식적인 관점에서 수행하는 프로젝트도 많다. 그렇기 때문에 필자가 테스트 계획을 작성할 때는 시스템 테스트에 사용자가 참가해 UAT를 갈음하는 경우도 많다.

프로젝트 투자 결재를 얻는다

이번 장의 레슨

- 회사인 이상 시스템 투자 결재를 얻어야 하는 관문은 피할 수 없다.
- '결코 적지 않은 금액의 투자에 정당성이 있는가?'에 관해 회사 차원에서 의사결정을 해야 한다.

벤더에 대한 평가가 완료되고 실행을 위한 계획도 결정했다면 이제 그려둔 비전을 위한 걸음을 내딛어야 한다. 하지만 시스템 구축은 큰 금액 투자이므로 회사의 승인을 얻어야만 한다.

시스템 규모에 따라 다르지만 투자액이 수 억에서 수십 억에 이르는 경우, 경영 회의나 임원 회의 등 회사의 최고 의사결정 기관으로부터 승인/결재가 필요하다.

경영층의 승인/투자 결정을 원활하게 통과하기 위해 이 단계에서 크게 두 가지 작업을 수행한다. 한 가지는 시스템 구축 관련 비용을 가능한 한 정교하게 산출해 비용 대 효과 분석을 다듬는 것이다. 다른 한 가지는 경영층이 의사결정을 하기 위해 필요한 정보를 이해하기 쉽게 다시 정리하는 것이다.

비용 대 효과 분석은 여러 차례에 걸쳐 수행한다

시스템뿐만 아니라 기업에서 투자 판단을 할 때는 '투자 비용을 몇 년 후에 회수할 수 있는가?'를 나타낸 비용 대 효과라 불리는 분석을 수행한다. 핵심은 '그것을 해서 돈을 벌 수 있는가?', '하는 것의 가치가 있는가?'의 시뮬레이션이다. 비용 대 효과를 의미하는 것으로 필자는 그림 R-1을 그린다.

효과와 비용을 다음 그래프와 같이 매년 누적해 '꺾은선 그래프가 0을 넘는다 = 흑자 전환'을 달성한다면 비용을 투자하는 효과가 있음을 의미한다. 이 시간이 짧을 수록 꺾은선 그래프가 0을 넘는 숫자가 커질 수록 비용 대 효과가 크다는 것을 의미한다.

그림 R-1 **투자 대 효과 시뮬레이션**

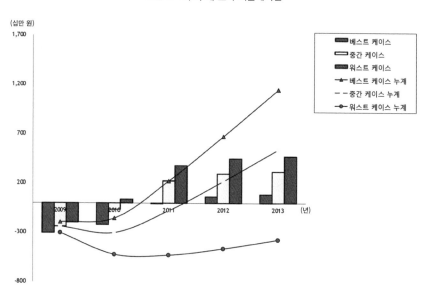

이 책에서는 다루지 않았지만, 이런 비용 대 효과 분석은 프로젝트를 진행하면서 여러 차례 수행한다.

- **1번째**: 이니셔티브를 검토하고, 프로젝트 계획이 확정된 시점(E장)
- **2번째**: 요구사항 정의나 벤더 선정을 완료하고, 회사가 투자 최종 결정을 하는 단계(이번 장)
- **3번째**: 시스템이 기동하고 업무가 안정된 시점(X장)

시스템을 잘 만들게 하는 기술

1번째는 '시스템에 대략 OO십억의 투자를 한다'와 같은 큰 정책을 승인받기 위해 수행한다. 물론 이 시점에서 금액은 대략 계산할 수밖에 없으므로 정식적인 투자 결재가 아니라 방향성의 승인이라는 관점이다. 이제까지 이 책에서 작성했던 요구사항 정의나 벤더 선정을 수행할 때도 사내 인건비나 컨설턴트를 활용하는 비용이 필요하기 때문에 그에 관한 결재의 의미도 있다. 필자가 쓴 ≪業務改革の教科書(업무 개혁의 교과서)≫에서는 이 단계에서의 비용 대 효과(특히 분석 모델 작성 방법)에 관해 설명했다. 실제 작업 순서에 관해서는 이 책보다 자세히 설명했으므로 함께 참조하기 바란다.

이번 장에서는 2번째로 수행하는 비용 대 효과 분석에 관해 설명한다. 이미 1번째는 시뮬레이션했으므로 그것을 정교화하는 작업이다.

그림 R-2 비용 대 효과 예측의 편차가 줄어든다

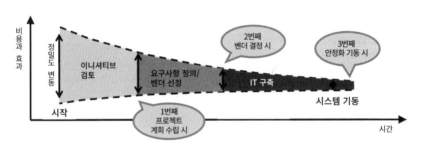

3번째는 프로젝트를 돌아보기 위해 수행한다. 비용 대 효과 분석은 어디까지나 예측으로 할 수밖에 없으므로 '프로젝트를 수행해본 결과 정말로 효과를 얻었는가?'라는 질문에 대답해야 한다. 예상했던 만큼의 효과를 얻지 못했다면, 예상대로 시스템을 사용하지 않는 등의 과제가 있을 것이므로, 개선 활동을 계속해야 한다. 경우에 따라서는 너무 낙관적이었던 예측을 반성해야 한다.

비용 대 효과 분석을 한층 다듬는다

1번째 단계에서는 결정하지 않은 것이 많고, 효과는 물론 비용도 대략적인 가정을 통해 얻을 수밖에 없다. 예를 들어 비용의 경우 '음, 잘 모르지만 타사의 사례를 참조해보면 20억!'과 같이 결정한다. 어느 정도 시스템 구축 경험이 있다 해도 (같은 상황에서) 절반이 되기도, 2배가 되기도 하는… 예측 정도만 가능할 뿐이다. 프로젝트에 따라서는 이 단계에서는 비용에 관해 전혀 검토하지 않기도 한다.

하지만 요구사항 정의와 벤더 선정을 완료한 시점에서 수행하는 2번째 단계는 상당 부분 쉽게 예상할 수 있다.

먼저 효과에 관해 설명한다. 이 단계에서는 '어떤 시스템을 만드는가?'가 결정되어 있으므로 '1번째 단계에서 예상했던 효과를 정말로 얻을 수 있겠는가?'가 보인다. 예를 들면, '판매 시스템을 태블릿에서 사용할 수 있게 해서 이제까지 FAX로 주문하던 고객이 현장에서 곧바로 입력할 수 있게 한다. 이로 인해 배출 향상은 매년 OO원이 될 것이다'라고 계산했다고 하자.

하지만 검토 결과 상당한 비용이 들고(기술적 용이성이 낮다) 고객에게 태블릿을 사용해 발주를 받는 것은 무리일 것 같다(조직 인수 태세가 낮다) 등의 이유로 우선순위가 낮아 당면한 해당 기능을 제외하기로 했다. 이렇게 되면 안타깝지만 비용 대 효과로 예상했던 '매년 OO원의 매출 향상'도 포기해야 한다.

비용에 관해서도 이 시점에서는 벤더로부터 견적 금액을 제시받는다. 1번째 시점보다는 훨씬 명확한 금액일 것이다. 벤더와 협력한 결과 시스템 기동 시기가 예상보다 느려질 경우에는 효과를 거두는 시점이 늦어지고, 비용 대 효과 분석에 영향을 미친다.

물론 부정적인 것뿐만 아니라 '예상보다 저렴하게 완료할 수 있을 것 같다',

'SaaS를 활용함으로써 초기 비용을 저렴하게 억제할 수 있을 것 같다' 등의 긍정적인 영향도 있다. 이런 것을 담담하게 분석 모델에 반영해 나간다.

C o l u m n

프로젝트의 불확실성은 마지막까지 남는다

그림 R-2의 그래프는 '불확실성의 뿔'이라 불린다. 프로젝트 시작 시점에는 비용이나 효과의 편차 폭이 크지만, 프로젝트가 진행됨에 따라 편차가 작아지는 것을 나타낸다. 불확실성은 점점 줄어들기는 하지만 완료 시점까지도 0이 되지는 않는다.

벤더가 '10억으로 시스템을 만들겠습니다'라고 말했음에도 불구하고, '예상보다 요건이 늘어났으니 5억을 추가해 주십시오'라고 말하는 경우도 있고, 자사가 작업하는 것으로 되어 있던 데이터 마이그레이션이 생각했던 것보다 어려워 사람을 고용하게 됐다... 등 비용이 예상 이상으로 늘어날 위험도 여전히 남아있다.

요구사항을 FM/FS에 확실히 문서화하고, IT 벤더에게 패키지로 대응할 수 없는 것을 철저히 활용한다면 물론 그런 가능성은 작아진다. 예를 들어 벤더가 합리적이지 않은 증액을 말하더라도 반론할 수 있다.

그러나 사람이 완벽하지 않은 이상 그렇게 하더라도 불확실성은 0이 되지 않는다. 이에 대처하기 위해서는 금액의 버퍼를 가져갈 수밖에 없다. 필자는 이 단계에서 견적 투자금액의 15% 정도를 버퍼로 프로젝트 예산으로 포함하는 것을 고객에게 권장한다.

무언가 예상 외의 일이 발생할 때마다 경영 회의에 투자액 증액을 부탁하는 것도 현실적이지 않다. 투자액 증액이 불가능하다고 해서 예산에 맞추기 위해 모처럼 도출한 기능을 만들지 않고 포기한다면 프로젝트의 효과를 생각한 만큼 거두지 못하게 된다. 프로젝트 매니저로서도 예측하지 못한 사태에 사용할 수 있는 예산이 없으면 문제가 발생했을 대처할 도리가 없다.

'당초 견적을 낸 금액 안에 포함하는 것'보다 '당초 견적을 조금 초과하더라도 프로젝트 목표를 확실하게 달성하는 것'이 중요한 국면인 경우가 매우 많다(물론, 예산 준수를 중시할 때도 있다. 경영 상황이나 프로젝트 목표의 가치에 따라 다르다).

안타깝게도 대규모 프로젝트인 경우에도 비용 버퍼를 예산에 포함시키지 않는 회사가 매우 많다. '아니, 그런 건 우리 경영 회의에서는 통하지 않습니다...', '버퍼를 명시하면 그만큼 저렴하게 만들라는 말을 들을 뿐입니다'라는 푸념을 수없이 들었다. 미래의 리스크에 대처하는 방법을 어째서 방치하는 것일까?

그런 회사들은 매년 15%를 넘지 않을 정도로 예산을 증액하거나 주어진 예산 안에서 만드는 것만 목적으로 하다가 사용자들로부터 '이것은 왜 만든 것인가요?'라는 말을 듣는 시스템을 만들고 만다.

불확실성에서 도망치지 않는 것이 프로젝트다. 불확실성에 대처하기 위해 금액 버퍼를 이 시점에 반드시 예산에 포함시키자.

벤더가 견적한 범위 이외의 것이 함정

이 단계에서의 투자액 견적은 벤더로부터의 제안 금액이라는 근거가 있으므로 상당히 확실한 값이 된다고 앞에서 설명했다. 단, '벤더의 제안 금액 = 프로젝트 투자액'은 아니므로 주의해야 한다.

벤더의 제안서를 상세히 검토하면 알 수 있지만 시스템 구축에 관한 모든 비용을 벤더가 견적 대상으로 하지는 않는다. 벤더가 하지 않는 작업은 의외로 많다.

발주자는 '그것은 벤더가 한다고 생각했습니다'라고 말하고, 벤더는 '제안서에는 기재되어 있지 않습니다'라고 주장한다. 양측 사이의 불운의 안타 같은 이런 작업은 계약 체결 시 발견하더라도 최종적으로는 발주자 측에서 인력이 됐든 비용 지불이 됐든 해결할 수밖에 없다. 제안서에 기재되어 있지 않은, 즉 벤더가 약속하지 않은 것을 억지로 시킬 수는 없으며, 재판에 넘기더라도 승소할 가능성은 거의 없다.

먼저 다음 비용 목록을 사용해서 각 항목이 벤더의 견적에 포함되어 있는지 확인한다. 이 표는 벤더에게도 보여주면서 벤더 견적에 어디까지 포함되어 있는지, 발주자 측에서 실행해야 하는 작업은 무엇인지 확인하는 것이 좋다.

그림 R-3 시스템 구축에 드는 비용 항목

비용 종류	비용 항목	설명
초기	사내 인건비	프로젝트에 드는 사내 인건비를 계산
	시스템 개발 SW 비용, SE 비용, HW 비용, 환경 초기 비용, 추가 서비스 비용	• 단계별로 계산한다(예: 요건 정의, 설계/개발, 테스트…) • 신규 시스템뿐만 아니라 마이그레이션/연동 도구도 고려해야 함 • 마이그레이션을 어디까지 벤더에서 담당할 것인가를 전제로 결정해 계산한다
	기존 시스템 개/보수	기존 시스템의 개보수 비용
	교육 · 전개 비용	교육 및 외부 업자/도구 도입 비용
	기타 업무 위탁	컨설턴트, 디자인 회사 및 판촉 비용 등
	예비비(버퍼)	전체 20% 정도 산정
지속	사내 인건비	운용 담당자의 인건비
	소프트웨어 라이선스	연간 라이선스 비용
	소프트웨어 유지보수	소프트웨어 비용의 15% 정도
	하드웨어 유지보수	소프트웨어 비용의 20% 정도
	운용 환경 이용료	클라우드 환경 사용료, 데이터 센터 사용료 등
	시스템 개/보수비	신규 시스템의 정기 개보수 비용

> 벤더 견적에 포함된 것/
> 포함되지 않은 것이 명확한가?

보통 벤더의 견적 대상은 앞 표의 '시스템 개발' 부분을 중심으로 한다. 따라서 소위 '프로그램 작성'에 관해서는 대상에서 제외되는 경우는 거의 없다.

하지만 테스트(특히 시스템 테스트나 사용자 인수 테스트 등 후공정 테스트)는 견적 대상에서 제외(별도 견적)되는 경우가 많다. 한편 견적 대상에 금액이 누적되어 있다고 해도 '테스트 실시 자체는 벤더에서 수행하지만 테스트 시나리오나 테스트 데이터는 고객 측에서 준비해 주십시오'라고 작게 표기하고, 금액을 억제하기도 한다.

그리고 데이터 마이그레이션(기존 시스템으로부터 옮기는 데이터 수정 작업. W장 참조)이나 인터페이스 프로그램, 인프라스트럭처 설정 작업 등도 그레이존으로, 세세하게 물어보면 발주자 측에서 수행해야 하는 작업이 큰 장벽이 되기도 한다.

'어디까지 견적에 포함되어 있는가?'에 관해서는 어느 정도 IT 프로젝트 지식이 없으면 올바르게 체크할 수 없다. IT 부문과 같은 사내 전문가에게 의뢰하거나 큰 계약의 경우 사외 컨설턴트로부터 의견을 듣는 것이 좋다.

그 외에 기존 시스템의 개선 및 수정이나 사용자 교육(매뉴얼 작성 등) 등도 보통은 벤더의 견적에 포함되지 않는다. 사내에서 인력을 확보하거나 다른 업자에게 견적을 의뢰해야 할 것이다.

사례 사내 체제 확보와 인건비 견적

비용 대 효과 분석을 올바르게 수행하기 위해 절대로 잊지 말아야 할 것이 '사내 인건비'다. 이것은 업무 담당자가 수행하는 작업(예를 들어 기존 시스템에서 이전하는 데이터 수정 작업이나 사용자 테스트)을 금액으로 환산한 것이다.

회사 외부로 캐시 아웃하지는 않지만 프로젝트에 필요한 비용이므로 '투자에 적합한 효과를 얻을 수 있는가?'를 검토하기 위한 분석인 비용 대 효과에는 포함된다.

한 프로젝트에서는 시스템 구축에서 패키지를 채용하고, 사내의 IT 부문이 개발했다. 모든 작업을 사외 벤더에게 위탁하는 것에 비해 투자액(캐시 아웃하는 금액)은 상당히 적게 억제됐다.

그러나 물론 사내 인력도 공짜는 아니다. IT 부문이 이 프로젝트에 관련되어 있다면 인건비가 들고 다른 개발 역시 착수할 수 없다.

다른 프로젝트를 착수할 수 없는 것이 이 프로젝트 때문이라고 나중에 알게 된 경영진이 '개발에 내부 인원을 할당한다는 것은 듣지 못했다', '왜 이 개발을 우선하지 않았는가'라고 질문했고, 이것이 큰 문제가 됐다.

비용 대 효과 분석에 관해 회사 외부로의 캐시 아웃뿐만 아니라 필요한 인원을 명시하고 사내 인건비를 확실히 명시해 두는 것은 경영층이 '캐시 아웃뿐만 아니라, 기업 전체에서 드는 비용'을 올바르게 파악하기 위함이기도 하다.

결재 자료는 쉽게 이해할 수 있게 작성하라

이 투자 결재 단계까지 프로젝트의 핵심 멤버인 여러분은 이번 시스템 구축에 관해 다양한 관점에서 검토를 진행했을 것이다. 한편 투자 결재를 하는 경영층 간부들은 이 시스템에 관해 처음 듣거나 가끔 등장하는 많은 테마 중 하나에 지나지 않는다. 안타깝지만 현실이다.

심한 경우 '2개월에 한 번씩 이야기를 들었지만 세부적인 내용은 기억나지 않는다', '조금 어려운 IT 이야기일 뿐으로, 잘 아는 부장에게 맡기면 좋다고 생각한다' 정도의 인식을 갖고 있기도 하다. 투자 금액이 크므로 결재 단계가 되면 쉽사리 찬성하지 않는다. 곤란한 상황이다.

그래서 '이제까지 수없이 설명했으니, 결론만 있어도 충분하지 않은가'라고 생각하는 것은 금물이다. 3년 정도 설명해도 새로 결재 단계가 되면 '애초에 왜 이런 프로젝트를 하고 있는가?'라는 말을 듣게 된다.

그렇다고 해서 이제까지 검토해온 것을 모두 결재 자료에 포함해 장황한 프레젠테이션을 한다고 하더라도 '자세히는 모르겠지만, 아무튼 상당히 비싼 쇼핑이 된다는 것은 이해했습니다' 정도가 되기 십상이다. 의사결정에 필요한 정보를 이해하기 쉽게 다시 정리하고, 어떻게든 이해하기 쉽게 전달하는 수밖에 없다.

투자 결재를 받을 때 다시 설명해야 할 정보는 다음과 같다.

1. 현 시점에서 무엇이 좋지 않은가 → 현장 조사 결과(D장)

2. 그렇기 때문에 이렇게 되고 싶다(비전) → 미래의 바람직한 모습(E장)

3. 비전 실현을 위해 이런 시스템이 필요하다 → FM에 정리한 내용(K장)

4. 선정한 벤더나 패키지 및 그 이유 → 선정 결과(P장)

5. 비용 등의 리소스(비용, 시간, 체제) → (Q장 등)

6. 전체적으로 투자할 가치가 있다는 것 → (이번 장)

이 책에 작성한 것을 이제까지 우직하게 수행했다면 모든 항목에 대한 검토가 이미 완료되었을 것이므로, 결재를 위해 처음부터 자료를 만들 필요는 없다. 단, 이제까지 만들어 온 자료를 그저 합치는 것만으로는 수백 페이지가 넘어갈 것이다.

정보량을 줄이면서도 알기 쉽게 전달하기 위해서는 자료나 프레젠테이션이 어느 정도 스토리를 이루어야 한다. 위 ①~⑥은 프로젝트에서 수행했던 것을 순서대로 나열하고 있지만, 프로젝트 외부 사람에게도 '왜 이런 투자가 필요한가?'를 쉽게 이해할 수 있는 스토리가 될 것이다. A장에서 'Why → How → What 순으로 이야기하면 이해하기 쉽다'는 원칙(골든 서클)에 관해 언급했는데, 그 원칙에 따르고 있기 때문이다.

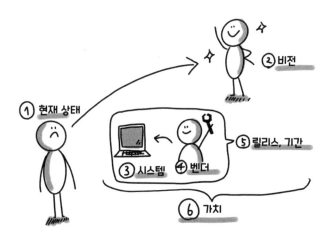

시스템을 잘 만들게 하는 기술

흑자가 되지 않는 시스템 구축 비용은 어떻게 청구하는가?

경영층에게 '비용 대 효과 분석을 사용해 몇 년 후에 투자를 회수할 수 있는지를 나태내는 것이 중요'하다고 설명했다. 그러나 사실 수년 안에 투자 비용을 실질적으로 회수할 수 있는 프로젝트는 최근에는 줄어들고 있다.

이것은 매년 시스템 구축에 드는 비용이 비대화되는 면도 있지만, 시스템이 사업의 인프라스트럭처로 존재하지 않기 때문에 '지금까지 막대한 시간을 들인 수작업을 시스템화해서 대폭적인 효율화!'를 얻는 케이스가 줄어드는 측면도 있다.

가트너Gartner는 다음과 같이 IT 투자를 세 가지로 분류할 것으로 주장한다.

대부분 시스템은 가장 아래층의 '사업 유지 투자'에 해당한다. 이는 사업을 유지하기 위해 필요한 소위 사무실이나 책상, 의자 같은 것으로, 이들이 없으면 업무가 진행되지 않는다. 하지만 이들 자체가 이익을 낸다고는 간주되지 않는다.

그림 R-4 IT 투자의 3 계층

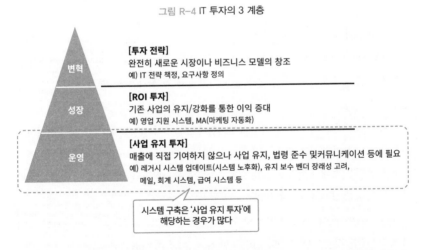

[투자 전략]
완전히 새로운 시장이나 비즈니스 모델의 창조
예) IT 전략 책정, 요구사항 정의

[ROI 투자]
기존 사업의 유지/강화를 통한 이익 증대
예) 영업 지원 시스템, MA(마케팅 자동화)

[사업 유지 투자]
매출에 직접 기여하지 않으나 사업 유지, 법령 준수 및커뮤니케이션 등에 필요
예) 레거시 시스템 업데이트(시스템 노후화), 유지 보수 벤더 장래성 고려, 메일, 회계 시스템, 급여 시스템 등

변혁 / 성장 / 운영

시스템 구축은 '사업 유지 투자'에 해당하는 경우가 많다

가장 이해하기 쉬운 예는 경리 시스템으로, 경리 시스템을 업그레이드한다고 해서 새롭게 효율화하지는 못한다. '페이퍼리스에 따라 연간 복사 용지를 OO매 절감한다!'는 정량 효과를 계산하더라도 결과는 대수롭지 않다. 안타깝지만 이런 효과를 누적하더라도 '투자하면 이익이 이만큼 향상된다'고 설명하기 어렵다.

그러나 현실 문제로서 경리 시스템이 노후화되면 재구축에 투자해야만 한다. 지금은 경리 시스템 없이 결산하기는 사실상 불가능하기 때문이다. 이렇게 투자 대 효과가 흑자가 되지 않는 경우, 투자 결재를 통과하기 위한 대책을 소개한다.

① 비전/이념에 호소한다

회사의 비전이나 경영자가 추구하는 이념에 호소하는 것이 한 가지 방법이다. 예를 들어 한 유통업체에서는 지역 화폐의 도입을 검토했다. 지역 화폐란 특정 지역에서만 통용되는 사설 화폐를 말한다.

화폐를 운영하기 위해서는 보안 등을 고려해야 하기 때문에 시스템 투자액의 규모는 당연히 매우 크다. 지역 화폐에 장점이 있다 하더라도 그것은 지역 활성화 같은 효과이지, 투자하는 기업에 있어서는 비용 대 효과가 흑자가 되지 않는다.

이 프로젝트에서는 회사가 비전으로 설정한 '지역 협력 창출'에 기여하는 것에 호소했다. '지역에 뿌리를 둔 기업으로써 함께 힘을 합쳐 지역을 살리기 위해서는 필요한 투자다'라는 입장에서 비용 대 효과만으로는 산정할 수 없는 가치가 있음을 이해시켰다.

② 타사에 뒤지고 있음을 호소한다

최첨단 대처/시스템이 아닌 경우 타사를 미끼로 끌어들이는 것도 효과적이다. 경쟁이 심각한 상황에 타사에 뒤지고 있는 상황을 피하고 싶은 것은 경영자라면 누구나 같은 마음일 것이다.

경리 시스템은 비용 대 효과를 나타내기 어렵다고 앞에서 설명했지만, 그 대신 설명하고 싶은 것이 '결산이 타사에 비해 느리다. 결산 초기화가 시장의 요구이며, 경영의 의사결정을 빠르게 하는 토대가 된다'는 논리였다. 시스템에 투자한다고 사람을 줄일 수는 없으므로 속도 향상을 강조하는 작전이었다.

'타사는 여기까지 실현하고 있다'는 말을 경영 간부는 흘려듣지 않는다. 원래 프로젝트에서 하고 싶었던 것을 뼈대로 하되, 설명의 한 가지 방법으로 사용하면 좋다.

③ 사업 유지의 토대임을 이해시킨다

손쉬운 설명은 제쳐 두고 시스템이 '사업 유지 투자'에 해당하는 것을 설명하는 방법이 가장 좋은 방법이다. 하지만 경영층의 IT 리터러시가 낮으면 이해 받기 상당히 어려운 경우도 많다.

이 세 가지 방법 모두 비용 대 효과 분석에서는 '정성 효과'라 불리는 것이다(금액으로 표현할 수 있는 정량 효과 이외의 효과). 돈을 버는가 또는 돈을 벌지 않는가라는 정량 효과에 따른 판단에 비해, 정성 효과에 따른 판단은 경영자의 식견이나 비전이 중요하다. 정량 효과만으로 흑자가 되지 않을 것이 예상된다면 일찍부터 충분한 시간을 들여 이해 받아야 한다.

사례 예산의 대략적인 규모나 필요성은 빠르게 설정한다

기간 시스템 업그레이드를 목적으로 하는 한 프로젝트를 시작하면서 사장으로부터 '회사의 근간이 되는 시스템입니다. 예산에 상한은 없습니다'라는 내용을 전달받았다.

요구사항 정의를 진행하는 도중에 상당히 번거로운 프로젝트라는 것이 보였다. 특수한 업무나 요구가 많고, 어느 패키지도 기능적으로 불충분해 애드온 개발이 많고 투자액이 불어날 것이 예상됐다.

선정된 벤더의 견적 결과를 보면 해당 회사의 1년 경상 이익의 1/10정도가 되는 큰 금액이었다. 단순한 시스템 재구축이 아니라, 업무 개선도 병행해서 수행하는 프로젝트 계획이었으므로 7년 정도에 회수할 수 있는 비용 대 효과 시뮬레이션을 만들고 투자 결재를 제출했다.

그러나 금액을 마주하자 이제까지 긍정적이었던 사장도 '정말로 이만큼의 비용을 들여야 하는 것인가?'라며 회의적이 됐다. '예산에 상한은 없다'고 말했으면서도 실제 현실적인 금액을 보고는 놀란 것이다. IT 투자에 관해 그다지 아는 바가 없었기에 대략적인 금액 규모 역시 몰랐던 것이다.

다행히도 이 프로젝트에서는 요구사항 정의 전부터 프로젝트 경위/필요성에 관해 확실히 의논하고, 경영진 간부에게 수차례 설명하는 과정을 계속했다. 때로는 '이 프로젝트가 10년, 15년 후의 회사에 줄 영향'이라는 풋내기 같은 말도 섞으면서 말이다. 그로 인한 효과도 있어 최종적으로는 결재를 받아 프로젝트를 진행할 수 있게 됐다.

아무리 비용 대 효과가 흑자인 것을 보여줘도 금액이 커지면 경영자도 결심이 흔들린다. 프로젝트의 Why를 진정으로 납득하지 않으면 시간을 들여 추진해 온 프로젝트도 수포로 돌아갈 수밖에 없다.

BPP

일어나서 집을 나서기까지의 동선을 시뮬레이션 해보자!

과제를 도출한다

> **이번 장의 레슨**
>
> - 시스템 구축에서는 후공정에서 문제를 발견할 수록 수정에 많은 노력이 든다.
> - 따라서 가능한 한 이른 시점에 문제를 발견하기 위한 장치를 갖춰야 한다.

본격적으로 만들기 전에 테스트할 항목의 중요성

본격적으로 구축 단계가 시작됨에 있어 시스템을 만들게 하는 사람과 만드는 사람이 공동으로 먼저 수행하는 공정이 Business Process Prototyping(통칭 BPP)이다. 프로토타입을 사용해 업무가 잘 흐르는지 체크하고 여러 과제를 도출하기 위해 수행하는 단계다.

단순히 프로토타입이 아니라 굳이 Business Process라 부르는 것은 시스템 화면뿐만 아니라 업무 방식 자체를 검증하는 과정이기 때문이다.

업무 개혁 프로젝트로서 업무 순서나 역할 분담, 규칙을 수정하는 경우 '업무를 검증한다'가 키가 된다. 이제까지 '이렇게 하면 효율이 좋아지는 것은 아닌가?', '고객 만족도가 향상되는 것은 아닌가?' 등은 책상 위에서 논의한 것이지, 정말로 그렇게 되는지는 실제로 업무를 바꾸기 전까지는 알 수 없기 때문이다.

하지만 실제로 업무를 바꾼 뒤 문제를 찾아내는 것은 그 리스크가 매우 높다. 원래대로 되돌릴 때 혼란이 발생하고 고객에게 당혹함을 주는 경우도 있다. 그렇기 때문에 시스템을 실제로 구축하기 전에 예행 연습을 하고, 개선점이 있다면 빠르게 찾아내 처리한다. 즉, BPP의 목적을 한마디로 정리하면 '과제 미리 발굴하기'다.

집에 비유하면 건축가가 만든 모형을 보면서 자신이 생활하는 모습을 상상하는 것으로 볼 수 있다. '이 부분은 생각했던 것보다 좁네요, 테이블 배치를 생각해서 수정해야 할 것 같습니다', '문이 그다지 어울리지 않는 것 같습니다. 변경할 수 있습니까?' 등 모형을 보고 알 수 있는 것이 많다. 시스템 구축에서 비슷한 일을 하는 단계가 BPP다.

시스템 구축의 경우는 모형 대신 시스템 화면을 준비한다. 실물을 준비할 수 있다면 가장 좋지만 예행 연습을 할 수 있으면 충분하므로 엑셀로 만든 화면 이미지를 대신 사용하기도 한다.

이번 장에서는 BPP 수행 방법을 실제 사례에 기반해 상세하게 소개한다.

C o l u m n
프로토타이핑을 하지 않으면 어떤 일이 발생하는가?

BPP를 하지 않으면 업무담당자가 새로운 업무나 시스템을 접하는 것은 사용자 인수 테스트(Q장 참조)를 할 때다. 이 테스트는 시스템이 완성된 뒤, 기동 전후로 수행한다. 즉, 이미 시스템이 완성된 후다.

일정에 쫓겨 확실하게 사용자 인수 테스트를 하지 않는 경우도 있으며, 그러면 곧바로 실전이 된다. 그런데 만들어진 시스템을 사용해 보고 처음으로 깨닫는 문제는 생각보다 많다.

- 관리하고 싶은 정보를 입력할 수 없다.
- 요구사항 대로 시스템이 만들어져 있지 않다.

- 업무 규칙을 바꾸었지만 컴플라이언스상 문제가 있음을 알았다.

- 새로운 업무 담당자가 애매하다.

- FM을 작성했던 당시에는 매우 중요하게 생각했던 기능이 실제 업무와 맞지 않는다.

사람이기에 후회나 착각도 할 것이다.

일반적으로 프로젝트 초기 공정에서 유입된 버그는 테스트의 후반에 알아채는 것으로 알려져 있다.

그림 S-1은 V 모델이라 불리는 그림이다. 시스템 개발은 요구사항 정의로부터 개발로 진행되며, 그후에는 되짚어 가면서 단위 테스트로부터 사용자 인수 테스트로 진행된다. 이그림의 포인트는 왼쪽 공정(예를 들면 요구사항 정의)에서 결정한 것의 성패로 대응하는 오른쪽 공정(예를 들면 시스템 테스트)까지 검증할 수 없다는 점이다.

그림 S-1 V 모델

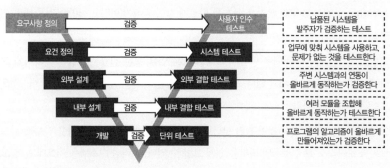

조금 더 구체적으로 말하면 다음과 같다.

- 시스템 구축 중반의 개발(프로그래밍을 의미) 버그는 직후에 수행하는 단위 테스트에서 발견할 수 있다.

- 그러나 업무 담당자가 요구사항 정의를 잘못하면, 도중 단계에서 엔지니어가 오류를 깨닫지 못하고 최종 공정의 사용자 인수 테스트에서 처음 깨닫게 된다.

최초에 결정한 구축의 토대가 가장 마지막에 뒤집히는 비극이 종종 일어난다.

최후 단계에서 깨닫는다고 해도 수정하는 데 큰 비용이 든다. 시스템을 만들게 하는 사람이 상상하는 이상이다. 수정하는 것은 한 군데일지 모르나, 그 수정이 새로운 문제를 일으킬 가능성이 있다. 그렇기 때문에 단위 테스트나 관계 있을 것 같은 기능과의 통합 테스트를 한 번 더 수정해야 한다.

즉, 효율적으로 시스템을 개발하기 위해서는 조기에 끼어든 버그(착각이나 가정의 실수)를 가능한 한 이른 시점에 발견해 내는 것이 대단히 중요하다.

이것은 소프트웨어 엔지니어링의 숙명이지만, 이번 장에서 의논하는 BPP는 그 숙명에 저항하기 위한 방법이다.

- 가정했던 대로 업무가 진행되는가?
- FM에 작성한 기능 요구사항이 엔지니어에게 올바르게 전달됐는가?

등을 가능한 한 이른 시점에 확인하고, 잘못이 발견되면 빠르게 되돌린다. 그것이 가장 효율적이다. 앞에서 'BPP의 목적은 과제를 빠르게 찾아내는 것'이라고 설명한 것은 바로 이런 의미다.

극단적으로 말하면 시스템을 만들기 전에 새로운 업무 또는 신규 시스템을 명확하게 그릴 수 있고 치명적인 문제가 없다고 단언할 수 있다면 BPP는 필요 없다. 하지만 현실적으로 그것은 불가능하다.

그런 점에서는 집을 짓는 것이 훨씬 낫다. 건축가에게 완성 예정도나 모형을 만들게 함으로써 초보자라도 그 집에서의 생활을 쉽게 그릴 수 있다. 그러나 시스템은 애초에 눈에 보이지 않고 매우 복잡하므로 집보다 상상하기 어렵다.

구축 전에 아무리 설계서를 작성해도 시스템 전문가가 아닌 업무 담당자는 운용 시 모습을 그리지 못하고, 자신이 바라던 기능인지조차 판단하지 못한다. 프로토타입을 만들어 예행 연습을 함으로써 조금이라도 미래의 업무나 시스템을 그리는 데 도움을 받는 정도일 뿐이다.

이상으로 'BPP를 하지 않으면 무엇이 일어나는가?'에 관해 충분히 설명됐으리라 생각한다. 마지막으로 'BPP를 함으로써 무엇을 하지 않고 완료하는가?'에 관해 간단히 살펴본다.

I장에서 'FS에는 모든 요구사항을 완벽하게 기재할 필요가 없다'고 쓴 것을 기억하는가? 어떤 시점에 완벽한 FS를 작성하려고 하면(만들지도 모르는 기능에 대해) 막대한 시간이 걸리고, 아무리 써도 완벽하게는 되지 않는다.

FS가 완벽하지 않은 것을 이후 단계에서 보정하는 작전이 U장에서 설명하는 키 차트와 이 BPP다. FS로 엔지니어에게 요구사항이 충분히 전달되지 않더라도 키 차트로 엄밀하게 표현할 수 있고, BPP에서 업무 흐름이나 화면을 보고 정정할 수 있다.

FS에 열을 올리면서 너무 많은 시간을 쓸 정도라면 이후 공정에서 확실히 시간을 사용하는 편이 전체 프로젝트 관점에서 효율이 높아진다.

BPP의 7단계

BPP는 7단계로 분해할 수 있다. 많은 사람이 떠올리기 쉽게 인사 업무(조직 개편이나 직책 임명 등) 사례를 중심으로 설명한다.

프로토타이핑 7단계

단계 ① 대상 시나리오 선정
단계 ② 시나리오 준비
단계 ③ 확인 포인트 명확화
단계 ④ 프로토타입 준비
단계 ⑤ 데이터 준비
단계 ⑥ 프로토타입 세션 당일
단계 ⑦ 과제를 깨부순다

단계 ① 대상 시나리오 선정

먼저 BPP로 검증할 업무를 선택한다.

모든 업무를 검증하려고 생각한 독자도 있을지 모르지만, 실제로 검증할 수 있는 것은 1/3 정도다. 프로토타이핑은 결국 품이 드는 작업이고, 요구사항의 올바름이나 포괄성을 담보하기 위해서는 프로토타이핑보다 다른 방법(예를 들면 키 차트 또는 리뷰 등)이 효율이 좋은 경우도 있다.

따라서 검증 효과가 높은 업무를 선정한다. 보통 다음과 같은 업무가 대상이 된다.

BPP 대상 업무 1: 대표적인 업무

'상담 → 수주 → 생산 지시 …'와 같이 기업 활동의 근간이 되는 가장 일반적인 업무 흐름이다. '요구한 대로 기능이 제공되지 않으면 업무/비즈니스가 성립하지 않는 영역'이라 부르기도 한다. 이 업무에서 사용하는 기능이 부족할 때는 회피 방법이나 기능 추가를 처음부터 고려해야만 한다.

즉, 프로젝트에 대한 영향이 크기 때문에 검증의 우선도도 높다. 단, 대표적인 업무라고 하더라도 예를 들어 급여 계산과 같이 회사별로 차이가 작은 업무에서는 패키지도 유연성이 없고, 구매한 이상은 패키지가 만드는 방법에 따를 수밖에 없다. 그러므로 BPP에서 논의한다 하더라도 그저 시간 낭비일 뿐이다.

BPP 대상 업무 2: 현재와 크게 달라지는 업무

업무 개혁을 위해 프로세스나 역할 분담이 크게 바뀌는 영역이다. 예를 들어 지금까지 없던 업무를 시작하는 경우나 일의 대부분을 아웃소싱하는 경우 등이다.

단순히 '업무가 잘 진행되는가?', '업무를 지원하기 위한 시스템은 제공되는가?'를 확인하는 의미와 함께, 변경되는 것에 따른 효과(효율화 등)를 기대만큼 얻었는지 검증하는 의미도 있다.

과제를 선점하기 위해 BPP를 하는 것이므로 이런 영역이 있다면 맨 첫 번째 시나리오로 고른다.

BPP 대상 업무 3: 요구사항대로 시스템 기능을 제공할 수 없을 것 같은 업무

패키지 소프트웨어가 전제로 하는 업무와 자사의 업무에 큰 차이가 있을 것으로 예상되는 영역이다. 아무리 좋아 보이는 솔루션을 선택한다고 해도 벤더 선정 시 '부적합'이라 판정되거나, 데모 시 '여기는 힘들 것 같다'는 느낌이 오는 기능이 있을 것이다. 벤더에게 '어느 지점이 불안합니까?'라고 단도직입적으로 묻는 것도 좋다.

다음 그림 S-2는 인사 평가 시스템을 구축할 때 작성한 BPP 대응 시나리오를 검토하기 위한 자료다. 여기에서는 평가 실시 준비부터 본인에게 평가 결과를 피드백하기까지의 일련의 흐름 모두를 대상으로 했다. 종이로 하던 업무를 전체적으로 시스템으로 전환하면서 '깊지 않아도 좋으니 업무 전반을 가능한 한 커버하고 싶다'는 니즈가 강했기 때문이다. 그 대신 비정규적인 경우는 고려하지 않고, 이후 설계서를 리뷰하는 것으로만 했다.

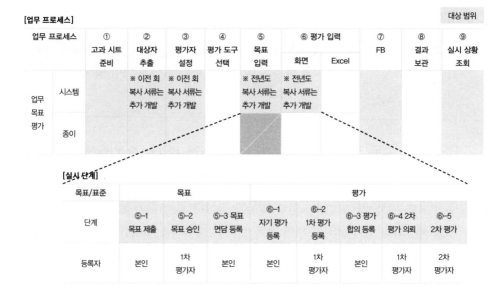

그림 S-2 BPP 대상 시나리오

[업무 프로세스]

대상 범위

업무 프로세스	① 고과 시트 준비	② 대상자 추출	③ 평가자 설정	④ 평가 도구 선택	⑤ 목표 입력	⑥ 평가 입력		⑦ FB	⑧ 결과 보관	⑨ 실시 상황 조회
						화면	Excel			
업무 목표 평가 — 시스템		※ 이전 회 복사 서류는 추가 개발	※ 이전 회 복사 서류는 추가 개발		※ 전년도 복사 서류는 추가 개발	※ 전년도 복사 서류는 추가 개발				
업무 목표 평가 — 종이										

[실시 단계]

목표/표준	목표			평가				
단계	⑤-1 목표 제출	⑤-2 목표 승인	⑤-3 목표 면담 등록	⑥-1 자기 평가 등록	⑥-2 1차 평가 등록	⑥-3 평가 합의 등록	⑥-4 2차 평가 의뢰	⑥-5 2차 평가
등록자	본인	1차 평가자	본인	본인	1차 평가자	본인	1차 평가자	2차 평가자

단계 ② 시나리오 준비

시나리오 선정에서는 '수주 업무 부근'이라고 대략 결정했지만, 실제 예행 연습을 위해서는 사전에 시나리오를 만들어야 한다.

업무 개혁을 목표로 하는 프로젝트에서는 현재 업무 프로세스를 바꾸는 검토를 해왔을 것이므로 FM을 작성하기 이전에 미래 업무 흐름을 작성했을 것이다. 그때는 새롭게 시나리오를 작성하지 않고 그것을 유용하면 좋다(그림 S-3).

패키지가 예상했던 업무 흐름에 그대로 들어맞을 것 같은 프로젝트에서는 그것을 간단하게 문서로 작성해 둔다. 단, 거기에 시간을 들인다는 의미는 아니므로 화이트보드 등에 간단하게 써 두는 것으로 완료하기도 한다.

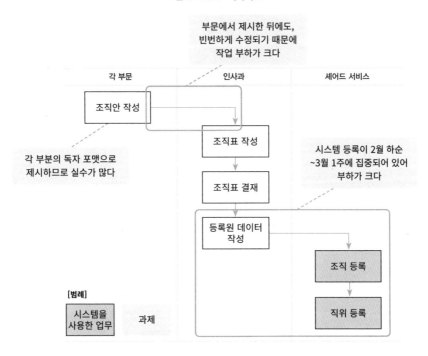

그림 S-3 BPP 시나리오

부문에서 제시한 뒤에도,
빈번하게 수정되기 때문에
작업 부하가 크다

각 부문   인사과   셰어드 서비스

조직안 작성

각 부분의 독자 포맷으로
제시하므로 실수가 많다

조직표 작성

시스템 등록이 2월 하순
~3월 1주에 집중되어 있어
부하가 크다

조직표 결재

등록원 데이터
작성

조직 등록

[범례]

시스템을
사용한 업무   과제

직위 등록

단계 ③ 확인 포인트 명확화

기계적으로 프로토타이핑하다 보면 신규 시스템 화면에 눈이 쏠려 '뭔가 좋아 보인다'고 생각하기 쉽다. 확실하게 과제로 만들기 위해서는 실제 프로토타입 세션을 수행하기 전에 확인할 사항을 명확하게 하고 업무 흐름에 적어넣는 것이 좋다(그림 S-4).

이 작업은 이제까지의 검토에서 누적된 것의 결과다. FM을 작성할 때나 벤더 선정 시 등에 '이것으로 괜찮은가?', '이 작업은 잘 진행될 것인가?' 같은 걱정거리를 업무 담당자가 많이 말했을 것이다. 그것들을 잘 기록해두면 BPP에서의 확인 포인트를 도출하는 작업은 오래지 않아 완료된다.

확인할 것을 확실히 함으로써 프로토타입으로서 준비해야 할 기능도 결정하고, 프로토타입 세션 중 유익한 의논을 할 수 있다.

그림 S-4 BPP 확인 포인트

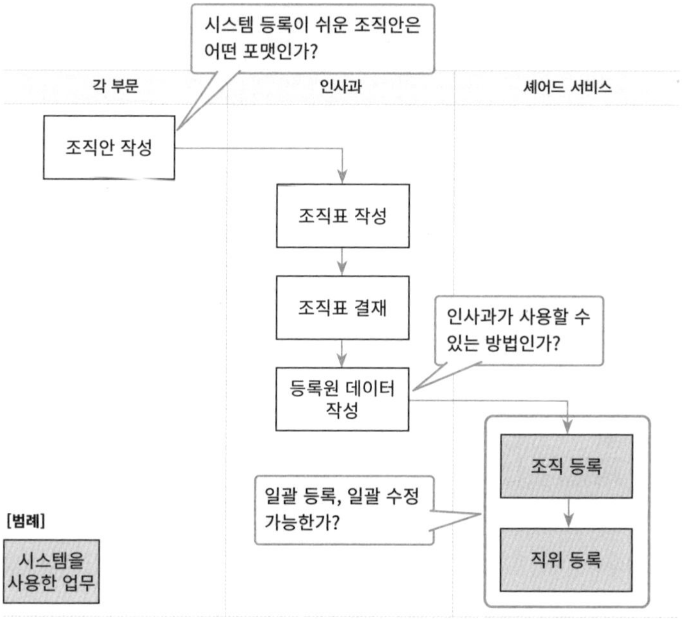

C o l u m n

BPP 세션은 몇 번 수행해야 하는가?

결론부터 말하자면 프로토타입 세션은 같은 시나리오를 2번 수행하는 것을 권장한다.

첫 번째 세션은 '시나리오를 처음부터 마지막까지 어떻게 해서든 진행은 할 수 있지만, 과제가 50개 정도 나왔다. 그 과제들을 해결할 수 있는지도 불안하고, 해결한다 하더라도 결국 어떤 프로세스가 되는 것인지 아직 그려지지 않는다'는 결과를 얻는 경우가 많다.

특히 업무를 근본적으로 바꾸는 프로젝트에서는 업무 담당자도 '그렇군요. 이렇게 달라지는 것입니까?'라고 처음 체감하게 된다. 변화를 받아들이는 데는 다소 시간이 걸리므로 첫 번째 세션 직후에는 혼란이 감돈다.

그래서 첫 번째 세션에서 나온 과제를 검토하고 화면 이미지도 수정한 뒤, 두 번째 세션을 진행한다. 이번에는 세션 참가자도 친숙한 상태이며, 지난번 문제가 됐던 부분이 해결되어 있으므로 보다 원활하게 시나리오가 흐른다. '과제는 여러 개 나왔지만, 이것으로 업무는 진행될 듯하다'고 확인할 수 있으므로 원만하게 세션을 마무리하게 된다.

단, 첫 번째와 두 번째 사이에 업무적 과제와 시스템적 과제를 해결해야만 한다. 해결하는 데는 1개월 정도의 시간이 필요하다.

특히 패키지 소프트웨어를 사용한 프로젝트에서는 기능상 제약이 있어 '문제가 있다면 화면을 바꿉시다'와 같은 대처는 불가능한 경우가 많다. 패키지별로 기능을 사용할 수 없는가, 업무 규칙을 조금 바꾸면 패키지로 쉽게 대응할 수 있는가 등 어려운 판단을 해야 한다.

단계 ④ 프로토타입 준비

검증할 시나리오와 확인 포인트를 결정했다면 BPP에 등장할 시스템 화면을 결정하고 준비할 수 있다. 드물게 사용자 측에서 준비하는 경우가 있지만 대부분은 IT 벤더에게 작성을 의뢰한다.

얼마나 유사한 프로토타입을 준비할지는 프로젝트에 따라 천차만별이다. 엑셀이나 파워포인트로 그린 화면 이미지를 사용해 페이퍼 프로토타이핑을 하기도 하고, 패키지 소프트웨어를 가상으로 꾸며 실제 화면을 사용하기도 한다. '시간을 들이지 않고 우선 간단하게 확인하자'며 A3 용지에 매직을 사용해 손으로 그린 화면 이미지를 사용하기도 한다.

선정한 패키지 소프트웨어의 특성에 따라 화면 이미지를 준비하기 위한 노력 차이는 크다. IT 벤더가 준비를 하는 데 너무 많은 부하를 주지 않도록 어떤 화면 이미지로 BPP를 수행할 것인지 상담하는 것이 좋다.

특별한 설정 없이 즉시 사용할 수 있는 패키지 소프트웨어라면 먼저 그것을 사용해 첫 번째 프로토타입 세션을 진행하는 경우가 많다. 패키지가 아니라 직접 시스템을 만들어서 구축한다면 화면 이미지를 준비하는 것이 어렵기 때문에 먼저 엑셀 등으로 만든 화면을 사용한다.

이 단계에서 발주자 측에서는 완벽을 요구하지 말아야 한다는 점을 기억해야 한다. BPP의 목적은 어디까지나 과제를 미리 도출하는 것이다. 완성품을 리뷰하는 것과는 다르다. BPP에 사용하는 화면 이미지는 어디까지나 모의로 만든 것이다. 먼저 시나리오 전체를 확인할 수 있는 것으로 충분하다고 생각하라. 계산이나 집계, 체크 로직 등의 세부 기능은 당연히 완성하지 않았더라도 문제없다.

반대로 그런 세부적인 기능을 만드는 것을 우선해 검증이 지연되면 과제를 미리 도출하는 수단으로써의 BPP의 의미가 사라져버린다.

'단계 ④ 프로토타입 준비'에서 설명한 것처럼 BPP에서 사용하는 프로토타입(시스템 화면 이미지)는 어떤 것이라도 관계없다. 업무가 진행되는가를 확인하거나 기능 이미지가 크게 어긋나지 않았는가를 확인하는 것이 주요한 목적이므로 우선 시나리오가 진행되면 크게 문제없기 때문이다.

그렇다고는 하나, 물론 진짜에 가까운 화면을 굳이 반대할 이유는 없다. 화면의 사용 방법 등의 과제도 조기에 발견하고 수정하는 것이 효율이 높다. 진짜가 실제 업무를 그려 보기 쉽다.

- 가능한 한 빠르게 프로토타입 세션을 개최하고 싶다.
- 가능한 한 진짜에 가까운 화면 이미지로 프로토타입 세션을 진행하고 싶다.

이 두 가지의 균형을 맞추기 위해 다음 전략 중 하나를 선택한다.

전략 A: 패키지를 사용하지 않는 시스템 개발

직접 시스템을 만들 때는 실제 화면을 만드는 데 시간이 걸린다. 그렇기 때문에 프로토타입 세션을 빠르게 실시하기 위해 엑셀이나 파워포인트로 그린 화면 이미지를 사용해 우선 첫 번째 세션을 진행한다. 신규 사업 개발이나 아무도 사용한 적이 없는 애플리케이션을 만들 때는 직접 손으로 그리기도 한다.

그림 S-5 화면 이미지 구분 사용

	전략 A	전략 B	전략 C
화면 러프 스케치	첫 번째 프로토타입 세션		
커스터마이즈하지 않은 화면		첫 번째 프로토타입 세션	첫 번째 프로토타입 세션
셋업 완료 화면	두 번째 프로토타입 세션	두 번째 프로토타입 세션	

이 단계에서 큰 범위의 수정을 하는 경우도 있지만, 시간을 들여 제대로 된 화면을 만든 것은 아니므로 시간도 낭비되지 않고 특별히 문제될 게 없다.

의논 끝에 만들고자 하는 시스템의 이미지를 정한 뒤에 확실하게 시스템 화면을 만들고, 두 번째 세션을 진행한다. 단, 이 단계에서도 계산 로직 등은 만들지 않는다. 어디까지나 '모습만은 실제'라는 프로토타입을 사용한다.

전략 B: 일반 화면에서 우선 세션을 진행한다

커스터마이즈하지 않은 일반 화면이라면 즉시 준비할 수 있는 패키지 소프트웨어가 많다. 우선 이 일반 화면을 사용해 프로토타입 세션을 진행한다. 무엇보다 IT 벤더와 계약한 즉시 BPP가 가능하며, 파트너/제품 선정 단계에서 선정한 패키지를 가능한 한 빠르게 학습할 수 있다는 장점이 크다.

두 번째 실행할 때는 '겉모습은 거의 완성형'의 화면을 사용하고, 복습할 겸 동일한 시나리오를 진행한다.

전략 B의 다른 패턴으로는 관계 회사에서 도입한 시스템을 사용해 첫 번째를 수행한 경우가 있다. 다른 회사이므로 업무의 복잡함은 크게 다르지만, 같은 패키지를 도입할 예정이었기에 실제 화면과 시스템의 동작을 볼 수 있다는 것에 의미가 있었다.

'그렇군요, 대략 이런 느낌이 되는군요'라며 프로젝트 구성원 안에서 공통의 인식이 생겨났고, 그후의 의논이 원활하게 진행됐다. 두 번째 프로토타입 세션을 진행했을 때도 보다 구체적인 논의가 이루어졌다.

전략 C: 프레젠테이션을 1번만 수행할 수 있다면

앞에서 설명한 것처럼 프로토타입 세션은 같은 시나리오로 2번 수행하는 것을 권장하지만, 일정상 1번밖에 수행할 수 없을 때도 있다.

이때는 커스터마이즈하지 않은 화면에서 실시하는 것이 좋다. 셋업 완료된 화면에서 실시하는 것은 그 시점이 너무 늦다.

결과적으로 재작업이 커져 비효율적이다. 그리고 두 번째 세션을 안 갖는 대신, 사용자가 설계서를 리뷰한다. 시나리오대로 화면을 보는 것에 비하면 사용자의 상상력을 요구하지만, 프로토타입 세션을 완전히 하지 않는 것보다는 훨씬 낫다.

단계 ⑤ 데이터 준비

시나리오를 만드는 것과 동시에 전제가 되는 대상 사용자나 입력값 등의 예상 데이터도 이 시점에서 구체화한다. 예를 들어 입사 절차를 확인한다면 '입사하는 것은 정규직인가, 계약직인가?'라는 구조다.

구체화할 때의 포인트 중 첫 번째는 가능한 한 현실에 가까운 대상자와 데이터를 가정하는 것이다. '더미 데이터 AAA'보다 '업무 추진실 실장 XXXX'가 현실에 가깝게 생각하기 쉽다. 실제 데이터(실제 사원이나 실제 거래 데이터 등)를 사용하는 것이 가장 좋다.

다른 하나는 위 확인 포인트에 맞는 데이터를 선택하는 것이다. 예를 들어 정기 종업원 채용 프로세스가 정사원과 크게 다를 때는 양쪽 사원 등록이 문제없이 수행되는지 확인하는 것이 좋다. 그때는 당연히 양쪽 데이터를 준비해야만 한다.

어떤 프로젝트에서 인사 평가(고과) 시스템을 구축할 때는 시나리오를 좀 더 실제와 같이 상상할 수 있도록 BPP 참가자인 인사 부분의 조직, 직책을 이용했다. 그리고 '이 조직이 시나리오의 전제가 됩니다. D씨(실제로는 실명)의 평가를 해봅시다. 1차 평가자는 C 리더, 2차 평가자는 B 부장이 됩니다'라고 설명한 뒤, 세션을 시작했다. 이렇게 전체를 명확하게 정리하지 않으면 '지금 어떤 상황을 시뮬레이션하고 있는 것입니까??'라는 혼란이 일어 검증이 어려워진다.

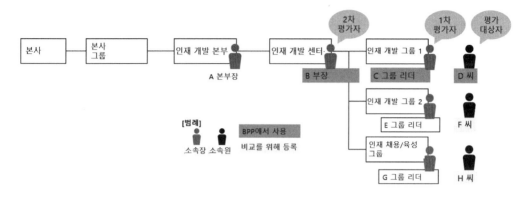

그림 S–6 전제가 되는 조직 이미지

단계 ⑥ 프로토타입 세션 당일

시나리오의 흐름에 따라 준비한 프로토타입의 화면/동작을 확인한다. 이때 중요한 것은 '현재 시나리오상 어디인가?'를 의식하면서 화면을 보는 것이다. 그렇게 함으로써 업무 프로세스에 숨어 있는 문제를 쉽게 파악할 수 있다. 따라서 다음 사진과 같이 시나리오와 화면 양쪽을 투영하면서 진행한다(프로젝터를 2대 준비한다!).

검증을 진행하면서 주의할 점은 과제를 발견했을 때 해결책 의논을 시작하지 않는 것이다. 먼저 시나리오를 진행하고 과제를 도출하는 것을 우선한다. 마음은 쓰이겠지만, 과제는 우선 기록만 해 둔다.

세션을 원활하게 진행하기 위해 역할을 확실하게 미리 결정해두는 것도 좋다.

[리뷰어]

검증 대상 업무에 관해 가장 잘 알고 있는 사람. 이후 해당 업무를 담당하는 사람. 업무나 시스템에 걱정이 있다면 표명한다. 좋을 것 같다면 '이거라면 업무가 가능할 것 같습니다!'라고 판단하는 것도 중요한 일이다.

[퍼실리테이터]

전체 단계 진행과 시나리오 설명. 사전에 리스트업한 확인 포인트를 주지시 킨다.

[스크라이버(기록자)]

참가자의 우려 사항이나 뒤에서 의논할 주제 등을 기록한다.

[시스템 조작자]

시나리오에 맞게 프로토타입을 조작하는 사람.

응용 BPP에 참가하는 '만들게 하는 사람'의 마음가짐

BPP를 원활하게 진행하고 과제를 쉽게 도출하기 위한 마음가짐을 소개한다.

A) 개별 기능보다 전체 프로세스 확인을 우선한다

기능을 각각 리뷰하는 것이라면 BPP라는 번거로운 공정을 진행할 필요는 없다. 설계서를 한 화면씩 리뷰하면 충분하다. 일부러 BPP를 하는 이상 시나리오 흐름에 따라 프로토타입 화면/동작을 확인하자.

'어디까지 시나리오가 진행되었는가?', '앞에서 입력한 데이터는 지금 어떻게 사용되는가?', '이때 시스템은 무엇을 해주는가?' 등 시계열을 의식해서 최선을 다해 시뮬레이션한다. 그러면 '음, 이 시점에서는 아직 가격이 결정되어 있지 않는 것이 아닌가?', '현재 업무에서는 입사 절차 이전에는 사원 번호가 결정되어 있지 않은데...' 등 업무나 시스템의 모순을 발견할 수 있다.

B) 형태보다 하고자 하는 업무를 할 수 있는가에 주목한다

프로토타입 화면을 보는 동안 조작성이나 표시된 문구 등의 세세한 것에만 신경 쓰는 사용자가 많다. '이 메시지는 오해를 불러일으킬 것 같습니다', '이 버튼은 아래가 아닌 위에 있어야 하지 않습니까?'

이렇게 하기 시작하면 끝이 나지 않고 앞에서 설명한 것과 같이 치명적인 모순을 놓치게 된다. 그것보다는 FM이나 FS를 작성했을 때의 요구사항을 실현할 수 있는가, 하고자 하는 업무를 할 수 있는가에 주목한다. 세세한 것에 정신을 빼앗기지 않도록 확인 포인트와 FM/FS를 준비해두는 것이 좋다.

수정하고 싶은 부분을 잊지 않도록 구두로 전달하는 것도 좋다. 그러나 너무 깊이 들어가지 말고 '과제로서 기록만 해주십시오' 정도로 하라.

C) 동작하지 않는 것에 일일이 신경 쓰지 않는다

이 시점에서 보는 것은 어디까지나 프로토타입이다. 완성된 버전이 아니다. 따라서 버그나 에러로 동작하지 않는 것은 신경 쓰지 말고, 그 부분은 건너 뛰고 시나리오를 우선 진행한다.

BPP 도중에 '또 에러가 발생했다!', '이 상태로 괜찮은가!?'라고 동요하는 사용자들이 많다. 엔지니어 입장에서는 아직 가조립한 상태에 지나지 않기 때문에 이 정도의 일은 당연한 것이다.

체크 로직이나 장표 등 직접 업무에 관련되지 않은 기능은 프로토타입으로 만들지 않는다. 검증하고자 하는 바가 아니기 때문이다. '이런 기능이 구현된다는 가정입니다'라는 구두 설명에 그친다. 결국 그 정도의 완성도인 셈이다.

그런 것보다 업무를 전체적으로 효율화할 수 있는가, 양질의 고객 체험을 전달할 수 있는가라는 본질을 체크하는 것에 집중해야 한다.

D) 과제를 발견했다면 기뻐하자!

좋은 프로토타입 세션을 2시간 정도 진행하면 과제를 30개 정도 발견할 수 있다. 예상대로 진행되지 않는다는 뜻이므로 다소 침울한 분위기가 된다.

하지만 과제를 먼저 도출하기 위해 일부러 BPP를 진행한다는 것을 생각하자. 과제를 발견했다는 것은 좋은 BPP를 수행했다는 것을 의미하며, 프로젝트 공정이 진행된 뒤에 발견되는 것보다 훨씬 좋다.

그러므로 '많은 과제를 발견했습니다. 충실한 BPP였습니다!'라고(절반은 쓴 웃음을 지으면서) 함께 기뻐하자.

단계 ⑦ 과제를 깨부순다

프로토타입 세션 뒤, 발견한 과제의 대책을 토의한다. BPP를 통해 발견된 과제 중 다음과 같은 과제에 대해 의논할 필요는 없다.

- 화면에 입력 항목이 부족하다.

- 조작이 이해하기 어렵다.

논의라기보다는 담담하게 기록하고 시스템 설계자에게 전달하면 된다. 설계자는 그것을 받아 보다 좋은 설계를 목표로 한다. 패키지의 제약 등으로 개선할 수 없는 경우가 있으며, 그럴 때는 포기하는 수밖에 없다. 위 두 항목 모두 논의해도 소용없다.

한편, 다음과 같은 과제는 벤더와 함께 해결책을 결정해 간다.

- 처음 가정한 업무 흐름대로 되지 않는다.

- 업무의 차이나 불규칙함으로 인해 대처할 수 없는 것이 있다.

- 시스템이 변하면서 조작이 달라져 실수나 준비 부족이 증가한다.

- 하고자 하는 작업은 할 수 있지만 수고가 너무 많이 든다.

이런 경우는 설계에 반영하거나 처음 가정했던 미래 업무 이미지를 수정해야 한다. 교육 계획을 수정하기도 한다. 방법은 다양하며, IT 엔지니어만 고생할 필요는 없다.

그리고 회피 방법이 다양해 논의만으로 판단하기 어렵다면 여러 안의 프로토타입을 작성하고 다음 BPP에서 검증하는 것도 좋다.

시스템 과제 대응은 벤더의 스킬에 의존한다

시스템 변경이 필요한 과제에 대한 대처 가능 여부는 벤더의 역량에 따라 차이가 크다. 스킬이 부족한 담당자라면 '무리입니다', '패키지 사양이므로 바꿀 수 없습니다'라는 말을 반복한다.

같은 상황이라도 경험이 풍부한 엔지니어라면 '다른 방법으로 패키지를 조합하면 대응할 수 있을 것 같습니다', '혹시 업무를 이렇게 바꿀 수는 없습니까?', '유지보수가 다소 어렵겠지만, 기능 요구사항은 만족시킬 수 있습니다' 등 의미 있는 제안을 한다.

시스템을 만들게 하는 사람으로서는 어떻게 해서든 경험이 풍부한 담당자를 프로젝트에 참가시킬 수 있도록 협상해야 한다. 그리고 BPP의 중요성을 설명하고, 그 담당자가 확실히 참가하도록 해야 한다.

사례 화면을 보는 것만으로는 '과제 사전 도출'을 할 수 없다

사용자 인수 테스트(사용자가 바라는 대로 시스템이 만들어졌는가를 기동 전후에 확인하는 테스트) 단계까지 왔는데 여러 문제가 발생해 발등에 불이 떨어진 프로젝트 지원에 투입됐던 적이 있다.

IT 벤더의 프로젝트 관리자에게 이번 장에서 설명한 BPP에 해당하는 공정을 진행했는지 물어봤다. 그러자 그는 '프로토타입을 작성하고 사용자가 리뷰했습니다. 특히 주요 업무는 전반적으로 흐름을 확인했습니다'라고 대답했다.

하지만 사용자가 시스템에 대한 불만족을 리스트업한 자료를 보면 '사용자가 생각하던 운용과 시스템에 괴리가 있다', '이쪽에서 낸 요구사항을 만족하지 않는다'와 같은 코멘트가 많아 그의 대답이 납득이 되지 않았다.

조목조목 자세한 내용을 물어보니 몇 개의 화면 이미지는 확인했지만, 업무 흐름에 맞춰 확인하거나 문제가 될 것 같은 부분에 관해 머리를 맞대고 논의한 것은 아님을 알게 됐다.

이번 장에서 설명했듯이 업무 시나리오를 특정하거나 확인 포인트를 도출하지 않고 프로토타입 세션도 진행하지 않았다. 그저 '화면을 보고 조작하기 쉬운가?'를 확인했을 뿐이었다.

사용자는 신규 시스템을 사용해 업무를 진행하는 이미지를 최종 단계까지 가지고 있지 않았다. 업무가 전체적으로 어떻게 달라지는가에 대한 이해도 부족했고, 자신이 요구한 기능대로 구현되어 있는가도 확인하지 않았다.

인수 테스트 단계에서 발등에 불이 떨어질 만했다.

시스템 구축 프로젝트에시는 이런 기본적인 것소자 '의뢰했으니 당연히 했겠지요', '아니, 하지 않았습니다. 의뢰조차 받지 않았습니다'라는 오해가 발생한다. 오히려 이런 커뮤니케이션의 차이 때문에 프로젝트는 발등에 불이 떨어지는 것이다.

단순히 '화면 이미지를 만들었으니 봐 주십시오'가 아니라, 이번 장에서 설명한 것처럼 철저히 준비한 프로토타입 세션을 열어야 한다. 그렇게 하지 않으면 과제를 충분히 발견할 수 없기 때문이다. 그리고 BPP 단계에서 일찍 과제를 발견하는 것은 그 수고를 들인 만큼 충분히 보상받을 것이다.

Design · Deployment

나는 먹는 사람, 당신은 만드는 사람... 이지는 않습니까?

개발팀 만들기

이번 장의 레슨

- 이제까지 진행한 프로젝트에 시스템을 만드는 사람들이 본격적으로 참가하는 시점이다.
- 협력할 수 있는 최고의 팀을 만들기 위해서는 만들게 하는 사람의 자세가 핵심이다. 이를 위한 원칙을 소개한다.

개발팀 만들기를 IT 엔지니어에게 던지지 말라

화를 내는 분이 있을지 모르겠지만 중요한 것이므로 확실히 말하면, 대부분 IT 벤더는 사용자 등 고객 관계를 포함한 프로젝트 전체에는 흥미가 없다. 그들은 오로지 '자사의 팀을 어떻게 관리하고, 결정된 프로그램을 예산 안에서 주어진 기한까지 어떻게 만들 것인가?'에만 관심이 있다. 그렇기 때문에 IT 벤더가 참여한 뒤에도 프로젝트 전체를 이끄는 책임은 '시스템을 만들게 하는 사람'에게 계속해서 남는다. 이제까지의 단계와 하나도 다르지 않다.

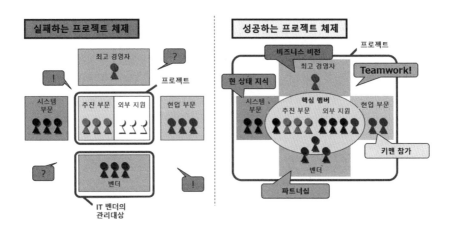

그림 T-1 프로젝트를 폭넓게 다룬다

사례 프로젝트 전체를 전혀 생각하지 않았습니다!

좌절에 빠진 프로젝트를 다시 되돌리는 지원(불 끄기)을 막 시작했을 때다. IT 벤더의 프로젝트 관리자에게 지금까지 어떻게 관리를 했는지에 관한 인터뷰를 했다. 어떻게 업무를 도출했는가, 순조롭게 진행되고 있음을 어떻게 확인했는가 등에 관해 듣고 필자가 마지막으로 질문했다.

'이제까지의 이야기는 모두 귀사의 개발팀을 어떻게 건전하게 운영할 것인가라는 관점으로 보입니다. 고객 측의 엔지니어나 사용자 등 프로젝트 전체 관리는 어떻게 하고 있습니까?'

이 질문에 대해 그는 '아니, 이쪽 일만으로도 역부족이라 프로젝트 전체는 전혀 고려할 여유가 없었습니다. 상사로부터의 지시도 없었고요'라고 대답했다.

이 대화를 옆에서 듣고 있던 고객 중 한 사람이 회의 후에 매우 화를 냈다. '우리 회사에 대규모 프로젝트를 관리할 능력이 없다는 것은 처음부터 알고 있습니다. 그 벤더를 선택한 것은 우리를 포함해 프로젝트 전체를 관리하겠다고 제안 시 말했기 때문입니다!'

대부분 IT 벤더가 자사의 개발팀 관리만 생각하는 것도 무리가 아니다. 자사만으로 범위를 한정해도 프로젝트 관리라는 것은 어려운 일이기 때문에 대규모 프로젝트가 되면 웬만큼 뛰어난 실력을 갖춘 프로젝트 관리자가 아니라면 거기까지 신경 쓰지 못한다.

그리고 IT 벤더는 청부 계약으로 업무를 위탁할 때가 많아 자사의 개발이 예상대로 완성되지 못해 고객으로부터 페널티를 받거나 리소스를 너무 많이 투입해 적자 프로젝트가 되기도 한다. 한편 고객 측의 관리가 다소 미흡하더라도 '고객이 책임을 다하지 않았기 때문에 일정이 지연되었습니다'라고 말하면 끝나는 일도 허다하다.

발주자(시스템을 만들게 하는 사람) 측의 작업까지 지시하거나 관리해주는 IT 벤더는 예외적으로 양심적인 회사이거나 뛰어난 프로젝트 관리자를 만났을 뿐이라고 생각하자. 자기 업무는 자기가 관리하고 완료할 수밖에 없다.

좋은 개발팀을 만드는 9가지 원칙

프로젝트 전체 관리는 발주자(만들게 하는 사람)가 책임져야 한다. 그럼 실제로 어떤 것에 주의해서 팀을 만들어야 할 것인가? 다음 9가지 원칙이 있다.

9가지 원칙

1. 사용자가 계속 참가한다.
2. 유지보수를 고려한다.
3. 전문가와의 커리어 패스.
4. OneTeam으로 만든다.
5. Why와 How를 확실하게 전달한다.
6. 용어와 진행 방법을 명시적으로 한다.
7. 직접 의견을 말한다.
8. 프로젝트 룸은 가능하면 하나로 만든다.
9. 함께 학습한다.

원칙 ① 사용자가 계속 참가한다

주택 건축에서는 착공한 뒤 건축주가 할 수 있는 것이 거의 없다. 목수에게 차를 끓여주는 정도랄까? 하지만 시스템 구축 프로젝트의 경우는 전문가에게 맡겨만 둘 수는 없으며, 대개는 지금까지의 단계와 비슷한 정도로 바쁘다. 정확하게 말하면,

- 100% 정확하게 누락없이 원하는 기능을 말할 수 있다.
- 패키지나 SaaS 등을 사용하지 않고, 직접 만든 시스템을 만들기로 했다(스크래치 개발).

이 두 가지가 갖춰진 경우에만 사용자는 관여하지 않아도 좋다. 하지만 100% 정확하게 원하는 기능을 기술하는 것 자체가 절대로 불가능하다. 그렇게 하려고 하면 원칙적으로는 프로그램을 작성하는 것과 동일한 작업을 하게 된다.

그리고 최근 패키지 등의 솔루션을 사용하지 않는 프로젝트는 거의 없다. 패키지를 사용한 개발에서는 정의한 요건대로 문제없이 만들어 가는 것보다는 'FM에 기재한 요구사항'과 '패키지로 가능한 것'을 맞춰가는 작업이 된다(327쪽 Column 참조). 따라서 시스템 개발팀에는 업무 담당자가 긴밀하게 참여해야 한다.

원칙 ② 유지보수를 고려한다

시스템은 한 번 만드는 것으로 끝나지 않는다. 기동 후 5년, 10년까지 계속해서 사용하기 위해서는 새로운 법 규제나 업무 개선에 맞춰 계속 수정해야 한다. 그런 업무를 시스템 유지보수라 부른다. 어떤 조직에서 어떤 담당자가 유지보수를 담당하는가를 개발할 때 결정해 둬야 한다.

대부분은 IT 부문에서 담당하거나 시스템 구축을 위탁한 IT 벤더에 그대로 위임하게 된다. IT 벤더에게 과도하게 의존하지 않기 위해 IT 부문이 자사에서 유지보수하는 편이 좋다고 필자는 생각하지만, 그 부분은 IT 부문의 정책에 따라 다르다.

어느 쪽이든 미리 계획하고 유지보수를 담당하는 조직이나 담당자가 개발팀에 참가하도록 한다. 시스템을 모두 완성한 뒤 '자, 이제 완성했으니 뒤는 잘 부탁합니다'라는 식으로 유지보수를 넘겨 받아 원활하게 유지보수 할 수 있는 사람은 없기 때문이다. 실제로 직접 구축에 참가해서 검토 경위를 어느 정도 알고 있지 않으면 변경이 필요할 때 '무엇을 바꾸면 어디에 영향을 주는가?'를 모르는 상태에서 유지보수를 하게 된다. 효율이 낮은 것은 물론이고, 큰 리스크가 된다.

원칙 ③ 전문가와의 연결

업무면에서는 수십 년의 베테랑. IT에서는 이번에 사용하는 솔루션에 정통한 엔지니어. 프로젝트의 메인 담당자가 그런 전문가라면 좋지만, 현실적으로 전문가는 희소한 자원이기 때문에 프로젝트를 전임할 가능성은 높지 않다.

항상 프로젝트에 참가하지 않더라도 문제가 발생했을 때 상담 대상이나 결과물을 리뷰하는 역할 등 어떤 형태로든 전문가를 참가시키자.

과거 IT 벤더에서 참가시킨 엔지니어의 스킬이 충분하지 않은 것이 나중에 판명되어 사외 전문가와 자문 계약을 체결하도록 회사에 요청한 적이 있다. 그렇게 되기 전에(파트너/제품 선정 시) 그 회사에 어떤 전문가가 있고, 프로젝트에 어떻게 관여할 수 있는지 확인하는 편이 좋다.

업무 관련 전문가 역시 필요할 때마다 조언을 받을 수 있게 관계를 만들어 두는 것이 좋다.

원칙 ④ OneTeam으로 한다

시스템을 발주하는 사용자 기업(만들게 하는 측)과 시스템을 구축하는 IT 벤더, 패키지를 제공하는 패키지 벤더(만드는 측)는 본래 그 이해가 대립되기 십상이다. 앞에서도 설명한 것처럼 '응? 이 기능은 원래 만들기로 하지 않았습니까?'와 같은 논의가 시작되면 누락된 기능을 어느 쪽에서 부담해서 만들 것인가 책임을 전가하는 구조가 된다.

하지만 프로젝트라는 하나의 목표를 달성하는 일에서 쌍방이 다투거나 견제해서는 절대로 잘 진행되지 않는다. 오월동주(吳越同舟)의 정신(다소 이해가 상반되는 것은 무시하고 프로젝트 전체를 성공시킨다)으로 프로젝트 팀을 모아야 한다. 그런 팀을 만들기 위해 필자는 다음 두 가지 작업을 한다.

1. **청부 계약을 하지 않고, 단계별로 준위임계약을 한다.**
   위와 같은 '이것도 당연히 만들어줄 것입니다', '아니, 계약에 포함되지 않았습니다'와 같은 다툼은 만들어야 할 시스템 기능이 애매한 단계에서 '모두 합해 10억' 같은 청부 계약을 하는 것에서 발생한다. 단계를 몇 개로 나누고 준 위임계약을 하는 것이 '프로젝트를 함께 성공시킨다'는 목표로 전진하기 쉽다.

2. **스스로 솔선해서 '프로젝트 최적'에 관해 계속 이야기한다.**
   이것은 사고하는 방식이나 태도에 관한 문제이지만 프로젝트에서 논의할 때 '우리 회사의 상황'이라는 말을 절대 하지 않는 것이다. 항상 '프로젝트에 있어서 무엇이 최적인가'만을 기준으로 논의를 진행한다. 그리고 상대에게도 요청한다.

이것은 프로젝트 멤버로서의 정론으로, 점점 '자사의 상황에서 무언가를 주장하는' 것이 어렵게 되고, 그런 사람의 의견은 아무도 듣지 않게 된다. 프로젝트는 인간적인 일이기 때문에 이런 마인드셋(사고방식이나 태도)을 바꾸는 접근 방식은 의외로 효과적이다.

'OneTeam으로 한다'는 것은 단순히 팀워크를 좋게 만드는 것에서 멈추지 않는다. 모두가 자사의 상황을 주장하고 의견이 모아지지 않는 프로젝트와 '우선 프로젝트에 최적인 의사결정을 합시다. 자사의 상황은 나중에 다룹시다'라는 사람이 모인 프로젝트, 어느 쪽이 프로젝트의 성공에 가까울 것인지는 굳이 말할 필요도 없다.

원칙 ⑤ Why와 How를 확실하게 전달한다

프로젝트를 시작할 때 Why(왜 이 프로젝트를 하는가?)와 How(어떤 업무로 변화될 것인가?)를 가끔 논의했을 것이다. 이것을 나중에 프로젝트에 참가하는 회사의 구성원이나 IT 벤더들에게도 반드시 이야기한다.

위에서 떨어진 작업을 하는 것보다도 Why를 이해하고, How(즉, 비전)를 스스로 생각함으로써 사람은 누구나 좋은 일을 할 수 있다. 그것은 프로젝트에 처음부터 참가하는 멤버뿐만 아니라, 나중에 참가하는 멤버에게도 동일하다. 실제로 꾸준히 시스템을 만드는 사람들은 대부분은 나중에 참가하기 때문에 이것을 의식하는 것은 팀 생산성에 큰 영향을 준다.

원칙 ⑥ 용어와 진행 방법을 명확히 한다

어떤 프로젝트도 목표나 상황은 항상 다르다. 결과적으로 최적의 진행 방법(일정이나 순서)이나 역할 분담도 달라진다. 업무에 착수하기 전에 이런 것들이 애매하면 참가자는 불안해지고 재작업이나 중복이 발생해 효율이 낮아진다.

'다음은 이 자료를 만듭니다', '우선순위를 결정합니다'와 같은 공정표나 진행 방법을 작업 전에 제시한다. 동시에 용어의 의미도 맞춰 나간다. Q장에서 설명한 것처럼 엔지니어들도 소속된 회사가 다르면 '시스템 테스트'가 의미하는 작업 내용이 상당히 다르기 때문이다.

그라운드룰

- ★ 적극적으로 참가한다.
- ★ 생각한 것은 <u>스스럼없이</u> 말한다
  불안이나 아쉬움은 남기서 않는다.
- ★ 연차는 전혀 신경쓰지 않는다.
- ★ 즉각적인 응답 & 커뮤니케이션!
- ★ 통합 조직으로서 회사 전체의 올바른 모습을 생각한다.
- ★ 시간 엄수!
- ★ 개인 정보는 유출하지 않도록 주의!
- ★ 용어 정의를 정확하게!
- ★ 개인 예정은 예정표에 기록하고, 예정표 표시도 잊지 않기!!
- ★ HAVE FUN!

원칙 ⑦ 직접적으로 의견을 나눈다

OneTeam을 만들기 위해서도 공개적으로 솔직한 커뮤니케이션이 필요하다. 개발팀에서의 비효율이나 감정적인 다툼은 멤버 사이에서 다른 정보를 기반으로 논의하기 때문에 발생한다. 반복적인 업무라면 해야 할 일이 결정되어 있고 친숙하기 때문에 그렇다 하더라도 일은 진행된다. 하지만 프로젝트에서는 잘못된 커뮤니케이션이 팀의 생산성 악화에 직결된다.

커뮤니케이션을 잘 하기 위해 과제 해결 회의를 설계할 필요는 있지만, 가장 중요한 것은 말하기 어려운 것들을 솔직하게 말할 수 있는 관계를 유지하는 것이다. 이를 위해서는 '나쁜 보고를 한 사람, 리스크를 지적해주는 사람을 절대로 처벌하지 않는다. 오히려 칭찬한다'는 규칙을 밑바닥에 까는 것이 가장 중요하다.

원칙 ⑧ 프로젝트 룸은 가능한 한 하나로 유지한다.

진심으로 이야기할 수 있는 관계를 만들기 위해 '이 방안에서는 진심으로 말할 수 있다'라는 장소로서 프로젝트 룸을 만드는 경우가 많다. IT 벤더는 자사에서 개발하는 일이 많지만, 커뮤니케이션을 좋게 하기 위해 가능한 한 빈번하게 프로젝트 룸에 올 수 있게 해야 한다.

프로젝트 룸이 좁아지고, 한 팀만 다른 층의 작은 방으로 이동시키지 말자. '3층 사람들이 또 이런 말을 꺼내서 곤란하다' 같은 어조로 커뮤니케이션하는 경우도 있다.

이런저런 사정 때문에 반드시 한 층에 모여 작업할 수 있다고는 단정할 수 없지만, 물리적으로 함께 있는 것의 중요성은 인지해야 한다.

또한 2020년부터 신형 코로나의 영향으로 한 프로젝트 룸에 모이는 것이 어렵게 됐다. 온라인 회의를 자주 열거나 아예 온라인 수다방을 열어 거리낌 없이 쉽게 상담할 수 있게 하는 등의 시행착오를 겪고 있다.

원칙 ⑨ 함께 학습한다

여기까지 읽은 분들은 이해했을 것이라 생각한다. '고객인 사용자가 업자인 IT 벤더를 마음대로 부려먹는다'는 관계에서는 시스템 구축이 잘 진행되지 않는다. 사용자는 업무 전문가, IT 벤더는 시스템 전문가로서 유익한 지식/지혜를 가지고 있기 때문에 서로 가르치며 팀 전체의 스킬을 높여가야 한다.

서로의 영역에 관해 이해할수록 커뮤니케이션의 질이나 속도가 높아지고, 결과적으로 프로젝트의 질과 생산성도 높아진다. 프로젝트를 진행하는 동안에는 일정에 쫓겨 분주하지만, 의도적으로 훈련의 장을 설계하라. 이런 시간을 통해 내적 동기를 높이고, 참가자들의 스킬이 높아지면 프로젝트가 종료된 후에도 회사에 큰 재산으로 남는다.

C o l u m n

스크래치는 브레이크 다운, 패키지는 조정

1990년대까지는 '스크래치scratch'라 불리는, 모든 기능을 하나하나 프로그래밍하는 개발 방법뿐이었다. 필자 역시 과거에는 모 대기업 경리 시스템의 결산 로직을 일일이 프로그래밍했다.

1995년경부터 ERP라 불리는 패키지 소프트웨어를 사용해 시스템을 개발하는 방법을 사용하기 시작했다. 처음에는 경리나 인사와 같이 회사에 따라 크게 다르지 않은 영역부터 시작됐다. 지금은 영업이나 생산 관리 등 독자성이 큰 영역에서도 스크래치 개발을 하는 경우는 드물며, 이를 전문적으로 수행하는 벤더도 크게 줄었다.

10여 년 전, 스크래치 개발밖에 경험하지 않았던 IT 부문의 사람들과 함께 패키지 개발 업무를 했던 적이 있다. 그때 가장 고생했던 것은 프로젝트 진행 방법을 패키지 개발에 적합한 형태로 바꾸는 것이었다.

스크래치 개발 프로젝트는 '브레이크 다운'이라는 사고방식에 기반해 진행한다. 사용자가 제시한 기능 요구사항을 점점 명확하고 상세히 기술된 문서로 만들어 간다.

그림 T-2 스크래치와 패키지

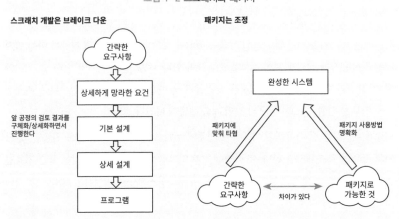

요구사항: 수주 시 제품 코드나 수량, 금액, 납품처 등을 등록한다.

↓

기본 설계: 수주 버튼을 누르면 필요한 체크는...

과 같은 느낌이다. 스크래치 개발에서는 기본적으로 사용자가 원하는 대로 시스템을 만들 수 있다. 예를 들어 '수주 금액이 1,000만 원을 넘으면 가격 인하 로직을 실행한다...' 등 만들 수만 있으면 점점 복잡한 것도 시스템 기능으로 구현할 수 있다.

그렇기 때문에 사용자가 원하는 기능을 확실하게 말로 엔지니어에게 전달할 수 있다면, 뒤는 엔지니어에게 작업을 맡길 수 있다. 설계도만 있다면 목수에게 맡겨서 주택을 완성할 수 있는 것과 같다.

한편 패키지를 사용하는 개발(솔루션, SaaS 등 명칭은 디르지만 핵심은 스크래치 개발이 아닌 현대적인 시스템 구축이다)에서 같은 작업을 하려면 사용자의 바람과 패키지가 제공하는 기능이 맞지 않는 경우는 '애드온'이라 불리는 방법으로 직접 기능을 추가하게 된다. 이것은 개발하는 비용이 많이 들며, 패키지 제조사는 애드온 기능에 대한 제품 보증을 하지 않으므로 5년, 10년 후 패키지 소프트웨어의 버전을 업데이트할 때 많은 테스트 노력이 필요하다.

이를 방지하기 위해서는 사용자가 하고자 싶은 것과 패키지가 제공하는 것을 조정하는 수밖에 없다. 보통 사용자 측에서는 '100% 이것이 아니면 업무를 할 수 없다'라는 것은 아니므로 패키지 사정에 맞춰 융통성을 발휘할 수 있다(그래서 그림에서는 이 두 가지를 애매한 형태로 표현했다).

사용자는 패키지를 사용해 가능한 것을 이해해야 하며, 패키지에 관해 자세히 아는 엔지니어도 사용자의 작업에 관한 정보를 이해해야 한다. 서로 발을 맞춰야 한다. 그 기반에서 '이 요건이며 패키지와 맞지 않지만, 요건을 조금 변경하면 실현할 수 있습니다. 바꾸더라도 업무는 진행 가능합니까?'와 같이 계속 절충해 나간다.

이렇게 패키지를 잘 사용하기 위해서는 '업무에서 하고 싶은 것과 패키지로 가능한 것 사이의 조정'을 계속해야만 한다. 이 작업을 하지 않으면 업무가 진행되지 않는 표준 기능만 있는 시스템, 또는 추가 기능이 산더미 같은 비싸고 유지보수하기 어려운 시스템 중 하나가 만들어질 뿐이다.

이것이 개발 시스템에 사용자가 깊숙이 참가해야만 하는 이유다. 시스템 구축은 업무 비전을 설계하는 일이다. 그 업무에 책임을 가진 사용자가 많은 시간을 투입해야 함은 지극히 당연하다.

키 차트

- 시스템을 만들기 위한 모든 요구사항을 FM에 표현하는 것은 현실적이지 않으며, 몇 가지 보충 자료가 필요하다.
- 이번 장에서는 그 보충 자료를 '키 차트'라 부르며, 7가지 포맷을 소개한다.

키 차트란

앞에서 FM/FS에 관한 이야기를 많이 했기에, 여기에서 이 이야기를 꺼내기는 그렇지만 FM에서는 모든 요구사항을 표현할 수는 없다. FM은 변형을 표현하기가 어렵다. 그래서 필자는 '키 차트'라 부르는 그림을 사용해 시스템 구축에 필요한 변형을 표현하고 FM을 보완한다. 먼저 전형적인 키 차트를 예로 들어 조금 자세하게 설명하겠다.

Seq.	항목명	채용	이동	현장 이동	해외 부임	승진	전출	퇴직	휴직
1	사원 ID	○	○	○	○	○	○	○	○
2	발령일	○	○	○	○	○	○	○	○
3	발령 구분	○	○	○	○	○	○	○	○
4	고용 종류별	○	×	×	×	×	×	×	×
5	입사일	○	×	×	×	×	×	×	×
6	현 소속 회사	○	×	×	×	×	○	×	×
7	현 소속 조직	○	○	○	○	×	○	×	×
8	근무지	○	○	×	×	○	○	×	×
9	관리 사업소	○	○	×	×	○	○	×	×
10	근무 사업소 코드	○	○	○	×	○	○	×	×
11	경비 부담 담당 부문 코드	○	○	○	○	○	○	×	×
12	급여 부담 담당 부문 코드	○	○	○	×	○	○	×	×
13	근무 사업소 코드	○	○	○	×	○	○	×	×
14	직책	○	○	○	○	○	○	×	×
15	자격	○	×	×	×	○	×	×	×
16	조합원 구분	○	○	○	○	○	○	○	×
17	FLEX 구분	○	○	×	○	○	○	×	×

위 표는 인사 발령 업무 패턴을 정리한 것이다(발췌본). 발령은 '4/1부로 영업 과장에 명한다'와 같은 회사로부터의 인사 명령을 말한다. 이동 발령, 전출 발령, 승진 발령 등 소속 조직이나 직책의 변경을 회사에서 사원에게 정식으로 알릴 때 사용한다.

한편, 인사 시스템의 관점에서 보면 발령이란 '사원의 인사 정보를 다시 쓰는 것'일 뿐이다. '소속 부서'라는 항목을 4/1에 기존의 '경리과'에서 '영업과'로 바꿔 쓴다.

이 표는 '발령 종류별로 어느 정보를 바꿔 쓰는 것이 좋은가?'를 나타낸다. 배경색 처리한 부분을 보자. '이동 발령'일 때는 '현재 소속 조직'을 바꾸되 '현재 소속 회사'는 변경해서는 안 된다. 한편 '전출'은 '현재 소속 회사'도 변경할 수 있다. 회사를 바꾸는 것을 '전출'이라고 부르니 당연하다.[4]

---

4 (옮긴이) 일본 회사에 존재하는 출향(出向)이라는 독특한 인사 제도로, 회사의 주요 지점에서 동일한 회사 또는 관련 회사의 지점으로 사원을 옮기는 것을 의미합니다. 드물게, 비계열 회사로의 이동도 있을 수 있습니다. 여기서는 '전출'로 표현했습니다.

그러나 '해외 부임 발령' 시 '현재 소속 회사'를 바꿔 써도 되는지는 다소 고민이 된다. 해외 현지 법인으로의 전출을 어떻게 생각할 것인가에 관해 논의해야 하기 때문이다. 그래서 이 표를 기반으로 인사 발령 담당자와 '이 셀은 O인가, X인가'에 관해 다양한 측면에서 검토하게 된다.

키 차트란 FM이나 FS로 기술한 요구사항보다 조금 더 치밀하게 시스템이나 그 기반이 되는 업무를 정리한 그림이다.

키 차트로는 다음 예를 들 수 있다.

- 발령에는 '채용', '이동' 등 모두 20종류가 있다(그림에서는 8종류만 발췌해서 세로로 기재했다).
- 회사로부터 사원에게 정식으로 전달하는 정보는 '사원 ID'나 '현재 소속 조직' 등 모두 39개 종류다(그림에는 17종류만 발췌해서 가로로 기재했다).
- 어떤 발령에서 어떤 정보를 바꿔 쓸 수 있는가(그림에서는 OX로 표현) 등을 기재했다. 이 정보를 모두 FS에 넣는 것은 비효율적이다. 그래서 이 표를 사용해 표현한다.

결국 키 차트란 무엇인가? 필자는 다음 2가지를 만족하는 자료를 키 차트라 부른다.

- 업무 담당자가 이해할 수 있다.
- 설계서나 패키지 설정에 직결된다(엔지니어가 그대로 설계에 사용할 수 있다).

위 발령 키 차트는 인사 업무 담당자라면 시스템에 관해 자세히 알지 못하더라도 완전하게 이해할 수 있다. 한편 발령 화면의 제어를 설정할 때 그대로 사용할 수 있는 자료도 된다. 키 차트는 업무 담당자와 엔지니어 사이의 능력 차이를 메꿔주는 자료다.

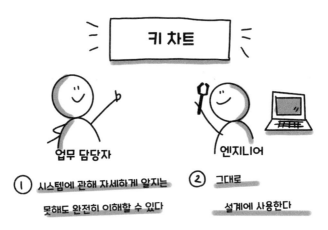

키 차트와 포괄성

업무를 실제로 수행하고 있는 사람은 '어떤 업무를 하고 있는가'에 관해 순서대로 말할 수 있다. 그리고 지금까지 설명해 온 프로세스라면 이후 원하는 시스템 기능을 도출하고 설명할 수 있다.

하지만 그것만으로 시스템이 완성되지는 않는다. 이 표처럼 포괄적이고 치밀하게 '업무가 어떤 형태여야 하는가'를 정리하지 않으면 시스템을 확실히 완성시킬 수 없다. 그리고 표 형태로 정리된 목록이 없이 완전히 포괄적인 형태에 관해 말할 수 있는 사람은 없다.

'해외 부임 발령 시 회사가 바뀌는 일이 있습니까?'

'해외 법인으로 전출 시는 회사도 바뀌지만, 부임하는 것뿐이라면 회사는 바뀌지 않습니다'와 같이 구체적인 물음에 대답할 수 있다. 그러나 아무것도 없는 상태에서 포괄적으로는 말할 수 없다. 그래서 키 차트가 필요하다.

이 표의 각 값은 개별 발령 입력 화면(이동 발령용 화면, 전출 발령용 화면 등)을 설계할 때 중요한 입력이 된다. '이동 발령 시에는 현재 소속 회사를 변경할 수 없게 해 둔다'는 세세한 기능 요구사항을 나타내고 있기 때문이다.

반대로 키 차트를 만들지 않으면 어떤 일이 일어날지 생각해 보자.

먼저 FM에 '발령 등록 화면' 또는 '사원 기본 정보 관리'라는 기능은 리스트업되어 있다. 인사 업무로써 회사로부터 각 사원에게 소속 조직이나 역할을 지시하는 기능은 반드시 필요하다. 그리고 FS에는

- 각 사원의 사원 기본 정보를 등록/수정/조회한다.
- 신청 워크플로 시스템에 등록된 정보가 자동으로 등록 가능하게 한다.
- 등록하는 주요 정보는 '현재 소속 회사', '근무지', …

등으로 쓰여 있을 것이다. 그러나 등록할 정보를 모두 FS에 쓰는 것은 무리이므로 예시는 가능하지만 포괄성은 없다.

또한 단순히 화면에 항목의 표시 여부뿐만 아니라 '어떤 발령 시 입력 가능하고, 어떤 발령 시 표시만 하는가?'까지는 너무 상세해서 쓸 수 없다. 그리고 이런 요구사항은 개별 화면을 설계할 때 생각하게 된다. '이동 발령' 화면에서는…, '해외 부임 발령' 화면에서는…과 같은 구조다.

하지만 매번 개별적으로 생각하면 효율이 나쁘고 당연히 실수도 증가한다. 가장 나쁜 것은 실수하고 있음을 깨닫기 어렵다는 점이다. 그 결과 잊을 만하면 '이동 시 현재 소속 회사가 변경되면 곤란합니다. 수정해주십시오!'라는 말이 나오게 된다.

그것을 '요구사항 변경, 요건 변경'이라 부르며 발주자(업무 부문)가 부담하는 경우도 있고, '설계 실수의 수정'이라 부르며 수주자(IT 벤더)의 부담으로 수정하는 경우도 있다. 그렇지만 프로젝트 비용 증가는 결국 발주자에게 되돌아온다.

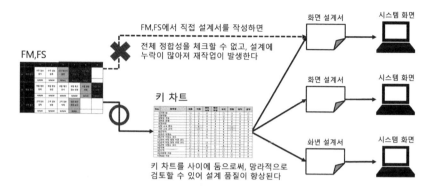

이런 설계 재작업은 엔지니어라면 누구나 경험이 있지만 변경에 이어진 변경을 의뢰받는 것은 정말 싫은 일이다. 재작업이기 때문에 효율도 나쁘다. 불필요한 일이 갑작스럽게 늘어나므로 일정 역시 예정대로 진행되지 않는다. 밑 빠진 독에 물을 붓는 듯한 기분이 들어 의욕을 송두리째 빼앗긴다. 모두가 불행하다.

사례 키 차트를 보며 실수를 깨닫는다

과거 캠브리지가 자사의 판매 관리 시스템을 만들었던 때의 일이다. 한 키 차트(계약 패턴을 정리한 목록)를 보고 있던 프로젝트 매니저가 말했다. '음? 계약과 검수가 1:1 관계였습니까?'

일을 하기 전에 고객과 계약을 맺는다. 그리고 무사히 일이 완료되면 고객에게 검수를 받는다. 보통 비즈니스에서는 계약과 검수가 1:1 관계다.

그러나 때때로 부분 검수를 수행한다. 예를 들어 '계약한 작업 내용의 일부가 완료되지 않았지만, 고객과 논의한 결과 해당 부분은 뒤로 미루었습니다. 먼저 95%만큼 검수하고 3개월 뒤에 남은 5%를 검수합니다'와 같은 케이스다. 이 경우는 계약 데이터 1건에 검수 데이터 2건이 될 수 있다.

논의하는 과정에서 '그 프로젝트라면 계약과 검수는 1:n이 일반적입니다'라는 이야기까지 날아 들었다. 위험하다. 이대로는 시스템에서 확실하게 검수를 다루지 못하게 된다. 먼저 키 차트를 수정해야 한다.

이 과정을 옆에서 지켜보면서 '그렇구나. 사양 변경은 이렇게 일어나는구나'라고 절실하게 느꼈다. 만약 이 멤버가 '어? 이대로 괜찮습니까?'라고 말했다면, '계약과 검수는 1:1입니다'라는 전제로 시스템을 만들었을 것이다. 하지만 실제로는 1:n인 경우도 있으므로 테스트 등에서 문제가 발견됐을 것이다. 그렇게 됐다면 큰 사양 변경이므로 비용도 늘어나고, 납기를 맞추지 못할 수도 있다. 지금 단계에서 발견해서 천만 다행이었다. 위험했다.

키 차트가 만능은 아니지만 뛰어난 키 차트는 업무 담당자도 이해할 수 있으므로 이 예시와 같이 '음? 1:1이 아닌 경우도 있습니까?'라는 문제를 발견할 수 있다.

누가 키 차트를 만드는가?

어떤 프로젝트에서도 유효한 필수 키 차트는 존재하지 않는다. 업무에 따라 필요한 정리가 달라진다. 참고로 지금까지 만들어온 키 차트는 다음과 같이 다양하다.

- 제품 종류별 판매 시기와 판매 채널 조합 키 차트
- 출하 방식과 매출 계상 조합 키 차트
- 신청 승인 프로세스와 권한 계층 키 차트
- 휴가 취득 패턴 키 차트

'이 시스템을 만드는 데 있어 어떤 기준이나 관점에서 키 차트를 정리하는 것이 좋은가?'라는 질문은 전문가인 필자도 항상 고민한다.

예를 들어 과거에 인사 시스템을 구축해 본 경험이 있는 사람은 앞에서 설명한 '발령과 정보 항목의 관계를 정리해야만 한다'는 것을 지식으로 알고 있을지도 모른다. 다른 프로젝트에서 사용한 엑셀 포맷도 가지고 있을 것이다.

이것은 처음으로 인사 시스템 구축에 참여하는 사람에 비해 큰 장점이 된다. 하지만 처음 참여하는 종류의 시스템에서는 적절한 키 차트를 찾아내기가 매우 어렵다. 누군가가 시원한 기준이나 관점을 찾아내지 않는 한 똑 부러지는 요건 정의는 좀처럼 할 수 없다. 이번 장에서 과거 필자가 만든 도움이 되는 키 차트 샘플을 몇 가지 소개했으므로 참고하기 바란다(유사한 영역의 시스템을 만든다면 거의 비슷할 것이고, 다소 다른 시스템을 만드는 경우라도 힌트는 될 것이다).

적절한 키 차트의 포맷을 생각하기는 매우 어려우므로 어떤 입장이든 할 수 있는 사람이 하면 좋다. '이런 표를 만들어 봤습니다. 저 혼자서는 업무 지식이 부족해서 완성할 수 없습니다. 함께 마무리하면 좋겠습니다'라고 들이대는 방법이 최고다.

요건을 표현하는 다른 방법

그림 U-3 판매 실적의 포인트화 키 차트

- **실현 방법 예**
  ① 수주 명세 단위로 영업 포인트를 자동 설계한다.
  ② 수주 후, 주 담당자가 영업 포인트 배분율을 설정한다.

[수주]

수주 번호	담당자
001	A씨

[수주 상세]

수주 번호	명세 번호	명칭	수주 금액	영업 포인트
001	1	제품 ①	15,000,000	① 150pt
001	2	제품 ②	5,000,000	① 50pt

영업 포인트는 사내 관리 목적으로 사용
(고객에게는 표시하지 않음)

포인트 배분 테이블(임시)

수주 번호	담당자	비율 ②
001	A씨	50%
001	B씨	30%
001	C씨	20%

합계 20pt를 A씨 50%,
B씨 30%, C씨 20%로 분배

이것은 판매 관리 시스템의 한 기능의 요건을 표현한 파워포인트 슬라이드다. 영업 부문에서 판매 실적을 포인트화하고 영업 담당자의 급여로 자동 연동시켜야 했다. 이런 기능은 회사마다 그 차이가 크고, 일반적인 패키지 소프트웨어로 간단하게 구현할 수 있다고 단언할 수 없으므로 '판매 실적을 포인트화하고 직접 급여와 연동'이라고 FS에 써 있는 것만으로는 IT 벤더에 요구사항을 충분히 전달할 수 없다. 그래서 좀 더 친절한 자료를 준비했다.

이 그림을 보면 제품별로 영업 포인트를 관리해야 하고, 여러 사원이 관련된 조건에서는 포인트를 나누는 것 등을 이해할 수 있다. 이것을 보고 IT 엔지니어 측은 '영업 포인트를 제품 마스터에 저장하고…' 등으로 구현 방법을 생각할 수 있는 것이다.

이 외에도 수요자 측이나 생산량 산출 방법, 결손품 연락 패턴 등 말로 표현하기 어려운 것은 키 차트나 FS의 보충 자료로 모은다. 그림으로 표현함으로써 어떤 패턴이 있고 이번에는 어디를 시스템 대상으로 할지 나타내고, 빠르게 내용을 파악할 수 있다.

키 차트 샘플 7가지

과거 필자가 만들어 활용했던 키 차트 샘플 몇 가지를 소개한다. 사고방식이나 항목을 추가 또는 수정하면서 키 차트 작성을 위한 힌트를 얻기 바란다.

키 차트 ① 상태 매트릭스

상담이나 업무 절차의 진척, 제조 공정, 수리 공정 등 '각 안건이 지금 어디까지 진행되었는가? 다음으로 어떤 단계를 진행해야 하는가'를 시스템으로 관리하는 경우가 많다. 대기업에서는 여러 안건이 동시 다발적으로 진행되고, 하나의 안건을 분업해 진행하므로 기억에 의존할 수는 없기 때문이다.

전이 후 상태 / 전이 전 상태		인수 검사전	재고	대출	수리	제고	...
(초기 상태)		○				○	
인수 검사 전			○			○	
재고				○	○	○	
대출			△		△	△	
...						×	

이전 상태에서 어떤 상태로
전이할 수 있는지 표시

그런 시스템을 만들 때는 상태 전이 다이어그램이나 상태 매트릭스라 불리는 키 차트를 작성한다. 이 그림에서는 '인수 검사 다음은 반드시 재고라는 상태로 전이한다', '재고 다음은 대출이나 수리 등 몇 가지 가능성이 있다' 등을 표현한다.

보통 업무를 하고 있는 사람이라도 '이 표를 완성하십시오'라고 요청하면 곧바로 대답하지 못하는 경우가 많다. '이 패턴이 말이 되나?'와 같은 논의를 하면서 만들어 간다.

그리고 엔지니어가 화면 전이나 상태 변경의 확인 기능을 설계할 때 이 키 차트를 보면 시스템에 원하는 동작을 이해할 수 있다.

키 차트 ② 상태 x 조작 여부

앞의 키 차트는 상태 사이의 관계를 표현한 것이지만 이번 키 차트는 상담 상대별로 가능한 조작을 표시한 것이다.

견적이나 수주 등 판매 업무에 대한 상태를 세로로 나열했다. 그것만으로도 키 차트로서의 가치는 있지만, 여기에 각 상태에서 가능한 조작이나 다음에 어떤 상태로 전이하는지도 기재했다. 상당히 심오한 내용이 담겨있는 키 차트다.

판매 플로	제품 종별			명세 상태	조작 여부 [범례] ○: 가능, ×: 불가능				장표 출력			다음 상태	담당자
	카탈로그	주문	공사		견적 수정	수주 등록	수주 변경	안건 통합	견적서	주문서	완료증		
견적	○	○	○	견적 중	○	×	×	×	×	×	×	• 견적 기표 • 결재 대기	영업
견적		○	○	견적 기표	○	×	×	×	×	×	×	• 견적 의뢰	영업
견적		○	○	견적 의뢰	○	×	×	×	×	×	×	• 접수 완료	영업
견적		○	○	견적 중	○	×	×	×	×	×	×	• 승인 대기	각 제품 부문
견적		○	○	답변	○	×	×	×	×	×	×	• 견적 중 • 결재 대기	각 제품 부문
견적	○		○	결재 대기	×	×	×	×	×	×	×	• 결재 대기	영업
견적	○		○	결재 완료	×	○	○	○	○	○	×	• 수배 완료 • 전표 기표	영업 상위 책임자
수주		○	○	전표 기표	×	×	×	×	○	×	×	• 수주 완료 • 수배 완료	영업
수주			○	수주 승인 대기	×	×	×	×	○	×	×	• 수주 승인 완료	영업

명세 상태의 대상을 나타낸다

각 명세 상태에서 가능한 조작 표시

다음으로 이동할 상태를 표시

이 상태를 변경하는 담당자

첫 번째 행을 예로 들면 '견적 중'이라는 상태에서는 '견적 수정'만 가능하며, '수주 등록'은 이 시점에서는 실행할 수 없다. '수주 등록'이 가능한 상태가 '결재 완료'로 되어 있기 때문이다. '결재 완료'가 되면 '견적서'나 '발주서'도 출력할 수 있는 상태가 된다.

이런 업무 흐름은 업무 흐름에서도 표현할 수 있지만 시스템을 만들 때는 일관성과 포괄성이 중요하므로, 이 키 차트를 활용해 별도로 상세히 정의했다.

키 차트 ③ 기능 x 사용자 권한

FM은 기능을 한눈에 보게 해주고, FS에 '해당 기능을 누구까지, 어디까지 사용할 수 있는가?'를 기재하는 것도 가능하다. 그러나 FS를 셀별로 작성하면 전체적으로 맞지 않는 것을 알아채기 어렵다.

사용자 명칭	일반 (공통)			경리부 (채무담당)			경리부 (채권담당)			경리부 (경비담당)			경리부 (재무담당)			일반 (공통)		
기능 분류 / 기능명	입력	승인	조회	입력	승인	조회	입력	승인	조회	입력	승인	조회	입력	승인	조회	입력	승인	조회
일반 회계 / 표준 입력/조회	○	X	○	X	X	X	X	X	X	X	X	X	○	X	X	X	X	X
일반 회계 / 장기 선불 비용	○	X	○	X	X	X	X	X	X	X	X	X	○	X	X	X	X	X
경비 관리 / 경비 신청	○	X	○	X	X	X	X	X	X	X	X	X	X	X	X	○	X	○
경비 관리 / 경비 처리	X	X	X	X	X	X	X	X	X	X	○	○	X	X	X	X	X	X
경비 관리 / 재무 처리	X	X	X	X	X	X	X	X	X	X	X	X	X	○	○	X	X	X
채권 채무 공통	○	X	○	○	X	○	○	○	X	○	X	X	X	X	X	○※	X	○※

사용자별로 어떤 기능을 어디까지 사용할 수 있는지 나타낸다

[범례]
○: 기능 사용 가능   X: 기능 사용 불가능
※ 거래처 마스터 등록만 가능

따라서 FS와는 별도로 이런 목록을 키 차트로 만드는 경우가 많다. 기능을 세로축, 사용자를 가로축으로 해서 사용 여부를 간단하게 O, X로 표현한다. 이 키 차트를 작성한 것은 회계 영역 제품으로 수치 입력이나 열람에 특히 주의할 필요가 있었기에 항목별로 논의했다.

키 차트 ④ BOM별 관리 정보

[범례] ○: 등록   △: 수정   ▲: 열람

속성 정보	합계 BOM	구조 BOM	조달 BOM	서비스 BOM
품번/품목	○	△	▲	▲
사이즈/재질	○	△	▲	▲
제품/부품 코드	○	△	△	△
조달처 정보	–	–	○	△
크기/공차	△	▲	▲	▲
발주 수량	–	–	○	▲
시리얼 No.	–	○	△	△
부자재	▲	○	△	▲
지그	▲	○	△	△
…				

각 BOM에서의 수정 권한을 나타낸다

BOM(Bill Of Materials, 부품표)은 제품의 구성(어떤 부품이 조합되어 있는가?)을 관리하기 위한 데이터를 말한다. 최근 생산 관리 시스템에서는 설계나 조달 등 공정별로 BOM을 관리하는 경우가 많고 그 구분도 매우 복잡하다. 이 키 차트는 각각의 BOM에서 어떤 정보를 관리하고 있는가, 그리고 변경이 가능한가 등을 목록화한다.

키 차트 ⑤ 채산 관리에서의 집계 대상

과목		집계 대상		
		거점별	담당별	안건별
매출	제품 매출	○	○	○
	서비스 매출	○	○	○
	판매 수수료	○	○	○
	할인	○	○	○
	전 계약 약정 조정분	×	×	○
매출 원가	제품 매출 원가	○	○	○
	인력 매출 원가	○	○	○
판관비	선전비	○	×	○
	판촉비	○	×	○

> 안건별의 경우, 이전 적자분을 평가에 더한다

> 채산 평가 시 집계 과목을 나타낸다

매출이나 비용 등은 경영 정책을 결정하는 중요한 지표지만, 목적에 따라 집계하는 단위나 정보(이 텍스트에서는 합계 수치)가 다른 경우도 있다.

최근에는 엔지니어가 아닌 일반 사용자라도 사용하기 쉬운 데이터 분석 도구가 있어, 이런 통계 데이터를 보기 위해서는 외부 업자에게 파일 슬라이드를 만들도록 강요하는 것이 아니라 사용자로 하여금 본인이 보고 싶은 정보를 수정하는 경우가 많다.

하지만 아무리 엔지니어에게 발주하지 않는다 하더라도 집계 정책을 포괄적으로 정리하지 않으면 잘못된 통계를 기반으로 경영 정책을 결정하게 된다. 그렇기 때문에 도구를 사용하기 전에 키 차트로 정리하는 것이 좋다.

키 차트 ⑥ 승인 프로세스 키 차트

신청 내용		승인 플로				
		담당자	현장 관리자	업무 담당자	부장	본부장
제조 계획	제조 계획	신청	1		2	3
	주 부품 납입량	신청	1		2	
견적/발주	주 부품 발주 계획	신청	1		2	
	범용 부품 발주 계획 /단가 견적표	신청	1		2	3
개별 안건 견적 (단가 견적표대로인 경우)		신청	1	2		
단가 변경		신청	1	2	3	

> 신청 내용별로 승인 단계, 승인자를 기재

일본 대기업에서는 어떤 업무든 신청 종류와 그 단계가 많다. 신청 종류, 제출처, 승인 경로를 포괄적으로 정리한 것이 그림 U-9의 키 차트다. 숫자 1은 1번 승인, 2는 그다음 승인이라는 의미다. 단순하지만 변형을 한눈에 파악할 수 있다.

그리고 같은 포맷으로 현재 상태판을 만들어보니 승인 단계를 나타내는 숫자에 6이나 7이 매우 많았다. 여러 번 필터링한 형태가 이 키 차트다. 승인 권한은 회사의 공식적인 규칙이므로 이 키 차트 자체가 상당한 논의거리가 되었고, 임원인 프로젝트 오너에게도 허가를 받아야 했다.

키 차트 ⑦ 수주 채널의 변화

[범례]
○: 기본 답변 수단
△: 옵션

[수주 채널과 답변 수단]

수주 채널		답변 수단				
		Web	FAX	이메일	EDI	XML
Web	변경 있음	○				
	변경 없음	○			○	
FAX	변경 있음		○	△		
	변경 없음		○	△	○	
EDI			○	△	○	
XML						○
개별 의뢰(CSV)			△	○		

인터넷이 본격적으로 기업 시스템에서 사용되어 E장 페이퍼리스 절에서도 다룬 것처럼 웹이나 종이 등 여러 도구를 업무에서 나누어 사용하는 케이스가 늘어났다. 이 프로젝트에서는 주문을 받는 채널에 대해 고객과의 커뮤니케이션 수단을 구분해서 사용하기로 했다. 논의 도중 수주와 답변 사이의 관계가 까다로웠기 때문에 이 차트를 활용해 요건을 정리했다.

V 장 개발 중 관여

- 시스템을 만들어 테스트하는 단계가 되면 만들게 하는 사람의 참여는 점점 적어진다.
- 프로젝트가 안전하게 진행되는 것을 체크하는 것만은 게을리하지 말자!

이번 장에서는 프로토타입 이후 엔지니어가 설계나 개발, 테스트하는 도중에 사용자가 해야 할 것을 설명한다. 크게 분류하면 다음 네 가지다.

개발 중의 네 가지 역할

1. 역할 ①: 감리할 수 있는 전문가를 임명한다.
2. 역할 ②: 과제 해결에 참가한다.
3. 역할 ③: 사용하는 사람의 시선에서 확인한다.
4. 역할 ④: 사용자 교육을 실시한다.

역할 ① 감리할 수 있는 전문가를 임명한다

주택을 만들 때 현장 관리와 별도로 '감리'라는 업무가 있는 것을 알고 있는가? 설계한 대로 건축됐는지 공정별로 체크하는 사람의 일이다. 대부분 설계자가 계속해서 담당한다.

예를 들어 처음에 기초 공사에서 토대를 만들 때 원래 건축해야 할 위치보다 1m 정도 북쪽으로 만들어 버렸다면 설계도는 엉망이 되고, 최악의 경우 법률 위반으로 건물을 다시 짓게 된다. 그렇게 되면 돌이킬 수 없으므로 목수와 별도로 설계자가 반드시 체크해야 한다. 설계도에 표현하지 못한 뉘앙스를 건물을 만들면서 확인하거나 세세한 설계 실수를 현장에서 수정할 때도 목수와 감리 담당자가 의논한다.

주택과는 달리, 시스템은 눈에 보이지 않기 때문에 더더욱 프로젝트 감리 전문가가 필요하다. 일반적으로는 만드는 사람과 체크하는 사람이 다음과 같이 조합되는 경우가 많다.

a) **IT 부문이 개발을 담당하고 사내 다른 팀이 감리를 담당한다.**

회사 외부에 의존하지 않고 사내 리소스로 프로젝트를 진행하는 체제다. 이 방법이 가장 바람직하다. 단, 대규모 프로젝트인 경우 모든 인재를 사내에서 확보할 수 있는 기업이 많지 않다.

b) **IT 벤더에게 개발을 위탁하고 사내 IT 부문이 감리를 담당한다.**

대규모 프로젝트에서는 이 패턴이 가장 많다. IT 부문은 시스템에 관한 전문가이며, IT 벤더의 구매 창구가 되기도 한다. 동시에 업무를 확인하는 감사의 역할도 담당한다.

c) **IT 벤더에게 개발을 위탁하고 컨설팅 회사 등 다른 회사가 감리를 담당한다.**

규모가 매우 큰 프로젝트 또는 해당 회사가 익숙하지 않은 도전(처음으로 ERP 패키지를 활용하는 경우나 20년만의 기간 시스템 재구축 등)에서는 경험이 있는 컨설팅 회사를 고용해 PMO(Project Management Office)라는 위치에서 관리를 담당하게 한다. 이때 PMO의 중요한 역할은 벤더의 업무를 체크하는 것이다.

그렇다면 감리 전문가는 프로젝트의 어떤 점을 봐야 하는가?

계획의 타당성

리소스에 누락은 없는가? 작업 견적이나 일정은 타당한가? 품질 보증 방법
에는 문제가 없는가? 이것들은 모두 IT 엔지니어에게 맡기는 일이지만, 프로
젝트가 마무리되는 시점에 문제가 발생하면 이미 손을 쓰기에는 늦다. 그렇
기 때문에 '시스템 개발 전문가인 엔지니어에게 맡깁니다'라고 하지 말고, 사
전에 확인한다.

품질 보증 방법

한마디로 IT 엔지니어라고 해도 시스템 품질을 보증하는 방법이나 능력은 그
폭이 매우 넓다. 은행 등 대규모 시스템을 구축하는 데 뛰어난 벤더라면 프로
그램의 각 행을 철저하게 확인해서 완벽하게 만든 뒤 사용자 측에 납품하는
것을 선호하고, 웹 서비스를 만드는 엔지니어는 빠르게 만들어 사용자에게
베타 버전을 제공한 뒤 사용하면서 문제를 수정해 나가는 방법을 선호한다.
프로젝트와 사용자 특성을 고려해 지금 어떤 정책으로 접근할 것인지 논의해
둬야만 큰 문제를 피할 수 있다.

진척과 예산 소비

계획에 따라 순차적으로 프로젝트를 진행하고 있는가를 적절하게 체크하는 것도 감리 전문가의 일이다. 보통 진척 회의를 정기적으로 열어서 IT 엔지니어로부터의 보고를 듣지만, 엔지니어의 '순조롭습니다'라는 보고를 곧이곧대로 듣는 것은 위험하다. 계속 순조로웠을지는 모르지만, 어느 날 갑자기 '진척이 생각과 다르기 때문에 기동을 반년 연기하고 싶습니다', '예산 초과로 5억을 추가하고 싶습니다' 같은 말을 듣는 것이 시스템 구축 프로젝트에서는 (유감이지만) 많기 때문이다.

이를 방지하는 방법은 이 책의 취지에서 벗어나므로 상세한 설명은 생략하지만, '일정에 진척 상태를 양쪽에서 확인하는 위치(마일스톤)를 설정한다', '마일스톤에서는 결과물의 현물을 눈으로 보고 확인한다' 등이 중요하다.

C o l u m n
IT 벤더는 품질에는 신경 쓰지 않는다!

시스템 구축을 발주하는 대상인 IT 벤더의 사람들과 이야기하다 보면 시스템 품질에는 흥미가 없구나 하고 실망할 때가 있다.

대기업 IT 벤더라면 품질 보증 부문 등이 있어 품질 보증을 위한 엄격한 프로세스를 가지고 있으며 확실하게 업무를 수행하게 되어 있다. 그렇지만 실제로 그들의 관심은 품질보다는 '버그가 얼마나 되는가'라고 생각한다.

정의에서도 알 수 있지만 '품질'과 '정확도(精度)'는 그 개념이 다르다.

정확도: 시스템이 올바르게 동작하는가?

품질: 시스템이 좋은가?

'버그가 얼마나 되는가'는 품질이라기보다 정확도의 문제다. 품질은 올바른가, 그렇지 않은가라는 0 또는 1의 문제가 아니라, 좋은가 나쁜가의 문제다. 예를 들면 다음과 같다.

- 소스 코드가 읽기 쉽고, 이후에 유지보수하기 쉬운가?
- 아키텍처가 멋지고 유연하게 변경할 수 있는가?
- 비즈니스가 확대되고 처리 건수가 늘어나도 간단하게 규모를 확장할 수 있는가?

품질이 나쁜 시스템의 예로 소비세율을 생각해 보자.

과세 후 금액을 계산하기 위해 '가격 × 1.1' 등으로 값에 프로그래밍을 한 시스템은 품질이 나쁘다. 이때 소비세율이 올랐을 때 모든 소스 코드에서 이렇게 기술한 부분을 찾아내서 값을 바꾸고 테스트를 해야 한다.

소비세율이 10%일 때는 아무 문제없이 동작한다. 즉, 완성한 순간의 정확도에는 문제가 없다. 하지만 나중을 생각하면 유지보수가 어려운 시스템으로 볼 수 있다. 이런 레벨이 낮은 엔지니어가 있겠는가 하고 생각하는 분도 있을 것이다. 하지만 과거 유명한 IT 벤더가 이런 시스템을 태연하게 납품하기도 했다.

지금까지 본 가장 나쁜 케이스에서는 매우 복잡한 계산을 하는 핵심 엔진 같은 것이 하나의 시스템에 2개 구현되어 있었다. 이렇게 되면 이후 변경할 때 2배의 노력이 계속해서 들어가게 된다. 장기적으로 보면 수십억 원 수준의 손해다. 최악의 품질이다.

다소 전문적인 이야기이므로 다른 예를 소개해 본다. '정확도는 좋지만 품질은 나쁜' 시스템의 예는 그 밖에도 셀 수 없이 많다.

IT 벤더의 사람들은 품질에 관심이 없는 경우가 많다. 반대로 정확도를 높이기 위한 노력은 지나치다고 생각할 정도로 많이 한다. 품질을 높인다는 명목으로 다양한 내부 자료를 만들어 낸다. 물론 그 비용도 고객에게 청구하겠지만 말이다.

어째서 정확도에만 이토록 집착하는 것일까? 세 가지 큰 이유를 생각할 수 있다.

1) 정확도는 측정하기 쉽다.

버그는 그 숫자를 셀 수 있다. 주당 발생 건수를 그래프로 표시할 수도 있다. 품질은 수치화할 수 없는 것과 대조적이다.

2) 정확도는 누구나 높일 수 있다.

품질은 노력을 쏟아 붓는다고 높일 수 있는 것이 아니다. 스킬을 가진 사람이 만들고, 스킬이 있는 사람이 리뷰를 해야만 높일 수 있다. 그리고 스킬을 가진 사람은 어느 회사에서든 희소한 자원이다.

그에 비해 정확도는 차근차근 테스트하면 올라간다. 특히 대기업일수록 많은 엔지니어를 모아 '누구나 가능한 시스템 개발'을 목표로 한다. 그래서 세세한 규칙을 만들어 일을 한 데 묶는다. 테스트 실행 결과의 스크린숏을 엑셀에 붙여서 납품하기도 한다.

3) 청부 계약과 계약 부적합 책임

많은 IT 벤더가 정밀도 향상에 집착하는 것은 버그가 발생하면 무상으로 수정해야 하는 책임 때문이다. 버그라고 판명되는 경우, 대개는 책임 소재가 명확하지 않다. 만든 사람이 잘못한 것이다. 올바르게 동작하지 않으므로 동작하도록 만들기까지 아무리 많은 노력이 들어가더라도 IT 벤더 측에 수정할 책임이 있다. 이런 상황이 되면 곤란하기 때문에 정확도에 더욱 많이 신경을 쓴다.

그에 비해 품질은 높고 낮음을 판단하기 어렵다. 시스템이 기동해서 몇 년이 지나야만 품질이 낮아지는 것을 알 수 있는 경우도 있다. 그래서 다소 품질에 문제가 있더라도 납품해서 대금을 받을 수 있다. 그렇기 때문에 품질에 신경 쓰지 않게 된다. 품질 따위는 돈이 되지 않으므로 높은 스킬을 가진 사람을 투입하는 비용이 아까운 것이다!

그럼, 시스템을 만들게 하는 사람은 어떻게 스스로를 위로해야 할까?

말할 필요도 없지만 시스템 품질은 중요하다. 사실 10년, 20년까지 사용 가능해야 할 시스템이 유지보수성이 낮아 이내 사용할 수 없게 된다면 경영에 대한 영향이 상상할 수 없이 크다. 그만큼까지는 되지 않더라도 '시스템이 너무 복잡해 약간의 개선에도 영향 조사를 위해 수개월이 걸린다'는 상황도 자주 볼 수 있다.

이를 막기 위한 특효약은 없다. 품질의 좋고 나쁨을 알 수 있는 사람이 프로젝트에 관여해 확인하는 방법뿐이다. 앞에서 설명한 '감리 전문가'의 업무 중 중요한 다른 한 가지는 품질 측면에서의 확인이다.

IT 벤더에게 시스템 구축을 그대로 맡기면 안 되는 것은 이 때문이다. 품질을 확인하고 끌어올릴 수 있는 제삼자를 프로젝트에 관여시키는 것이 좋다. 사내 IT 부문에서 그런 스킬을 확보하는 것이 이상적이지만, 그렇지 않다면 사외 전문가를 활용하는 수밖에 없다.

역할 ② 과제 해결에 참가한다

요구사항을 엔지니어에게 전달한 후 시스템을 만드는 도중에도 사용자가 결정해야 할 일(과제)은 매일 발생한다. 예를 들면 다음과 같다.

- 과거 데이터를 조사해보니 가정하지 않았던 업무 패턴이 있을 것 같다. 다시 정리해야 한다.
- 분개 데이터 작성 방법에 관해 경리부로부터 변경 요청이 왔다. 변경해도 문제가 없는가?
- 거래처 마스터 데이터 항목을 변경하고 싶다.

이런 과제들은 내버려두면 프로젝트를 지연시킨다. 큰 프로젝트라면 이 정도의 과제는 일주일에 20~30건은 발생하므로 축적하지 말고 그때마다 의사결정을 해야 한다.

그래서 과제 해결에 특화된 과제 해결 회의를 주 1회 실시한다. 회사를 대표해서 의사결정을 할 수 있는 사람을 결정하고('판매 영역에서는 A씨, 구매 영역에서는 B씨' 등) 매주 회의체에서 모여 의사결정을 내린다.

의사결정을 할 수 있는 사람들은 대부분 바쁘기 때문에 매주 미리 틀을 잡는다. 그 대신 바쁜 사람은 별볼일 없는 회의에는 참가하지 않으므로 회의 생산성을 극한까지 높여야 한다.

그림 V-1 과제 해결 회의

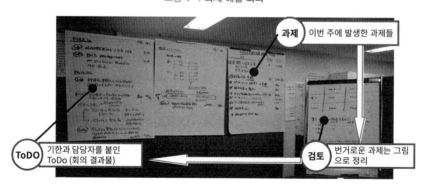

시스템을 잘 만들게 하는 기술

잘 진행되지 않는 시스템 구축 프로젝트를 확인해 보면 이런 과제 해결에 사용자를 끌어들이는 데 실패하고 있다. IT 엔지니어가 너무 많아 사용자의 시간을 확보하지 못하는 경우, 사용자가 '이미 요구사항은 전달했습니다. 뒤는 그쪽에서 부탁합니다'라고 던져버리는 경우도 있다.

C o l u m n

과제 해결과 퍼실리테이션

캠브리지는 프로젝트의 속도를 높이는 무기로 퍼실리테이션을 중시한다. 20여 년 전, 퍼실리테이션이라는 말이 세상에 알려지지 않았을 때부터 그랬다.

프로젝트를 지연시키는 첫 번째 적은 귀찮은 과제, 팀이나 부서가 모두 함께 의논하지 않으면 해결할 수 없는 과제이기 때문이다. 예를 들어 '거래처 마스터 데이터 항목을 변경하고 싶다'고 해보자.

중요한 데이터를 저장하는 방법을 바꾸면 업무는 물론 시스템에도 큰 영향을 끼친다. 변경을 희망하는 것은 판매 업무 담당자이지만, 구매 업무에 영향을 미치는 것은 물론, 마이그레이션 데이터를 만드는 팀이나 다른 시스템과 데이터 인터페이스를 만드는 팀에도 영향을 준다. 담당 엔지니어 혼자서는 변경해도 좋은지 판단할 수 없다.

하지만 이런 과제를 엔지니어 한 사람이 가지고 있다가 개발이 지연되는 일이 자주 발생한다. 물론 게으름을 피우는 것은 아니지만, 여러 관계자를 끌어들여 검토의 장(과제 해결 회의)을 소집할 베짱이 없는 것이다.

이럴 때 퍼실리테이션 기법이 효과적이다.

먼저 '과제 해결 회의'라는 장을 설정하는 것 자체가 효과적이다. 그리고 그 장에 관계자들을 모으고 단시간에 상황을 정리하고(대개 도식화한다) 의사결정을 한다. 그 위에서 결정사항을 다음 액션으로 분해하고 담당자에게 할당한다. 이들 모두 퍼실리테이션의 기본이다.

이것을 1, 2개월 걸려서 진행하는 것이 아니라 5분~10분 안에 빠르게 수행함으로써 해결할 수 없는 과제가 쌓여 프로젝트에 진척이 없는 악몽에서 벗어나 건전한 프로젝트로 만들 수 있다.

퍼실리테이터는 프로젝트 구성원 중 누군가가 담당해도 좋지만, 엔지니어보다는 만들게 하는 사람이 일반적으로 이 역할을 담당하기에 적합하다.

역할 ③ 사용하는 사람의 시선에서 확인한다

역할 ①에서 전문가 관점의 확인에 대해 설명했다. 그와 달리 사용하는 사람의 관점에서 확인도 필요하다. 말로 요구사항을 커뮤니케이션하는 것은 어렵고 어떻게든 충돌이 발생한다.

그래서 엔지니어가 만든 것(설계서, 화면 레이아웃, 실제 프로그램) 등을 사용하는 사람이 리뷰하고 '맞습니다. 이게 원하던 것이었습니다' 또는 '음, 요청했던 것은 이런 것이 아닙니다' 같은 것을 확인한다.

즉, BPP 관점에서 포괄적으로 확인하는 형태다. 여기에서는 단순한 결과물 리뷰 이외의 방법으로, 사용하는 사람 관점에서 확인하는 방법 몇 가지를 소개한다.

사양 워크스루

그저 자료를 넘겨 받아 확인해 나가는 작업은 전문 엔지니어에게도 쉽지 않으며, 이에 익숙하지 않은 사용자라면 더욱 그렇다. 캠브리지는 이런 경우 사용자를 모아 워크스루^{walkthrough}라 부르는 회의를 많이 진행한다. 예를 들어 화면 이동을 표현한 거대한 표를 벽에 붙이고 모두 함께 이런저런 이야기를 하며 위에서부터 보기 시작한다.

이상하게도 한 사람이 집중해서 자료를 보는 것보다 '음, 이 시점에 수주 데이터를 보려면 어렵지 않습니까?' 같은 설계의 빈틈을 잘 찾아낼 수 있다.

시스템 테스트 시나리오

시스템 개발 마무리 단계에서 모든 기능을 연결하고, 실제 업무 흐름에 맞춰 시스템을 사용하는 시스템 테스트(통합 테스트)를 수행한다. '실제 업무에서 사용할 수 있는가?'에 관한 테스트이므로 그 시나리오는 엔지니어가 아니라 사용자가 만들어야 한다. 엔지니어의 '이런 방식으로는 사용하지 않을 것'이라는 편견이 시스템 오류의 원인이 되는 경우가 많기 때문이다.

시나리오는 사용자가 만들지만 테스트 실행 자체는 엔지니어 측에서 책임을 지는 프로젝트가 많다.

인수 테스트

엔지니어가 실행 주체인 시스템 테스트를 한 후, 인수 테스트(User Acceptance Test, UAT)를 수행하기도 한다. 사외에 발주한 시스템의 검품을 의미하므로 당연히 사용자가 수행한다.

역할 ④ 사용자 교육을 실시한다

업무나 시스템이 새롭게 변경되므로 많은 사원들에게 교육을 진행해야 한다. 매뉴얼을 만들거나 전국 영업소에서 설명회를 개최하기도 한다. 사용자 교육에 관해서는 다음 두 가지 포인트를 기억해 둔다.

설명회는 사용자에 가까운 구성원이 진행한다

사용자 교육을 엔지니어에게 의뢰하는 것이 아니라 프로젝트 안에서도 사용자에게 가까운 구성원이 담당하는 것이 좋다. 시스템을 바꾸면 대개 업무도 바뀌기 때문이다. 시스템 조작 방법이 쓰인 매뉴얼을 배포해도 업무 자체가 어떻게 바뀌는가를 상상하기 어렵다.

업무 담당자가 가르치는 역할을 담당하는 것이 좋은 이유가 한 가지 더 있다. 시스템 기동 전 사용자 교육에서는 반드시 '프로젝트의 의미', '업무가 어떻게 달라지는가', '시스템이 어떻게 달라지는가'라는 세 가지를 전달하기 때문이다.

시스템이 달라질 때는 당혹감이나 스트레스를 느낀다. 단순히 신규 시스템의 조작 방법을 설명해도 듣는 측에서는 불만이나 불안을 느낀다. '전에 있던 이 기능은 없는가?', '예전 시스템이 익숙하고 사용하기 쉬웠는데…' 같이 부정적으로 반응할 뿐이다.

그래서 다시 프로젝트의 Why(왜 업무나 시스템을 바꾸는가?), How(업무가 전체적으로 어떻게 달라지는가?)를 확실하게 설명한다. 반년 전에 설명을 했다 하더라도 매일 프로젝트의 내용을 생각하는 여러분과 달리 현장 사람들은 그 내용을 거의 잊어버린다. Why는 아무리 여러 차례 반복해서 설명해도 부족하지 않다.

그리고 이 세 가지 항목(Why: 프로젝트의 의의, How: 업무가 어떻게 달라지는가, What: 시스템이 어떻게 달라지는가)을 설명하는 적임자는 시스템을 만드는 사람이 아닌 만들게 하는 사람이다.

그렇기 때문에 필자들이 참가하는 프로젝트에서는 프로젝트 종반의 분주한 시기에 프로젝트 중심 멤버가 전국으로 돌아다니는 경우가 많다. 덕분에 다른 작업이 다소 지연되지만, 시스템 사용자에게 Why에 관해 말하는 것은 그만큼 중요한 업무다.

계획적인 끌어들임은 교육보다 낫다

그렇게 확실하게 설명하는 것은 중요하지만, 그보다 중요한 것이 있다. 기동 직전에 서둘러서 교육하는 것이 아니라, 프로젝트의 적정한 시점에 사용자를 끌어들이는 것이다.

이 책에서 설명하는 사용자가 참가하는 프로젝트 활동을 다시 한번 정리한다.

- G장: 기능 요구사항 도출
- O장: 패키지의 데모를 본다
- S장: 프로토타이핑에 참가
- T장: 개발 중인 과제 해결 회의에 호출된다
- U장: 키 차트로 상세 요건을 전달한다
- X장: 기동 전 테스트나 병행 이동에 참가

이 프로젝트 활동은 사용자 전원이 참가하지는 않지만, 이런 시점에 참가해 의견을 낸 사용자 대표는 새로운 업무와 시스템이 점점 구체화하는 장면을 보게 된다. 따라서 기동 전에는 '이 시스템은 어떻게 이런 사양이 되었는가?'라는 의도를 포함해 시스템의 상당 부분을 숙지하게 된다.

이런 사람들이 현장에서 신규 시스템을 잘 사용할 때 핵심이 되는 인재다. 전국에 거점이 있고 거점별로 이런 사람이 한 명씩 있다면 상당히 의지가 된다. 이제까지 이 책에서 계속해서 '만들게 하는 사람도 시스템 구축에 관여할 것'을 강조한 것은 이를 위한 것이기도 하다.

물론 앞에서 설명한 것처럼 교육을 하거나 매뉴얼을 배포하기도 하지만 '핵심이 되는 사용자를 육성할 수 있는가?'라는 의미에서 그 무렵까지 승부는 거의 정해진다.

이처럼 '프로젝트 추진과 함께 어떤 사용자에게 언제, 무엇을 이해시킬 것인가?'도 커뮤니케이션 계획의 일부라 해도 좋다. 다른 전달 사항과 마찬가지로 Q장에서 소개한 커뮤니케이션 계획표로 관리하자.

데이터 마이그레이션

이번 장의 레슨

- 현행 시스템에서 신규 시스템으로 데이터를 옮기는 것을 데이터 마이그레이션이라 부른다.
- 데이터 마이그레이션 중 엔지니어에게 맡길 수 없는 작업은 많고, 그 작업량 또한 상당히 많다.

실은 '만들게 하는 사람'이 주역인 데이터 마이그레이션

데이터 마이그레이션이란 현재 기동 중인 시스템으로부터 신규 시스템으로 데이터를 옮기고, 지금까지와 동일하게 업무를 할 수 있게 하는 작업이다. 즉, 데이터를 새로운 집으로 옮기는 작업이다.

기업에는 버릴 수 없는 대량의 정보가 있다. 고객이나 사원 마스터 데이터가 그것이다. 고객과의 계약 조건을 상세히 기록한 데이터, '수주했지만 고객에게 납품하지 않은 수주 상세 데이터' 등도 있다. 그리고 생명 보험과 같이 호흡이 긴 비즈니스의 경우, 그 데이터를 십수 년 이상 보관해야만 한다. 그렇기 때문에 신규 시스템을 만들 때는 그 데이터의 이전도 필요하다.

데이터 마이그레이션 작업을 그림으로 나타내면 대략 다음과 같다.

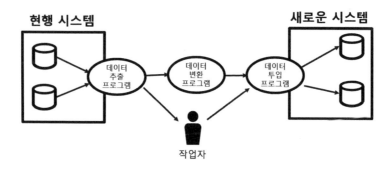

소규모 시스템에서 마이그레이션하는 데이터가 적을 때는 엑셀 등을 사용해 수작업으로 데이터를 작성하거나 현행 시스템의 데이터를 가공하기도 한다 (일반적으로 엔지니어가 아니라 업무 담당자의 일이다).

하지만 대규모 시스템에서는 마이그레이션 데이터가 수만 건에 이르므로 마이그레이션을 위한 전용 프로그램을 개발한다. 데이터 마이그레이션은 보통 1번만 수행하므로 마이그레이션용 프로그램도 1번만 사용한다. 아깝다는 기분이 들기도 하지만, 그렇다고 수작업으로 수만 건이나 되는 데이터를 만들 수도 없는 노릇이다.

기능 요구사항을 문서화하는 등 이제까지 이 책에서 설명했던 작업에 비해 데이터 이전은 시스템을 만드는 사람에게 맡겨야 할 만한 일이다.

이 책에서도 주제로 다룰 것인지 마지막까지 고민했다.

하지만 사실, 업무 담당자가 주역이 되지 않으면 잘 진행되지 않는다. 무엇보다 대형 프로젝트에서는 이 데이터 마이그레이션이 잘 진행되지 않아 일정이 지연되거나 기동 후에 문제가 발생하는 경우가 많다. 프로젝트의 성패가 나뉘는 것이다. '데이터 마이그레이션의 주역은 시스템을 만들게 하는 사람'이라는 점이 확실히 이해되지 않는다면 이번 장을 잘 읽기 바란다.

데이터 마이그레이션은 상상 이상으로 어렵다

그림 W-2를 보자. 의외라 생각할 수도 있겠지만, 시스템 구축 프로젝트에서 데이터 마이그레이션은 전체 노력의 35%가량 차지한다는 조사 결과다.

'시스템 구축'이라는 말을 듣고 가장 먼저 떠오르는 것은 엔지니어가 프로그래밍하는 모습이리라. 이 책을 처음부터 죽 읽어온 독자라면 요구사항 정의나 프로토타이핑을 떠올릴지도 모른다. 하지만 데이터 마이그레이션은 그 모든 것을 합친 것만큼의 노력이 필요하다. '시스템을 만드는 것과 같은 정도로 마이그레이션이 어렵다'라는 말을 들으면 상당한 위화감을 느낄지도 모르지만, 사실이 그렇다.

그뿐만 아니라 다른 앙케트 조사에서는 '이 프로젝트에서는 데이터 마이그레이션에서 문제가 발생했는가?'라는 질문에 80% 이상의 프로젝트 관리자가 그렇다고 대답했다('닛케이 SYSTEMS' 조사). 왜 데이터 이전 작업에 이렇게 노력이 드는가? 그리고 잘 되지 않는 것인가?

그림 W-2 기간 시스템 재구축 프로젝트에 소요되는 리소스 비율(닛케이SYSTEMS, 2007년 5월호 조사)

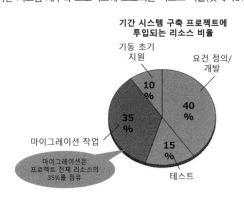

- 현행 시스템에서 축적된 데이터의 양이 많아 작업량이 방대하다.

- 코드 체계(품번이나 사원 번호 등의 번호 할당 방법)이 달라지므로 데이터를 다시 만들어야 한다.

- 현행 시스템에서의 데이터에 모순이나 결손이 있어(명칭 필드가 공백인 것 등) 조사/수정하지 않으면 신규 시스템에 등록할 수 없다.
- 데이터 수정을 잘못하면 고객이 곤란하기 때문에 많은 관계자와 검토가 필요했다.
- 데이터 마이그레이션은 시스템을 멈춘 후 한 번에 수행되기 때문에 사전에 리허설 등 만반의 준비가 필요하다 등 많은 이유가 있다.

이렇게 생각하면 아무것도 없는 상태에서 시스템을 구축하는 것보다 기존 시스템의 통폐합이나 재구축이 데이터 마이그레이션만큼 어렵다.

데이터 마이그레이션은 슈퍼맨만 할 수 있는가?

데이터 마이그레이션은 말하자면 데이터를 현행 시스템에서 신규 시스템으로 이전하는 것뿐이지만, 어렵다. 그것은 3 종류의 지식을 가지고 있어야만 판단할 수 있는 요소가 많기 때문이다.

현행 시스템 관련 지식

데이터는 현행 시스템에 저장되어 있다. 따라서 현행 시스템에 관해 충분히 잘 알지 못하면 데이터를 올바르게 추출할 수 없다. 현행 시스템을 유지보수하는 담당자(사외 벤더인 경우도 있다)를 프로젝트에 반드시 참여하게 해야 한다.

신규 시스템 관련 지식

데이터 마이그레이션 대상(예를 들면 새로운 패키지 소프트웨어)에서의 데이터 구조를 이해하고 있지 않으면 '어떤 데이터를 준비하고 어디에 저장하는가?'를 논의할 수 없다.

업무 지식

데이터 마이그레이션을 할 때는 업무 담당자가 아니면 판단할 수 없는 것들이 매우 많다. 예를 들면,

a) 버려도 좋은 데이터는 무엇인가?

b) 데이터가 결손된 경우, 올바른 정보는 무엇인가?

c) 데이터는 새로운 코드 체계에서는 어디에 해당하는가?

같이 기능적으로는 결정될 수 없는 것이나 업무 사정을 모르면 판단할 수 없는 것이 많다.

이 세 가지 지식을 모두 가진 사람은 어느 회사에도 없다(때때로 업무와 현행 시스템 양쪽을 숙지하고 있는 사람은 있지만, 신규 시스템에서 사용하는 패키지에 관해서는 상세히 알지 못할 것이다). 그러나 세 가지 지식을 알지 못하면 올바르게 판단할 수 없다. 그렇기 때문에 데이터 마이그레이션은 난항을 겪는다.

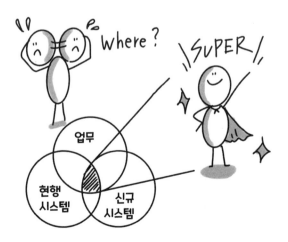

데이터 마이그레이션에서 업무 담당자만 판단할 수 있는 것

이 '데이터 마이그레이션 시 업무 지식이 없어서 판단할 수 없다'에 관해 고객 마스터의 마이그레이션을 예를 들어 조금 더 구체적으로 설명한다.

현행 시스템의 고객 마스터에 3,000건의 고객 정보가 등록되어 있다고 가정하자. 이것을 신규 시스템으로 옮겼고, 향후 데이터를 활용하기 쉽게 현재의 데이터를 정리하기로 했다.

그때 업무 담당자가 판단해야 하는 것은 다음과 같다.

a) 10년 이상 거래가 없는 고객 데이터를 버려도 좋은가?

b) 2년 전에 합병한 회사의 합병 전 고객 데이터를 버려도 좋은가?

c) 주식회사 A가 2건 등록되어 있다. 이를 1건으로 모아도 문제는 없는가?

d) 'B주식회사'와 'B주식회사 OO지점'의 고객 데이터가 있다. 이것은 신설한 법인 코드에서 동일한 코드를 사용해도 문제없는가?

e) '고객 주소'는 등록되어 있지만 '납입처 주소'는 공란이라면 두 주소가 동일하다고 간주해도 좋은가?

3,000건에 대해 이런 판단을 하는 것은 대단히 어렵다. 하지만 담당자가 바쁘다는 이유로 이런 작업을 엔지니어에게 그대로 맡기면 문제의 원인이 된다. 적어도 '이런 데이터는 이렇게 다룬다'라는 방침은 결정해 둬야 한다.

예를 들면 '주식회사A가 2건 등록되어 있다. 1건으로 모아도 문제가 없는가?'라는 질문에 관해서는 모으는 것이 당연한 것으로 보인다. '그런 것은 엔지니어가 알아서 해주십시오'라고 생각할 수 있다.

그러나 실제로는 A사로부터의 요청으로 '발주한 사업부가 다른 경우는 2장으로 나누어 청구서를 발행한다'와 같은 결정이 있어 거기에 부합할 수 있는 고육책으로 고객 데이터를 일부러 2건으로 나누어 등록하기도 한다.

엔지니어가 이런 사정을 알 리 없다. 신규 시스템에서 이 요청이 어떻게 실현될지는 몰라도, 임의로 데이터를 모으면 고객 사이에 문제가 될 것은 상상할 수 있다.

데이터 마이그레이션은 기능적으로 판단할 수 없으며, 업무 담당자가 관여해야 한다는 것을 이해했을 것이다. 그리고 손에 쥐고 있는 데이터를 제대로 정리하지 않으면 'A사의 작년 매출은 얼마?'라는 사소한 질문에도 대답하지 못하는 안타까운 시스템이 완성되어 버린다. 조금 더 힘을 내야 할 영역이다.

데이터 마이그레이션에서 엔지니어가 담당하는 것은 일반적으로 세 가지 종류(데이터 추출, 데이터 변환, 데이터 투입)의 프로그램 개발과 프로그램을 실행하는 것뿐이다. 이번 장에서는 그 이외의 방침을 결정하거나 업무상 판단할 때 시스템을 만들게 하는 사람이 의식해야 할 포인트만 줄여서 설명한다.

데이터 마이그레이션을 위한 마음 가짐
① 버릴 것을 결정한다

앞에서 강조한 것처럼 데이터 마이그레이션은 중요한 작업이다. 그렇기 때문에 마이그레이션할 데이터는 최소한으로 줄여야 한다. FM에서 기능을 줄이는 논의를 한 것과 마찬가지로 효과가 높고 난이도가 낮은 데이터만 이전 대상으로 해야 한다.

이 이야기를 필자가 하면 업무 담당자들은 하나같이 '데이터를 버리다니 말도 안 됩니다!'라고 거부 반응을 보인다. 물론 비즈니스를 유지하는 데 있어 고객 마스터나 과거의 판매 이력 등은 없어서는 안 될 정보이며, 그 기분은 충분히 이해한다.

하지만 데이터 마이그레이션에 이만큼의 노력(즉, 비용)이 투입되면, '데이터와 기능 중 어느 것이 이후 시스템에 있어 중요한가'를 진중하게 고려해야 한다. 적어도 '현행 시스템의 데이터는 모두 신규 시스템으로 이전해야 한다'는 방침은 생각하지 말자.

FM의 우선순위를 붙일 때 '하얀색/회색/검은색' 세 가지로 기능을 분류한 것처럼 후보 데이터를 다음 네 가지로 분류한다.

a) 기동 시점에서 신규 시스템으로 마이그레이션한다.

b) 기동 후 일정 기간이 지난 뒤 신규 시스템으로 마이그레이션한다.

c) 시스템 외부에 열람 가능한 형태로 보관한다.

d) 버린다.

a) 기동 시점에서 신규 시스템으로 마이그레이션한다

신규 시스템의 기동일 이후 즉시 필요한 데이터 그룹의 예는 다음과 같다.

- 각종 마스터(제품, 사원, 고객 등의 기초 데이터)
- 잔여 수주(기동일 전에 수주하고 기동일 후에 출하할 제품 데이터)

이 데이터가 없으면 주문받은 제품을 출하할 수 없는 등 애초에 고객에 대한 책임을 다할 수 없다. 마이그레이션하는 것은 당연하지만 잘 검토해 보면 a) 가 아님에도 업무 담당자가 그렇게 생각하고 있는 데이터가 의외로 많다.

b) 기동 후 신규 시스템으로 마이그레이션한다

기본적으로는 a)와 마찬가지로 비즈니스를 유지하기 위한 필수 데이터지만 '기동일에 정확히 맞추지 않아도 어떻게든 해결되는 데이터'다. 예를 들어 급여 계산 시스템에 있어 과거에 사원에게 지불한 급여액 데이터는 필수지만, 기동일 (예를 들어 4월 1일)에는 없어도 된다. 최초에 해당 데이터를 사용하는 것은 연말 조정이므로 12월까지 마이그레이션을 작업을 마치면 충분하다.

나중에 마이그레이션을 한다 하더라도 필요한 노력이 줄지는 않지만, 기동일 전후는 작업이 많아 분주하므로 기동일에 시간을 반드시 맞춰야 하는 것은 가능한 한 적을수록 좋다.

이를 위해 기동 시 반드시 필요하지 않은 데이터는 적극적으로 뒤로 미루는 것이 프로젝트 전체를 원활히 진행하는 팁이 된다.

c) 시스템 외부에 열람 가능한 상태의 데이터로 보관

'반드시 필요한 데이터입니다!'라고 업무 담당자가 주장하는 데이터에 관해 잘 들어보면 '감사나 세무 조사에서 질문을 받으면 제공해야만 한다', '고객에게 1년에 몇 차례 질문을 받는다', '제품 고장이나 교환 시 과거 정보를 참조할 때가 있다'와 같은 경우가 포함된다. 이들은 분명 버려서는 안 되는 데이터지만 필요할 때 참조할 수 있는 정도로 충분하다.

수차례 강조하지만, '신규 시스템에서 완벽하게 동작하도록 이전한다'는 것은 매우 어려운 작업이다. 이를 피해 필요할 때 볼 수 있게 해 두면 충분하다. 구체적으로는 데이터양에 따라 다르지만 엑셀이나 데이터 웨어하우스 등에 '우선 넣어둔다'. 종이 영수증 등은 법률에 보관 의무가 규정되어 있으므로 종이 상자 등에 넣어 창고에 두는 회사가 많을 것이다. 전자 데이터도 마찬가지로 보관하는 것이다.

비슷한 케이스로 확실한 데이터로서 신규 시스템으로 마이그레이션하지 않고 신규 시스템의 비고란에 문자 정보로 입력해 두고, '계산에는 사용할 수 없지만 사람이 읽으면 알 수 있는' 상태로 해두기도 한다.

이것도 데이터 마이그레이션 노력을 줄이는 데 큰 도움이 된다.

d) 버린다

마지막으로 문자 그대로 버리는 데이터도 있다. 현행 시스템을 만들었을 때 '이런 데이터를 관리하면 좋지 않을까?'라는 생각으로 만들었지만, 실제로는 입력이 번거로워 '적당히 입력된 데이터', '업데이트 되지 않아 신뢰할 수 없는 데이터'가 된 경우도 있다. 특히 영업 지원 시스템 등의 '담당자 A 씨는 골프를 좋아한다' 같은 메모는 거의 활용할 수 없다.

실제로 이사가 잡동사니를 처분하는 기회인 것과 마찬가지로, 시스템에서도 데이터 마이그레이션이 불필요한 데이터를 버릴 절호의 기회다. 데이터의 불필요를 명확하게 말할 수 있는 것은 시스템을 만들게 하는 사람밖에 없기 때문이다. 데이터 마이그레이션 작업을 수월하게 하기 위해서나 신규 시스템에 불필요한 쓰레기를 담지 않기 위해서 용기 내어 버리는 결단이 필요하다.

데이터 마이그레이션을 위한 마음 가짐 ② 매핑이 핵심

매핑이란 '신규 시스템의 이 데이터는 기존 시스템의 어떤 데이터로부터 가지고 온 것인가?'를 하나씩 연결하는 귀찮은 작업이다. 예를 들어 '새로운 집 2층의 책장에는 침실에 수북이 쌓여 있던 상자 안의 책을 버린다(놓는다)' 같은 신규/기존 대응표 같은 것이다. 구체적으로는 그림과 같은 매핑표를 만든다.

새로운 시스템			기존 시스템				마이그레이션 방법	
표시명	시스템명	항목 설명	시스템명	테이블명	항목명	FIELD NAME	마이그레이션 방법	상세 편집 사양
제품 번호	GOODS_NO	제품에 부여된 번호(연번)	제품 관리 시스템	제품 마스터	제품 번호	PRD_NO	로직에 따라 값을 변환	자릿수가 줄어 데이터도 변환한다
제품명	GOODS_NM	판매되는 제품의 이름	제품 관리 시스템	제품 마스터	제품명	PRD_NM	그대로 마이그레이션	
제품 분류 코드	GOODS_SORT_CD	판매 분류를 구분하는 코드	제품 관리 시스템	제품 마스터	대분류 구분	PRD_CAT	로식에 따라 값을 변환	마이그레이션 소스는 대분류, 중분류, 소분류로 나누어져 있어 통합한다
제품 코드	GOODS_STK_NO	제품 재고 관리를 위해 부여한 코드					그대로 마이그레이션	
원가	GOODS_COST	제품의 원가	제품 관리 시스템	제품 마스터	단위	UNIT_PRICE	그대로 마이그레이션	
판매 가격	SALE_PR	제품의 실제 판매 가격 단위	제품 관리 시스템	제품 마스터	매단가	UNIT_PRICE_SALE	그대로 마이그레이션	
소비세 구분	KIND_OF_TAX	외부세/내부세 등의 소비세 구분	프론트 Web 시스템	CMDTBL	INTTAX	–	로직에 따라 값을 변환	마이그레이션 소스에 구분이 없고, 수치 입력을 위해 변환한다

이 표를 만들기 위해서는 단순히 신규/기존 대응을 생각하는 것뿐만 아니라, 데이터 변환이나 클렌징(데이터 이전에 맞춰 데이터의 결손이나 잘못을 수정하는 작업)에 관해서도 고려한다.

이 매핑표는 데이터 마이그레이션에 대한 요건 정의서와 같은 것이며, 엔지니어는 이것을 기반으로 마이그레이션 프로그램을 만든다.

데이터 마이그레이션을 위한 마음 가짐 ③ 마이그레이션 퍼실리테이터가 허브가 된다

조금 생각해 보면 알 수 있지만 매핑표를 만들기 위해서는 앞에서 '데이터 마이그레이션은 슈퍼맨만 할 수 있는가?'에서 설명한 것처럼 현행 시스템과 신규 시스템 모두에 관한 지식과 함께 업무 지식도 필요하다. 하지만 그런 사람은 존재하지 않는다.

그래서 필자는 반드시 '마이그레이션 퍼실리테이터'라는 사람을 임명한다. 마이그레이션 프로그램을 만들거나 신규 시스템으로의 데이터 입력 작업을 하는 사람과 별도로 순수하게 작업을 원활히 진행시키는 것이 미션이다.

애초에 모든 것에 관해 알고 있는 사람이 없다면 지식을 가진 사람들에게서 정보를 모으고 '즉, 어떻게 마이그레이션해야 하는가?'에 관한 원활한 결정을 담당하는 사람을 작업의 중심에 두는 작전이다.

그렇다고 해서 퍼실리테이터로서 훈련을 받은 사원도 보통 사내에는 없기 때문에 역시 마이그레이션은 시스템 구축 프로젝트의 어려운 부분이 된다(캠브리지는 퍼실리테이션을 무기로 하는 컨설팅 회사이므로 신규/기존 시스템 지식은 물론 업무 지식도 가지고 있지 않지만 퍼실리테이션에는 전문 컨설턴트를 이 위치에 임명하는 경우가 많다).

그림 W-4 마이그레이션 퍼실리테이터

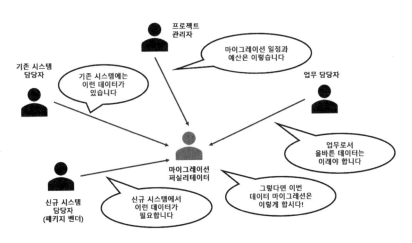

왜 데이터 마이그레이션의 어려움을 잘 느끼지 못하는가?

데이터 마이그레이션은 매우 어려운 작업임에도 불구하고 많은 사람이 사실보다 간단하게 생각한다. 왜 그런 '인식의 버그'가 발생하는 것인가?

필자가 가진 가설은 '만드는 것의 어려움 vs. 이사의 어려움'을 비교하는 것을 생각했을 때, 이사가 그렇게 힘든 경우는 세상에 존재하지 않는다. 그렇기 때문에 쉽사리 떠올릴 수 없다는 것이다.

예를 들어 PC나 스마트폰 마이그레이션(새로운 기기로 데이터 이전)을 생각해보자. PC 마이그레이션은 복잡하다. 애플리케이션을 설치하고, 메일 로그를 익스포트하고, IME 사전을 익스포트하고... 제발, 누군가 대신해 주면 좋겠다.

하지만 'PC를 처음부터 만드는 것의 어려움'과는 비교되지 않는다. 필자는 칩 회로 설계자는 물론 PC를 직접 만드는 사람도 아니기 때문에 사실 얼마나 어려운지 상상도 하지 못한다.

'집을 이사하는 것 vs. 집을 처음부터 짓는 것'의 어려움을 비교하는 것과 비슷하다. 이사가 건축만큼 어려울 리는 없다.

즉, 대기업에서 사용하는 주문자 방식 시스템(order-made system)의 마이그레이션은 이사와 같은 작업 중에서도 예외적으로 어렵다. 그렇게 때문에 '노력의 40%'라고 들었을 때, 또는 마이그레이션 작업을 명시한 견적을 봤을 때 '아무리 그래도 이 견적은 너무 비싸지 않습니까'라고 생각하게 된다.

이런 '착각의 우리'에서 이성으로 탈출하기는 매우 어렵다. 아무리 필자가 프로젝트나 시스템 전문가 입장에서 논리적으로 설명해도 이해시키기가 상당히 힘들다.

Rollout

| Concept Framing (목표 명확화) | Assessment (현재 상태 조사/분석) | Business Model (구상 제안) | Scope (요구사항 정의) | PEW (파트너/제품 선정) | BPP (프로토타입 검증) | Design (설계) | Deployment (개발·테스트) | Rollout (도입) |

목적지가 눈앞. 하지만 방심은 금물!

X _장 드디어 신규 시스템 기동

데이터를 이전했다면 드디어 신규 시스템을 사용하기 시작하게 된다. 그 순간을 '기동'이라 부른다. 뉴스에서 들은 경험이 있겠지만, 기동일에는 시스템 트러블이 가장 많다. 시스템 구축 최후의 난관이다. 이번 장에서는 '시스템을 만들게 하는 사람'과 '만드는 사람'이 힘을 합쳐 기동을 넘어서기 위한 팁을 다룬다.

두 시스템을 병행 기동한다

R장에서 설명한 것처럼 시스템의 프로덕션 기동까지는 단계를 밟아 많은 테스트를 수행한다. 그 최종 과정으로 신규 시스템의 기동 전후에 신규/기존 두 시스템 모두를 운용하는 기간을 만든다. 이것을 병행 기동이라 부른다.

병행 기동을 하지 않고 곧바로 신규 시스템으로 전환한 경우, 만에 하나 생각한 대로 시스템이 동작하지 않으면 비즈니스 자체가 큰 혼란에 빠진다. 병행 기동은 이런 사태를 피하기 위한 방법이며, 이전 시스템으로 비즈니스를 유지하면서 신규 시스템을 함께 동작시켜 '어느 때 신규 시스템으로 전환해도 문제가 없을 것 같다'고 판단한 시점에서야 이전 시스템을 정지시킨다.

상당히 신중한 기동 방법이지만 시스템이 기동하는 순간에 발생하는 문제가 그만큼 많고, 테스트를 사전에 했더라도 그 가능성이 0이 되지는 않는다. 병행 기동을 함으로써 발견할 수 있는 문제는 시스템을 조작하는 업무 담당자가 새로운 업무 규칙이나 시스템 조작에 관해 실수를 했을 때 발생한다.

물론 새로운 업무, 신규 시스템을 충분히 이해할 수 있게 기동 전에 교육했을 것이다. 하지만 이제까지 수년 동안 해오던 것을 바꿔야 하기 때문에 실수가 발생하기 쉽다. 그리고 그런 사용자의 실수는 엔지니어가 주체가 되는 테스트에서는 발견하기 어렵다.

단, 신규/기존 두 시스템을 운용하기 때문에 업무에 투입되는 노력은 당연히 2배가 필요하다. 가뜩이나 분주한 중에 현실 문제로 그럴 시간이 없어 병행 기동을 하지 않고 곧바로 프로덕션에 돌입하는 프로젝트도 있다.

'병행 기동을 할 것인가?', '한다면 어떤 방법으로 할 것인가?'는 비즈니스 전체에 큰 영향을 주는 의사결정이므로 신중하게 검토한다. 주로 다음 두 가지 점을 저울질하게 된다.

- 이제까지 수행한 테스트에 자신이 있는가? (병행 기동 없이 프로덕션으로 이동해도 트러블이 발생할 확률이 낮은가?)
- 현장(업무 담당자)은 병행 기동의 부하를 견딜 수 있는가?

2종류의 병행 기동

병행 기동은 크게 2가지 패턴으로 나눌 수 있다.

그림 X-1 병행 기동

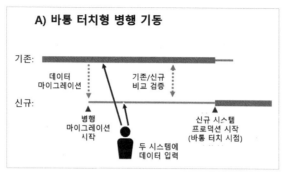

A) 바통 터치형 병행 기동

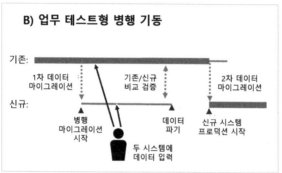

B) 업무 테스트형 병행 기동

A) 바통 터치형 병행 기동

이전 시스템에서 신규 시스템으로 데이터를 마이그레이션하고 모두 같은 상태가 되면 병행 기동을 시작한다. 병행 기동 중에는 신규/기존 시스템 모두를 완전히 동일하게 사용한다(같은 데이터를 입력한다).

이렇게 하면 두 시스템으로부터 언제나 같은 결과를 얻을 수 있을 것이므로 이들을 눈으로 비교하면서 '신규 시스템이 이전 시스템과 동일하게 동작하는 가?', '동일하게 동작하게 하기 위해 신규 시스템을 확실하게 사용하고 있는 가?' 같은 검증을 수행할 수 있다. 이를 신구비교검증(新舊比較檢證) 이라 부른다.

이 방식의 가장 큰 장점은 일정이 유연해 리스크가 적다는 것이다. 신규 시스템에 익숙하지 않고 기존 시스템과 같은 결과가 출력되지 않는 경우에는 그 원인을 특정해 사용 방법을 재교육해야 한다. 그리고 신규 시스템이나 새로운 업무에 익숙해질 때까지 수 개월이 걸리더라도 병행 기동 상태를 유지하면 된다.

단점은 사용자가 너무 힘들다는 점이다. 예를 들어 고객으로부터의 발주를 전화로 구두로 받는 경우, 발주 데이터를 신규/기존 시스템 양쪽에 입력해야만 한다. 두 시스템을 전환하면서 양쪽에 입력하는 것은 많은 시간이 걸리며 동시에 혼동하기 쉽다.

분주한 나머지 어느 한쪽을 누락했다면 신규/기존을 비교했을 때 맞지 않기 때문에 원인 파악을 위해 노력해야 한다. 이는 상당한 압박이 된다.

B) 업무 테스트형 병행 기동

바통 터치형 병행 기동은 어렵기 때문에 신규/기존 시스템 중 어느 쪽이 메인인지 확실히 하는 방식이 업무 테스트형이다.

바통 터치형과 마찬가지로 기존 시스템에서 신규 시스템으로 데이터 마이그레이션을 1회 수행하지만, 이 시점에서는 어디까지나 기존 시스템이 메인이고 신규 시스템은 검증용에 지나지 않는다.

병행 기동 중에는 마찬가지로 신규/기존 모두 동일하게 데이터를 입력하지만 메인인 기존 시스템을 최우선으로 하고, 검증 대상인 신규 시스템은 짬을 내서 한꺼번에 입력하는 등 약간 우선순위를 낮추어 운용한다.

병행 기동이 끝나면 일단 신규 시스템의 데이터를 버리고, 이전 시스템으로부터 해당 시점에서의 최신 데이터를 다시 마이그레이션한다. 이 시점부터 이전 시스템을 멈추고 신규 시스템을 메인으로 전환한다.

이 방법의 장점은 이전 시스템을 확실하게 운용했다면 완벽한 이중 운용을 하지 않더라도 비즈니스에 대한 악영향을 피할 수 있다는 점이다. 신규 시스템 측에서 실수가 발생해도 어차피 버릴 데이터이므로 그 실수가 허용된다.

이 방법의 단점은 아무래도 검증을 확실하게 할 수 없다는 점이다. '신규/기존 시스템과 잘 맞지 않는다', '아, 죄송합니다. 분주해서 잊어버렸습니다', '프로덕션에서라면 원활하지 않으니 확실하게 해주십시오' 같이 다소 느슨한 병행 기동이 된다.

업무와 시스템의 전환은 프로젝트 최대 난제

병행 기동에 관해 조금 까다로운 이야기를 했다. 마이그레이션 전후에는 이와 같이 '3/23까지는 기존 시스템을 사용해 3/26~3/31은 시스템이 이용할 수 없는 기간. 4/19 09:00부터 신규 시스템을 이용한다' 등 신규/기존 전환 계획을 세밀하게 세울 필요가 있다.

대규모 프로젝트에서는 전환에 다양한 제약이 있다.

- 월말 마감 처리를 기존 시스템에서 실행한 후라면 데이터를 마이그레이션할 수 없다.
- 31일 이전에 마감 처리를 무리해서 실행하기 위해 마감 처리에 맞추지 못한 전표는 신규 시스템에 이렇게 입력해서...
- 데이터 마이그레이션 프로그램 실행에는 4시간이 걸리므로 완료를 확인한 뒤 업무 멤버가 데이터를 확인해야 하며...

거대한 태스크 각각에 의존 관계가 있고, '이 작업은 저 작업이 끝난 뒤에만 가능하다' 같은 점도 고려해야 한다.

이런 업무 측면 및 시스템 측면의 사정을 모두 고려하면 전환 순서는 매우 복잡한 퍼즐이 된다. 위 사진은 대규모 프로젝트의 전환 계획을 검증하고 있는 모습이다. 사진으로도 그 어려움이 전해질 것이다.

또한 계획에서 고려해야 할 제약이나 순서를 모두 파악하고 있는 사람은 아무도 없다. 필자가 대규모 프로젝트를 할 때는 마이그레이션 퍼실리테이터와 함께 전담으로 전환 퍼실리테이터도 임명한다.

그리고 전환 퍼실리테이터가 중심이 되어 프로젝트 관계자 전원으로부터 제약이나 필요한 작업을 도출하고 '전환 계획서', '전환 절차서'를 만든다. 아무 계획 없이 실행하면 반드시 실패하므로 리허설도 여러 차례 실행하고 전환 당일에 모든 멤버를 진두지휘하는 것도 전환 퍼실리테이터가 담당한다.

사례 경영진에게 각오를 다짐하도록 한 프로젝트

모든 조직은 리스크를 0으로 만들고 싶어 한다. 불확실성을 담고 있는 프로젝트에서 그 정책을 고수하려면 큰 비용이 든다. 예를 들어 절대로 프로덕션에서 오류가 발생하지 않도록 고심해서 리스트를 만들면 프로젝트 기한이 늘어남은 물론 비용도 줄지 않는다.

물론 그런 것이 필요한, 절대로 실수를 허용해서는 안 되는 시스템도 있다(미션 크리티컬 mission critical이라고 부른다). 하지만 필자가 리드하는 프로젝트에서는 리스크와 비용의 균형을 중시해서 논의하고, 약간의 리스크를 허용하기도 한다.

한 프로젝트에서는 경영상의 이유로 기한 안에 반드시 업무를 전환해야 했다. 업무 전환에 수반되는 시스템도 재구축했지만, 구축 기간이 매우 짧았고 충분한 테스트 기간을 확보할 수 없었다. 다시 말해, '납기는 절대로 지키되, 일반적인 프로젝트보다 상당히 짧은' 매우 어려운 조건이 프로젝트에 붙어 있었다.

하지만 유일하게 다행스러운 점은 이 시스템이 사내에서만 사용됐다는 것이다. 다소 오류가 있더라도 사원이 뒤에서 조치할 수 있다. 오류를 수정하기 위한 일시적인 시스템 정지도 허용됐다.

그렇다고 해도 오류가 있을지 모르는 상황에서 시스템을 기동시키는 상당한 베짱이 필요하다. 경영상 필요성이나 비용은 프로젝트 외부에서는 잘 보이지 않는 것에 비해, 프로덕션 기동 시 오류가 발생하면 '프로젝트 참가자들이 뭔가 저질렀다'는 것이 사내에 순식간에 퍼진다. 물론 오류가 있으면 작업을 멈추고 복구 작업을 의뢰하는 등 동료에게 당혹감을 주게 된다 프로젝트 멤버로서 이런 사태는 그야말로 피하고 싶은 것이다.

이런 상황이 두려워 비즈니스상 필요 이상으로 공들여 테스트를 수행하는 프로젝트도 있다. '경영에 있어서는 기한을 지키는 것이 최우선!'이라는 정론에 정면으로 마주하기로 했다.

대신 몇몇 예방선을 뒀다. 경영 회의에서 '정해진 일정은 지키지 못할 수도 있습니다. 단, 이런 문제의 가능성이 있으므로 단단히 대비하십시오'라고 전 임원에게 프로젝트 관리자가 선언한 것이다.

경영을 위해 납기 최우선으로 노력했는데, 정작 문제가 발생했을 때 그 연결 고리를 끊어내고 프로젝트 멤버만 책망을 받아서는 안 된다. 그렇게 되지 않도록 경영진에게 '여러분 또한 이 의사결정의 당사자입니다'라고 다짐하도록 한 것이다. 물론 말과 함께 '만약 문제가 발생하면 보호해 주십시오'라는 마음을 담았다.

다행히 당시에는 큰 문제가 발생하지 않았다.

프로덕션 기동 후의 문제를 뛰어 넘는다

업무 시스템이 기동일 경계로 전환되면 드디어 신규 시스템을 사용해 업무를
시작한다. 하지만 기동 직후에 문제는 발생하게 마련이다. 테스트에서 발견
하지 못했던 오류가 프로덕션에서 발견되기도 하고, 사용자가 익숙하지 않
기 때문에 조작 실수도 발생한다. 그래서 미리 대책을 세워 둔다.

헬프 데스크

사용자가 기동 후에 곤란에 처했을 때 도움을 요청할 곳을 결정해 둔다. 그렇
지 않으면 적절하지 않은 사람에게 문의가 집중되고 시간을 낭비하게 된다.
구체적으로는 문의 전용 전화, 메일, 슬랙(Slack) 등 게시판을 결정하고 사내
에 알린다(시스템 첫 화면에서 기재하기도 한다).

창구를 결정했다면 당연히 담당자를 임명하고 문의 기록이나 문제 해결 방
법, 담당자가 직접 해결할 수 없는 경우 해당 문제를 상위 계층으로 전달할
대상까지 결정해 둔다. 혼자서 창구를 대응하는 것은 시간적, 정신적으로 너
무나 고달프므로 교대 근무를 짠다.

이 일련의 준비는 사내용 소규모 콜센터를 설치하는 것과 같다. 웹 시스템 등
사원 이외의 사용자인 경우에는 일반적으로 콜센터의 규모를 늘려 둬야 한
다. 이 준비 작업은 반드시 사전에 정리해 둔다. 물론 프로젝트에 따라서는
거의 문의가 오지 않기도 하지만, 그것은 행복한 경우다. 오히려 최악의 사
태에 대비하는 것이 중요하다.

그리고 시스템 기동 직후에는 헬프 데스크를 통해 접수한 문의에서 파생되어
조사 의뢰나 사용자 지원 등 많은 작업이 발생한다. 치명적인 오류는 즉시 수
정해야 한다.

이 작업은 이제까지 프로젝트에 관여했던 멤버만 할 수 있다. 시스템을 완성

했다고 해서 주요 멤버까지 해산하면 기동한 뒤 곤란한 상황이 발생한다. 프로젝트 계획을 만들 때는 반드시 시스템과 업무가 안정화될 때까지 업무를 수행하는 프로젝트 멤버를 확보해 둔다. 예산을 수립할 때도 해당 인원의 인건비를 포함시켜야 한다.

사례 대규모 프로젝트에서의 헬프 데스크

그림 X-2는 프로덕션 기동 시 헬프 데스크의 위치를 설명할 때 사용한 것이다. 큰 규모의 프로젝트였으므로 모든 것을 헬프 데스크에서 대응하면 빈틈이 발생하게 된다. 그래서 각 현장에 '현장 중심 멤버'를 임명했다. 마이그레이션을 시작하기 한참 전부터 설명회, 사용자 인수 테스트 등을 함께 하면서 미리 새로운 업무/신규 시스템에 대한 이해를 높였다.

그림 X-2 헬프 데스크

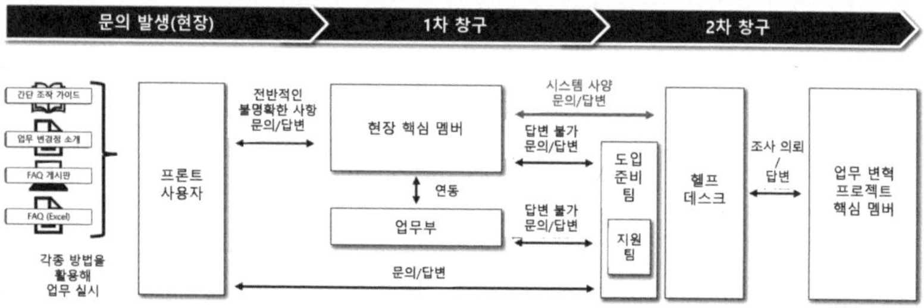

프로덕션에서는 이 멤버들이 중심이 되어 새로운 업무를 잘 수행한다. 사용자들의 간단한 질문에 대답한다. 현장 사원들 역시 얼굴을 알고 있는 멤버에게 상담하는 것이 쉽게 마련이다.

그리고 이 멤버만으로는 처리할 수 없는 까다로운 조작이나 시스템 오류 등에 한해 헬프 데스크에 문의하도록 했다.

소규모 회사에서는 이만큼의 체제는 필요하지 않지만, 대기업의 회사 차원 프로젝트에서는 어쨌든 '기동 전후의 우왕좌왕하는 상황을 해소하기 위해 미리 준비할 수 있는 것은 무엇이든 한다'는 정신으로 임하는 것이 좋다.

문제 제기 경로

대규모 프로젝트에서는 헬프 데스크만으로 문제를 해결할 수 없는 경우를 위한 문제 제기 경로도 복잡해진다. 단순한 시스템 오류인가, 업무상의 판단이 필요한가, 고객에게 당혹감을 주는가, 회사로서 신속한 대응이 필요한가 등 케이스에 따라 상담해야 할 상대나 의사결정 레벨이 달라진다.

특히 큰 문제가 예상되는 경우는 프로젝트 오너에게까지 보고하고 대응책을 결정해야만 한다. 문제가 발생한 뒤에 이런 대응책을 생각하면 실수가 발생하므로 보고/대응 절차도 미리 결정해 둔다.

비상 계획

처음에 고려했던 계획대로 잘 진행되지 않을 때의 대응책을 비상 계획 contingency plan이라 부른다. 시스템 기동과 관련해 '신규 시스템에 버그가 너무 많아 정상적으로 업무를 수행할 수 없다', '액세스가 집중되어 시스템이 멈춰 버렸다' 같이 큰 문제가 발생했을 때의 계획이 여기에 해당한다.

그림 X-3 비상 계획의 예

#	예상 시나리오	대응 방법	복구 후 액션
1	회계 시스템만 기동 불가 (생산 시스템은 기동 가능)	▪ 재경 관련 업무는 기존 시스템에서 수행한다. ▪ 생산 시스템으로부터의 연동 데이터(채무, 분개)는 손으로 입력한다(인적 리소스를 투입해서 실시).	▪ 고정 자산/잔고/분개는 신규 회계 시스템 복구 이후 도구를 사용해 마이그레이션한다. ▪ 채권/어음은 회계 시스템 복구 후 수작업으로 마이그레이션한다. ▪ 채무는 기존 시스템에서 지불 결재한다.
2	생산 시스템만 기동 불가 (회계 시스템은 기동 가능)	▪ 생산 관련 업무는 기존 시스템에서 수행한다. ▪ 신규 영업, 기존 생산 시스템으로부터의 연동(채무, 분개)은 기존 회계 시스템에 대해 수행한다. ▪ 채무 관리(계상, 지불)는 기존 회계 시스템에서 수행하고, 발생한 사역은 모두 신규 시스템에 연동한다.	▪ 기존 회계 시스템에 연동한 채권 계상 데이터는 지불 결재까지 기존 회계 시스템에서 실시하고, 발행한 분개만 신규 회계 시스템에 연동한다.

#	예상 시나리오	대응 방법	복구 후 액션
3	회계, 제품 A 시스템 동시 기동 불가	■ 현행 시스템으로 돌려 지금과 동일하게 업무를 수행한다. ■ 월 결산 시 과목 및 가격 구분을 신규 체제 기반으로 변환해야 한다.	■ 고정 자산/잔고/분개는 신규 시스템 복구 이후 도구를 사용해 마이그레이션한다. ■ 채권/어음은 신규 시스템 복구 후 수작업으로 마이그레이션한다. ■ 채무는 기존 회계 시스템에서 지불 결재한다.
4	제품 A-회계 연동만 불가 (연동 이외의 기능은 사용 가능)	■ 재경 관련 업무, 생산 관련 업무 모두 신규 시스템에서 운용하지만 연동 부분만 손으로 입력해서 대응한다(인적 리소스를 투입해서 실시).	■ 생산 시스템으로부터의 미연동 데이터가 있다면 연동을 수행한다.

가장 심각한 상황은 간신히 기동한 신규 시스템을 중단하고, 일단 기존 시스템으로 원복하는 것이다. 이것도 문제가 발생한 뒤에야 우왕좌왕하며 방법을 검토하게 되면 문제가 해결되지 않은 채로 다시 문제가 발생해 수습 불가한 혼돈 상태가 된다. 그런 최악의 사태를 방지하기 위해 비상 계획으로 기존 시스템으로 되돌리는 계획을 만들어 둔다. 구체적으로는 그림과 같이 예상된 문자와 대책을 정리한다.

이런 문제는 시스템이 원인이 되어 발생하지만, 비즈니스 전체에 영향을 미친다. 따라서 IT 엔지니어만으로는 비상 계획을 수립할 수 없다. 문제 발생 중에도 '고객에게 미치는 악영향을 최소화하기 위해 어떻게 처리해야 하는가?' 같은 것은 반드시 업무 담당자가 확인해야 한다.

이런 때를 위해 '시스템을 만들게 하는 사람'도 시스템에 관해 최소한의 내용은 파악해 둬야 한다. 이 책에서 계속해서 설명한 것처럼 프로젝트에 확실히 참가해왔다면 신규 시스템에 관해 깊이 이해했을 것이므로 그렇게 걱정하지는 않아도 될 것이다.

업무가 원활하게 진행되는지가 이제까지의 성적표

프로덕션 기동은 몇 번을 경험해도 떨리고 긴장된다. 이번 장에서 설명한 문제들이 발생할 리스크를 0으로 만들 수는 없기 때문이다.

또 한 가지 떨리는 이유는 프로덕션 기동 후의 원활함의 여부가 지금까지 해온 것들의 총결산이기 때문이다. 프로젝트 멤버로서는 성적표를 받는 순간이 된다.

업무에 적합한 시스템을 만들었는가?

만든 시스템에 치명적인 오류는 없는가?

업무 담당자는 새로운 업무를 이해하고 있는가?

고객이 예상 이상으로 몰려와도 처리 능력에 빈틈이 없는가?

간단한 문제에 대처하는 헬프 데스크와 같은 수단을 강구했는가?

새로운 업무나 시스템을 잘 이해하고 다른 사원을 도와줄 수 있는 핵심 인력을 각 현장에 육성했는가?

약간의 문제가 발생해도 프로젝트 멤버가 있어 신속하게 대처해줄 수 있는가?

등 이제까지 검토나 준비를 대충 해왔다면 모두 이 순간에 문제가 되어 되돌아온다.

그렇기 때문에 모든 것을 리허설대로 해내고 무사히 동작하는 것을 보면 가슴 깊은 곳에서 안심이 되는 동시에, 천천히 이제까지 했던 일의 보람이 느껴지는 이상한 기분을 맛보게 된다.

바라던 대로의 업무가 되고 있는가? 성과를 올렸는가?

이렇게 드디어 신규 시스템을 기동하고 프로젝트 멤버가 일일이 관여하지 않아도 업무가 진행된다. 정말 수고했다.

이 시점에서 IT 엔지니어의 일은 없어지지만, '시스템을 만들게 하는 사람'에게는 한 가지 일이 남아있다. 그것은 처음 계획대로 업무가 진행되고 원하던 성과를 얻었는지 확인하는 것이다.

안타깝게도 많은 프로젝트에서 이를 간과한다. 시스템은 기동할 때까지가 매우 어렵기 때문에 아무튼 큰 문제없이 기동을 마쳤다면 온몸에 힘이 남아 있지 않기 때문이다.

하지만 시스템 기동은 프로젝트나 회사에 있어 어디까지나 수단일 뿐이다. 원래 원하던 대로 사용되지 않고 성과를 올리지 못했다면 고생해서 프로젝트를 해온 의미가 없다.

기동이 안정된 이후 몇 개월 정도가 지나면 반드시 시스템을 사용하는 현장을 둘러봐야 한다. 동시에 새로운 업무나 신규 시스템에 관한 불만도 들어봐야 한다.

신규 시스템에 대한 불만을 듣는 것은 프로젝트 멤버로서는 마음이 아프기도 하다.

하지만 이제까지 확실하게 프로젝트를 해왔다면 자신을 가져라. 현장에 불만이 있다면 '프로젝트에서 하고자 했던 것의 의미가 잘 전달되지 않고 어설프게 사용되고 있다. 그 결과 시스템을 사용하기 어렵다고 느낀다'는 현상이다.

예전에 한번은 '고객에 대한 청구 금액을 확인하기 위한 장표가 사라져버렸다. 그래서 손으로 다시 계산한다'는 불만이 있었다. 하지만 신규 시스템에서는 청구 금액이 시스템이 올바르다는 것을 보증하므로, 체크할 필요가 없어졌다. 이런 점이 잘 전달되지 않았던 것이다(정확하게는 전달했지만 사용자가 잊어버렸다).

이런 사소한 것을 포함해 과제나 불만을 하나씩 해결함으로써 결국 원하던 이상적인 업무가 되어 간다. 필자는 이런 활동을 '이삭 줍기'라고 부른다. 모처럼의 프로젝트 성과를 100% 얻기 위해서는 사소하지만 중요한 일이다.

가장 최악의 시스템은 완벽하게 만들었지만 사용하지 않는 시스템

이렇게 해서 원하는 시스템을 손에 넣기 위한 긴 여행을 마쳤다. 물론 프로그래밍은 IT 엔지니어의 일이다. 하지만 '시스템을 만들게 하는 사람'이 그 외에 많은 일을 감당해야만 한다는 것에 놀란 독자도 많을 것이다. 책 한 권을 읽다가 지긋지긋하게 느낀 분도 있을 것이다.

하지만 이 책의 첫 부분에서 강조했듯이, 현재의 비즈니스에서 시스템을 만드는 것은 비즈니스 그 자체를 설계하는 것과 같다. 비즈니스는 시스템을 타고 흘러간다. 자사의 비즈니스 모델은 시스템이 구현한다. 회사의 의지, 기준, 고객에 대한 생각, 가치관이 모두 시스템에 나타난다.

그렇기 때문에 비즈니스를 수립하고 변혁하겠다는 생각이면 시스템에 혼을 담을 수밖에 없다. IT 엔지니어에게 덮어놓고 맡길 수는 없다. 하물며 사외의 IT 벤더에게 모두 떠넘기는 것은 말도 안 된다. 스스로 프로그래밍을 하지 않더라도 그것은 가능하다. 시스템을 만들게 하는 기술만 갖춘다면.

시스템을 만든다 · 비즈니스를 그린다

필자가 아직 IT 엔지니어였던 젊은 시절 실감한 것이 있다. '세상에서 가장 최악의 시스템은 비용을 들여 IT 엔지니어가 완전하게 만들어 놓고 사용되지 않는 시스템'이라는 것이다. 이후 20년 이상 지났지만, 안타깝게도 여전히 그런 시스템이 있다(수십억 원의 세금을 들여 만든 정부 시스템들이 그 전형이다).

이 책에서 설명한 방법론은 무엇보다 그런 시스템이 되는 것을 방지하기 위한 장치로 넘친다. 예를 들어 시스템 기능 우선순위를 정하는 기준으로 왜 비즈니스 이익과 기술적 용이성뿐만 아니라 조직 인수 태세를 추가했는가? 그것은 만들어도 사용되지 않는 시스템을 방지하기 위해서다. 요구사항 정의를 마친 후 BPP나 사용자 테스트 등을 반복하면서 사용자가 테스트를 확인하는 것 역시 사용되지 않는 시스템을 만들지 않기 위해서다.

여기까지 읽은 독자라면 충분히 이해할 수 있으리라 생각한다. 이 책의 첫 부분에서 'IT 프로젝트가 실패하고, IT를 영업의 무기로 사용할 수 없는 것은 IT 엔지니어의 책임이 아니다. 만들게 하는 기술이 없는 것이다'라고 강조한 이유를. 시스템을 만드는 프로젝트임에도 시스템을 만드는 사람뿐만 아니라 시스템을 만들게 하는 사람이 이렇게 프로젝트에 참여하지 않으면 안 되는 이유를.

책의 내용이 상당히 길기 때문에 한 번 읽는 것으로는 '시스템을 만들게 하는 기술'을 익히기 어려울 수도 있다. 이 책을 언제나 프로젝트 룸에 두고 프로젝트 진행 단계에 맞춰 해당 위치를 반복해서 읽을 수 있기를 바란다. 그래서 이 책이 여러분에게 물이 흐르는 길을 안내해주는 사람과 같은 역할을 하는 책이 되기를 바란다.

[보너스] 벤처에서의 시스템 구축

- 이미 업무/시스템이 동작하고 있는 경우와 신규 사업이나 벤처에서 '업무 시스템을 처음부터 만드는' 경우에 동일한 진행 방법을 사용할 수 없다.

- '업무/시스템을 처음부터 만드는' 경우의 시스템 개발 팁을 실제 사례와 함께 학습한다.

앞 장들과는 다소 방향을 바꿔 이번 장에서는 신규 사업이나 벤처 기업에서의 시스템 구축에 관해 다룬다.

생산 관리나 경리 업무 등 기간 시스템을 만들 때는 업무나 시스템의 현재 상태를 분석하는 것부터 시작한다(D장 참조). 하지만 기업 또는 새로운 사업을 시작하면 시스템을 만들 때 '현재 상태'가 존재하지 않는다. 시스템 구축과 거의 동시에 병행해 비즈니스 모델이나 업무 프로세스를 결정하게 된다.

따라서 이 프로젝트는 불확실성이 높다. 다시 말해, 시스템을 만드는 시점부터 변경이 일어난다. 사용해 본 뒤에야 처음으로 실제로 원하는 것이었는지 알게 되는 경우도 많다. 그런 상황에서의 시스템 개발 힌트에 관해 그루브 엑스의 프로젝트를 예로 들어 설명한다.

애완 로봇 'LOVOT'을 주인에게 전달하라!

공장에서 자동차를 조립하거나 바닥을 청소하며 돌아다니는 '사람의 업무를 대신하는 로봇'은 이미 우리 사회에 상당히 침투했다. 벤처 기업 그루브 엑스의 타깃은 그들과는 완전히 다른 '사람을 대신하는 일은 하지 않는 로봇'이다.

좋아하는 사람의 얼굴을 기억하고 귀여워할수록 점점 따른다. 집 안 어디에서도 뒤를 따라온다. 껴안으면 살짝 따뜻하다. 물론 개체마다 상성이 있고, 두 마리가 서로 장난을 치기도 한다.

캠브리지에서 기르고 있는 검둥이와 흰둥이

로봇 본체 개발 프로젝트가 한창 진행 중일 때 그루브 엑스의 비즈니스를 지원하는 업무 시스템을 처음부터 설계해서 구축하는 '징검다리 프로젝트'가 발족했다. 캠브리지는 프로젝트 수립부터 첫 출하까지 고난의 여정을 그루브 엑스 및 IT 벤더의 각 사와 함께 했다.

지금까지 존재하지 않던 콘셉트의 제품이기 때문에 비즈니스 모델은 물론 판매 방법도 제로 베이스에서 진행하면서 생각해야 한다. 타사 사례도 전혀 없다. 예를 들어 판매 업무의 경우, 일반적인 회사와 마찬가지로 '물건을 팔기 위한 판매 관리 시스템'을 만들면 된다고 생각하면 오산이다. 판매란 주인이

LOVOT과 만나는 체험을 설계하는 것이므로 가전제품 판매점에서 'LOVOT! 30% 대할인!'과 같이 판매할 수 없다. 다른 전자제품을 참고하지 못한다. 이 프로젝트에 '징검다리'라는 이름을 붙인 것도 '주인에게 LOVOT이 도달하는 것'이 미션이었기 때문이다.

게다가 LOVOT은 고객의 손에 전달된 이후에도 항상 진화하는 로봇이기 때문에 판매한다고 끝나는 것이 아니다. 오랫동안 사랑받기 위한 서비스 체제, 이를 지원하는 과금을 검토해야 했다. 따라서 프로젝트 대상 범위의 폭이 매우 넓었고, 구입을 위한 온라인 쇼핑몰, 전국 배송을 위한 물류, 고장 대응이나 정기 유지 보수, 고객 지원, 월별 과금 등 로봇 본체의 개발 이외의 모든 것이 대상이 됐다.

주인이 죽으면 어떤 업무가 필요한가?

징검다리 프로젝트에서 불확실성의 원인은 크게 두 가지였다.

첫 번째는 비즈니스 모델이 변한다는 점이다. 예를 들어 '1마리만 팔 것인가, 2마리를 쌍으로 팔 것인가?', '개인용 외에 요양 시설 등에 B2B로도 판매하는가?' 등이 외부 반응을 보면서 변경된다. 그 모든 상황이 업무와 시스템을 설계하는 징검다리 프로젝트에 큰 영향을 미친다.

두 번째는 제품인 LOVOT 자체의 사양이 변한다는 점이다. 귀여운 겉모습과 별개로 LOVOT에는 장애물 감지 등의 다양한 센서나 행동을 결정하기 위한 머신러닝 기술 등 최신의 기술이 채용됐다. 그렇기 때문에 개발이 진행되면서 '불가능한 것이 가능해졌다', '나중에 무리라고 판단해 사양을 변경할 수밖에 없다'와 같은 상황이 당연하게 발생했다.

이런 비즈니스 모델이나 제품 특성은 일반적인 프로젝트에서는 '요건/전제'로서 미리 결정되지만, 이 프로젝트에서는 동시 병행했다. 팔기 위한 비즈니스 모델을 생각한 결과, 징검다리 프로젝트에서 제품 개발 측에 요청을 전달하는 경우는 물론 반대의 경우도 있다. 좋은 것을 만들고, 많은 주인에게 전달하기 위한 양방향 커뮤니케이션이 중시됐다.

이런 측면에서도 '최초에 요구/요건을 결정한 뒤 단숨에 만든다'는 프로젝트와는 완전히 달랐다.

결정되지 않은 것은 '일단 임시로 결정한다'는 전략을 따랐다. 예를 들어 'LOVOT 1대가 주인이라고 인식해서 생활을 함께 하는 것은 몇 명까지인가?'와 같은 문제도 나중에는 당연히 구체화되겠지만, 프로젝트를 시작하고 한동안 결정되지 않았다. 그래서 '일단 이런 형태로 합시다'라고 의논했다. 그렇게 진행하면서 실제로 필요하게 된 시점에서 그때까지 수집한 정보를 바탕으로 최종 결정을 내렸다.

업무 설계에 있어 상징적인 것이 'LOVOT을 구입한 주인이 죽었을 때 어떤 일이 일어나고, 그루브 엑스에서는 무엇을 해야만 하는가?'라는 주제였다.

애착을 갖기 위해 주인이 하는 행동의 특징이나 생활 패턴을 학습하는 로봇에게는 주인의 혼과 같은 것이 깃든다. 죽은 주인의 자녀가 'LOVOT을 계속 키우고 싶다'고 요청할 때는 어떻게 그것을 가능하게 할 것인가? LOVOT은 IoT 기기 덩어리이므로 인증 문제를 포함해 그 허들이 매우 높다. 하지만 주인을 대하는 방식이나 생각을 고려해 상상해야만 했다.

무엇보다 이 모든 경우에 대응하려고 하면 검토할 사항이 너무 많아 빠듯한 일정에 도저히 맞출 수 없다. 해야 할 것을 일단 전부 도출하고 '비즈니스로서 버릴 수 있는 부분은 어디인가?', '반대로 절대로 버려서는 안 되는 부분은 어디인가?'를 필터링했다. 업무 흐름은 첫 출하 이후 지금도 진행하면서 반복해서 개선하고 있다.

비즈니스나 제품이 변경되는 동안의 시스템 개발

이처럼 앞을 예측하기 어려운 상황에서의 시스템 개발은 대단히 어렵다. 기업의 업무 전체를 지탱하는 시스템은 기능이 복잡하게 조합되어 있어 전제가 무너지면 처음부터 다시 만들게 된다. 비즈니스 모델 자체가 크게 바뀌는 상황에서의 프로젝트는 모래 위에 탑을 쌓는 것과 같다. 이 상황에서 어떤 방법으로 대처할 것인지 몇 가지 포인트를 소개한다.

비즈니스 모델

처음 FM을 확실하게 만든다

아무리 예측이 어렵다고 하더라도 최초에 전체 이미지를 그리는 과정은 필요하다. 나중에 변경되는 상황을 피하지 못하다고 해도 전체 이미지를 그려 두지 않으면 기능 사이의 연동을 검토할 수 없다.

그렇기 때문에 이 프로젝트에서도 FM을 작성했다. 단, 보통과 다르게 하얀색 셀만 존재하는 FM이 됐다. 지금은 존재하지 않는 업무를 지원하는 시스템을 만들기 때문에 불규칙한 대응에 필요한 기능 등을 고려할 수 없어 애초부터 필요한 최소한의 기능만 리스트업할 수 있었기 때문이다.

단계는 작은 규모로 나눈다(스프린트)

불확실성이 높고 만들고 나서 비로소 처음으로 알게 되는 것이 많기 때문에 단계는 작은 규모로 구분하고, 각각을 '스프린트'라 불렀다. 보통 대형 프로젝트에서는 첫 번째 단계에 개발하는 셀은 200개 정도까지 되지만, 이 프로젝트에서는 셀 10개 정도를 1번의 스프린트에서 개발했다.

일반적으로 '1번의 스프린트는 2주 동안 개발할 수 있는 규모가 좋다'고 말한다. 영역에 따라 다르지만 FM의 그룹(셀 5~10개 정도)이면 딱 좋은 규모가 된다. 이 규모라면 '애초에 만들 수 없었다', '만들어보니 가치가 없음을 알았다'라는 상황이 되어 1번의 스프린트가 날아가더라도 감내할 수 있다.

이처럼 작게 나누어 기능을 각 개발팀에 할당하고, 동시 병행으로 2주 동안 차근차근 기능을 만들고, 업무 담당자가 그것을 보고 피드백하는 사이클을 수차례 실행한다.

단기간에 규모가 작은 개발을 반복하는 이런 개발 방법을 일반적으로 '애자일 개발'이라 부른다(엄밀히 말하면 애자일에도 여러 갈래가 있으며, 작은 개발도 스프린트 외에 '이터레이션^{iteration}', '청크^{chunk}' 등으로 다양하게 부르지만, 이 책의 취지와는 맞지 않으므로 자세한 설명은 생략한다).

만든다   피드백   다시 만든다

스프린트 분할 방법이 중요

FM을 작은 규모로 나눠 단기간에 개발할 때 착수 순서가 핵심이 된다. 의도적으로 착수 순서를 정하지 않으면 '아무튼 만들기 쉬운 부분부터'라는 식으로 진행된다. 가장 마지막에 가장 어렵고 전체에 가장 큰 영향을 미치는 영역이 남게 되면 그야말로 최악의 상황이다.

징검다리 프로젝트에서는 스프린트에서 다루는 영역별 우선순위를 다음과 같은 사고방식에 따라 결정했다.

1. 전체에 대한 영향이 크고 가장 먼저 검증해야 하는 기능부터 만든다. 예를 들어 '어쨌든 팔리는 것이 가장 중요하다'는 정신에서 판매 웹 프런트엔드 기능을 우선적으로 스프린트의 대상으로 했다. 내부 기능은 없더라도 최악의 경우 수작업으로 커버할 수 있기 때문이다. 그 중에서도 IT 벤더가 제안하는 업무 흐름으로 문제가 없는지 가장 먼저 검증했다.

2. 2주 정도로 개발이 완료되는 크기로 한다(이유는 앞에서 설명했다).

3. 그렇다 하더라도 업무 관점에서 가치를 검증할 수 있는 최소한의 크기는 유지한다. MVP(Minimum Viable Product, 최소 가치 제품)라 부르는 사고방식이다. 이보다 작은 단위로 스프린트를 해도 결과물의 좋고 나쁨을 '시스템을 만들게 하는 사람'의 시선에서는 논의할 수 없다. 그런 의미에서라도 FM의 한 그룹을 1번의 스프린트로 하는 것이 합리적이다.

동시 병행으로 스프린트를 진행하기 위한 노력

스프린트를 반복하는 개발 방법은 한 팀이 모든 것을 개발할 때 가장 원활하게 진행된다. 스프린트를 몇 차례나 반복한다는 것은 이전 스프린트까지 만든 기능에 이번 스프린트에서 만든 기능을 더해 간다는 것이다. 그것을 원활하게 해내기 위해서는 두 기능을 모두 아는 사람이 가장 잘 만들 수 있다. 반대로 여러 팀이 있다면 다른 팀이 만든 기능을 잘 다루지 못하고 개발이 더뎌진다.

하지만 징검다리 프로젝트는 다양한 기능을 단기간에 구축해야 했기 때문에 여러 IT 벤더의 여러 팀이 동시 병행으로 스프린트를 진행하게 됐다.

이 때문에 우선 최초에 스프린트를 나눌 때 스프린트 사이의 연동이 복잡해지지 않게 분리하는 것에 상당한 노력을 기울였다. 분할 방법 검토에는 이런 것을 판단할 수 있는 IT 벤더의 설계자도 참가하도록 했다.

그리고 스프린트에서 만드는 기능 사이의 I/F(인터페이스) 기능을 중시했다. 구체적으로는 각 팀의 엔지니어가 모여 I/F를 의논하는 시간을 설정했다. 이런 팀 사이의 퍼실리테이션이 프로젝트의 핵심이 되는 것은 애자일 개발에서도 동일하다.

프로토타입은 중요하지만 마구 만들어도 낭비다

징검다리 프로젝트에서는 프로토타이핑도 많이 사용했다. 온라인 쇼핑몰이나 콜센터 구조에 따라 패키지 소프트웨어의 표준 화면을 보면서 검토하는 기법이다(프로토타입 세션에 관해서는 S장 참조).

이들은 '아직 존재하지 않는 업무를 생각한다'는 의미에서 상당히 효과적이었다. 그러나 한 번 프로토타이핑을 멈춰야만 하는 상황도 있었다. 시스템의 전제가 되는 업무 규칙에 정해지지 않은 것이 많아 프로토타입을 만들기에는 이르다고 판단했기 때문이다.

이때는 일단 작업을 중단한 뒤 검토해야 할 과제의 전체 이미지를 나타내는 맵을 만들고, 영역별로 치명적인 미결 사항을 특정해 나갔다. 이들을 어떤 순서로 의논해야 할지 결정하고 매일 하나씩 과제를 부서뜨렸다. 이런 과정을 거쳐 드디어 확실하게 프로토타이핑을 재개할 수 있었다.

이런 부분도 아직 존재하지 않는 비즈니스를 만드는 것의 어려움이다. 방법론을 깊이 이해한 상태에서 '이번 프로젝트에서는 어떤 방법론을 적용할 것인가?'를 항상 생각하면서 궤도를 수정해야만 한다.

기한과 품질을 지키기 위해 관리는 언제나 중요하다

징검다리 프로젝트와 같은 기한이 결정된 대규모 시스템을 애자일하게 개발하는 것은 일반적으로 매우 난이도가 높다고 말한다.

애자일에는 '의욕 가득한 우수한 엔지니어를 모으고, 자주성에 맡기면 잘 진행된다'는 사상적 배경이 있다. 얼굴을 볼 수 있는 소규모 팀에 이 사상을 적용하면 생산성은 매우 높지만, 반대로 대규모 프로젝트에 이 방법을 적용하는 것을 목표로 하면 팀이 너무 마음대로 하다가 품질이 낮아지거나 일정이 오락가락하기 쉽다.

한편 징검다리 프로젝트에서는 그루브 엑스가 벤처이기는 했지만 납기나 품질에는 강한 의지가 있었다. 투자자에게 약속한 출하 일정은 사수해야 했고, 고객과의 결제 금액이 잘못되면 회사의 신용도 잃기 때문이다.

그래서 품질과 진척에 관해서는 프로젝트 관리팀이 확실하게 관리했다. 이 부분은 일반적인 프로젝트와 하나도 다르지 않다.

우수한 IT 벤더에게 불을 붙이는 중요함

앞에서도 잠깐 설명했지만 애자일 개발의 전제는 '우수한 엔지니어가 제품을 만드는 것'이다. 그렇기 때문에 IT 벤더의 선정에 많은 노력을 했다. 결과적으로 기존과 같은 시스템 통합 회사 하나에 오롯이 맡기지 않고, SaaS를 잘 사용하는 여러 IT 벤더가 분업하게 했다.

SaaS 벤더의 사람들은 애자일한 프로젝트에 익숙한 것은 물론, SaaS는 그루브 엑스의 성장과 함께 사용 규모도 커지는 비즈니스 모델이었기 때문에 '함께 비즈니스를 만들어 가는 동지'라는 관계를 만들기가 용이했다.

가장 먼저 그루브 엑스와 LOVOT의 콘셉트를 전하고 '미래를 위해 이렇게 멋진 것을 생각하고 있으니 힘들지만 함께 꿈을 꾸고 싶습니다'라며 이쪽의 마음을 전한 프레젠테이션도 그들의 마음에 불을 붙이는 데 빼놓을 수 없는 요소였다. 결과적으로 단순한 계약 관계를 넘어 프로젝트 팀을 만들 수 있었다.

아무리 어려워도 시도할 것은 시도한다

이 책에서 이제까지 설명한 FM을 중심으로 한 방법론에 애자일 요소를 조합한 방법의 이점을 설명했다. 하지만 벤처의 특유한 불확실성이 큰 이상 어떤 궁리를 해도 위험한 것에는 변함이 없었다.

예를 들어 스프린트에서 작은 기능을 만들고 업무 관점에서 검토하면 확실히 과제는 빠르게 도출할 수 있다. 나중에 치명적인 결함을 발견하는 것보다 훨씬 낫지만, 그것을 수정하기 위한 시간을 확보하는 데는 고생했다. 다음 2주 동안에는 다른 스프린트가 기다리고 있었기 때문이다.

하지만 그것들을 방치해서 비즈니스가 죽는 것보다는 훨씬 낫다. 가장 마지막에는 근성도 필요하고, 업무와 시스템을 최후에 다듬기 위해 확보했던 기간은 비즈니스 모델의 큰 변화에 대응하기 위해 다 먹어 치워 버렸다. 덕분에 전체 일정을 몇 번이나 수정해야 했다.

모든 것이 원활하게 진행되지는 않았지만 예정했던 예산과 납기에 프로젝트를 완성하고 무사히 LOVOT을 주인 품에 보낼 수 있던 것은 프로젝트에 참가한 모든 멤버의 열정과 적절한 방법론이 조화를 이루어 달성할 수 있었던 큰 성과였다.

시스템을 잘 만들게 하는 기술

워터폴, 애자일, 그 사이

워터폴이나 애자일 등 시스템 구축에는 다양한 방법이 있다. 이 책에서 설명한 방법론(Cambridge RAD)도 그중 하나다.

이들의 위치를 정리해두자. 다소 전문적이고 IT 엔지니어를 위한 내용이므로 천성이 '만들게 하는 사람'이라면 이 내용은 건너 뛰어도 좋다.

[워터폴]

요구사항 정의 → 요건 정의서 → 기본 설계서 → 상세 설계서 → 프로그램 → 단위 테스트 → 테스트와 같이 한 단계씩 결과물을 만들어 가는 전통적인 시스템 개발 방법이다.

'앞 단계의 결과물을 다음 단계에서 보다 구체적이고 상세하게 만든다'를 반복하는 매우 착실한 방법이라 할 수 있다. 단, 앞 단계의 결과물이 완벽하다는 점을 전제로 하기 때문에 앞 단계의 실수(누락이나 잘못된 기술)가 있으면 '재작업'을 한다. 즉, 뒤 단계에서 모두 다시 만든다.

물론 사람은 완벽하지 않고 실수나 재작업은 많든 적든 반드시 발생한다. 단계마다 실수를 얼마나 줄이는지가 승패를 결정한다. 최대 약점은 비즈니스 환경의 변화에 따라 첫 단계에서 결정한 것들이 바뀐다는 점이다.

[애자일]

징검다리 프로젝트의 사례에서 자세히 설명한 것처럼 기능을 작게 잘라 해당 기능별로 설계 → 개발 → 테스트 → 사용자 리뷰(스프린트)를 빠르게 반복하는 방법이다. 최소한으로 사용하는 기능이 조금씩 만들어진다(애자일에도 '스크럼', '린', 'XP' 등 많은 갈래가 있으며, 사상이나 프랙티스가 다르지만 이 책의 주제에서 벗어나므로 이에 관해서는 다루지 않는다).

주택 건축과 비유하면 워터폴의 경우에는 주택이 완성되어 인도하기 전까지는 거주할 수 없다. 애자일로 만들면 '오늘 주방이 완성되어 빠르게 요리를 해보고 사용할 수 있음을 확인했습니다. 스토브를 늘리기로 했습니다', '우선 침실이 완성되어 잘 수 있습니다. 화장실은 아직 완성되지 않아 공원으로 가야 합니다' 같은 느낌이다.

만드는 입장에서 보면 워터폴로 큰 시스템의 부품만을 만드는 것에 비해, 작지만 완전한 기능을 만드는 즐거움이 있고, 사용자와 사용 방법을 의논하면서 만들 수 있기 때문에 동기가 향상된다.

약점은 전체 통제가 어렵다는 점이다. 전체 이미지를 그리고 치밀하게 견적을 내는 워터폴과 달리, 부분을 만들어 가기 때문에 '전체적으로 얼마나 걸리는가?', '언제 완성하는가?'를 파악하거나 이후에도 명확하게 말하기 어렵다.

그리고 전체가 밀접하게 연결되어 있는 시스템(예를 들이 급여 계산이나 보험 요금 계산 등 복잡한 로직이 얽혀 있는 시스템)은 2주 동안 진행하는 스프린트 단위로 나누기 어렵고 애자일에 그다지 적합하지 않다.

[Cambridge RAD]

이 책에서 설명한 Cambridge RAD는 원래 1990년경에 MIT의 교수가 고안했던 프로젝트 방법론에 기반하고 있으며, 애자일과는 다르게 발전해왔다. 결과적으로 워터폴과 애자일의 중간 정도의 특징을 가지고 있다. 흑묘백묘(黑猫白猫)라 말할 수도 있다.[5]

전체적인 흐름은 '요구사항 정의 → 요건 정의 → 설계 → 개발 → 테스트'로 워터폴과 같은 단계를 갖지만, 각 단계에 애자일과 공통된 사상을 포함하고 있다. 예를 들면,

- 모든 것을 한 번에 만들지 않고 단계를 나누어 가장 가치가 있는 기능부터 단계적으로 기동한다.
- 상세 설계에 앞서 프로토타이핑(BPP)를 수행하고, 과제를 먼저 도출한다(워터폴과 같이 업무에 맞지 않는 것을 완성 후에 알게 되면 큰 재작업이 되기 때문).
- '만드는 사람'과 '만들게 하는 사람'을 나누지 않고 공동으로 작업한다.
- 프로젝트를 통해 멤버가 성장하는 것을 중시한다.

패키지 개발에 있어 과제 해결 방법이 가장 전형적이다. 패키지 소프트웨어를 임시로 만들고, 업무에 맞춰 프로토타입 세션을 수행한다. 맞지 않는 부분을 과제로 보고, 업무나 요

---

5 (옮긴이) "검은 고양이든 흰 고양이든 상관없이, 쥐를 잘 잡는 고양이가 좋은 고양이입니다."라는 뜻으로, 중국의 제5대 중국공산당 중앙군사위원회 주석이었던 덩샤오핑이 제창한 개혁개방정책으로 유명한 어록이다. 그 의미의 해석에는 다소 논란이 있지만, 목적을 달성하기 위해 실용적인 수단을 선택하고 적용하는 것의 중요성을 나타낸다.

건을 바꾸어 최적의 해결책을 탐색해간다. '업무 담당자가 말하는 대로 만드는' 워터폴에 비해 상당히 유연하며 공동으로 프로젝트를 진행한다.

워터폴에서는 '요건대로 만드는 것' 자체가 프로젝트의 목적이 되기 십상이다. Cambridge RAD에서는 업무 최적화가 목표이며 시스템 구축은 수단에 지나지 않는다. 시스템 구축 자체를 목적이 아닌 수단으로 보는 관점에서의 공통 작업 사상도 애자일에 가깝다.

징검다리 프로젝트의 사례에서 설명한 것처럼 캠브리지도 프로젝트별로 이 수직선상의 어디에 위치해야 하는가를 판단해 프로젝트 진행 방법을 최적화한다. 결과적으로 'Cambridge RAD는 이래야 한다'는 원리주의적 발상은 하지 않는다.

이 책의 독자는 먼저 중소 규모의 프로젝트에서 이 책에서 설명한 기본을 충실하게 진행해 보는 것이 좋다. 익숙해진다면 '이번에는 애자일에 가깝게 할까?', '아니, 오히려 워터폴 방식으로 하는 것이 맞지 않는가?'를 생각하며 최적의 방법을 찾아보기 바란다.

그림 Y-1 워터폴, 애자일, 그 사이

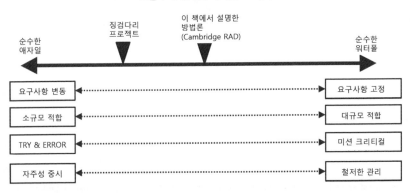

[보너스] FM을 시스템 구축 이외에 응용하자

이번 장의 레슨

- FM의 포맷과 사고방식을 시스템 요구사항 정의 이외에 활용할 수 있다.

- 다섯 가지 활용 예시를 소개한다. 독자 여러분도 다양한 상황에서 사용해보기 바란다.

FM은 시스템 기능 이외에도 효과를 발휘한다

이 책에서 자세히 설명했지만 FM 작성 프로세스와 FM 그 자체가 프로젝트에 미치는 효과는 시스템 기능 이외를 검토할 때도 그대로 응용할 수 있다. 특히 이런 상황에 활용할 수 있다.

- 하고 싶은 것, 만들고 싶은 것이 많다.
- 예산과 기간의 제약이 있어 그것들을 필터링해야 한다.
- 많은 사람의 이해가 얽혀 있어 조직으로서 의사결정이 어렵다.

이번 장에서는 다섯 가지 예시를 소개한다. 상황에 맞게 응용하기 바란다.

① 조직 기능의 실현 범위를 결정한다.

조직 변혁/조직 설계를 할 때 필요한 조직 기능과 역할을 FM 방식으로 표현한 적이 있다.

'지금은 허술하지만 미래에는 기획이나 교육면에 힘을 쏟고 싶다'와 같이 이후 강화할 조직 기능(조직이 달성해야 할 미션)을 FM과 마찬가지 프로세스로 검토한다. 다음은 IT 부문에서 검토한 조직 FM이다.

FM과 프로세스가 같으므로 우선순위를 결정한 이유가 명확해진다. 전체 이미지를 나타낼 수 있으므로 미래에 어디로 향하는가, 어디에 가치를 두는가에 관해 조직 멤버와 인식을 맞출 수 있다.

그리고 같은 표를 사용해 아웃소싱해야 할 영역의 검토를 수행하기도 했다. 자사에서 수행할 가치가 낮고 외부에 전달하는 것에 저항이 없는 영역에 색을 칠함으로써 이후 아웃소싱 할 업무를 명확하게 할 수 있다.

그림 Z-1 조직 기능에 대한 기능 매트릭스

기능 그룹		1	2	3	4	5	6	7	8	9	10
A	전략	IT 전략 책정	인프라 전략 책정	예산 계획	IT 거버넌스	IT 운영 평가	프로젝트 포트폴리오 관리	소싱 관리	옵션 전략		
		●	●	●	●	●	●	●	●		
		△	△	○	△	○	△	△	△		
B	●	IT 투자 관리	개별 안건 관리	IT 투자 관리	비용 배부						
		●	●	○							
		△	∧	-	-						
C	조직	조직 분할 정의	인적 자원 관리								
			●								
		△	-								
D	리스크 관리	규제 준수	IT 전반 통제	리스크 관리	BCP/DR						
		●	●	●	●						
		△	△	○	△						
E	아키텍처	기술 설계	EA BA 정의	EA DA/AA/TA 정의	기술 표준	기술 조사					
		●	●	●	●	●					
		○	△	△	△	○					

[역할 범례]
●: 주체로서 업무를 실시한다
○: 실시할 업무 내용이 존재한다
△: 정보 제공과 조언

상단: 본사 기능
하단: 그룹 회사 기능

▨: 강화 대상 기능

② 제품 개발과 연구 주제의 우선도를 결정한다

신제품 개발에서도 시스템 개발과 마찬가지로 포함하고 싶은 기능이 삽시간에 늘어난다. 그 결과, 비용이 높아지고 발매 시기를 연기하게 된다. 그래서 '이것이 없으면 제품이 성립하지 않는(서비스로서 릴리스할 수 없는) 기능'과 '뒤로 미루어도 좋은 기능'을 FM의 사고방식에 따라 정리할 수 있다.

에디슨이 살던 시대와 달리, 신제품 개발이라고 해도 팀으로 일하는 경우가 많다. 이때 FM으로 제품 전체 이미지를 볼 수 있게 해 두면 자신이 담당하는 영역이 주변과 어떤 관계에 있는지 상상하기 쉽다. '이 자산과 지식은 다른 영역에서도 유효한가?'라는 형태로 다른 팀과의 협력도 원활하게 진행된다.

그리고 눈앞의 제품 개발뿐만 아니라 미래의 중기적 연구 주제를 FM으로 표현한 예도 있다. 눈앞의 개발 프로젝트와 달리 회사 관점에서 실시하는 기한이 정해져 있지 않은 연구 주제가 그 대상이다.

예를 들어 딥러닝(AI 기술 중 하나)을 이용한 여러 연구 주제를 도출하고, 효과/가치/투자 금액 등으로 우선순위를 결정한다. 보통 연구자의 지휘에 따라 우선순위를 결정하지만, 회사로서 평가 기준을 명확하게 해서 우선순위를 결정했으므로 전사적인 백업을 얻을 수 있었다. 연구 부문 역시 '왜 그것을 우선적으로 연구하는가?'를 설명할 수 있게 됐다.

그리고 FM으로 연구 주제를 가시화함으로써 개발 관계자와 연구 결과 활용과 우선도 변경을 정기적으로 의논하게 됐다.

③ 웹 사이트에 게재하는 콘텐츠를 결정한다

웹 사이트에 게재할 콘텐츠가 많지만 모두 게재할 수는 없다. 따라서 우선순위를 붙여 콘텐츠를 필터링한다. 그때 사이트에 일관성이 없으면 본래 전달하고 싶은 메시지를 전할 수 없고 가치가 없는 사이트가 되어 버린다.

그런 의미에서도 실현 범위의 전체 이미지를 한눈에 볼 수 있는 FM 포맷이 안성맞춤이다. 콘텐츠 목록이므로 FM이 아닌 CM(Contents Matrix, 콘텐츠 매트릭스)이라고 부른다.

먼저 게재할 콘텐츠 후보를 도출하고, FM 프로세스에 따라 우선도를 정한다. 그 뒤 전체적으로 뒤죽박죽 되어 있지 않은지 체크한다(예를 들어 캠페인 정보에 제품 상세 정보가 없는지 등).

평가 기준은 시스템 기능의 경우와 마찬가지로 비즈니스 이익, 조직 인수 태세, 기술적 용이성을 사용하면 된다. 어떤 프로젝트에서의 조직 인수 태세는 사용자의 시선을 중시해 '사용자가 얼마나 알아보기 쉬운가?'를 기준으로

'High: 새로운 지식을 전혀 필요로 하지 않는다, Low: 이해하기 어렵고 문의도 늘어난다'로 했다.

기술적 용이성은 콘텐츠의 경우 제작 리소스 관점에서 'High: 정보 수집이 용이하다, Low: 아무것도 없는 상태로 정보를 수집해야 하고 수시로 업데이트하기 어렵다'라는 기준으로 평가했다. 물론 콘텐츠 가공이나 게재에 대한 조직 간 업무 정리 리소스를 평가하는 경우도 있다.

기업이 웹 사이트에서 정보 발신을 막 시작한 2000년경, 혼란스러웠던 한 대기업의 웹 사이트를 정리하고 미래 정책을 만드는 프로젝트를 캠브리지에서 지원했다. 그때도 논의 결과를 여기에서 소개한 CM에 정리했다.

그림 Z-2 콘텐츠 매트릭스 예

그룹	콘텐츠	콘텐츠 구성 요소	정적/동적	레이팅
검색	제품 검색	태그, 전문	정적	H/H/M
검색	제품 검색 결과 목록	검색 결과	동적	H/H/M
검색	카테고리별 목록	카테고리별 결과	동적	M/H/M
검색	추천 제품 목록	추천 제품 검색 결과	동적	M/H/M
검색	신제품 목록	신제품 검색 결과	동적	M/H/M
검색	판매 순위	월별 판매 순위	동적	L/H/M
서비스	주문 이력	과거 주문 이력 상세	동적	H/H/M
서비스	배송 상황 확인	주문에 대한 배송 상황	동적	H/H/M
서비스	포인트 서비스	포인트 확인, 이용 방법	동적	H/H/L
서비스	찜 목록(항상)	제품 등록	동적	H/M/M
서비스	찜 목록(셋)	제품셋 등록	동적	H/M/M
서비스	견적서 작성	제품 견적서	동적	H/M/M
서비스	청구 명세 표시	주문 청구 명세	동적	H/M/M
서비스	문의	각종 문의	동적	H/M/M
서비스	앙케트	테스트 마케팅, 리서치 대행	정적	H/M/M
정보 제공	사이트 맵	사이트 구조	정적	H/H/M

(표 상단) Web에 게재할 콘텐츠 / 콘텐츠 평가

놀랍게도 프로젝트를 종료한 지 10년 정도 뒤 그 고객을 다시 만났을 때 '그때의 콘텐츠 매트릭스를 업데이트하면서 계속 사용하고 있습니다'라는 말을 들었다. 인터넷은 도그 이어(dog's ear) 등으로 불리며, 그 10년 동안 엄청난 기세로 발전했다. 물론 사용하는 기술이나 표현 방법은 당시와 크게 달라졌지만, '소비자에게 보일 콘텐츠를 사업부 등의 자사의 관점이 아니라 소비자의 시선에서 정리한다. 그것을 CM에 정리하고 관계자 전원이 합의한다'는 기본은 시대가 변해도 흔들림이 없다는 것이리라.

④ 데이터 웨어하우스에 수집할 데이터를 결정한다

웹 사이트 콘텐츠와 거의 같은 사고방식으로 데이터 웨어하우스에 어떤 정보를 볼 수 있게 할 것인지 결정하기도 했다.

그림 Z-3 데이터 매트릭스

① 어떤 정보를 What	② 누구에게 Who	③ 어떤 목적으로 Why	④ 어디에 Where	⑤ 어떤 단위로 How	⑥ 언제 When	⑦ 다음 액션 Action	비즈니스 이익 (효과/업무 필 수 정도)	조직 인수 태세 (현장 침투 용 이성)	기술적 용이성 (정보 수집/개 발 용이성)
■ 제품별, 고객별, 비목별 보고서 지정한 월의 제품별, 고객별, 비목별 매출, 지불을 영업소 단위 상황을 볼 수 있도록 한다.	경영층, 소장 등의 관리자	수지 상황의 진척 파악	본사/영업소	본사/영역/지점	수시 및 결산 시	① 영업소 상황의 정량적 파악 ② 회계 자료로의 연동	High	Middle	Middle
■ 고객별 경상 이익 보고서 회계 시스템에서 연동해, 고객별로 안분해서 표시할 수 있도록 한다.	경영층, 소장 등의 관리자	수지 상황의 진척 파악	사무소	고객별	수시 및 결산 시	고객별 수지 관리를 정교화할 수 있으므로 고객별로 필요한 대응을 구체적이고 상세히 할 수 있다.	High	Middle	Middle
■ 고객별, 제품별 월 매출 집계 보고서 월별 고객별 제품별 매출 집계표(예산대비)	영업소 영업 담당	수지 상황의 진척 파악	본사/영업소	본사/영업소	매월	영업 강화	High	Middle	Middle
■ 월별, 자사 수주 취소 보고서 월별로 주문을 받았으나 자사 사정으로 취소된 건수를 분석한다.	경영층, 소장 등의 관리자	영업소 실적 파악, 수지 개선	본사/영업소	본사/영업소	매월	① 실주 금액 예산화 ② 담당자 교육 ③ 고객 신뢰 회복	High	Middle	Low

이 그림은 경영 정보 가시화를 위해 데이터 웨어하우스를 구축할 때의 목록이다. 이 기업에서는 경영과 영업 판단의 기반이 되는 정보가 각 영업소별로

제각각이어서 각 영업소에 정보 추출을 의뢰하고 그것을 본사 측에서 집계해야 하는 상황이었다. 이것을 일체화해서 데이터 웨어하우스를 구축하는 프로젝트였다.

5W1H1A로 어떤 정보를, 어떤 목적으로, 어떤 액션에 활용할 것인가를 기입한다. 그 뒤 '그 데이터를 각 시스템으로부터 수집하는 것은 어려운가?≒기술적 용이성'과 '그 데이터를 참조해서 유효한 액션을 취할 수 있는가?≒비즈니스 이익' 등의 우선순위 기준을 따라 취사선택했다.

⑤ 데이터 마이그레이션 범위를 결정한다

현행 시스템에서 신규 시스템으로 이전할 데이터의 범위를 결정할 때도 FM과 같은 사고방식으로 검토한다. W장에서 자세히 설명했으므로 여기에서는 다시 설명하지 않는다. '데이터의 중요성(비즈니스 이익)', '데이터 이전이 단순한가?(기술적 용이성)', '데이터를 쉽게 준비할 수 있는가?(조직 인수 태세)' 등으로 마이그레이션 데이터에 우선순위를 붙이는 사고방식이 FM과 완전히 동일하다는 것을 눈치챈 독자도 있을 것이다.

개인적인 집필 동기

캠브리지에 입사한 뒤 참가한 한 대기업 프로젝트가 이 책을 집필하게 된 직접적인 계기였다.

필자는 프로젝트 도중에 참가하게 됐다. 간접 부문을 효율화한 뒤, 보다 부가가치가 높은 업무로의 전환을 목표로 하는 프로젝트였다. 당시는 정부가 '일본의 생산성 향상'을 중요 정책으로 표명했고, 그에 따라 각 회사에서 IT 시스템 및 도구 활용에 대한 논의를 진행하던 시기였다. 경영진의 기대도 크고, 중기 경영 계획의 선두를 담당하던 프로젝트였다.

필자 역시 대대적으로 발표되어 회사 외부에서도 주목받은 프로젝트에 참가하는 것에 기대를 안고 있었다. 필자가 참가한 시점에는 기술 부문의 설계나 개발, 인사 부문의 정형 업무를 효율화하기 위한 시스템은 이미 구축 완료된 상태였다. 이용을 시작하고 구체적인 효과가 나타나기 시작하던 시기였다.

하지만 참가하자마자 눈에 들어온 것은 화려했던 발표와는 거리가 먼 프로젝트의 현실이었다. 특히 문제였다고 생각한 것은 (이 책에서 설명한) 조직 인수 태세를 소홀히 한 채 시스템으로 효율화할 대상 업무를 선정하고 있었던 것이었다.

개발한 시스템은 사실 '기술 담당자가 이 도구를 이용해 진행할 수 있는 안건과, 수작업이 남은 안건을 판별해야 한다', '도구를 이용하는 안건 중에서도 도구만으로 완결하는 부분과 수작업으로 보완하는 부분을 파악해야 한다' 등 활용하는 데 상당한 주의가 필요했다(조직 인수 태세가 낮은 기능).

하지만 사용자가 사용하기 위한 설명이 충분하지 않았기 때문에 현장 사람들은 '좀처럼 사용할 기회가 없습니다', '사용할 담당자가 이런 도구에 익숙하지 않습니다' 같은 여러 이유를 들어 사용하길 꺼리고 있었다.

도중에 참가하기는 했지만, 필자도 이 상황을 어떻게든 개선하자는 생각으로 '이런 안건이라면 활용할 수 있습니다', '한 번이라도 좋으니 사용해 보십시오. 보세요. 효과가 있습니다' 같은 보급 활동을 했다. 하지만 현장의 반응은 시큰둥했다. 애초에 이 시스템은 그들이 원해서 만들어진 것이 아니므로 당연한 반응일지도 모른다.

이렇게 처음 발표했던 것만큼 도구 도입에 따른 개선 효과가 높아질 것 같지는 않았지만, 'ㅇㅇ 시간의 업무 효율화!'라고 발표한 이상 되돌릴 수는 없었다. '경영 목표를 반드시 달성한다!'라는 이유로 도입 효과를 높이기 위해 달리게 됐다.

즉, '낭비를 없애 업무를 좋게 만든다'는 관점이 아니라 '무엇이든 좋으니 이 도구를 적용할 수 있는 분야를 찾는다'라는 프로젝트가 되어 버린 것이다. 예를 들어, 개발이 힘든 것에 비해 효과가 낮다는 것은 알고 있기 때문에 보류했던 영역도 '적용할 수 있으니 이때 만들 수밖에 없다'고 개발을 진행하게 됐다.

도구를 적용할 수 있는 부분을 한 번 더 찾기 위한 인터뷰도 전국에서 실행했다. 당초 '낭비 업무를 없앤다'는 관점이라면 비둘기로 우편 배달을 하는 듯한 커뮤니케이션을 없애거나 설계 변경 방식을 표준화하는 등 보다 효과적인 방법도 있었다. 하지만 어디까지나 도구의 도입이 목적이 됐기 때문에 그런 방법을 선택할 수는 없었다.

효율화는 뒷전이라는 자세는 현장 사람들도 느끼고 있고, 설명회나 개발에도 점점 협력하지 않게 됐다. 물론 프로젝트 멤버도 냉소적인 눈으로 보게 됐다. 경영진의 간곡한 프로젝트임에도 불구하고…

이런 경험이 있기 때문에 이 책에서 당연한 것으로 여기는 방법론이 얼마나 프로젝트 또는 그 회사 전체에 효과적인지 인식할 수 있었다. Why에서 생각하는 중요성, 시스템 기능의 우선순위 결정, 현장의 참여 유도는 모두 이런 사태를 방지하기 위한 것을 뼈저리게 깨달았다.

그리고 필자가 그 경험에서 얻은 또 하나의 교훈은 '프로젝트의 기본을 무시하고 시스템을 만들면 완성한 뒤 아무리 현장에 애원해도 소용없다'는 것이다.

아무리 큰 돈과 노력을 들여도 사용되지 않는 시스템, 사용할 수 없는 시스템은 최악이다. 그 누구도 행복하지 않다. 시스템은 기업 활동을 보다 좋게 하고 보다 좋은 회사를 만들기 위해 존재해야 한다.

캠브리지에 입사한 이후에도 이 경험이 필자 안에 깊이 새겨졌고, 캠브리지에서 이제까지 학습한 것, 해온 것을 정리해야겠다고 생각했다. 필자가 경험한 슬픈 프로젝트를 하나라도 줄이기 위해서 이 책에 설명한 것을 독자들이 실천함으로써 행복한 프로젝트가 조금이라도 많아지기를 마음 깊이 바라고 또 바란다.

2021년 6월 하마모토 요시후미

'만들게 하는 사람', '만드는 사람'의 단절. 그리고 One Team

'시스템을 만들게 하는 기술'이라는 제목의 이 책은 모순된 주장을 담고 있다.

먼저 제목과 내용 모두에서 '시스템을 만드는 기술'과 별도로 '시스템을 만들게 하는 기술'이 있다고 표현했다. 물론 그 전제로서 '시스템을 만드는 사람'과 별도로 '시스템을 만들게 하는 사람'이 있고, 아마도 독자 여러분이 그 편에 속할 것이고, 이 책은 그 사람들을 위한 것이라고 말했다.

하지만 책을 읽다 보면 '만들게 하는 사람이라 하더라도 그저 던져서는 안 된다', '만들어 주는 사람을 존중해야 한다', '만드는 사람과 만들게 하는 사람이 OneTeam으로 프로젝트에 관여하지 않으면 좋은 시스템을 절대로 만들 수 없다'는 메시지가 가득하다.

정확하게 말하면 그런 메시지가 아니라 보다 구체적인 방법론을 쓴 것이지만, 모두가 위와 같은 입장을 전제로 하고 있다. 원래 OneTeam이 아니면 실행할 수 없는 방법론이며, 방법론을 우직하게 실행하다 보면 자연히 One-Team이 되는 방법론이다.

즉, 제목에서는 '만들게 하는 사람', '만드는 사람'으로 나뉘어진 것처럼 썼지만 책의 내용은 거의 정반대다.

왜 이처럼 까다로운 상황이 되었는가? 전 세계에 '내가 만들고 싶은 시스템을 사람들에게 만들어 주면 충분하다'고 생각하는 사람들이 엄연히 존재하고 있기 때문이다. 역설적이게도 그런 사람들은 아무리 돈을 지불해도 '시스템을 만들어 준다'라는 태도를 가진다면 시스템을 잘 만들게 할 수 없다(이것은 시스템 구축 프로젝트가 가진 가장 큰 역설일지도 모른다).

하지만 그런 사람에게 'OneTeam으로 하지 않으면 안 됩니다'라고 설교해도 전달되지 않는다. '만들게 하는 방법을 알려드립니다'라고 해야 전달된다. 그래서 만들게 하는 방법을 학습하다 보면 자연스럽게 '함께 만든다'는 자세가 몸에 배게 되는 책을 쓴 것이다. 필자 스스로 귀찮은 방법을 선택했다.

집필을 마치고 한 가지 아쉬움이 남는다. 제목과 내용에서 쓴 것은 독자에게 전하기 쉽다. 한편 '책 전체를 가로지르는 메시지'는 전하기 어렵다. 독자 여러분의 독해력에 달려 있다. 이런 두꺼운 책이라면 더욱 그렇다. 하지만 우치다 타쓰루(口田樹)는 '쓰는 사람에게 가장 중요하는 것은 읽는 사람의 독해력을 존중하는 것이다'라고 말했다. 필자도 그렇게 생각한다. 책 전체를 읽어 본다면 분명 전해질 것이다.

사실은 '만들게 하는 사람'도 '만드는 사람'도 존재하지 않는다. 그저 '프로젝트를 성공시켜 회사를 좋게 만들고 싶다'고 바라는 사람들이 존재할 뿐이다. 여러분에게 이런 생각이 충분히 전해졌을까?

2021년 6월 시라카와 마사루

더 깊은 학습을 위해

이 책은 '시스템을 만들게 하는 노하우를 배우기 위한 단 한 권의 책!'이라는 자부심은 있지만, 상당히 두껍기 때문에 한 번 읽는 것으로는 내용을 모두 습득하기 어려울 것이다. 프로젝트 현장에서 활용할 수 있는 충분한 실력까지 높이기 위해 다음을 권장한다.

이미 존재하는 가까운 시스템에 대해 FM을 작성해 본다

실제로 손을 움직이며 자료를 만들어 보면 처음으로 어려움을 느끼거나 이 책에서 '팁'으로 설명한 것을 깊이 이해할 수 있다. 그러기 위해서는 다음 시스템 구축 프로젝트에 참가할 때까지 마냥 기다리지 않아도 좋다. 우선 사용자로서 다루고 있는 시스템(예를 들어 여러분 회사의 근태 시스템 또는 지하철의 경로 안내 애플리케이션 등)의 FM을 작성하는 것부터 시작해보면 어떨까?

얻은 지식과 지혜를 공유하고 논의한다

'이제부터 프로젝트를 시작하는 동료와 시라카와 씨 책의 윤독회를 시작합니다. 책을 읽으면서 "그럼 이번 프로젝트에서는 어떻게 하고 싶습니까?"라고 의논하는 것이 상당히 좋습니다'라는 이야기를 여러 차례 들은 적이 있다. 저자로서 매우 뿌듯한 일이다.

조용히 혼자 읽는 것보다 이해한 것을 발표하거나 과거의 경험을 되살려 논의함으로써 이해를 보다 높일 수 있다. 대학의 문과 계열 학부에서 수행하는 세미나와 같은 형식이다. 물론 필자의 회사에서도 윤독회를 진행한다. 장별로 사례를 조사하는 담당자를 결정하므로 다소 준비가 어려울 수도 있지만 한층 가볍게 해도 좋다.

무엇보다 함께 프로젝트를 하는 동료들이 같은 언어를 가지고 있으며, 프로젝트에 관한 사고방식이 대략 정렬되어 있으면 프로젝트가 매우 원활하게 진행된다. 이 책을 사용해 윤독회나 스터디를 꼭 진행해보기 바란다.

관련 서적을 함께 읽는다

이 책은 '시스템을 만들게 하는 것'에 집중한 책이다(그런데도 이렇게 두꺼워져 버렸다). 그렇기 때문에 업무 개혁이나 전사 IT 전략, 프로젝트 멤버 육성 등 프로젝트 성공에 필요한 다양한 것에 관해서는 설명할 기회가 없었다. 지금까지 필자가 쓴 책 중 다음 책들이 깊은 관련이 있으므로 함께 읽으면 이해를 높일 수 있을 것이다.

≪業務改革の教科書(업무 개혁의 교과서)≫(日経BP, 2013)

업무 개혁의 교과서는 프로젝트를 수립하는 방법에 관한 책이다. 업무 분석, 개혁 이니셔티브 도출, 프로젝트 계획 정리에 관한 노하우를 담았다.

실제 업무 개혁 프로젝트에서는 프로젝트 계획을 수립한 뒤, 그것을 현실화하기 위해 시스템을 구축해야 한다. 그 부분에 관해서 쓴 것이 8년 후의 속편이기도 한 이 책이다(그렇기 때문에 이 책의 제목을 '○○의 교과서'라는 느낌으로 '업무 개혁의 교과서'라고 할지 마지막까지 고민했다).

이 책의 전반(C-E장)에 설명한 업무의 비전을 그리는 부문, R장에서 비용 대효과 분석에 관해서는 '업무 개혁의 교과서'에서 보다 자세히 설명했다. 실제로 프로젝트를 수립할 때는 이 책을 함께 읽기 바란다.

≪会社のITはエンジニアに任せるな(회사의 IT는 엔지니어에게 맡기지 말라!)≫(ダイヤモンド社, 2015)

이 책은 철저하게 실무자 관점의 책이지만 '회사의 IT는 엔지니어에게 맡기지 말라!'는 IT 음치인 경영자들을 위한 것으로, IT를 경영의 무기로 하는 사고방식에 관해 설명한 책이다. 이 책에서는 그다지 다루지 않았던 IT 프로젝트에 경영자를 끌어들이는 방법, IT 투자의 정당성을 경영자에게 설명하는 방법에 관한 내용을 담았다.

≪リーダーが育つ 変革プロジェクトの教科書(리더를 육성하는 변혁 프로젝트의 교과서)≫(日経BP, 2018)

시스템을 구축할 때는 이 책의 방법론을 우직하게 실행하는 수밖에 없다. 하지만 이 책에서 학습한 것처럼 모든 단계에서 '관계자를 끌어들이는 합의'가 핵심이 된다.

하지만 안타깝게도 일본 기업에서는 이런 '변혁 프로젝트의 요소요소에서 관계자를 이끌 수 있는 사람들'이 압도적으로 부족하다. 하지만 리더십은 회사 외부에서 사오기 어렵고, 리더 부족을 탓해봤자 회사는 아무것도 변하지 않는다.

그래서 '리더를 육성하는 변혁 프로젝트의 교과서'에서는 프로젝트를 진행하면서 리더를 육성하는 방법을 명확하게 설명했다.

감사의 글

미국에서 온 이 방법론을 일본 프로젝트 현장에 20년 이상의 기간에 걸쳐 적용하고 다듬어 온 것은 필자들의 고객 기업의 협력 덕분입니다. 프로젝트를 함께 해 준 것은 물론, 방법론에 관한 소박한 질문을 하거나 함께 새로운 방법에 도전해준 것 등 모든 것이 이 책을 쓰는 데 피와 살이 되었습니다.

또한, 이제까지의 책과 마찬가지로 프로젝트에서의 에피소드, 결과물, 사진 게재를 허락해준 것에도 깊은 감사를 드립니다. 덕분에 생동감 있고 프로젝트를 진행하는 방법을 알려줄 수 있는 책을 만들 수 있었습니다.

캠브리지의 동료들에게도 감사를 전합니다. 여러분이 프로젝트에서 분투해서 얻은 것을 이 책 한 권으로 정리할 수 있었습니다. 일러스트를 그려준 이마무라 유카리(今村友加里) 님에게도 감사드립니다. '다소 추상적이 되어 버린 부분을 일러스트로 보완해 주십시오'라는 어려운 요구에도 멋지게 대응해 주셨습니다.

마지막으로 집필을 지지해 준 두 저자(시라카와 씨와 시라모토 씨)의 가족에게도 깊은 감사를 전합니다. 고맙습니다.